U0464288

A LIBRARY OF
DOCTORAL
DISSERTATIONS
IN SOCIAL SCIENCES IN CHINA

中国
社会科学
博士论文
文库

改革开放以来
中国GDP增长速度研究

Research on the GDP Growth Speed in China
since the Reform and Opening up

郭旭红　著

导师　瞿商

中国社会科学出版社

图书在版编目(CIP)数据

改革开放以来中国 GDP 增长速度研究 / 郭旭红著 . —北京：中国社会科学
出版社，2017.1

（中国社会科学博士论文文库）

ISBN 978-7-5161-9516-1

Ⅰ.①改…　Ⅱ.①郭…　Ⅲ.①GDP 增长—增长速度—研究—中国
Ⅳ.①F124.7

中国版本图书馆 CIP 数据核字（2016）第 303330 号

出 版 人	赵剑英	
责任编辑	王 茵　马 明	
责任校对	胡新芳	
责任印制	王 超	

出　　版	中国社会科学出版社
社　　址	北京鼓楼西大街甲 158 号
邮　　编	100720
网　　址	http://www.csspw.cn
发 行 部	010-84083685
门 市 部	010-84029450
经　　销	新华书店及其他书店

印　　刷	北京君升印刷有限公司
装　　订	廊坊市广阳区广增装订厂
版　　次	2017 年 1 月第 1 版
印　　次	2017 年 1 月第 1 次印刷

开　　本	710×1000　1/16
印　　张	26
插　　页	2
字　　数	426 千字
定　　价	89.00 元

凡购买中国社会科学出版社图书，如有质量问题请与本社营销中心联系调换
电话：010-84083683
版权所有　侵权必究

《中国社会科学博士论文文库》
编辑委员会

主　　任：李铁映

副 主 任：汝　信　　江蓝生　　陈佳贵

委　　员：（以姓氏笔画为序）

王洛林　　王家福　　王缉思

冯广裕　　任继愈　　江蓝生

汝　信　　刘庆柱　　刘树成

李茂生　　李铁映　　杨　义

何秉孟　　邹东涛　　余永定

沈家煊　　张树相　　陈佳贵

陈祖武　　武　寅　　郝时远

信春鹰　　黄宝生　　黄浩涛

总 编 辑：赵剑英

学术秘书：冯广裕

总　序

在胡绳同志倡导和主持下，中国社会科学院组成编委会，从全国每年毕业并通过答辩的社会科学博士论文中遴选优秀者纳入《中国社会科学博士论文文库》，由中国社会科学出版社正式出版，这项工作已持续了12年。这12年所出版的论文，代表了这一时期中国社会科学各学科博士学位论文水平，较好地实现了本文库编辑出版的初衷。

编辑出版博士文库，既是培养社会科学各学科学术带头人的有效举措，又是一种重要的文化积累，很有意义。在到中国社会科学院之前，我就曾饶有兴趣地看过文库中的部分论文，到社科院以后，也一直关注和支持文库的出版。新旧世纪之交，原编委会主任胡绳同志仙逝，社科院希望我主持文库编委会的工作，我同意了。社会科学博士都是青年社会科学研究人员，青年是国家的未来，青年社科学者是我们社会科学的未来，我们有责任支持他们更快地成长。

每一个时代总有属于它们自己的问题，"问题就是时代的声音"（马克思语）。坚持理论联系实际，注意研究带全局性的战略问题，是我们党的优良传统。我希望包括博士在内的青年社会科学工作者继承和发扬这一优良传统，密切关注、深入研究21世纪初中国面临的重大时代问题。离开了时代性，脱离了社会潮流，社会科学研究的价值就要受到影响。我是鼓励青年人成名成家的，这是党的需要、国家的需要、人民的需要。但问题在于，什么是名呢？名，就是他的价值得到了社会的承认。如果没有得到社会、人民的承认，他的价值又表现在哪里呢？所以说，价值就在于对社会重大问题的回答和解决。一旦回答了时代性的重大问题，就必然会对社会产生巨大而深刻的影响，你也因此而实现了自己的价值。在这方面年轻的博士有很大的优势：精力旺盛，思维敏捷，勤于学习，勇于创新。但青年学者要多向老一辈学者学习，博士尤其要很好地向导师学习，在导师的指导下，发挥自己的优势，研究重大问题，就有可能出好的成果，实现自己的价值。过去 12 年入选文库的论文，也说明了这一点。

什么是当前时代的重大问题呢？纵观当今世界，无外乎两种社会制度，一种是资本主义制度，一种是社会主义制度。所有的世界观问题、政治问题、理论问题都离不开对这两大制度的基本看法。对于社会主义，马克思主义者和资本主义世界的学者都有很多的研究和论述；对于资本主义，马克思主义者和资本主义世界的学者也有过很多研究和论述。面对这些众说纷纭的思潮和学说，我们应该如何认识？从基本倾向看，资本主义国家的学者、政治家论证的是资本主义的合理性和长期存在的"必然性"；中国的马克思主义者，中国的社会科学工作者，当然要向世界、向社会讲清楚，中国坚持走自己的路一定能实现现代化，中华民族一定能通过社会主义来实现全面的振兴。中国的问题只能由中国人用自己的理论来解决，让外国人来解决中国的问题，是行不通的。也许有的同志会说，马克思主义也是外来的。但是，要知道，马克思主义只是在中国化了以后才解决中国的问题的。如果没有马克思主义的普遍原理与中国革命和建设的实际相结合而形成的毛泽东思想、邓小平理论，马克思主义同样不能解决中国的问题。教条主义是不行的，东教条不行，西教条也不行，什么教条都不行。把学问、理论当教条，本身就是反科学的。

在 21 世纪，人类所面对的最重大的问题仍然是两大制度问题：这两大制度的前途、命运如何？资本主义会如何变化？社会主义怎么发展？中国特色的社会主义怎么发展？中国学者无论是研究资本主义，还是研究社会主义，最终总是要落脚到解决中国的现实与未来问题。我看中国的未来就是如何保持长期的稳定和发展。只要能长期稳定，就能长期发展；只要能长期发展，中国的社会主义现代化就能实现。

什么是 21 世纪的重大理论问题？我看还是马克思主义的发展问

题。我们的理论是为中国的发展服务的，绝不是相反。解决中国问题的关键，取决于我们能否更好地坚持和发展马克思主义，特别是发展马克思主义。不能发展马克思主义也就不能坚持马克思主义。一切不发展的、僵化的东西都是坚持不住的，也不可能坚持住。坚持马克思主义，就是要随着实践，随着社会、经济各方面的发展，不断地发展马克思主义。马克思主义没有穷尽真理，也没有包揽一切答案。它所提供给我们的，更多的是认识世界、改造世界的世界观、方法论、价值观，是立场，是方法。我们必须学会运用科学的世界观来认识社会的发展，在实践中不断地丰富和发展马克思主义，只有发展马克思主义才能真正坚持马克思主义。我们年轻的社会科学博士们要以坚持和发展马克思主义为己任，在这方面多出精品力作。我们将优先出版这种成果。

2001 年 8 月 8 日于北戴河

序　言

　　GDP 进入中国人的视野应该是改革开放以后，并且越来越广为人知，关心它的人越来越多，甚至一度成为许多地方政府考核官员绩效的首要指标，大有"开谈不讲 GDP，纵有才情也枉然"之叹。于热闹处冷静思考，这是郭旭红博士写作专著《改革开放以来中国 GDP 增长速度研究》的初衷。在攻读博士学位和做博士后研究期间，她一直潜心研究中国宏观经济中的增长问题，并取得一定成果，现在这本专著即将问世，我深感高兴，并欣然为之作序。

一

　　严格地说，这是一本经济史著作。该书从经济全球化视野，重点研究了改革开放以来中国 GDP 高速增长的动因机制、GDP 高速增长与经济发展质量、经济结构的关系，回答了"中国奇迹"的动因，分析了经济发展过程中 GDP 增长速度与体制改革、对外开放、产业结构变化、资源环境、人口红利以及发展阶段的关系。

　　该书采取"动态与静态统一"、"宏观与微观融合"以及历史学与经济学结合的方法，形成了如下五个方面自己的独到见解。

　　(1)"长时段"的跨度和全球化视野。该书虽然重点是研究中国改革开放以来的 GDP 增长，但实际上是对 1949 年以来新中国 GDP 增长速度进行的系统性概述，贯通新中国 67 年。改革开放以来中国 GDP 的高速增长，实质上是经历了一个从计划经济向市场经济、从农业国向工业国的转型过程，在这个转型过程中 GDP 增长速度呈现出明显的阶段性特征。无论是改革开放前后的比较，还是与发达国家、金砖国家、亚洲"四小龙"

等经济体的比较，改革开放以来中国经济高速增长创造了"世界奇迹"，中国对世界经济增长做出了巨大贡献，成为世界经济增长的新引擎。

（2）从理论分析与实证研究两个维度，结合国情从源头上对中国 GDP 高速增长的动因机制进行综合性研究。开放条件下的新经济增长理论认为，从外部条件看，是开放创造了或决定了"中国奇迹"；从本质而言，开放本身就是一种社会经济制度的根本性改革；并且指出经济体制改革、经济全球化、人口红利、技术进步、资本积累是促使经济增长的内生因素。经济体制改革为中国带来了巨大的红利。在经济体制改革的大背景下，数量型的人口红利得以释放，将中国 GDP 增长送入了起飞的跑道；经济体制改革提高了资源利用的效率，是技术进步的最大贡献者，促使技术进步从学习模仿向自主创新转变，科技创新为 GDP 高速增长提供了不竭动力；快速的资本积累是保证经济活力的重要因素。为量化上述因素（制度因素除外）的影响因子，该书通过构建计量模型进一步实证研究 GDP 高速增长的动因。

（3）运用宏观视野、整合多元数据研究中国经济发展的不平衡问题，以及中国是怎样从计划经济下的非均衡状态走向均衡状态，同时又在市场经济条件下产生新的非均衡状态。改革开放以来，伴随着 GDP 高速增长，中国政府始终试图消除和缓解区域之间、产业之间、城乡之间以及政府与市场之间存在的结构性失衡，因为这种结构性失衡制约了资源的有效配置，导致了中国经济增长出现"高速度"与"低质量"的特征，即"增长"与"失衡"共存。该书在全面研究中国 GDP 高速增长与经济增长质量、经济结构的关系的基础上，探寻失衡的原因、从失衡走向均衡的路径，为中国经济未来提质增效、向好发展提供理论依据。

（4）剖析了经济新常态下中国 GDP 增长速度换挡回落的必然性，以及促进经济发展方式转变的紧迫性。中国经济经过 30 多年持续快速增长，已成为世界第二大经济体，并正在由中高收入向高收入国家迈进、由工业化后期向完成工业化迈进。根据国际经验，绝大多数工业化国家在进入工业化后期以后，经济增速都由高速转向中速增长。中国也不例外。支持 GDP 高速增长的国内外环境条件变化，导致传统优势逐步减弱甚至消失。传统的人口红利已进入"刘易斯拐点"、资本的边际效率递减迫使投资率降低、经济增长动力由要素驱动转向效率和创新驱动、第一次全球化红利减弱。但是，中国经济仍处于重要的战略机遇期，可以通过逐步释放质量型的人口红利，缩小城乡、地区差距以及推进经济结构转型，再造 GDP 中高速增长的新优势。而改革则是再造新优势的动力源泉。

（5）以"五大发展理念"为指导，从理论上归纳了中国 GDP 增长速度的本质规律和特点。经济增长动力由要素驱动转向创新和效率驱动，是中国经济转型的基本驱动力。中国 GDP 增长速度由高速转向中高速，符合世界经济增长的客观规律。

二

中国经济转入新常态以来，对中国 GDP 增长速度的研究成为学界讨论的热点。该书从经济史的视角来研究这个热点问题，虽然有意义，但是也有难度。通读该书，对于其中的研究方法，谈几点想法。

（1）坚持发展眼光，把握经济发展的动态过程。经济史学的价值常被国内经济学界低估，其中虽然有部分学者的认识偏差，但是经济史学研究中过度追求史料的发掘和研究的"碎片化"，也无疑助长了经济史学"只见树木不见森林"、只见特殊性不见普遍性。该书以 GDP 增长速度为线，以改革开放以来中国 GDP 高速增长为切入点，纵向研究新中国 GDP 增长速度的过去、现在及未来发展趋势，以发展的眼光审视中国 GDP 增长速度的动态过程，中国经济在世界地位的变化，归纳总结其发展变化的规律，不仅展示中国经济增长的全景式历史概貌，还探究其发展变化的未来趋势，以期增强政策研究的针对性和科学性。这种"言于古必有验于今"、将历史研究与现实问题结合起来进行研究的方法，应该引起中国当代经济史研究者今后多关注、多采用。

（2）中国经济史研究者很多是史学出身，当然重视史料，但是也容易陷入定性分析而缺乏定量分析，尤其不熟悉大数据、大样本量的运用和分析。历史学的魅力在于运用事实说话，大数据时代不仅需要我们坚持所用数据的可靠真实，更需要数据的规模和连续性。该书的特点之一是整合运用多元数据，以提高 GDP 增长速度及原因分析的可信度。这些数据既为该书进行多层面、多角度、长期跟踪的动态研究提供了坚实基础，也保障了本书研究的可信度和说服力。

（3）"史无定法"，学习运用经济学的各种方法来研究经济史，应该是经济史学者努力的方向。该书试图运用从大学到博士期间所学的经济学分析工具来研究 GDP 增长问题，例如构建总量生产函数模型，对规范研究中 GDP 高速增长的主要驱动因素进行实证研究，以定量分析影响 GDP 高速增长的量化因子；运用线性回归方程测算 R&D、技术引进、FDI 与技术创新、GDP 的相关系数；运用计量经济学方法测算三次产业就业结构变动以及产值结构变动 K 值、固定资产投资效果系数（ICOR）等，虽然对这些分析工具我也不大懂，但是感觉很新颖，需要我们去探索应用。

（4）为了能够更好地认识中国 GDP 增长速度以及原因后果，必须将其置于世界经济发展中去分析，没有比较，就不能发现普遍性和特殊性，就失去判断的坐标，同时又应该注意可比性。该书在进行中国与外国的比较研究中，既有 GDP 增长速度、人均 GDP 增长速度、每个就业者创造的 GDP 的单向比较，也有投资、消费、出口贡献率的综合比较；既有中国与发达国家的比较，也有与发展中国家的比较。

三

本书作为一个经济史研究领域的新兵，虽然通过该书已经崭露头角，令人欣喜，使我产生后生可畏的感觉，但是通过该书也反映出青年学者还有很长的路要走，还有很多东西需要学习，中国特色社会主义经济学，尤其是马克思主义广义政治经济学还需要不懈地努力去建设、去发展。该书还有需要进一步努力深入研究的地方，例如很难量化的政府作用，地方政府之间关于 GDP 的锦标赛的双重作用；市场经济条件下 GDP 高增长与财富占有高度分化的关系，等等。这既有待于郭旭红博士今后进一步研究，也希望更多的学者关注和研究这些问题。

武　力
2016 年 10 月 18 日于北京旌勇里

摘　要

2013 年习近平总书记提出"经济新常态"概念以来，关于中国 GDP 增长速度问题的讨论再次成为国内外关注焦点。未来中国经济能否从过去 30 多年高速增长转为中高速增长，实现持续稳定发展？本书围绕这一主题，在厘清国内外关于中国 GDP 增长速度研究成果的基础上，将相关经济增长理论与中国经济增长实践相结合，立足于如下一条主线进行研究，即改革开放以来中国 GDP 高速增长的动因、高增长过程中出现的问题以及如何由高速增长迈入中高速发展，以及经济增长速度与经济发展质量、经济结构升级的关系，以期从理论上丰富中国 GDP 增长速度的研究，也期望从历史研究中为新常态下，经济保持"中高速"发展、产业迈向"中高端"水平、全面建成小康社会、实现伟大的"中国梦"提供借鉴与理论依据。

整体观察，自 1949 年中华人民共和国成立至今，中国 GDP 年均增速很快，但呈现出明显的阶段性特征，即 1949—1957 年快速增长、1958—1978 年慢速增长、1979—2012 年快速增长、2013—2016 年中高速发展。本书主要从四个层面对中国 GDP 高速增长进行国际比较研究：一是与日本和亚洲"四小龙"；二是与其他金砖国家；三是与二战后 11 个高速增长的经济体；四是与遭受金融危机冲击的国家比较。历史回顾和国际比较表明，1979—2012 年中国 GDP 高速增长不仅创造了世界经济发展史上的"奇迹"，也对世界经济做出了重大贡献，成为世界经济增长的新引擎。

由计划经济向市场经济体制的逐步转变，是助推 GDP 高速增长的"改革红利"和制度保障。从某种意义上说，开放也是创造"中国奇迹"的一个重要因素。人口红利、技术进步和高投资是 GDP 高速增长的必不可少的生产要素。从经济开放度的视角，构建计量模型，采用层次分析法和熵权法相结合的综合权重法,对上述 GDP 高速增长的动力因素(劳动力、资本、技术)进行实证研究(制度因素除外),并测算影响因子,能够更加准确剖析 GDP 高速增长的动因机制。通过理论分析与实证研究,可以将主观的经验判断与客观的实证检验结合起来,深刻领悟中国 GDP 高速增长的深层次原因。

经济增长质量改善是中国经济发展的永恒主题。从更长的历史时段和总体上来看,1949 年以来,中国经济发展明显加快,经济增长质量显著改善。其中,1949—1957 年,GDP 增长率较高,经济效益较好;1958—1978 年,尽管 GDP 增长速度不算太慢,但是经济效益低、经济增长波动大、人民生活水平基本停滞。1979—2012 年,经济发展质量有了显著提高,但是,经济发展整体层次较低、社会建设相对落后、城镇化质量不高以及资源环境承载力失衡等成为经济持续发展的突出障碍。因此,实现 GDP 增长速度与经济发展质量协调发展,就成为中国经济持续、健康发展亟待解决的迫切问题。

与"中国奇迹"相伴随的是经济结构的剧烈变动,其突出特征是产业结构、投资结构、收入结构的显著改善,但同时存在比较严重的结构性失衡,造成了经济与社会发展的不协调。改革开放 30 多年来,中国产业结构从总体上看,是从低级向高级、从不协调到比较协调的发展转变过程。但是与发达国家相比,中国仍然是一个发展中国家,工业化尚未完成,产业结构升级与区域经济均衡发展仍然是突出问题,并且与 GDP 高速增长的矛盾凸显。本书通过对改革开放前后两个历史时期"消费—投资—出口"贡献率比较、"低等—中等—中低等—中高等—高收入"组别的需求贡献率比较,发现 2012 年以后内、外需结构失衡以及"消费—投资—出口"结构失衡,说明高速经济增长模式难以为继。改革开放以前,在单一公有制和计划经济体制下,居民收入分配差距很小。改革开放 30 多年来,随着市场化的推进,出现了 GDP 高速增长与广大居民收入和消费增长之间的不协调,收入差距不断扩大以及收入分配不公等问题,既影响了经济发展的质量与效率,也损害了政治、经济、社会稳定。目前,经济结构失衡问题已成为制约 GDP 高速增长的重要因素。处理好 GDP 增长速度与产业结构、需求结构、收入分配结构的关系,是中国经济高效运行的当务之急。

经济新常态下,中国 GDP 由高速增长迈入中高速发展,遵循了世界经济、社会、自然发展的客观规律。支撑中国 GDP 高速增长的传统优势逐步减弱，新的红利因素正在形成。"提质增效"是 GDP 中高速发展的本质要求，经济增长动力由主要依靠要素和投资驱动转向创新驱动是关键。提升人力资源素质、扩大就业、优化国民经济空间布局，是支撑 GDP 中高速发展的新优势。经济结构转型是 GDP 中高速发展的根本动力。深化经济体制改革及其他相配套的改革，是再造中高速发展新优势的动力源泉。

从全球视野看，中国 GDP 增长速度的阶段性变化，遵循了世界经济发展变化的客观规律，符合中国国情，体现中国特色。从动态发展的眼光看，改革开放 30 多年来，中国 GDP 高速增长，是在前一个历史时期经济发展的基础之上，中国经济结构和总量通过改革开放，向更高层次的演进，这个过程还在继续。在"五大发展理念"的指导下，GDP 增长速度"适度"发展的标准是"四要四不要"。即一要提高幸福指数，而不要增加环境污染；二要实现共享的增长，而不要导致贫富分化甚至两极分化；三要带来城乡互助的增长，而不要导致城乡对立的增长；四要实现持续的增长而非一时的增长。实现 GDP 增长速度与经济发展质量、经济结构优化的协调与统一。

Abstract

Since the concept of New Economic Normality proposed by Xi General Secretary Xi Jinping in 2013, China's GDP growth has become the focus of attention at home and abroad again. Whether China's economy can be shifted from rapid growth of GDP during the past 30 years to media–rapid growth in the future, to realize sustainable and stable development? This book revolves around this theme, based on research results of China's GDP growth experience both at home and abroad, combined economic growth theory with practice of Chinese economic growth, based on the following main line of research, that is, the agent of the rapid growth of China's GDP since the reform and opening–up, the problems occurred during China's rapid GDP growth, and how rapid growth of China's GDP shift to medium–rapid growth, as well as the relationship among economic growth rate, the quality of economic development and the upgrading of economic structure, in order to enrich China's GDP growth rate theory research. Also from the historical study of the new normality normal, keeping the "high speed" in the economic development and the "high–medium" level of industry, could provide reference and theoretical basis of building a well –off society in an all–round way, and could make the great "Chinese Dream" come true.

To overall observation, since the establishment of People's Republic of China in 1949, China's GDP growth increased quickly, but presented an obvious periodical characteristic. The rapid growth of 1949 ~ 1957, the slow growth of 1958 ~ 1978, the rapid growth of 1979 ~ 2012, and the medium–rapid growth of 2013 ~ 2016. The book makes international comparison research from four aspects mainly, the first with Japan and Four Asian Tigers, the second with other

BRIC countries, the third with 11 high‐growth economies after World War II and the fourth with the countries suffered from the financial crisis. Historical review and international comparison shows that China's GDP growth during 1979~2012, not only has created a "miracle" in the history of the world economic development, but also has made great achievements of world economy, which has become the new engine of world economic growth.

The gradual transition from planned economy to market economy system is the transform bonus and the system guarantee to boost the rapid growth of GDP. In some sense, open policy is also an important factor of creating the "China miracle". Demographic dividend, technological progress and high investment are essential factors of GDP high growth. From the perspective of economic openness, to establish the econometric model with the comprehensive weighting method which combines AHP and entropy weight method, and to study on the dynamic factors (labor, capital, technology) of the GDP high‐speed growth (except for the institutional factors), as well as to calculate the impact factors, can analyze the motivation mechanism of the rapid GDP growth more accurately. Through theoretical analysis and empirical research, we can combine the subjective experience judgment with the objective empirical test, and understand the underlying reasons of the rapid growth of China's GDP profoundly.

Improving the quality of economic growth is the eternal theme of China's economic development. From a longer historical period and on the whole, since 1949, China's economic development has an apparent increase, and the quality of economic growth has improved significantly. During this process, from 1949 to 1957, the GDP growth rate is higher and the economic benefit is better; from 1958 to 1978, although the growth rate of GDP is not too slow, but the economic efficiency and benefit is low with the large economic fluctuations, and people's living standard is stagnant. In 1979~2012, the quality of economic development has been improved significantly, however, the low level of the overall economic development and the backward social construction, the poor quality of urbanization as well as the resources and environment bearing capacity imbalance has become the great obstacle of the sustainable development of economy. Therefore, to realize the coordinated development of GDP growth rate and quality of economic development, has become an urgent problem to be solved in the sustained and healthy development of China's economy.

Along with the "China miracle", a drastic change in the economic structure occurred, and the obvious characteristic is the improvement of industrial structure, investment structure and income structure, but there is still serious structural imbalance, which has caused the inharmonious of economic and social development at the same time. More than 30 years of reform and opening up, from the overall perspective, China's industrial structure transformed from the low level to the high and from uncoordinated to more coordinated. However, compared with developed countries, China is still a developing country, and the industrialization has not yet been completed, the upgrading of industrial structure and the balanced development of regional economy is still a prominent issue as well as the contradiction between that and the rapid growth of GDP. This book makes comparison of two historical periods before and after the reform and opening up, which is including the contents of "Consumption – investment – export contribution rate comparison", "low – medium – mid – low – mid – high – high" income groups demand contribution rate comparison. We found that after 2012, the internal and external demand structure was imbalance, and the structure of "consumption – investment – exports" was imbalance, which means that high – speed economic growth model is unsustainable. Before the reform and opening up, the residents' income distribution gap is very small under the single public ownership and the planned economic system. More than 30 years of reform and opening – up, along with the advancement of marketization, there has been a contradiction between the rapid growth of GDP and the general income and consumption growth, the income gap expanded and the unfair income distribution continued, which only affects the quality and efficiency of economic development, but also damaged the political, economic and social stability. At present, the imbalance of economic structure has become an important factor to restrict the high speed growth of GDP. It is urgent to deal with the relationship between the growth rate of GDP and industrial structure, demand structure and income distribution structure.

Under the new normality, China's high speed growth of GDP into the midhigh speed, can follow the objective law of the world economy, the social and natural development. The traditional advantages supporting the high speed growth of China's GDP had gradually reduced, and the new dividend factor is shaping. "Quality and efficiency" is the essential demand of the mid−high development of GDP, and the key of economic growth motive power is the relying on the transformation from the elements and investment to innovation. Improving the quality of human resources, expanding employment, optimizing the spatial layout of the national economy, is to support the rapid development of new advantages in GDP. Transformation of economic structure is the fundamental driving force for the rapid development of GDP. Deepening reform of the economic system and other supporting reforms are the driving forces to rebuild the mid−high development with new advantages.

From a global perspective, the periodic change of GDP growth rate in China follows the objective laws of world economic development and change, and was conformed to the situation of China as well as the Chinese characteristics. From the view of dynamic development, more than 30 years of reform and opening up, China GDP has got a high speed growth, which based on economic development during the last historical period. Through the reform and opening up, China's economic structure and the total amount has an evolution to a higher level, and the process is continuing. Under the guidance of the "five development concepts", "appropriate" development standard of GDP growth is the "four to do and four not to do." That is, firstly, to increase happiness index, and not to increase the pollution of the environment; Secondly, to achieve shared growth, and not to lead to the polarization between the rich and the poor even; Thirdly, to bring the growth of mutual assistance between urban and rural areas, and not to lead to antagonistic growth between them; Fourthly, to achieve sustained growth rather than temporary growth. Then we can realize the coordination and unification of the GDP growth rate with the quality of economic development and the optimization of economic structure.

目　录

图目录

表目录

Contents

Figure Directory

Table Directory

导　论

一　选题的意义

改革开放以来，中国 GDP 高速增长取得的辉煌成就举世瞩目，但经济发展质量滞后于 GDP 增长速度、经济结构严重失衡、资源环境压力不断加大等问题凸显，成为中国持续健康发展的突出障碍。从经济史角度对改革开放以来中国 GDP 增长速度进行系统考察，深入剖析 GDP 高速增长的动因机制，协调 GDP 增速与经济发展质量、经济结构之间的关系，以期为"速度换挡、结构优化、动力转换"提供理论依据，也为经济新常态下，深化供给侧结构性改革，实现"双中高"、全面建成小康社会提供政策借鉴。

（一）理论意义

从现有文献看，学界对中国 GDP 增长速度的研究并不多，全面、系统论述改革开放以来中国 GDP 增长速度的相关成果也较少。因此，从理论与实证两个维度考察"中国奇迹"的动因，探讨 GDP 增长速度与经济增长质量、经济结构的关系，剖析经济新常态下支撑 GDP 中高速增长的主要因素，解决新的阶段性矛盾，加快中国经济的发展转型，越来越成为学界的研究热点。

其次，为什么有些国家 GDP 增长速度持续时间较长，稳定性较高，而有些国家相反？为什么有些国家 GDP 高速增长时期，经济增长质量较高、效益较好，经济结构优化升级，而有些国家落入"中等收入陷阱"？

以改革开放以来中国 GDP 增长速度为视角，探讨"速度痴狂"深层的制度、经济和社会缘由，这在一定意义上可以回答上述问题，补充完善发展经济学理论。

再次，新制度经济学将制度作为经济增长的内生因素，认为制度对经济增长具有长期效应。中国经济是在特定的制度环境下发生的，研究经济体制改革对 GDP 增长速度的影响机理，分析制度创新——技术创新——GDP 增长速度的传导机制，有助于正确理解经济增长理论。

（二）现实意义

中国经济高增长，引起了西方怀疑论者心理上的失衡，国际上"中国威胁论"、"中国崩溃论"的论调此起彼伏。一种论调认为中国迅速崛起对周边国家及世界构成一个巨大威胁，塞缪尔·亨廷顿（1998）[1]断言儒教文明与伊斯兰教文明的结合将是西方文明的天敌；另一种论调认为中国经济即将崩溃。美国 Tomas G. Rawsk（2002）[2] 对中国经济增长表示高度质疑，认为 1997—1998 年中国 GDP 增长速度最高为 2.2%，或者更低，也可能为负数，而不是官方数字 7.8%。早在 21 世纪之初，美籍华人律师章家敦（2001）[3] 公开声称中国经济繁荣是虚假的，中国现行的政治和经济制度最多只能坚持 5 年，预言中国模式 2011 年全面崩溃。然而，著名经济学家林毅夫（2014）[4] 在国际投资论坛上指出，中国经济仍有 20 年平均增速 8% 的增长潜力，中国最晚 2022 年人均收入可达 12700 美元，成为高收入国家。将中国 GDP 高速增长置于世界大国经济发展中比较研究，总结高速增长的中国特色和规律，以及中国对世界经济增长的贡献，对于解决上述分歧具有重要的现实意义。

其次，中国经济高增长取得的辉煌成就，是中国政权能够长期保持稳

---

① ［美］塞缪尔·亨廷顿：《文明的冲突与世界秩序的重建》，新华出版社 1998 年版，第242 页。

② Thomas G. Rawski：《中国的 GDP 统计出了什么问题?》，《中国经济快讯》2002 年第27 期。

③ Gordon G. Chang. The Coming Collapse of China. Random House，2001，p31.

④ 林毅夫：《我国最晚 2022 年人均收入可达 12700 美元》，《闽商报》2014 年 01 月 27 日，第 24 版。

定的坚强基石。塞缪尔·亨廷顿（1998）① 指出：追求政绩是政府的合法
职能。然而，中国共产党十八届三中全会指出，要充分发挥市场对资源配
置的决定性作用，这是以习近平为领导的党中央对政府与市场关系认识的
新突破，标志着政府经济职能由"全能型"向"效能型"的转变。在中
国经济转型的关键时期，研究政府和市场在"速度换挡"中地位和作用
的变化，有助于培育中高速发展的动态竞争优势，成功跨越"中等收入
陷阱"，增强综合国力和国际竞争力。

再次，从20世纪90年代开始，中央政府开始重视经济增长质量问
题。"九五"计划和2010年经济社会发展规划强调，实现经济增长方式从
粗放型向集约型转变，是国民经济持续健康发展的关键。但是"高速度"
与"低质量"并存的结构性矛盾，导致传统经济发展方式难以为继。研
究 GDP 增长速度如何由高速转向中高速发展，促使经济发展方式转变，
解决结构性矛盾，是经济新常态下提质增效的核心，也是中国从经济大国
向经济强国过渡的关键。

二　国内外研究现状述评

（一）中国经济增长源泉研究述评

1. 国内研究

从研究方法上来说分为两种。

第一，规范研究。保罗·克鲁格曼认为，东亚高速经济增长是资源投
入的结果，没有技术进步的作用或效率的改善，没有全要素生产率的贡
献。② 王小鲁认为中国经济的高速增长来自于资本形成加速，制度变革引
起资源重新配置的贡献更大。③ 邱晓华等探讨了中国经济过去 26 年间持
续快速增长的动力。④ 林毅夫、任若恩质疑了克鲁格曼 1999 年提出的东
亚经济奇迹的观点，一是缺乏对全要素生产率经济意义的正确把握，二是

---

① ［美］塞缪尔·亨廷顿：《第三波——20 世纪后期民主化浪潮》，上海三联书店 1998 年
版，第 59 页。
② ［美］保罗·克鲁格曼：《萧条经济学的回归》，中国人民大学出版社 1999 年版，第
41 页。
③ 王小鲁：《中国经济增长的可持续性与制度变革》，《经济研究》2000 年第 7 期。
④ 邱晓华、郑京平、万东华等：《中国经济增长动力及前景分析》，《经济研究》2006 年第
5 期。

不了解不同发展程度的国家（地区）在全要素生产率上的不同表现。①蔡昉论证了过去 30 年中国经济高速增长源于"人口红利"，原始的"人口红利"逐步减弱后，通过教育提高劳动生产率；改革完善养老保障制度、劳动力市场制度扩大人口老龄化时期的劳动力资源和人力资本存量，产生第二次人口红利从而避免"人口负债"。②尼古拉斯·拉迪指出维持中国经济高速增长并恢复平衡的必要手段是重新启动渐进的利率自由化政策，金融和货币改革是中国向消费驱动型增长模式转型的关键措施。③蔡昉提出中国经济增长向全要素生产率支撑型模式的转变，技术进步和体制改善能够提高经济效率。④白琳⑤，祝宝良⑥，王一鸣⑦，任保平、韩璐⑧，李娟伟、任保平等⑨，樊士德⑩也研究了中国经济增长源泉。

第二，实证研究。沈坤荣的实证研究认为改革开放前 TFP 对经济增长的贡献远远小于改革开放后对经济增长的贡献，原因是制度变迁对经济的增长效应。⑪郭庆旺、贾俊雪实证研究表明 1979—2004 年 TFP 增长率及其对经济增长的贡献率较低，是一种依赖于要素投入的较为典型的投入型增长方式；技术进步率偏低、生产能力没有充分利用、技术效率低下和资源配置不合理是我国 TFP 增长率较低的原因。⑫郑京海、胡鞍钢等认为

① 林毅夫、任若恩：《东亚经济增长模式相关争论的再探讨》，《经济研究》2007 年第 8 期。

② 蔡昉：《未来的人口红利——中国经济增长源泉的开拓》，《中国人口科学》2009 年第 1 期。

③ [美] 尼古拉斯·拉迪：《中国经济增长靠什么》，中信出版社 2012 年版，第 8 页。

④ 蔡昉：《中国经济增长如何转向全要素生产率驱动型》，《中国社会科学》2013 年第 1 期。

⑤ 白琳：《达沃斯：中国经济增长新动力》，《今日中国论坛》2013 年第 16 期。

⑥ 祝宝良：《一季度中国经济增长处于"弱复苏"》，《中国智库经济观察（2013 年第 1 辑）》2013 年 12 月 1 日。

⑦ 王一鸣：《中国经济增长的动力机制》，《全球化》2014 年第 3 期。

⑧ 任保平、韩璐：《中国经济增长新红利空间的创造：机制、源泉与路径选择》，《当代经济研究》2014 年第 3 期。

⑨ 李娟伟、任保平、刚翠翠：《提高中国经济增长质量与效益的结构转化路径研究》，《经济问题探索》2014 年第 4 期。

⑩ 樊士德：《劳动力流动对中国经济增长贡献显著吗——基于区域递归视角的经验验证》，《财经科学》2014 年第 1 期。

⑪ 沈坤荣：《1978—1997 年中国经济增长因素的实证分析》，《经济科学》1999 年第 4 期。

⑫ 郭庆旺、贾俊雪：《中国全要素生产率的估算：1979—2004》，《经济研究》2005 年第 6 期。

渐进式改革措施导致了 TFP 的一次性水平效应，促进生产率的持续增长需要更为深入的制度改革。[①] 王小鲁、樊纲、刘鹏认为改革开放以来我国 TFP 呈上升趋势，最近 10 年在 3.6% 左右。[②] 如果能够克服其消费率低和行政管理成本高的消极影响，中国经济在 2008—2020 年可能保持 9% 以上的增长率。张军认为改革开放 30 多年 TFP 的超常增长（3%—4%）得益于经济结构迅速变化和简单复制国外技术带来的快速技术进步，未来 TFP 增长率会变得缓慢。[③]

2. 国外研究

近年来主要是规范研究，实证研究较少。从研究内容来看主要有以下五个方面。

第一，经济增长源泉是生产要素驱动。裴敏欣指出中国 GDP 增长是基础设施、制造业和房地产项目等资本投资推动。[④] 普拉萨德（Prasad）由投资拉动的中国经济增长模式导致私人消费占 GDP 的份额最低和最低的就业增长率。[⑤] 凯勒·沃尔夫冈等[⑥]和拉梅什（Ramesh，Deepti）[⑦] 也进行了相关研究。

第二，经济增长是政治、经济体制改革的结果，黄亚生认为"华盛顿共识"即金融自由化，私营企业家精神和政治开放是中国经济增长的源泉。[⑧] 李贵才指出中国经济体制改革具有市场替代和市场整合因素，分别导致国有企业生产效率的提高和非国有企业资源配置效率

---

①　郑京海、胡鞍钢、Arne Bigsten：《中国的经济增长能否持续？一个生产率视角》，《经济学季刊》2008 年第 4 期。

②　王小鲁、樊纲、刘鹏：《中国经济增长方式转换和增长可持续性》，《经济研究》2009 年第 1 期。

③　张军：《"中国经济增长粗放"，真的是这样吗?》，《中国机电工业》2014 年第 2 期。

④　Pei, Minxin, *China's economic balancing act*, Fortune. com. 2014-1-14, p. 1.

⑤　Prasad, Eswar S., "Rebalancing Growth in Asia", *International Finance*, Vol. 14, Issue 1, Spring 2011, pp. 27-66.

⑥　Keller, Wolfgang, Li, Ben, Shiue, Carol H., "Shanghai's Trade, China's Growth: Continuity, Recovery, and Change since the Opium Wars", *IMF Economic Review*, Vol. 61, Issue 2, Jun 2013, pp. 336-378.

⑦　Ramesh, Deepti, "Slower but solid growth", (cover story), *Chemical Week*, Vol. 176, Issue 20, 2014-1-6, pp. 22-23.

⑧　Yasheng Huang, "Debating China's Economic Growth: The Beijing Consensus or The Washington Consensus", *Academy of Management Perspectives*, Vol. 24, Issue 2, May 2010, pp. 31-47.

的改善。[1] 弗兰克·兰菲特[2]、张成思[3]进行了这方面的研究。

第三，政府处理债务问题影响中国经济增长。扎卡里亚·法里德 (Zakaria Fareed) 论述了新一届政府关注腐败、污染和政府债务，重点关注中国经济（GDP）的增长和稳定。[4] Foroohar, Rana 论述了第一次企业债券违约后的中国经济—债务泡沫和刺激计划，政府必须实施刺激投资计划以保持低失业率，中国如何处理其债务将影响全球经济增长。[5] 约翰·理查森 (John Richardson) 研究了债务危机威胁中国的经济增长。[6]

第四，研究汇率政策对中国经济增长的影响。巴凯塔 (Bacchetta) 等研究汇率政策对中国经济增长的影响。[7] 罗纳德·麦金农 (Ronald McKinnon) 等研究美元汇率以及中美之间扭曲的金融制度威胁甚至破坏中国和世界其他地区的经济增长。[8] 克里斯托弗·加罗韦 (Christopher Garroway) 等考察了人民币低估的程度和中国 GDP 增长率，未来人民币调整将影响发展中国家的经济增长。[9]

第五，从可持续发展角度研究经济增长的源泉。姚先国、周明海[10]认为投资型的经济发展模式不可持续，未来应当改变，这不仅是国内外经济学家们的共识，也是中国政府"十二五"规划的一个奋斗目标。而政府

---

[1]　Lo, Dic, Li, Guicai, "China's economic growth, 1978-2007: structural-institutional changes and efficiency attributes", *Journal of Post Keynesian Economics*, Vol. 34, Issue 1, Fall 2011, pp. 59-84.

[2]　Frank Langfitt, "China's Leaders Promise To Speed Up Economic Growth", *Morning Edition* (*NPR*), 2013-05-29.

[3]　Zhang, Chengsi, Li, Chaofeng, "The Great Moderation in China: A Disaggregated Analysis", *Emerging Markets Finance & Trade*, Vol. 50, Issue 1, 2014, pp. 150-163.

[4]　Zakaria, Fareed, "Make or Break for China", *Time*, Vol. 183, Issue 1, 2014-1-13, p. 16.

[5]　Foroohar, Rana, "A Little Trouble in Big China", *Time*, Vol. 183, Issue 15, 2014-4-21, pp. 20-20.

[6]　Richardson, John, Untitled. ICIS Chemical Business, Vol. 285, Issue 6, 2/10/2014, pp. 5-5.

[7]　Bacchetta, Philippe, Benhima, Kenza, Kalantzis, Yannick, "Optimal Exchange Rate Policy in a Growing Semi-Open Economy", *IMF Economic Review*, Vol. 62, Issue 1, Apr 2014, pp. 48-76.

[8]　McKinnon, Ronald, Schnabl, Gunther, "China and Its Dollar Exchange Rate: A Worldwide Stabilising Influence?", *World Economy*, Vol. 35, Issue 6, Jun 2012, pp. 667-693.

[9]　Garroway, Christopher, Hacibedel, Burcu1, Reisen, Helmut1, Turkisch, Edouard1, "The Renminbi and Poor-country Growth", *World Economy*, Vol. 35, Issue 3, Mar 2012, pp. 273-294.

[10]　Yao, Xianguo, Zhou, Minghai, "China's Economic and Trade Development: Imbalance to E-quilibrium", *World Economy*, Vol. 34, Issue 12, Dec 2011, pp. 2081-2096.

必须调整经济政策方案以使经济持续增长。①

总之，中国经济增长源泉的国内外研究主要集中在 1978 年以后，主要围绕中国经济增长源泉是生产要素驱动、全要素生产率的提高以及经济体制改革等方面。

（二）中国 GDP 增长速度研究述评

1. 国内研究

（1）著作研究

岳希明等编的《中国经济增长速度研究与争论》从各种不同角度揭示我国国民经济核算存在的问题，提供了与官方估计可比较的国内生产总值及其增长速度的估计值。该书从经济增长速度的角度出发，收集了关于中国官方 GDP 及其增长速度的计算方法、国内外著名经济学家、学者关于 GDP 及其增长速度重新估计的论文。② 赵德馨著《中国近现代经济史》（1842—1991）第十五章《新中国经济发展的路径、阶段与经验》对中国经济增长速度、质量、结构等进行了较为详细的阐述，其他章节也有对经济增长速度进行的描述。

（2）硕士论文研究

胡利君的硕士论文《我国经济增长速度趋缓的原因及对策》（2001）从总量、结构和制度三个方面分析了我国经济增长速度趋缓的原因；吴超的硕士论文《中国经济增长的"速度偏好"：现象、根源及其治理》（2010）从现象、原因和治理措施三个方面研究了中国 GDP 增长的"速度情结"。

（3）期刊论文研究

内容较多、范围较广，主要从以下六个方面进行研究。

第一，从投入角度研究经济增长，强调 GDP 增长速度要与国力相适应。陈云指出："经济建设规模大小要与国家的财力、物力适应……保守

① Jun Wan, "China's Dilemma on Controlling Urban Sprawl: Planning Regulations, Evaluation, and Prospects for Revision", *Polish Journal of Environmental Studies*, Vol. 22, Issue 3, 2013, pp. 915-924; Zhanqi Yao, "Factor Reallocation Effect and Productivity in China's Economic Growth, 1985-2007", *Chinese Economy*, Vol. 43, Issue 1, Jan/Feb 2010, pp. 44-70.

② 岳希明、张曙光、许宪春主编：《中国经济增长速度研究与争论》，中信出版社 2005 年版，第 10 页。

了，妨碍了建设应有的速度也不好……经济稳定极为重要。"① 赵凌云得出相似的结论。②

第二，从投入—产出角度研究经济增长，经济效益提高的经济增长是合理的，反之则是不合理的。孙冶方认为以最少的劳动消耗得到最大的效果，是一切经济问题的核心，经济效益是衡量 GDP 增长速度的标准。③ 周海春（2006）指出摆脱单纯追求 GDP 增长的传统发展观念，强调节能、降耗、效益提高的经济增长，既要有较快的增长速度，更要注重增长的质量和效益、经济结构的战略性调整。④ 兰纪平，王蕾、余根钱，武少俊，李义平，易培强，吕政等人也有类似结论。⑤

第三，从改革角度研究经济增长。刘国光、吴敬琏认为现阶段从改革要效率，从效率要速度。⑥ 伍晓鹰提出要摆脱"速度情结"，提高劳动生产率，可以避免落入"中等收入陷阱"。解决效率问题靠制度创新，归根结底靠改革（"改革红利"）。⑦ 刘成玉、吴超剖析了中国经济增长"速度崇拜"的深层原因，体制和机制改革是治理"速度崇拜"的关键。⑧ 持有相似观点的还有邱晓华、郑京平，黄群慧，陈东琪。⑨

第四，从就业率的角度研究 GDP 增长速度。厉以宁认为就业问题是影响社会稳定的重要因素之一，社会稳定是改革顺利进行和经济顺利发展的关键，GDP 增长速度无论长期还是短期都可以用就业率来衡量。"就业

①　《陈云文选》第 3 卷，人民出版社 1986 年版，第 52 页。

②　赵凌云：《关于建立经济增长速度制约机制的探索》，《青海社会科学》1991 年第 6 期。

③　孙冶方：《把计划和统计放在价值规律的基础上》，《经济研究》1956 年第 6 期。

④　周海春：《"十一五"经济增长速度规划的科学内涵》，《经济学家》2006 年第 5 期。

⑤　兰纪平：《不能只看 GDP 的增长速度》，《科技文萃》2003 年第 9 期。王蕾、余根钱：《保持一定的经济增长速度是实现总供求平衡的必要条件》，《经济纵横》2003 年第 8 期。武少俊：《适当控制 GDP 增长速度，努力实现全面、协调、持续发展》，《经济研究参考》2004 年第 40 期。李义平：《启动经济，要注重 GDP 增长速度与质量的统一》，《中华工商时报》2009 年 3 月 10 日。易培强：《论经济增长速度与质量效益》，《湖南师范大学社会科学学报》2011 年第 6 期。吕政：《对我国经济增长速度趋缓的分析》，《中国流通经济》2012 年第 11 期。

⑥　刘国光：《当代中国经济的发展、改革与对外开放》，《浙江财经学院学报》1991 年第 4 期。吴敬琏：《关于加快改革步伐的几点思考》，《经济研究》1992 年第 4 期。

⑦　伍晓鹰：《无法摆脱的速度情节》，《品牌》2013 年第 1 期。

⑧　刘成玉、吴超：《对中国经济增长"速度崇拜"的深层解析》，《经济体制改革》2011 年第 1 期。

⑨　邱晓华、郑京平：《对 90 年代我国经济增长速度的再认识》，《数量经济技术经济研究》1992 年第 9 期。黄群慧：《保证今年经济增长速度：制约因素与政策组合》，《经济纵横》1998 年第 8 期。陈东琪：《对当前经济增长速度和政策的几点认识》，《学术研究》2000 年第 3 期。

优先，发展优先"是衡量经济增长率合理程度的标准。① 周慧玲从实证分析的角度研究了我国经济增长速度的上限值在 13% 左右，此时整个经济达到相对充分就业状态。②

第五，从需求（或产出）的角度来理解增长速度。江小涓认为内需是中国经济增长的主引擎，外需是持续高速增长的重要因素，促进内需外需协调发展，体制改革创新是关键。③ 国务院发展研究中心课题组的研究认为每年多市民化 1000 万人口能够使经济增长速度提高约 1 个百分点。④ 卢万青、张伦军认为内需、外需与经济增长之间存在长期的协整关系，投资对经济增长的拉动作用短期内影响较大，消费对我国经济增长的拉动作用长期内最大。⑤ 于春海认为总需求构成的重新平衡，不但是我国经济增长模式重新平衡战略的关键，而且也是缓解外需冲击、提高宏观经济稳定性的关键。⑥

第六，研究经济增长速度的"度"。赵德馨根据中国的实践经验提出国民生产总值平均年增长 6%—7% 是适中的速度。⑦ 王积业提出适度的 GDP 增长速度是产业结构优化、经济效益提高的前提条件。⑧ 刘国光认为发展经济若以潜在增速或中速为准，调整经济结构和转变发展方式，就能实现"较快平稳"的发展。⑨ 刘保军认为我国的 GDP 增长速度快、质量不高，要转变经济增长方式，控制 GDP 增长速度，提高 GDP 增长质量，实现经济社会长期平稳较快发展。⑩ 樊士德探析了我国政府决策层面短、

---

① 厉以宁：《转轨与起飞——当前中国经济热点问题》，陕西人民出版社 1996 年版，第 212 页。

② 周慧玲：《从货币供应看我国经济增长速度极限问题》，《中南财经大学学报》1998 年第 5 期。

③ 江小涓：《大国双引擎增长模式——中国经济增长中的内需和外需》，《管理世界》2010 年第 6 期。

④ 国务院发展研究中心课题组：《农民工市民化对扩大内需和经济增长的影响》，《经济研究》2010 年第 6 期。

⑤ 卢万青、张伦军：《我国的内需、外需与经济增长——基于 VAR 模型的实证分析》，《山西财经大学学报》2010 年第 2 期。

⑥ 于春海：《我国贸易顺差的根源及外需的可替代性——基于贸易品—非贸易品的分析框架》，《经济理论与经济管理》2010 年第 6 期。

⑦ 赵德馨：《经济的稳定发展与增长速度》，《中南财经大学学报》1990 年第 4 期。

⑧ 王积业：《关于保持适度的经济增长率》，《计划经济研究》1990 年第 6 期。

⑨ 刘国光：《经济增长应取中等速度》，《中国社会科学报》2009 年 7 月 21 日第 11 版。

⑩ 刘保军：《要充分认识控制 GDP 增长速度的重要意义》，《财政研究》2011 年第 1 期。

中、长期经济增长适度性的内在机制。① 宋建国从理论和实践上界定了经济增长速度的"度"。② 刘烓松指出未来 20 年中国经济潜在增长率为 6%。③

2. 国外研究

相比国内 GDP 增长速度的研究,国外近年来这方面研究相对较少,主要有:罗布·维斯特维尔特(Rob Westervelt)研究了全球经济增长速度、中国 GDP 增长和美国经济持续改善。④ 托尼·波特(Tony Potter)研究了许多亚洲经济体 GDP 增长率很高,城市化和亚洲新兴中产阶级对化学需求、GDP 增长率的影响。⑤ 罗素(Russell Flannery)指出中国的经济增长率在 2013 年下半年将超过上半年。他阐述了中国面临长期经济增长率下降的趋势,预计中国 GDP 增长率为 7.5%,但最近十年每年将减少至 5%—6%。⑥

总之,目前国内外关于中国 GDP 增长速度的研究取得了一定的成果,研究范围较广,研究重点、热点相对集中,为我们进一步认识、研究中国 GDP 增长速度提供了基础和思路。但是,也存在不足之处。

(三) 中国 GDP 潜在增长率研究述评

1. 国内研究

从研究的结论来看,主要分为以下三个区间。第一,研究潜在增长速度在 6%—8%(包含 8%)的期刊论文。王一鸣指出当前中国经济潜在增长率为 7%—8%的增长区间,7.5%左右的经济增长率目标与潜在增长率相协调。⑦ 张军利用全要素生产率的方法测算未来 10 年 GDP 潜在增长率

① 樊士德:《中国宏观经济增长速度适度性的范式研究》,《中州学刊》2011 年第 3 期。
② 宋建国:《关于经济增长速度"度"的思考》,《经济问题》1993 年第 6 期。
③ 刘烓松:《从人口因素看中国经济未来 20 年的潜在增长速度》,《上海经济研究》2013 年第 1 期。
④ Westervelt, Rob, "Outlook steadies but slow", *Chemical Week*, Vol. 176, Issue 4, 2012-3-22, pp. 3-3.
⑤ Potter, Tony, "Asia remains primary driver of global olefins demand. (cover story)", *Chemical Week*, Vol. 176, Issue 12, 4/28/2014, pp. 25-25.
⑥ Flannery, *Russell. Forbes Global CEO Conference Coverage: China's GDP Growth To Quicken In 2nd Half*, Forbes. com. 9/11/2013, pp. 10-10; Flannery, Russell, "China Faces Years Of Slowing GDP Growth", *Top Strategist Says*, Forbes. com. 2013-8-11, pp. 2-2.
⑦ 王一鸣:《经济增长目标为何仍调低至 7.5%》,《新闻晚报》2013 年 3 月 5 日第 A1 版。

为 7%—8%。^① 邹至庄预测中国未来 10—15 年里实际 GDP 增速年增长率约为 8% 或略高。^② 安立仁等基于资本驱动假设的"修正的奥肯定律",认为当实际增长率高于潜在增长率 1% 时,就会使实际就业率提高 1.47%。^③ 林毅夫指出中国只要技术不断创新、产业不断升级、不断深化改革开放,应该还有 20 年平均每年 8% 的增长潜力。^④ 国务院发展研究中心宏观经济研究部部长余斌指出 2011—2015 年 GDP 增速在 7%—8%,重点调整经济结构、转换增长动力,促进经济长期平稳发展。^⑤ 国务院发展研究中心金融研究所巴曙松提出 2013—2014 年中国经济的潜在增长率仍在 7%—8% 的水平。^⑥ 联合国贸易和发展会议、经济与社会事务部等机构预测中国将在未来数年维持 7.5% 左右的经济增速。^⑦ 世界银行预测中国 GDP 增速将维持在 7.5%—8%。^⑧ 国际货币基金组织认为中国经济的增长预期 2014 年和 2015 年分别为 7.5% 和 7.3%。^⑨ 陆旸、蔡昉推测中国在 2016—2020 年 GDP 潜在增长率为 6.7%,到 2050 年,降至 4% 以下。^⑩

第二,研究潜在增长速度在 8%—9%(包含 9%)的期刊论文。吴敬琏认为今后 5—10 年,如果环境较正常,中国经济潜在增长率应在 8%—10%;^⑪刘国光称中国经济的潜在增长率应在 9%;^⑫刘树成认为中国未来五年潜在经济增速在 8%—9% 之间。^⑬

① 蔡昉、陆旸:《中国经济今后 10 年可以实现怎样的增长率?》,《全球化》2013 年第 1 期。
② 邹至庄:《用经济模型预测中国 GDP》,《第一财经日报》2013 年 2 月 1 日第 A 评论版。
③ 安立仁、董联党:《基于资本驱动的潜在增长率、自然就业率及其关系分析》,《数量经济技术经济研究》2011 年第 2 期。
④ 林毅夫:《中国还有 20 年平均每年增长 8% 的潜力》,《闽商报》2013 年 12 月 16 日。
⑤ 王小霞:《中国潜在经济增长率开始下降——访国务院发展研究中心宏观经济研究部部长余斌》,《中国经济时报》2011 年 11 月 29 日第 A1 版。
⑥ 吴倩:《近两年潜在经济增长率 7%—8%》,《广州日报》2013 年 7 月 12 日第 AIII2 版。
⑦ 中财:《联合国预测 2014 年中国经济增长 7.5%》,《南国早报》2014 年 1 月 23 日第 39 版。
⑧ 世界银行:《今年中国 GDP 增速将维持在 7.5%—8%》,《中国财经报》2013 年 6 月 18 日第 3 版。
⑨ 陈若然:《IMF 调高中国经济增长预期》,《南方日报》2014 年 4 月 30 日第 16 版。
⑩ 陆旸、蔡昉:《人口结构变化对潜在增长率的影响:中国和日本的比较》,《世界经济》2014 年第 1 期。
⑪ 吴敬琏:《中国经济潜在增长能达 8%—10%》,《中国经济信息》2002 年第 9 期。
⑫ 刘国光:《中国经济潜在增长率应在 9%》,《价格理论与实践》2002 年第 11 期。
⑬ 刘树成:《未来五年我国潜在经济增长率分析》,《经济日报》2012 年 10 月 29 日第 16 版。

第三，研究潜在增长速度在以上两者标准之外的期刊论文。中国社会科学院经济研究所张平、王宏淼指出，"十二五"期间经济潜在增长区间为7%—9%，2016年后可能继续下调和稳定到5%—7%。[1]

2. 国外研究

预测中国 GDP 潜在增长率的外文文献近年来相对较少。OECD 预测中国 GDP 增长率将在2010年超过11%，2011年放缓至10%以下。[2] 尼尔·弗格森（Niall Ferguson）预测，中国的国内生产总值将在2016年超过美国。[3] 探讨"中国模式"的长期增长潜力和效果如布雷斯林（Breslin）的研究、[4] 简·亨宁和贝伦斯（Jan Henning, Behrens）的研究[5]、Euroweek 的研究[6]、瑞克·芭芭拉（Reck Barbara）的研究[7]以及王峰的研究[8]。

总之，目前国内外对中国 GDP 潜在增长率的研究有一个共识，即中国 GDP 潜在增长率大致都在6%—8%的区间。研究潜在增长速使用的方法、研究的时间、对象、范围不同会得出不同的结论。一般情况下，长期来说一国经济增长取决于一个国家的潜在经济增长率，而潜在经济增长率是一个长期供给概念，它衡量的是一个国家所有生产要素在最优资源配置情况下所能达到的最大经济增长率。

---

① 张平、王宏淼：《稳速增效 提升自主协调发展——2013年中国经济和政策展望》，《光明日报》2013年1月25日第11版。

② OECD，"Developments in selected non-member economies"，*OECD Economic Outlook*，Vol. 1, Issue 87, May 2010, pp. 191-219.

③ Ferguson, Niall, "Gloating China, Hidden Problems", *Newsweek*, Vol. 158, Issue 8/9, 2011-8-22, p. 6.

④ Breslin, Shaun, "China and the crisis: global power, domestic caution and local initiative", *Contemporary Politics*, Vol. 17, Issue 2, Jun 2011, pp. 185-200.

⑤ Behrens, Jan Henning, "Opportunities for- and configuration of foreign innovation: a case study of multinational companies in China", *Journal of Business Chemistry*, Vol. 9, Issue 2, Jun 2012, pp. 85-104.

⑥ Euroweek, "Renminbi could jump 3% by year-end, says RBC's Jackson", *Euroweek*, Issue 1252, 2012-4-27, p. 146.

⑦ Reck, Barbara K., Rotter, Vera Susanne, "Comparing Growth Rates of Nickel and Stainless Steel Use in the Early 2000s", *Journal of Industrial Ecology*, Vol. 16, Issue 4, Aug 2012, pp. 518-528.

⑧ Wang Feng, "China's baby steps", *New Scientist*, Vol. 221, Issue 2961, 2014-3-22, pp. 26-27.

（四）中国经济新常态下 GDP 增长速度研究述评

经济新常态下 GDP 增长速度研究主要集中于国内规范研究，几乎没有实证研究。规范研究分为两类：一是期刊文章类。王一鸣指出中国经济新常态下要创新宏观调控思路和方式以及依靠改革创新重塑发展新动力。① 赵凌云从速度、结构、质量、城乡格局以及国际地位五个方面探讨了中国经济呈现新的发展形态。② 张占斌指出中国经济发展的新阶段，从短期和长期发展目标看，需要重点考虑三个方面：发展需要保持合理的速度，抓住创新转型主线提质增效，实现好的新常态需要坚持有为有力原则。③ 马蔚华指出中国经济处于"三期叠加"的关键时期，企业家在技术变革和新兴业态、战略性新兴产业、新型城镇化等七个方面寻找到新的发展机会。④ 二是报纸类。习近平提出中国经济新常态的三个主要特征：中高速增长、经济结构优化升级、从要素驱动转向创新驱动；新机遇是准确理解新常态的关键；创新是中国发展的新引擎；深化改革是化解新问题、新矛盾的关键。⑤ 张军扩认为新常态下改革是释放国内需求潜力、促进创新驱动经济增长、保持经济稳定的最重要的战略举措。⑥ 林毅夫认为新常态下中国经济增速下降不是结构性减速，而是世界经济增长速度下滑、外部周期性因素导致的。⑦ 肖罗认为新常态下应实施重点领域和关键环节的定向调控，保持稳增长和调结构之间的平衡。⑧ 黄益平、苟琴、蔡昉指出中国经济走向了"常规发展"，经济结构出现新的平衡，同时新的经济增长模式面临新的挑战。⑨ 陈昌盛认为新常态是中国经济发展新阶段的新认

---

① 王一鸣：《全面认识中国经济新常态》，《求是》2014 年第 22 期。

② 赵凌云：《中国经济新常态与湖北发展新机遇》，《湖北社会科学》2014 年第 10 期。

③ 张占斌：《中国经济新常态的趋势性特征及政策取向》，《国家行政学院学报》2015 年第 1 期。

④ 马蔚华：《中国经济新常态下的七个新机会》，《中国对外贸易》2014 年第 10 期。

⑤ 习近平：《在亚太经合组织工商领导人峰会开幕式上的演讲》，《人民日报》2014 年 11 月 10 日第 1 版。

⑥ 张军扩：《专家研讨走向新常态的新兴经济体》，《光明日报》2014 年 11 月 16 日第 7 版。

⑦ 林毅夫：《中国经济增速下降在于外部周期性因素》，《人民日报》2014 年 7 月 11 日第 10 版。

⑧ 肖罗：《把握经济发展的新常态》，《光明日报》2014 年 12 月 10 日第 2 版。

⑨ 黄益平、苟琴、蔡昉：《增长趋势放缓将是中国经济新常态》，《决策探索》2014 年第 7 期。

识，改革开放和创新驱动发展是适应中高速增长的根本出路。①

关于中国经济新常态的外文文献几乎没有。总之，中国经济新常态 GDP 增长速度的研究比较集中，大部分学者分析了经济新常态的主要特征、新的发展机遇以及适应新常态的应对策略。

综上所述，国内外学术界关于中国经济增长源泉、中国 GDP 增长速度、中国潜在增长率、新常态下 GDP 中高速增长的研究取得了一定的研究成果，为进一步认识、研究中国 GDP 增长速度提供了基础和思路。但是，这些研究还存在一定的欠缺。

首先，研究内容重复，研究重点、热点集中。学者对中国 GDP 增长速度的研究热衷于改革开放以后，改革开放前中国 GDP 增长速度的研究很少。因此，以往研究相对缺乏全面、系统性，不容易看出改革开放以来中国 GDP 增长速度与改革开放之前的 GDP 增长速度的连贯性与统一性、差异性与整体性。

第二，研究的深度不够。研究中国 GDP 增长速度，大多是从某一角度，如单纯研究经济增长质量、经济结构与 GDP 增长速度的关系、GDP 增长速度的"度"，较少分析它们之间的内在联系，很少认识到中国 GDP 增长速度是一个国家在所有生产要素，包括人力资源、自然资源，技术、管理、制度安排和经济政策等综合运用的效果，较少综合分析 30 多年来 GDP 高速增长深层次的政治、经济、社会制度原因。

第三，理论高度不够。目前对"中国 GDP 增长速度"的研究侧重于经济现象的描述，较少用理论和实证相结合的方法分析 GDP 高速增长的动因，这在一定程度上弱化了理论分析，降低了中国 GDP 增长速度研究的高度。

总之，学术界对中国 GDP 增长速度的研究方兴未艾。但是，国内学者对中国 GDP 增长速度的研究还不成熟，缺乏系统性、全面性，处于不断的探索之中。基于此，本书在以往研究的基础上，系统、全面研究 30 多年来中国 GDP 增长速度的奇迹及其成就，从理论与实证角度分析 GDP 长期高速增长的动因、GDP 高速增长过程中出现的问题、GDP 高速增长如何转向新常态，寻找中国 GDP 增长速度科学发展的标准，实现国民经济持续健康协调发展。

---

① 陈昌盛：《新常态：中国经济发展的大逻辑》，《光明日报》2015 年 1 月 27 日第 1 版。

三　主要内容、研究方法、研究思路 及技术路线图

（一）主要内容

全书共分六章，除导论外，其余各章具体研究内容如下。

第一章：中国GDP高速增长。本章首先研究中国GDP增长速度的奇迹，从纵向的历史比较和横向的国际比较两个方面阐述。（1）纵向的历史比较：1949—1956年快速增长；1957—1978年慢速增长；1979—2012年高速增长。通过比较可知，新中国GDP增长速度具有明显的阶段性，并且1979—2012年中国GDP增长速度具有"高速和稳定性增强"的特性。（2）横向的国际比较：中国GDP增长速度与日本和"亚洲四小龙"比较、与其他金砖国家比较、与第二次世界大战后11个经济体比较、与遭受经济危机冲击的国家比较。通过比较可知中国GDP增长速度具有高速、稳定性较高、持续时间长的特点。其次，探讨中国GDP高速增长取得的成就，从国内成就和对世界经济增长的贡献两个方面阐述。（1）国内成就：社会生产力和科技实力显著提高、经济实力显著增强；城乡居民收入水平大幅提高、人民生活显著改善；综合国力、国际竞争力、国际影响力增强。（2）对世界经济增长的贡献：由与发达国家美国、日本、欧盟的比较，与其他金砖国家的比较可知，中国对世界经济增长的贡献大幅上升，2012年中国超过美国成为对世界经济增量贡献最大的国家。

第二章：中国GDP高速增长动因的理论与实证分析。本章从理论与实证两个维度分析中国GDP高速增长的动因。首先，从理论上分析经济体制改革、经济全球化、传统的人口红利、投资、技术进步推动GDP高速增长。（1）制度变革对GDP高速增长的理论与实践效果分析；（2）中国抓住第一轮全球化的机遇，坚持改革开放，促使GDP高速增长；（3）中国丰富、低廉的劳动力资源是助推GDP高速增长的初始动因：劳动力从农业部门转移到非农部门或者从效率低的部门转向效率高的部门，促使中国经济整体效率提升和GDP持续高速增长，并探讨了GDP高速增长的维多恩效应及其高速增长与贸易大国的关系；（4）技术进步是经济增长的不竭动力和核心源泉，探讨了科技投入和创新对经济增长的贡献率；（5）高投资是推动GDP高速增长的必不可少的因素，中国高储蓄和信贷

扩张支持了高投资，高投资的经济效益并不总是递增的，随着 GDP 的高速增长，固定资产投资效果系数不断下降，低于美、日、韩等发达国家，"高投资—低消费—高增长"的模式不可持续。其次，从经济开放度的角度实证分析中国 GDP 高速增长的动因，实证结果与上述理论分析一致，并量化了经济开放度、资本、劳动力、技术进步（全要素生产率）对中国 GDP 高速增长的影响因子（制度因素除外）。本章旨在说明：对 GDP 高速增长动因的深刻剖析将进一步引出后续章节围绕中国 GDP 高速增长，多角度、分层次探讨 GDP 高速增长取得的成就及所产生的问题，为 GDP 增长速度怎样科学发展才能实现国民经济持续、健康、稳定发展做铺垫。

第三章：中国 GDP 高速增长与经济增长质量。本章从三个方面探讨这一问题。首先，从 GDP 增长速度的角度对经济增长质量的内涵进行界定，经济增长质量主要考虑的是潜在经济增长率和经济增长是否能够长期持续。然后纵向分阶段分析新中国成立以来，随着 GDP 的高速增长，经济增长质量的改善情况。其中，1949—1956 年，中国经济效益较好、人民生活显著改善，因此这段时期经济增长质量较好；1957—1978 年，GDP 增长的效率和经济效益低下、经济增长的稳定性较差、人民生活水平停滞，因此这段时期经济增长质量较差；1979—2012 年，随着 GDP 高速增长，整个社会劳动生产率显著提高、高就业、社会保险覆盖率扩大与保障水平提升、人民生活水平提高、商品贸易结构改善、全国人文发展指数提高，因此这段时期 GDP 高速增长与经济增长质量显著提高。其次，随着追求速度型的 GDP 增长，中国经济社会出现了很多矛盾和问题。（1）经济发展整体层次较低，主要表现在经济增长中的技术水平低、科技人才少、人文发展指数总体较低且不均衡；（2）社会进步相对落后，主要表现在社会建设明显滞后，政府社会管理面临巨大挑战，不平等现象阻碍社会进步；（3）劳动生产率与经济增长效率低；（4）城镇化质量不高以及资源环境承载力失衡。最后，提出以科学发展为指导思想，以社会和谐建设为统领，以人的全面发展为终极目标，以自主创新为发展手段，以转变经济增长方式为发展路径，协调 GDP 高速增长与经济增长质量。本章旨在说明：应反对脱离质量、效益、社会公平、生态环境、不计一切后果和代价的畸形的"速度追狂"，努力实现更高质量、更好效益的可持续增长。

第四章：中国 GDP 高速增长与经济结构。本章从产业结构、需求结构、收入分配结构三个方面探讨其与 GDP 高速增长的关系。首先，GDP 高速增长与产业结构的关系。（1）纵向分析中国产业结构的变化和提升。1952—1956 年，产业结构比较协调；1957—1978 年，产业结构严重不协调；1979—2012 年，产业结构比较协调。通过比较分析，改革开放以来中国产业结构比较协调是在之前产业结构比较协调与严重不协调的基础上产生与发展起来的，是对改革开放之前产业结构的补充和完善。但是与世界发达国家产业结构相比，中国产业结构发展滞后，无论是产业结构之间还是产业内部结构都存在问题，主要表现在：农业内部结构有待优化；工业缺乏自主创新和高端创新人才、缺少世界知名品牌以及科、教、研投入较低；服务业发展滞后。（2）探讨 GDP 高速增长与产业结构的矛盾，主要表现在与工业快速发展的矛盾、与三次产业劳动生产率差距扩大的矛盾、与产业结构的能源效益低的矛盾。（3）探研 GDP 高速增长与产业结构相对滞后的途径：保持农业的基础地位不变；工业对 GDP 的贡献由速度效应转向结构效应；先进制造业和现代服务业的融合发展；产业结构的服务化。其次，GDP 高速增长与需求结构的关系。（1）分析 GDP 增长的需求贡献。纵向分析改革开放之前与之后 GDP 增长的需求贡献，横向与低收入、中低等收入、中等收入、中高等收入、高收入五个收入组别的需求贡献比较。通过比较可知，中国需求结构长期偏离常态，显示中国赶超型的高速增长模式。（2）分析 GDP 高速增长造成内需、外需结构失衡以及消费、投资结构失衡，说明这样的高速增长模式不可持续，从 GDP 高速增长与三大需求率变动趋势探讨 GDP 高速增长与需求结构演进的动力机制。（3）研究 GDP 高速增长与需求结构协调的途径：以扩大消费需求为立足点，以稳定投资需求为关键点，以稳定出口为必要条件。最后，GDP 高速增长与收入分配结构的关系。（1）随着 GDP 高速增长，居民收入、消费水平显著提高，但是收入分配结构中存在许多严重的失衡问题，如经济高速增长与城乡居民之间、城市居民内部、乡村居民内部的矛盾；与最高、最低收入户收入差距扩大的矛盾；与政府财政、居民收入失衡的矛盾；与收入分配不公的矛盾。（2）与经济高速增长时期收入分配较公平的日本和"亚洲四小龙"比较，与经济高速增长时期收入分配差距扩大、出现严重的贫富悬殊现象的拉美国家比较，揭示中国在 GDP 高速增长时期，要成功避免"中等收入陷阱"，就必须缩小收入分配差距，协调高速增长与收入分配的关系。（3）研究长期的收入分配失衡会造成严重后果：贫富差距扩大；影响经济可持续增长；进入"中等收入陷阱"的主要原因。（4）处理好 GDP 高速增长与收入分配结构的关系，主要处理好 GDP 高速增长与以下几个方面关系：与财政和居民收入、与税收杠杆的再调节功能、与财产性收入、与包容和均等化教育的关系。本章旨在说明：要追求 GDP 增长速度更要重视结构，协调 GDP 高速增长与经济结构失衡的关系，促使经济结构转型升级，实现调结构、稳增长的目的。

第五章：中国 GDP 增长速度迈入新常态。本章分三个部分研究这一问题。首先，研究中国经济处于"三期叠加"的关键时期，GDP 增长速度迈入新常态的必然性。（1）支撑 GDP 高速增长的传统发展优势逐步减弱甚至消失，主要表现在传统的人口红利、资源红利、全球化红利减弱，高储蓄率和高投资率向下调整，动力结构从外循环转向内循环。（2）GDP 增长速度进入换挡回落的新时期。（3）经济新常态的本质内涵是高效、可持续的中高速增长；四个主要特征：中高速、质量效益型的增长方式、调整存量和做优增量的结构转型、创新驱动的新动力。其次，探讨再造 GDP 中高速发展的新优势。（1）提升人力资源水平，主要包括教育资源和科技人力资源红利；（2）扩大就业空间；（3）进一步提升全球化水平；（4）优化国民经济的空间布局，主要包括城乡差距和地区差距带来的红利空间；（5）推进经济结构转型升级，主要包括推进需求结构和产业结构转型升级。最后，指出改革是再造 GDP 中高速发展新优势的动力源泉。（1）改革最重要的四项经济制度。包括改革所有权制度、分配制度、土地制度以及户籍制度。（2）改革其他经济体制。主要包括处理好政府与市场的关系、改革现有教育体制、加快科技体制创新、实施生态文明的改革、推进城镇化改革。本章旨在说明：中国 GDP 增长速度由高速转向中高速、经济增长方式由速度数量型转向质量效益型，是经济规律、自然规律、社会规律发展的必然趋势，符合中国现实国情，实现内涵式、包容性增长是中国 GDP 高速增长的必然要求。

第六章：结语。通过对改革开放以来中国 GDP 增长速度的研究，得出以下结论：（1）适度的 GDP 增长速度是对新中国经济发展过程与实践的探索，探索的是稳定的、可持续的发展速度。（2）GDP 增长速度与经济增长质量、经济结构的协调与统一。（3）改革开放前、后 30 多年 GDP

增速是差异性与连续性的整体。改革开放以来中国 GDP 增长速度，与改革开放前 30 年 GDP 增速既有差异性，又有连续性，两者是一个有机的整体。（4）GDP 高速增长、中高速发展的中国特色。中国 GDP 增长速度是世界经济史中的常见现象，但有中国特色。（5）适合中国国情的 GDP 增速适度发展的标准。"坚持质量效益前提下的速度，转变经济发展方式基础上的速度"，以 7% 为中轴线的上下波动（5%—9%）的速度是符合中国国情的 GDP 增长速度。适度的 GDP 增长速度是 60 多年中国 GDP 增长速度经验教训的理论结晶；追求 GDP 增长速度的目的是共同富裕，藏富于民，真正做到以民为本。

（二）研究方法

本书在尊重历史逻辑与历史事实的基础上，采用数量分析、计量分析等研究方法。

第一，经济学与历史学研究方法的综合运用。史料翔实、新颖和准确。同时，要在经济学理论的指导下进行深入分析。

第二，定性分析与定量分析结合。本书对中国 GDP 高速增长动因的理论与实证分析，既避免单纯的主观经验分析带来较大人为干扰的不利因素，又兼顾纯粹实证分析忽视经验判断，因此将定性分析与定量分析相结合，既考虑到经验和决策者的合理性分析，又兼顾了信息的客观、真实、有效。

第三，比较分析的研究方法。一是纵向比较分析中国 GDP 增长速度三个历史阶段；二是横向国际比较分析，与日本和"亚洲四小龙"、与其他金砖国家、与第二次世界大战后 11 个经济体 GDP 增长速度等进行比较。与美国、日本、德国等发达国家与韩国、马来西亚、新加坡等东亚国家固定资产投资效果系数的比较分析等。通过纵向、横向比较分析，探讨了科学的中国 GDP 增长速度的发展规律，及时总结经验教训，以为国民经济持续协调健康发展提供启示。

（三）研究思路及技术路线图

研究思路及技术路线如图 0—1 所示。

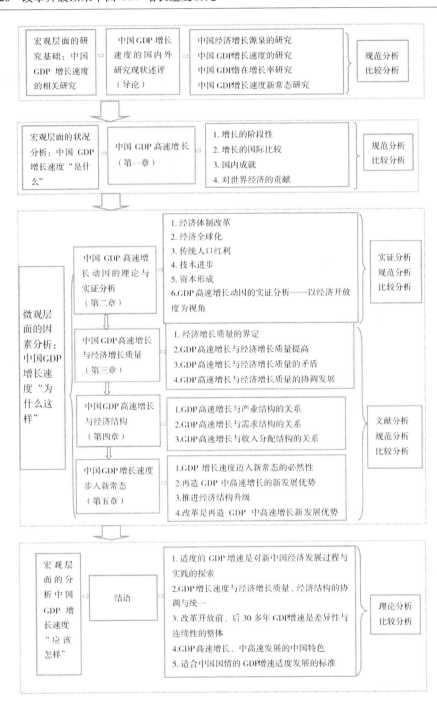

图 0—1　研究思路及技术路线图

四　本书的创新点和不足之处

（一）论文的创新点

中国 GDP 增长速度研究是一个重大而又复杂的问题，不仅要多角度、深层次、全方位剖析增长的动因、增长的效率和质量及 GDP 增速迈入新常态等问题，而且还需要综合制度、体制、经济、社会多方面因素厘清中国 GDP 增长速度"是什么"——"怎么样"——"为什么"——"应该怎样"。只有这样，才能从挖掘中国 GDP 增长速度的源泉入手，研究中国特色的 GDP 增速适度发展的标准。本书的创新点主要体现在以下两个方面。

1. 研究内容比较全面

目前对改革开放以来中国 30 多年 GDP 增长速度的研究尚无专著。如赵德馨著《中国近现代经济史（1842—1991）》不是对中国 GDP 增长速度研究的专著，其第十五章"新中国经济发展的路径、阶段与经验"对中国经济增长速度、质量、结构等进行了详细阐述，其他章节也有对经济增长速度进行描述。① 岳希明、张曙光、许宪春编的《中国经济增长速度研究与争论》，从经济增长速度的角度出发，收集了中国官方关于 GDP 及其增长速度的计算方法、国内外著名经济学家、学者关于 GDP 及其增长速度重新估计的论文。② 胡利君的硕士论文《我国经济增长速度趋缓的原因及对策》从总量、结构和制度三个方面分析了中国经济增长速度趋缓的原因；③ 吴超的硕士论文《中国经济增长的"速度偏好"：现象、根源及其治理》探讨了中国经济增长"速度痴狂"的深层原因，提出了治理方略和对策。④ 目前，理论界还没有较为全面、系统论述围绕科学发展、实现国民经济持续健康协调发展这一主题探讨中国 GDP 增长速度动因机制、成就与局限性、如何由高速增长转向中高速增长等的文献，本书从比较全面的视角研究了这一问题。

---

① 赵德馨：《中国近现代经济史（1842—1991）》，厦门大学出版社 2013 年版，第 399 页。

② 岳希明、张曙光、许宪春主编：《中国经济增长速度研究与争论》，中信出版社 2005 年版，第 15 页。

③ 胡利君：《我国经济增长速度趋缓的原因及对策》，硕士学位论文，西北工业大学，2001 年，第 86 页。

④ 吴超：《中国经济增长的"速度偏好"：现象、根源及其治理》，硕士学位论文，西南财经大学，2010 年，第 95 页。

2. 研究思路较为可行

从考察 GDP 增长速度的奇迹及其成就入手，通过对改革开放以来中国 GDP 高速增长动因的理论与实证剖析，从高速增长与经济增长质量、经济结构的探析，在中国经济新常态下中国 GDP 增长速度逐步迈入中高速发展，并且与改革开放之前中国 GDP 增长速度进行纵向的历史比较、横向的国际比较研究，对中国 GDP 增长速度进行高层次、全方位的深刻透析，认为7%左右可能是符合国民经济持续增长的增长速度。

（二）论文的不足之处

首先，新制度经济学认为制度变迁具有非竞争性、非排他性和溢出效应等特点，深层制度改革是 GDP 增长速度研究、提高经济效率的关键，适合生产力发展的、先进的制度会促进经济增长，反之则会引起经济停滞甚至衰退。本书定性分析制度变迁是中国 GDP 增长速度"高速增长—低速增长—高速增长"的重要因素，若建立制度内生化的经济增长模型，来定量分析制度对中国经济增长速度的贡献率，效果则更好。

其次，关于中国 GDP 高速增长的动因分析问题。本书运用层次分析法、熵权法结合的综合权重法来测算经济开放度（全球化红利），都是没有考虑资源代价、环境成本基础上的最大限度地推动进出口贸易的发展，事实上，中国进出口贸易实际有效值应该扣除资源环境成本。用这种方法测算出的经济开放度，并作为中国 GDP 高速增长模型的变量之一，虽然考虑了测算经济开放度的主、客观因素，但还是有失偏颇。如果在测算时能准确统计出各年资源代价、环境成本的具体数值，那么测算出的经济开放度，并作为变量进行分析的结果将对现实的宏观调控更具实质意义。

第一章

中国 GDP 高速增长

改革开放以来，中国经济保持了 30 多年长期、持续的高速增长，但中国 GDP 增长速度随着经济发展的不同阶段而有所差异。改革开放初期的 1978—1992 年，是中国经济增长由停滞进入高速的起飞阶段，GDP 年均增速达到 9% 左右；推动市场化改革的 1992—2002 年，GDP 年均增速迅速提高至 10% 左右；加入 WTO 以后的 2003—2012 年，中国抓住了第一轮经济全球化红利，加速工业化和城镇化的进程，中国宏观调控的实施为 GDP 高速增长、平稳发展创造了有利的条件，GDP 年均增速高达 10% 以上。本章将从纵向的历史比较和横向的国际比较分析中国 GDP 增长速度的奇迹；同时，研究中国 GDP 高速增长取得的成就及对世界经济增长的贡献。

第一节　高速增长

中国 GDP 增长速度，无论是纵向的历史比较，还是横向的国际比较，都可堪称奇迹。公元 1 世纪的时候，中国的汉朝和欧洲的罗马帝国处在同一发展水平。而且直到 1820 年，中国一直是世界上最大的经济体，GDP 总量占世界份额的 32.4%。① 但此后的 1840—1950 年，由于技术落后、政府管制的弱点，中国一直被内乱和结盟的外国势力对其领土和主权的入侵困扰，造成中国经济灾难性的后果。中国 GDP 占世界总量由 1840 年的 30% 左右降至 1950 年的 5%；在日本的人均收入提高了 3 倍、欧洲提高了

---

① ［英］安格斯·麦迪森：《世界经济二百年回顾》，改革出版社 1998 年版，第 134 页。

4 倍，而美国提高了 8 倍的同时，中国的人均收入却出现了下降。[①]
1950—1978 年，中国人均收入有了显著的回升，但是经济增长却因为灾
难性的经济和社会试验、朝鲜战争、同印度和越南进行的战争，以及长期
的对外封闭而基本停滞、徘徊。改革开放 30 多年来，中国经济又重返世
界经济大舞台，并且扮演越来越重要的角色。1978—2012 年中国对世界
经济增长的平均贡献率为 13.5%，占发展中国家整体贡献的 2/5；2008—
2012 年，中国 GDP 对世界经济增量的平均贡献率高达 40%，远远高于同
期美国平均 12% 的水平，中国迅速成为世界经济增长的新引擎。[②] 同时，
过去 30 多年，中国 GDP 高速增长的稳定性增强，是同期世界经济增长波
动最小的国家之一，成为世界经济稳定增长的重要力量，对于维持全球经
济稳定起了非常重要的作用。

一 增长的阶段性

新中国成立以来，从整体看，GDP 年均增速很快，但呈现出明显的
阶段性特征。以 GDP（以下数据除注明者外，皆按当年价格计算）的增
长速度为依据，可以将 1949—2012 年的经济增长分为 1949—1956 年快速
增长、1957—1978 年慢速增长、1979—2012 年高速增长三个阶段。中国
GDP 增长速度呈现出阶段性的快速增长—慢速增长—快速增长的状态。
与改革开放之前 GDP 增长速度波幅较大相比，改革开放之后中国 GDP 增
长速度相对平缓。

（一）1949—1956 年快速增长

1949—1956 年 GDP 快速增长，年均增长率达 14.2%。这一阶段包含
两个周期，第一个周期为 1950—1952 年，第二个周期为 1953—1956 年。
第一个周期的最高、最低增长年度分别是 1952 年和 1951 年，GDP 增速分
别为 22.3% 和 16.6%；第二个周期的最高、最低增长年度为 1956 年和
1954 年，GDP 增速分别为 14.1% 和 5.8%。

1952—1954 年，波峰（GDP 增速 22.3%）到波谷（GDP 增速 5.8%）
的波幅非常大，高达 16.5 个百分点。由于 1950—1952 年是新中国成立后

---

① ［英］安格斯·麦迪森：《中国经济的长期表现》，上海人民出版社 2008 年版，第 1—
2 页。

② 何建武：《中国成为全球经济增量最大贡献者》，《中国经济时报》2014 年 12 月 2 日第
A5 版。

国民经济需要迅速恢复，是恢复性经济增长。若将 1950—1952 年国民经济恢复性增长的年份除外，1953—1956 年，GDP 增速都为波峰年份，为一个完整周期。这一周期 GDP 增速波动状况为：波动周期较短，强度不大；波位较高，较为平缓（图 1—1）。

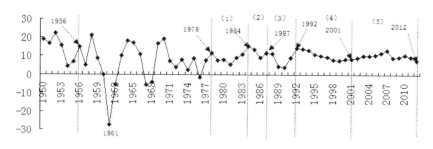

图 1—1　1950—2012 年中国 GDP 增长速度波动曲线（单位:%）

资料来源：由于统计年鉴上没有 1950 年、1951 年、1952 年 GDP 数据，用《中国统计年鉴 1983》第 22、23 页的国民收入代替 GDP，根据国民收入指数算出 GDP 年增长率。1953—2008 年数据来源于《新中国六十年统计资料汇编》第 6、11 页，2009—2012 年数据来源于《中国统计年鉴 2013》第 45 页。

这一阶段包含两个小阶段：（1）1949—1952 年是完成土地改革与国民经济恢复时期。1949—1952 年，社会总产值由 557 亿元增加到 1015 亿元，增长了 82.2%，年均增长 22.8%。其中，工农业总产值由 466 亿元增加到 810 亿元，增长了 73.8%，年均增长 21.1%。国民收入由 358 亿元增加到 589 亿元，增长了 64.5%，年均增长 19.3%；人均国民收入由 66 元增加到 101 元，增长了 53.0%，年均增长 16.4%。[①] 从数字上看，这是新中国成立以后各个历史时期 GDP 增长最快的，但这种 GDP 增速属于恢复性增长。（2）1953—1956 年，属于社会主义改造和完成"一五"计划时期。1956 年的 GDP（按当年价格计算）1028 亿元，比 1952 年的 679 亿元增长 51.40%，[②] 平均每年增长 10.9%，速度很快。[③]

[①]　根据 1983 年中国统计年鉴相关数据计算得出。

[②]　据《经济研究》2000 年第 10 期所载孟连、王小鲁《对中国经济增长统计数据可信度的估计》，由于多种原因，经济增长率统计指标的可信度问题估计如下：GDP 增长率在 1953—1977 年、1978—1991 年间分别可能虚增 2.2%、1.0%，据此，1953—1977 年、1978—1991 年间经济增长率分别调整为 3.7%、8.2%。

[③]　赵德馨：《中国近现代经济史（1842—1991）》，厦门大学出版社 2013 年版，第 102 页。

1949—1956 年，中国社会生产力快速恢复与发展。1950—1956 年，中国和世界部分发达国家的工业总产值增长速度如下：中国 317%，美国 27%，苏联 105%，英国 17%，联邦德国 95%，法国 50%，印度 67%，日本 152%。中国高速度增长，使中国缩小了与发达国家的差距。中国 GDP 占世界 GDP 的比重，1950 年、1952 年、1956 年呈上升趋势，分别为 6.25%、7.1%、7.5%。按人均 GDP 计算，中国 1956 年比 1950 年增长 35.04%，比 1952 年增长 15.96%；1950 年中国为世界平均数的 29%，1952 年为 33%，1956 年升至 34%。中国 GDP 占世界 GDP 的比重，中国人均 GDP 与世界人均 GDP 平均数之比，从 16 世纪以后一直呈下降趋势，1950 年开始转变为波动中上升。这种从几百年间的下降转为上升，是一个重大的转折。它是中国经济在世界经济中的地位发生根本性变化的开始。①

（二）1957—1978 年慢速增长

1957—1978 年 GDP 年均增长 6.0%，比第一阶段 1949—1956 年低 8.2%。在新中国经济史上，这 22 年是 GDP 增速较慢的时期。新中国成立以后，经济增长较高的 1958 年，GDP 增速为 21.3%；最低的 1961 年，GDP 增速为 -27.3%，两者相差将近 50 个百分点，波动幅度非常大。1960 年、1961 年、1962 年、1967 年、1968 年、1976 年这六年出现负增长，GDP 增长率分别是 -0.3%、-27.3%、-5.6%、-5.7%、-4.1% 和 -1.6%。这一阶段包括六个周期，分别是 1956—1958 年、1958—1966 年、1966—1970 年、1970—1973 年、1973—1975 年、1975—1978 年，其中第二个、第三个、第六个周期属于经济增长绝对下降的古典周期。22 年出现 6 个周期，平均每个周期 3.7 年。这一时期 GDP 增速波动状况：波动周期较短，波幅较大，波位较低。属于低位—大起大落的波动类型。这个阶段 GDP 增长速度波动之剧烈在世界经济史上罕见。

1957—1978 年是中国实行计划经济体制时期，GDP 年均增长率为 6.0%。这个 GDP 增速慢于社会制度相同的苏联东欧国家、发达国家以及"亚洲四小龙"，甚至比基数大得多的日本还慢一些。从国民生产总值看，按 1982 年汇率计算，1965 年，日本为 3633 亿美元，中国为 1040 亿美元。1975 年，日本为 7762 亿美元，中国为 2036 亿美元。1965—1975 年，日

---

① 赵德馨：《中国近现代经济史（1842—1991）》，厦门大学出版社 2013 年版，第 109 页。

本和中国分别增长 102.5% 和 95.2%。中国 GDP 增长速度在这 11 年中比日本低 7.3%。从国民收入来看，日本 1966—1975 年增长了 145%，平均每年递增 9.4%。同期，中国增长了 95%，平均每年增长 6.9%。10 年总计的增长速度，中国为日本的 65.5%；平均每年递增的速度，中国为日本的 73.4%。若按人口平均计算，日本 1975 年比 1965 年增长 118%，平均每年增长 8.1%；中国 1975 年比 1965 年增长 41%，平均每年增长 3.5%。[①] 比较经济发展速度，只有把比较的各方面放在一个大致相当的基点上，才具有可比性。日本在第二次世界大战中成为战败国，国民经济严重衰退。1945—1953 财政年度是日本战后的恢复阶段，这与中国到 1952 年基本完成国民经济的恢复工作大致是同步的，中国所恢复到的战前水平比日本低。在上述对比的起点（1965 年）上，中国经济发展的水平也比日本低。经济发展水平低的国家，在基数比较小的基础上达到一定的发展速度，较之于经济发展水平高、基数比较大的国家要容易。因此，在同一时期，中国的经济发展速度低于日本，更能说明中国在该时期经济发展与世界先进国家的差距越来越大。[②] 据安格斯·麦迪森的计算，1956—1978 年，中国 GDP 年均增速为 4%，低于世界 GDP 年均增速 4.5%；同期，中国 GDP 增长了 1.39 倍，低于世界增长 1.62 倍的平均水平。中国 GDP 年均增速比世界平均水平慢 12.5 个百分点，使得中国 GDP 占世界 GDP 的比重由 7.5% 下降至 6.8%。其间，1976 年为 6.42%，仅比 1950 年的 6.25%（中国历史上的最低点）高 0.17 个百分点。在 1957—1978 年，中国经济的发展没有显示出社会主义计划经济制度的优越性。[③]

　　1957—1978 年，中国经济停滞与徘徊了 22 年，大规模的政治运动阻碍了中国经济的发展。"大跃进"和"文化大革命"对中国经济的摧残非常严重，使中国的政治和经济体系几近崩溃。1957 年的"反右扩大化"、1958—1960 年的"大跃进"和人民公社化、1959 年的"反右斗争"等严重摧残了中国经济，破坏了国民经济比例关系，造成了 1960 年、1961 年、1962 年连续三年 GDP 负增长，经济严重衰退。1963—1965 年经济开始复苏，这三年 GDP 增长率反弹到 10.2%、18.3% 和 17.0%。但这一轮

---

①　根据世界银行数据库相关数据计算得出。

②　赵德馨：《中国近现代经济史（1842—1991）》，厦门大学出版社 2013 年版，第 278 页。

③　同上书，第 278—288 页。

经济复苏趋势没有延续下去，更大的、涉及面更广的政治运动开始了。
1966 年 5 月到 1977 年 8 月，中国经历了长达 10 年的"文化大革命"，严
重扰乱了社会秩序、经济秩序与规则，1967 年、1968 年、1976 年 GDP 再
次出现负增长。① "文化大革命"也深刻地动摇了中国的教育和政治体制。
以上这些影响了中国经济增长的稳定性，降低了劳动生产率和经济效率。
另外，农业生产单位过于庞大，也降低了经济增长效益。1957—1958 年
的两年时间里，1.3 亿户家庭农场被改造成 26000 多个人民公社，有 600
万个生产队；1978 年中国的工业和服务业中，一个工厂的工人是日本的
11 倍。② 另外，中国拒绝外国直接投资、很少与世界其他国家商品贸易，
与世界繁荣的经济相对隔绝。资源配置依靠政府指令计划，排斥市场经
济的资源配置功能，造成整个经济效率低下，消费者福利被弱化甚至被
忽视。

　　综上所述，1952—1978 年，中国 GDP 增长了 3 倍，人均实际收入和
劳动生产率分别提高了 82% 和 58%，经济结构出现了转变。1952 年，工
业对国民经济的贡献率仅仅是农业的 1/7；1978 年，工业和农业对国民经
济的贡献率几乎相等。但是，此时期中国经济增长是粗放型的资本投入，
资本存量年均增速为 7.7%，高于 1952—1978 年 GDP 年均 7.3% 的增速。
尽管中国经济在加速，但是仍然慢于世界总体经济的增长。1952—1978
年，中国人均收入的增长率是 2.3%，低于世界平均每年 2.6% 的水平。③
这段时期，中国基础设施建设高积累、低经济效益的发展模式，GDP 增
速表面上并不慢，但是创造的社会财富较少，人民没有得到更多实惠，没
有体现 GDP 高速增长的成果惠及百姓的目的。④

　　根据安格斯·麦迪森的估算，1952—1978 年，中国 GDP 年均增长速
度为 4.39%，低于世界 4.59% 的增长速度；人均 GDP 年均增长速度为
2.33%，低于世界 2.62% 的增长速度；GDP 占世界的份额 1952 年为
5.2%，1978 年为 4.9%，同期日本由 3.4% 上升到 7.6%，美国 1978 年占

---

　　① 黄志刚、刘霞辉：《中国经济可持续增长机制研究》，经济管理出版社 2013 年版，第
115 页。

　　② ［英］安格斯·麦迪森：《中国经济的长期表现》，上海人民出版社 2008 年版，第 5—
6 页。

　　③ 同上。

　　④ 赵德馨：《中国近现代经济史（1842—1991）》，厦门大学出版社 2013 年版，第 290 页。

世界份额为 21.6%。① 可见，中国 1952—1978 年 GDP 增长速度无论在数量上还是质量上都落后于世界的平均水平。

（三）1979—2012 年高速增长

1979—2012 年，中国 GDP 由 4062.6 亿元上升至 51.89 万亿元，年均增长率高达 9.8%，而同期世界 GDP 平均增长仅为 2.87%，中国是世界平均增速的 3 倍多。同期，全国整体 GDP 增长速度的稳定性增强。由图 1—1 所示中国 GDP 增长速度波动起伏的曲线显示，GDP 增长的三次高峰是 1984 年、1992 年和 1993 年，增长率分别达到了 15.2%、14.2% 和 14.0%；三次低谷是 1981 年、1989 年和 1990 年，GDP 增长率仅为 5.2%、4.1% 和 3.8%，没有出现负增长。这一阶段包括 1979—1984 年、1985—1987 年、1988—1992 年②、1993—2001 年、2002—2012 年五个周期，平均每个周期 4.8 年③，它们都属于经济增长周期（没有负增长）。它们的波幅，最低是 2.8%，最高是 10.4%，两者相差 7.6%，与第二阶段相比，波幅减小很多。五个周期内平均增长率，即波位最高达 11.3%，最低达 8.72%，相差不大。这一阶段 GDP 增速有四次连续 2—3 年低于 8%：1979—1981 年是第一次，1989—1990 年是第二次，1998—1999 年是第三次，2012 年是第四次。由于受到外部短期因素的干扰造成这四次 GDP 增速回落，前三次过后 GDP 又高速增长。这一时期 GDP 增速波动特征是波动周期较长、波幅较小、波位较高、较稳定，属于高位—平缓型。这段时期的五个周期经济增长呈现出逐阶段加速的特性，分别为 9.6%、12.3%、9.0%、10.4%、10.2%，GDP 一直在高速增长的轨道上运行，呈现典型的指数化增长。

中国是世界上人口最多、地域辽阔的发展中国家。如图 1—2 显示，1978—2012 年，中国 31 个省市自治区 GDP 增速稳定性、协调性明显增强。这显现出中国 GDP 长期持续高速增长的另一个显著特征：中国宏观经济的整体稳定性与各地区微观经济的稳定性同时增强，而且中国各地区间（省际）GDP 增速表现出相对一致的趋同性，差异性明显

---

① ［英］安格斯·麦迪森：《中国经济的长期表现》，上海人民出版社 2008 年版，第 36—37 页。

② 赵德馨：《中国近现代经济史（1842—1991）》，厦门大学出版社 2013 年版，第 401 页。

③ 刘树成：《中国经济增长与波动 60 年》，社会科学文献出版社 2009 年版，第 11 页。

缩小。①

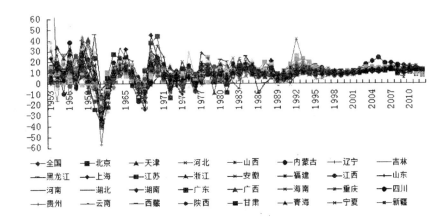

图 1—2　1953—2012 年中国全国和各地区 GDP 增长率波动曲线（单位:%）

资料来源：2008 年之前数据来自《新中国六十年统计资料汇编》，2008 年之后数据来自《中国统计年鉴 2013》。

二　增长的国际比较

中国 GDP 高速增长的奇迹进行横向国际比较，主要有以下四个层面：与日本和"亚洲四小龙"的比较、与其他金砖四国的比较、与第二次世界大战后 11 个经济体的比较、与遭受金融危机冲击的国家比较。通过国际比较可以发现，无论与那些快速增长的经济体相比，还是与遭受世界金融危机冲击的国家相比，中国 GDP 高速增长均表现出持续时间最长、强势稳定性高的特点。

（一）与日本和"亚洲四小龙"比较

在世界近现代史上，能够保持 GDP 将近两位数高速增长的经济体，首先是日本，1956—1973 年，GDP 保持了 18 年 9.2% 的高速增长；其次是新加坡，1963—1979 年 GDP 保持了 17 年 9.3% 的高速增长；再次是韩国，1966—1979 年 GDP 保持了 14 年 9.1% 的高速增长。② 1978—2012 年，中国 GDP 增速 9.8%，持续了 35 年的高增长，打破了经济起飞时期日本和"亚洲四小龙"创下的高增长纪录。中国成为第一个鼎盛—衰微—鼎

---

① 刘树成：《中国经济增长与波动 60 年》，社会科学文献出版社 2009 年版，第 154 页。
② 世界银行 WDI 数据库。

盛的主要文明国家，这不仅是中国 GDP 高速增长的奇迹，也是世界文明史的奇迹。

（二）与其他金砖国家比较

1979—2012 年，中国 GDP 增长速度绝大部分时间位居"金砖四国"的首位，年均增长率为 9.86%；印度则紧随其后，GDP 年均增长率为 5.88%；俄罗斯从 1999 年起迎头赶上，1999—2012 年 GDP 年均增长率为 5.25%；而巴西 1979—2012 年 GDP 年均增长率为 2.88%，位居最后（图 1—3）。

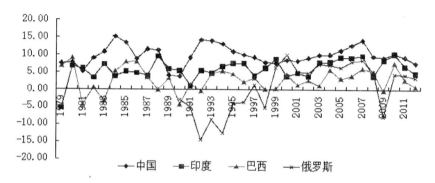

图 1—3　1979—2012 年金砖四国 GDP 增长率（单位:%）

资料来源：世界银行数据库。

（三）与第二次世界大战后 11 个经济体比较

通过比较第二次世界大战后 11 个经济体经济高速增长时期的 GDP 增长率（表 1—1），可以看出，GDP 增速最高的前三个经济体依次是阿曼、博茨瓦纳和中国。按持续高增长阶段经济增长率的平均值由高到低的排序，阿曼最高，高达 13.65%；博茨瓦纳次之，为 10.91%；再次是中国，为 9.87%。阿曼、博茨瓦纳都是小国，不具有可比性。从各国 GDP 增长速度的变异系数看，变异系数越大，GDP 增长速度的离差越大，波幅就越大；反之则相反。阿曼、博茨瓦纳的 GDP 增长速度变异系数在所比较的 11 个经济体中最大，分别为 1.47 和 0.56；而中国最小，为 0.28。通过国际比较显示，中国 GDP 增长速度的显著特点是：位势较高，波幅较小，稳定性较强，呈现出"高位—平缓型"。

表 1—1　　　　　　　　第二次世界大战后 11 个经济体

GDP 高速增长时期的增长速度　　　　（单位：%）

国别(地区) 年份	新加坡	中国香港地区	中国台湾地区	韩国	泰国	马耳他	阿曼	印度尼西亚	博茨瓦纳	马来西亚	中国
1962	7.1	14.2	7.9								
1963	10.0	15.7	9.4	9.5							
1964	-3.7	8.6	12.2	7.6							
1965	7.6	14.5	11.1	5.2	7.9						
1966	10.9	1.8	8.9	12.7	11.1	10.8					
1967	12.3	1.6	10.7	6.1	8.6	6.9	66.2				
1968	13.6	3.4	9.2	11.7	8.1	10.1	81.9	12.0			
1969	13.7	11.3	9	14.1	6.6	6.4	25.7	7.5	15.1		
1970	13.8	9.2	11.4	8.3	11.4	12.6	13.9	8.2	17.1		
1971	12.1	7.3	12.9	8.2	4.9	2.5	0.9	7.0	25.8	5.8	
1972	13.5	10.6	13.3	4.5	4.3	5.8	9.8	7.9	26.4	9.4	
1973	11.1	12.3	12.8	12.0	10.2	4.1	-14.3	9.8	21.3	11.7	
1974	6.5	2.4	1.2	7.2	4.5	10.0	11.5	8.3	8.8	8.3	
1975	4.6	0.5	4.9	5.9	5.0	19.6	24.4	6.2	·8.4	0.8	
1976	7.4	16.2	13.9	10.6	9.3	17.0	20.5	6.0	10.6	11.6	
1977	7.5	11.7	10.2	10.0	9.8	12.2	1.0	8.6	12.0	7.8	
1978	8.7	8.3	13.6	9.3	10.3	11.2	-3.7	9.2	14.3	6.7	
1979	9.4	11.6	8.2	6.8	5.4	10.5	4.3	7.1	12.1	9.3	7.6
1980	10.0	10.1	7.4	-1.5	5.2	7.0	6.0	8.7	12.0	7.4	7.8
1981	10.7	9.3	6.2	6.2	5.9	3.3	17.0	8.1	9.1	6.9	5.2
1982	7.2	2.9	3.5	7.3	5.4	2.3	11.6	1.1	12.2	5.9	9.1
1983	8.6	6.0	8.3	10.8	5.6	-0.6	16.7	8.4	13.1	6.3	10.9
1984	8.8	10.0	10.7	8.1	5.8	0.9	16.7	7.2	8.5	7.8	15.2
1985	-0.6	0.8	5	6.8	4.6	2.6	14.0	3.5	7.1	-1.1	13.5
1986	1.3	11.1	11.5	10.6	5.5	3.9	2.0	6.0	8.2	1.2	8.8
1987	10.8	13.4	12.7	11.1	9.5	4.1	-3.4	5.3	11.9	5.4	11.6
1988	11.1	8.5	8	10.6	13.3	8.4	6.0	6.4	19.4	9.9	11.3
1989	10.2		8.5	6.7	12.2	8.2	11.8	9.1	13.1	9.1	4.1
1990	10.1		5.7	9.2	11.2	6.3	-0.1	9.0·	6.8	9.0	3.8
1991	6.5		7.6	9.4	8.6	6.3	6.1	8.9	7.5	9.5	9.2

续表

国别(地区) 年份	新加坡	中国香港地区	中国台湾地区	韩国	泰国	马耳他	阿曼	印度尼西亚	博茨瓦纳	马来西亚	中国
1992	7.0		7.8	5.9	8.1	4.7	8.4	7.2	2.9	8.9	14.2
1993	11.5		6.9	6.1	8.3			7.3	1.9	9.9	14.0
1994	10.6		7.4	8.5	9.0			7.5	3.6	9.2	13.1
1995	7.3			9.2	9.2			8.4	7.0	9.8	10.9
1996	7.6			7.0				7.6	5.8	10.0	10.0
1997	8.5			4.7					8.0	7.3	9.3
1998				-6.9					0.7		7.8
1999				9.5					9.7		7.6
2000				8.5					8.3		8.4
2001				4.0							8.3
2002				7.2							9.1
2003											10.0
2004											10.1
2005											11.3
2006											12.7
2007											14.2
2008											9.6
2009											9.2
2010											10.4
2011											9.3
2012											7.7
平均值	8.70	8.64	9.03	7.72	7.89	7.30	13.65	7.5	10.91	7.55	9.87
标准差	3.79	4.72	3.06	3.67	2.58	4.74	20.09	3.99	6.11	3.12	2.74
变异系数	0.44	0.55	0.34	0.48	0.33	0.65	1.47	0.53	0.56	0.41	0.28
持续年数	36	27	33	40	31	27	26	29	32	27	34

资料来源：IMF：International Financial Statistics，1983；世界银行数据库；台湾地区"经济计划和发展委员会"：《台湾统计资料手册1997》。

（四）与遭受金融危机冲击的国家比较

经受 1997 年亚洲金融危机和 2008 年国际金融危机的冲击后，中国 GDP 增长率依然强势稳定。1996—2012 年的 17 年，中国 GDP 增长率相对比较平稳地保持在 9.7% 左右。泰国遭受金融危机的冲击最大，1998 年，GDP 增长速度骤降为 -10.5%，1999 年、2000 年稍有恢复，2001 年又降至 2.2%；韩国经济也受到亚洲金融危机的重创，1998 年，GDP 增速猛降到 -6.9%；1998 年，日本 GDP 增长速度降至 -1.8%，1999 年又下降至 -0.2%；1991 年 3 月—2001 年 3 月，是美国经济长达 10 年的扩张时期，之后 GDP 增长速度降低至 0.8%；1998 年，俄罗斯 GDP 增长速度降至 -5.3%，2001—2008 年，GDP 增长速度为 5%—7% 之间。2008 年国际金融危机发生后，2009 年美国、泰国、日本、俄罗斯都是负增长，GDP 增长率分别是 -2.%、-2.3%、-5.5%、-7.8%，韩国经济增长率迅速降为 0.32%，印度和中国经济依然强劲稳定增长，2009—2012 年中国经济增长率平均为 9.2%，高于印度 1.7 个百分点（图 1—4）。

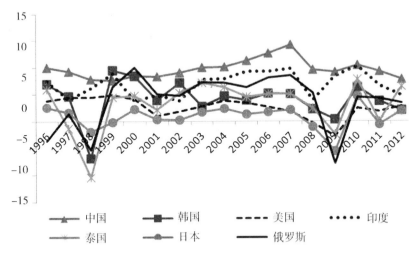

图 1—4　1996—2012 年中、美、日、韩、印、泰、俄 GDP 波动曲线（单位:%）
资料来源：IMF, World Economic Outlook, September 2013.

1979—2012 年，中国创造了世界经济史上规模最大、速度最快的经济发展新奇迹。GDP 年均增速超过 9.8%，其持续时间和增速不仅明显高于 1953—1978 年 6.0% 的年均增速，而且超过了曾创造东亚奇迹的日本和韩国。日本经济从 1950—1973 年快速发展了 24 年，年均增长率为 9.8%；韩国从 1965—1996 年的 31 年实现了经济的快速增长，年均增长率为 7.9%。[①] 此外，1993—2011 年中国 GDP 质量指数[②]呈现稳定上升态势[①]，GDP 质量上升了 46.5%，年均增速达到 2.3%。[③] 35 年来，中国的经济总量以不变价计算扩大了 24 倍，1978—2012 年名义 GDP 从 0.148 万亿美元增长到 8.22 万亿美元，国民总收入（PPP）达到了 14.73 万亿美元。[④] 以购买力平价衡量，全球只有中国、美国两国的经济总量高于 10 万亿美元，而德国和日本等其他国家都在 5 万亿美元以下。人均 GDP 以不变价计算由 1978 年的 190 美元升至 2012 年的 6100 美元，提高了 31 倍。人均国民总收入在全球排名由 1978 年的 175 位上升至 2012 年的 112 位，按照世界银行的划分标准，中国已经由低收入国家跃升至中等收入国家。[⑤]

第二节　增长的成就

1949—1957 年是中国的"第一个黄金发展时期"，主要表现在以下方面：1952—1957 年中国 GDP 年均增长率高达 9.2%，是世界上经济增长率最快的国家之一；1950—1957 年中国 GDP（依据购买力平价方法计算的 1990 年国际元不变价）占世界总量比重从 4.6% 提高至 5.5%；1949—1957 年中国城镇人口占总人口比重从 10.6% 提高到 15.4%，是中国城镇化加速时期；同期，中国人口预期寿命从 35 岁提高到 57 岁，高于同期低收入国家约 15 岁。

改革开放之后，中国进入了第二个黄金发展时期，一直延续 30 多年。在第二个黄金发展时期，中国 GDP 高速增长取得了举世瞩目的成就。可从国内和国际两个方面阐述。

---

① 朱剑红：《中国经济，世界奇迹》，《人民日报》2013 年 11 月 21 日第 1 版。

② 牛文元：《中国科学发展报告 2012》，科学出版社 2012 年版，第 40 页。牛文元在书中指出，中国 GDP 质量指数是指综合经济质量、社会质量、环境质量、生活质量和管理质量五大子系统的质量指数，是一种将现行 GDP"单一追求数量属性"改造成"数量质量综合度量"的评判工具。

③ 黄小希、王子乔：《近 20 年来中国 GDP 质量指数呈上升态势》，《重庆日报》2012 年 7 月 28 日第 4 版。

④ 根据世界银行数据库相关数据计算整理。

⑤ 《国际统计年鉴 2014》。

一 国内成就

党的十八大报告评价 1978—2012 年中国 GDP 高速增长的成就,主要是:经济总量和三个大台阶。第一个大台阶:社会生产力、经济实力和科技实力;第二个大台阶:人民生活、居民收入和社会保障水平;第三个大台阶:综合国力、国际竞争力和国际影响力。

(一) 社会生产力、经济实力、科技实力显著提高

1. 社会生产力显著提高

改革开放之前,中国工农业产品产量供不应求,"紧缺经济"是社会经济生活的常态。排队、凭票、缺货是市场供应的普遍现象。1978 年之后,中国逐渐建立了布局合理、门类齐全的产业体系,工农业产品产量大幅跃升,实现了从商品和服务短缺到供给丰裕的巨大转变。2012 年粮食产量 58958 万吨,比 1978 年增长 93.5%,是世界总量的 25.5%。1978—2012 年,人均粮食产量增长 36.9%;同期,棉花、油料、糖料、水产品的总量和人均产量都实现了大幅增长,其中总量分别增长 2.2 倍、5.6 倍、4.7 倍和 11.7 倍,人均产量分别增长 1.2 倍、3.7 倍、3.0 倍和 8.0 倍。2004—2012 年,全国粮食产量实现"九连增",超过 1975—1979 年美国、1966—1970 年印度的粮食产量"五连增"。2012 年中国总人口占世界比重已经下降至 19.7%,粮食单产提高对粮食的贡献达到 80.5%(表 1—2)。①

表 1—2 　　　　　　1978—2012 年基本生活、生产用品增长情况

农产品	a	粮食	93.5%	棉花	2.2 倍	油料	5.6 倍	糖料	4.7 倍	水产品	11.7 倍
	b		36.9%		1.2 倍		3.7 倍		3.0 倍		8.0 倍
工业产品	c	原煤	36.5 亿吨	粗钢	7.2 亿吨	彩电	1.3 亿台	汽车	1928 万辆		
	d		4.9 倍		21.8 倍		32499 倍		128.3 倍		

注:a 各类农产品总量 2012 年比 1978 年增长量;b 各类农产品人均 2012 年比 1978 年增长量;c 2012 年各工业产品产量;d 各类工业产品 2012 年较 1978 年增长量。

资料来源:中华人民共和国统计局:《中国统计年鉴 2013》,中国统计出版社 2013 年版。

---

① 冯华:《粮食生产"九连增"》,《人民日报》2012 年 12 月 2 日第 1 版。

　　工业生产能力和工业品产量迅速提高。30 多年来，中国工业化进程加快，工业生产能力迅猛增长，水平明显提高。如表 1—2 所示，1978—2012 年，原煤产量增长 4.9 倍、粗钢 21.8 倍、水泥 32.9 倍、汽车 128.3 倍、彩电 32499 倍。2012 年，移动手机和电子计算机产量分别高达 11.8 亿台和 3.5 亿台。新型工业化进程力度加大，战略性新兴产业如新材料、新医药等迅速发展，成为经济增长的新亮点。具有强大国际竞争力的大企业走上世界工业大舞台。2002—2013 年，进入世界《财富》500 强的中国企业由 11 家跃升至 95 家（含香港），增加 7 倍多，居全球第二位（美国第一位）。① 中国实现了从落后的农业国逐步转变为世界第一大制造业生产国。2010 年，中国工业在国际标准工业分类中七个大类名列全球第一，220 多种工业产量居全球第一。环球透视（IHS）公司的数据显示，2011 年中国制造业增加值超过美国，居世界第一，一次能源消费和发电量均超过美国，打破了一个多世纪美国的霸主地位。② 中国工业凭借独特的后发优势，在全球产业分工中具有举足轻重的地位和作用。

　　1978 年之前，服务业被视为"非生产部门"，是经济增长的"硬伤"和"短板"，发展严重滞后，其比重和水平极为低下。1979—2012 年，服务业年均实际增长 10.8%。其中，批发、零售业年均增长率 10.5%（扣除价格因素），交通运输仓储、邮政业 9.5%。在传统行业持续增长的同时，新兴服务业如金融、房地产、计算机服务等迅速发展。1978—2012 年，金融业增加值由 68 亿元增加到 28723 亿元，年均增长速度 2.8%（扣除价格因素）；房地产业年均实际增长率 11.3%。③ 2013 年"双 11 盛宴"，电子商务、物流和金融业融合的网络购物飞速发展，促使网络服务从口水战，走向创意战和塑造品牌差异化。综合的电商品牌，开始迈入建构具有创新意识和真正意义上的品牌价值链阶段。中国现代服务业交叉、融合对经济社会发展的支撑、带动作用增强，已经成为经济增长的新引擎。

---

　　① 佚名：《2013 年华润集团在全球 500 强中排名》，《21 世纪经济报道》2013 年 7 月 10 日第 12 版。

　　② 中新：《中国制造业增加值在世界占比超 1/5》，《南国早报》2014 年 10 月 8 日第 B2 版。

　　③ 陈恒：《商品和服务供给 35 年：由短缺到丰富》，《光明日报》2013 年 11 月 25 日第 3 版。

2. 经济实力显著增强

经济实力可从 GDP 总量和贸易实力两个方面说明。首先,从经济总量看,近现代以来,中国经济发展的历史轨迹是一个由强到弱,再从弱到强的 U 形曲线。根据麦迪森的计算,中国 GDP 在 1820 年时为世界最高,占世界经济总量的 32.9%。1950 年时,GDP 仅仅占世界经济总量的4.5%,不到 1/20,这是 U 形曲线向下倾斜时期。从 1950—1978 年,中国占世界 GDP 的份额仍低于 5%。然而,1978 年之后,GDP 增长率开始加速,占世界比重迅速上升。2012 年至今后,中国处于 U 形曲线的上升期,而西欧、美国和日本则呈现倒 U 形曲线的下降特征(图 1—5)。[①]

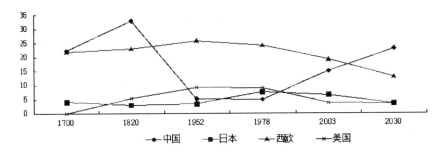

图 1—5　1700—2030 年四大经济体 GDP 占世界经济总量百分比(单位:%)

资料来源:[英]安格斯·麦迪森:《公元 960—2030 年:中国经济的长期表现》,上海人民出版社 2008 年版,第 109 页。

其次,贸易实力显著提高。对外贸易实现了跨越式发展,逐步从规模速度型向质量效益型转型。改革开放以来,中国日益融入全球市场,对外开放的领域和范围不断拓展,广度和深度不断提升,实现了从封闭半封闭到多层次、全方位对外开放,跃升至世界贸易大国的历史性转变。

第一,对外贸易总量大规模提升。1978—2012 年,中国对外贸易总量从全球排名第 29 位跃升至第 1 位,由 206 亿美元增至 38671 亿美元。1978—2012 年货物进出口总额年均增速 16.6%,2012 年比 1978 年增长186 倍,居全球第二;2012 年,货物出口总额占世界的比重为 11.2%,增长 209 倍,年均增速 17.0%,居全球第一;[②]货物进口总额占全球的比重

---

① 胡鞍钢:《中国 2020:一个新型超级大国》,浙江人民出版社 2012 年版,第 16 页。
② 中华人民共和国统计局:《国际统计年鉴 2013》,中国统计出版社 2013 年版,第 1 页。

为 9.8%，增长 166 倍，年均增速 16.2%（计算数据见附表 1—5）。2012 年日本进口额相当于中国的 49%，出口额相当于中国的 39%。中国与美国的相对差距缩小了。美国与中国进口额的相对差距从 2000 年的 5.59 倍缩小为 2012 年的 1.28 倍，出口额的相对差距从 2000 年的 3.14 倍缩小为 2012 年的 0.76 倍，即中国的出口额已经超过了美国（表 1—3）。

表 1—3　　　　　　　五大贸易国对世界进出口贸易增长的贡献　　　（单位：%）

	进口			出口		
	2000 年占世界比重	2012 年占世界比重	新增总量贡献率	2000 年进口占世界比重	2012 年进口占世界比重	新增总量贡献率
中国	3.35	9.79	13.45	3.86	11.18	15.17
美国	18.73	12.58	9.09	12.11	8.44	6.45
日本	5.64	4.77	4.28	7.42	4.36	2.69
德国	7.39	6.29	5.66	8.55	7.68	7.21
荷兰	3.25	3.18	3.14	3.61	3.58	3.56
世界	100	100	—	100	100	—
美/中（倍）	5.59	1.28		3.14	0.76	

资料来源：中华人民共和国统计局：《中国统计摘要 2013》，中国统计出版社 2013 年版。

第二，商品贸易结构优化升级。改革开放初期，低端初级产品和简单的加工贸易是中国出口商品的主要形式。30 多年来，随着高附加值商品的大量出口、国际竞争力的大幅提升，以工业制成品换初级产品的格局逐渐定型。出口总额中，1980—2012 年，初级产品占比由 50.3% 下降到 4.9%，工业制成品占比 49.7% 升至 95.1%。进口商品构成也在演变，2003 年以来，工业制成品进口额比重持续下降，2012 年降至 65.1%。[①] 外贸转型升级步伐加快，出口贸易从规模速度型向质量效益型转变，1992—2012 年高科技产品出口占制成品出口的比重由 6.44% 升至 27.24%，提升接近 4 倍。[②] 出口市场多元化，对东盟、美洲和非洲等新兴经济体市场的出口比重增加。

---

① 中华人民共和国统计局：《中国统计年鉴 2012》，中国统计出版社 2013 年版，第 731 页。
② 世界银行数据库。

　　第三，利用外资和对外投资质量、结构、水平出现积极变化，外资质量效益全面提升。其一，中国不断改善投资环境，充分发挥低成本的要素优势和庞大的潜在市场优势，迅速吸引全球直接投资者到中国投资，外资成为推动 GDP 高速增长的重要力量。1984—2012 年外商直接投资以年均 18% 的速度高速增长。2012 年，全球国家（地区）来华投资企业高达 190 个，在华外资企业 28.5 万多家，跨国公司世界 500 强中有 480 多家来中国投资或开展经营活动。自 1993 年以来，连续 20 多年成为吸收外资最多的国家。其二，利用外资综合优势和总体效益大幅提高。中国开放服务贸易部门 100 个，占 WTO 规定的总服务贸易部门的 62.5%，接近发达国家的平均水平。2011 年，服务业吸收外资与全国实际使用外资总量的比值提高至 47.6%，首超制造业占比。[①] 外商企业逐步向集成电路、电子信息等高科技产业领域投资。战略性新兴产业如新能源、新材料、节能环保等外商投资渐成规模。外商对华投资由低端传统的加工装配环节向产业链高端延伸，在中国设立的研发中心、物流中心、结算中心等增多，服务范围的广度和深度拓展。截至 2011 年年底，中国外资研发中心高达 1600 多家，将近 1/2 从事研发、先导技术研究。另外，"走出去"迈出较大步伐，且质量较高、效益较好。改革开放以来，中国积极参与国际竞争与合作，促进企业"走出去"的政策、服务保障和风险控制体系不断完善，企业对外投资合作迅速发展，从生产领域扩展到服务领域。2012 年，中国对外直接投资分别占世界流量、存量比重的 6.3% 和 2.3%，全球排名分别为第 3 位和第 13 位。[②] 信息和通信技术（ICT）产品出口占产品出口总量的比重由 2000 年的 17.71% 上升至 2012 年的 27.06%，10 多年上升近 10 个百分点；高科技出口/制成品出口由 18.98% 上升至 26.27%（表 1—4）。对外直接投资的范围和领域广泛。2012 年 1.6 万家中国境内投资者对全球 179 个国家（地区）的商务服务业、交通运输、制造业等领域投资，国（境）外设立的直接投资企业近 2.2 万家。并且，企业"走出去"互利双赢效果显著，中国境外企业员工本地化率约 72.8%，[③] 热心投

---

　　① 姜萍萍：《从大规模引进来到大踏步走出去》，《人民日报》2013 年 11 月 26 日第 10 版。
　　② 联合国贸易和发展组织：《世界投资报告 2013——全球价值链：促进发展的投资与贸易》，经济管理出版社 2013 年版，第 12 页。
　　③ 庞东梅：《我国首次成为世界三大对外投资国之一》，《金融时报》2013 年 9 月 10 日第 1 版。

身于当地公益事业，积极履行社会责任。

表1—4　　　　　　2000—2012 年中国高技术产品出口情况　　　　（单位:%）

年份	ICT /产品出口总量	高科技出口/制成品出口
2000	17. 71	18. 98
2001	20. 00	20. 96
2002	24. 03	23. 67
2003	27. 69	27. 38
2004	29. 96	30. 06
2005	30. 72	30. 84
2006	30. 72	30. 51
2007	29. 34	26. 66
2008	27. 71	25. 57
2009	29. 65	27. 53
2010	29. 12	27. 51
2011	26. 76	25. 81
2012	27. 06	26. 27

资料来源：世界银行数据库。

3. 科技实力显著提高

科技竞争的实质是科技实力的全面竞争，主要体现在以下五个方面：第一，科技投入能力，指一国用于 R&D 经费支出，无论按购买力平价计算还是按汇率法计算，中国都已经超过了日本，居世界第 2 位。第二，科技人力资源投入能力，指从事 R&D 活动的科学家、工程师数（人·年），中国已经超过了欧盟，也超过了美国，居世界第 1 位。第三，科学研究能力，2009 年中国在国际学术刊物发表的论文数居世界第 2 位；2011 年，中国发表的 SCI 论文总量相当于美国的 40%。从科学论文质量看，1994—2004 年，中国国际科学论文被引用数在世界排第 18 位；2004—2014 年，上升至第 4 位，① 提升速度较快。中国科研论文在全球最有影响力的论文

①　杨维汉：《我国国际科技论文引用次数位居世界第四》，《中国高新技术产业导报》2014年 9 月 29 日第 1 版。

中的比例，从 2001 年的 1.85% 增加至 2011 年的 11.3%，2013 年"表现不俗"的 SCI 论文为 33.8%。① 这是引领中国科学研究前沿的风向标，反映国际最新的科学研究动向。科技论文数量与质量都提高很快。第四，技术发明能力，按本国居民申请发明专利数，中国已经是第二大国，即使按国际专利申请量（PCT）计算，中国也从 2000 年的世界第 10 位上升至 2013 年的世界第 3 位。第五，科技产品的国际竞争力（高技术产品出口额占世界的比重），由 2000 年的 3.7% 上升至 2010 年的 10%，中国已经是世界第 1 位。②

2000—2010 年，中国科技实力占世界总量的比重由 5.4% 提高至 16.1%，美国和欧盟变化微小，日本下降了 4 个百分点。从追赶系数看，2000 年，中国科技实力仅相当于美国的 24%，2010 年提高至 71%，这反映了中国正在加速追赶美国（表 1—5）。但是，中国在高端性技术前沿、基础性科学前沿方面，远远落后于美国和欧盟。中国科技实力在世界占比的上升反映了中国经济实力的迅速提高，为中国经济可持续发展提供了不竭动力。

表 1—5　　　　　　　　　五大经济体科技实力比较　　　　　　（单位：%）

	1980 年	1990 年	2000 年	2010 年	2020 年
中国	2.3	2.9	5.4	16.1	23.2
美国	24.6	25.0	22.8	22.7	17.8
欧盟	24.2	22.6	20.4	20.8	17.0
日本	16.5	20.5	18.1	14.1	10.2
俄罗斯	12.2	7.5	2.7	2.8	2.3
中国/美国	10	12	24	71	130
中国/美国+欧盟	5	6	13	37	67

资料来源：胡鞍钢、鄢一龙、魏星：《2030 中国：迈向共同富裕》，中国人民大学出版社 2012 年版，第 98—99 页。

---

① 中国科技信息研究所：《2013 年我国的 SCI 论文数量已达 23.14 万篇　位居世界第二》，《科技日报》2014 年 10 月 8 日第 1 版。

② 王心见：《2013 年中国首进国际专利申请全球三强》，《科技日报》2014 年 3 月 15 日第 2 版。

（二）城乡居民收入提高、人民生活改善

1. 城乡居民收入水平大幅提高

1978—1990 年，中国城镇居民人均可支配收入（按可比价计算）年均增速为 5.86%，1990—2000 年提高至 6.83%，2000—2010 年进一步上升至 9.66%，呈现出每个 10 年上一个台阶的现象。相对而言，在这三个时期，农村居民人均纯收入年均增速呈现出波动中下降趋势：分别为 9.92%、4.50% 和 7.04%，在第一个 10 年（增长主要发生在 20 世纪 80 年代以后）迅速增加，第二个 10 年有所减缓，第三个 10 年重新提高。总体来说，1979—2012 年，中国城镇居民人均可支配收入、农村居民人均纯收入（按可比价计算）分别增长 71 倍和 58 倍，年均增速分别为 7.4% 和 7.5%，城乡居民拥有财富增长 1896 倍。[①] 尽管居民收入占比上升，但是，GDP 年均增长速度超过城镇居民人均可支配收入和农村居民人均纯收入的增长速度。2012 年以后，这种情况发生了改变。2013 年，全国居民人均可支配收入实际增速 8.1%，高于 GDP 的增长速度（7.7%）。其中，农村居民人均纯收入年均实际增速 9.3%，城镇居民人均可支配收入为 7.0%，[②] 前者连续四年超过后者。这是中国经济"新常态"的新亮点，也是收入分配结构不断改善的新起点。收入结构的改善将为需求结构的转变提供有力的支撑，更体现了经济发展成果为人民所享的宗旨。

2. 人民生活显著改善

第一，城乡居民家庭恩格尔系数持续下降，其中城镇居民家庭从 2000 年的 39.4% 下降至 2011 年的 36.3%，已经属于富裕型；农村居民家庭从 49.1% 下降至 40.4%，已经接近于富裕型（40% 以下）。[③] 1978—2012 年，全国城镇家庭的恩格尔系数降低 20%。[④] 城乡恩格尔系数差距逐步缩小。2010 年，城乡恩格尔系数的差距大约为 10 年，即 2010 年中国农村恩格尔系数相当于 2000 年城镇恩格尔系数的水平，2020 年将缩小为 7 年，2030 年将缩小为 3 年。[⑤] 第二，城乡居民居住条件明显改善。其

① 白天亮：《告别温饱不足　奔向全面小康》，《人民日报》2013 年 11 月 29 日第 2 版。

② 杨曦：《2013 年全国居民人均可支配收入实际增长 8.1%》，《人民日报》2014 年 2 月 25 日第 1 版。

③ 胡鞍钢：《中国道路与中国梦想》，浙江人民出版社 2013 年版，第 54 页。

④ 曲哲涵、欧阳洁：《告别短缺，奔向全面小康》，《人民日报》2013 年 11 月 23 日第 1 版。

⑤ 胡鞍钢：《2030 中国：迈向共同富裕》，中国人民大学出版社 2012 年版，第 135 页。

中，城镇居民人均住房面积由 2002 年的 24.5 平方米提高至 2011 年的 32.7 平方米。此外，城乡居民家庭平均每百户耐用消费品拥有量大幅提升，其中最引人注目的是移动电话、家庭电脑、家用汽车等的迅速普及，中国已成为世界最大的耐用消费品市场。①

（三）综合国力、国际竞争力、国际影响力增强

1. 综合国力增强

GDP 持续高速增长，为中国综合国力大幅提升奠定了物质基础。首先，人均 GDP 不断提高。1978—2012 年，人均 GDP 由 381 元跃升至 38420 元，实际增长 16.2 倍，年均增长速度为 8.7%（扣除价格因素）。同期，人均 GNI 由 190 美元跃升至 5680 美元，由低收入国家进入中上等收入国家。其次，国家财政实力明显增强。1978—2012 年国家财政收入由 1132 亿元上升到 117254 亿元，年均增长速度 14.6%，比 1978 年增长 103 倍。对促进中国经济发展、缩小城乡差距、加强社会保障提供了资金保障，能够有效防范和积极应对国际国内各类风险。再次，外汇储备大幅增长，1978 年外汇储备仅 1.67 亿美元，全球排名第 38 位，人均 0.17 美元，折合人民币不足 1 元钱。2012 年达 33116 亿美元，连续 7 年稳居全球第 1 位，实现了从外汇短缺国到全球第一外汇储备大国的转变（表 1—6、表 1—7）。

表 1—6　　　　　　　　1978—2012 年经济总量和综合国力

	1978 年	2012 年	增长
GDP（亿元）	3645（第 10 位）	518942（2010 年第 2 位）	141 倍
人均国民总收入（美元）	190	5680	29 倍
外汇储备（亿美元）	1.67（第 38 位）	33116（连续 7 年全球第 1 位）	1.98 万倍
财政收入（亿元）	1132	117254	103 倍

资料来源：《中国统计摘要 2013》、《中国统计年鉴 2013》。

表 1—7　　　　　　　　1978—2020 年中国的主要世界经济指数

指　标	1978 年	1990 年	2000 年	2005 年	2010 年	2020 年
GDP[a] 排名	10	11	6	4	2	2
占世界总量比例（%）	1.7	1.6	3.8	4.9	10.0	n.a

① 胡鞍钢：《2030 中国：迈向共同富裕》，中国人民大学出版社 2012 年版，第 155 页。

续表

指　　标	1978 年	1990 年	2000 年	2005 年	2010 年	2020 年
GDP[b]购买力平价排名	4	3	2	2	2	n. a
占世界总量比例（%）	4.9	7.8	11.8	15.0	18.0	22.0
进出口排名	29	16	8	3	2	2
占世界总量比例（%）	0.9	1.7	3.6	6.7	10.0	>15
外汇储备排名	40	7	2	2	1	1
科技排名	n. a	n. a	5	3	3	2
综合国力[c]排名	5	3	2	2	2	2
占世界总量比例（%）	4.7	5.9	8.7	11.5	14.2	n. a

注：a　GDP 通过汇率法和 2000 年美元算得。

b　GDP 通过购买力平价法和 1990 年美元算得。

c　综合国力包括 8 个战略资源和 25 个衡量指标。

资料来源：《中国统计年鉴 2007》；世界银行：《世界发展指标 2006》；［英］安格斯·麦迪森：《世界人口、GDP、人均生产总值的统计数据，公元 1—2006 年》；世界贸易组织：不同年份的《全球贸易数据》；科技部：《中国科技统计数据 2010》；胡鞍钢、熊以志：《中国 1980—2004 年科技力量的定量分析》，《国情报告》2006 年第 22 期；胡鞍钢、王亚华：《国情与发展》，清华大学出版社 2005 年版，第 17 页；胡鞍钢：《中国 2020：一个新兴超级大国》，浙江人民出版社 2012 年版，第 190 页。

从综合国力的角度看，如表 1—7 所示，2000 年中国仅次于美国，随后成为世界第二强国。综合国力占世界总量比重从 2000 年的 8.71%上升至 2010 年的 14.21%（表 1—8），与美国的相对差距明显缩小，由 2000 年的 2.55 倍缩小至 2010 年的 1.25 倍。[①] 这表明，中国不仅是一个世界大国，更是一个以追求综合国力为强国目标的大国。与此相反，2000—2010年美国经济总量占世界的比重下降了 10 个百分点，然而，美国军费占世界总量的比重从 2000 年的 41.32%略有下降至 2011 年的 40.63%，比 GDP和贸易额占世界总量的比重（分别为 21.56%和 10.2%）高出近 1 倍和 3倍，也显示了美国作为世界警察实行霸权主义和过度军事扩张是过去 10年经济加速衰落的重要原因之一。[②]

① 胡鞍钢：《中国道路与中国梦想》，浙江人民出版社 2013 年版，第 201 页。

② 同上书，第 56 页。

表 1—8   1990—2010 年五大国综合实力占世界总量比重

国家或地区	1990 年	1995 年	2000 年	2005 年	2010 年
中国（%）	5.97	7.76	8.71	11.51	14.21
印度（%）	2.89	3.37	3.72	4.36	4.97
日本（%）	9.87	9.54	8.99	8.17	8.19
俄罗斯（%）		3.00	2.85	3.02	3.22
美国（%）	24.51	23.14	22.19	21.41	17.82
五大国合计（%）		46.81	46.47	48.47	48.41
美国/中国（倍）	4.11	2.98	2.55	1.86	1.25

资料来源：胡鞍钢：《中国道路与中国梦想》，浙江人民出版社 2013 年版，第 201—202 页。

2. 国际竞争力增强

中国的国际竞争力突出表现在以下两个方面：一是全球竞争力指数（GCI）大幅度上升，由 2002 年的第 47 位上升至 2012 年的第 29 位，进入了世界前 30 位，已经属于国际竞争力较强的国家。二是企业竞争力大幅度上升，在世界 500 强企业中，2000 年中国内地有 9 家，到 2012 年，已经提高至 70 家，增加了 61 家。其中国有企业 63 家，央企 42 家。与此相反，在世界 500 强企业中，美国从 179 家减少为 132 家，减少了 47 家；日本由 108 家减少至 68 家，减少了 40 家（表 1—9）。

表 1—9   1990—2012 年四大经济体世界 500 强企业数比较   （单位：家）

	1990 年	2000 年	2003 年	2005 年	2010 年	2011 年	2012 年
中国	1	11	12	18	54	69	79
大陆	1	9	11	15	43	59	70
国企	1	9	11	15	41	57	63
非金融国企		5	6	10	32	47	57
中央企业		5	6	10	29	38	42
美国	164	179	192	177	140	133	132
欧盟	129	149	150	160	161	148	137
日本	111	108	88	81	71	68	68

注：欧盟企业数为 27 国合计数。

资料来源：Fortune Global 500.

中国国有企业集体性大规模加速崛起，打破了欧、美、日三大经济体独霸世界经济的基本格局。未来，中国不仅将有更多的国有企业进入世界500强，还会有中国民营企业进入世界500强。中国共产党的十八大报告明确提出培育一批具有世界水平的跨国公司，到2020年，中国的企业数、民企数、行业数（世界500强覆盖的50个行业中）以及世界品牌数（世界品牌实验室公布的全球500强世界品牌）翻一番。1996—2012年，中国 GDP 占世界的比重与中国进入世界500强的国有企业占世界500强企业营业收入比重都呈加速上升趋势。① 中国的崛起与中国企业的崛起形成了一个大背景与大舞台的互动关系。

3. 国际影响力增强

国际影响力是中国共产党十八大报告的新提法、新亮点。中国的国际影响力突出表现在：一是中国外汇储备从1978年的第38位，上升至2010年的第1位，这直接或间接影响世界资本市场。② 二是中国在国际组织机构的发言权明显提高。2013年，中国占世界银行总投票份额由3.996%提高至6.390%；占国际货币基金组织总投票份额由3.806%提高至6.068%，这两项的发言权居全球第3位。③ 这标志着中国综合国力、国际影响力和全球话语权的显著上升。未来，随着中国经济总量占世界经济总量的比重进一步提高，美国和日本占世界经济总量的比重都在持续下降，中国的发言权还会上升。在全球经济增长、贸易增长、投资增长中，中国不仅是最大的发动机，而且也是最大的宏观经济稳定器，这是中国对世界经济最大的也是最直接的贡献。中国的经济成就深刻影响着世界。世界银行公布的《2013年世界发展报告》表明，全世界超过6.2亿青年人既不工作也没有求学，处于闲散状态。全球的失业人数突破了2亿人，创下了失业的纪录。与此相反，中国城镇却创造了1亿多的就业岗位，创造了就业纪录。④

二 对世界经济的贡献

1979—2012年，中国 GDP 保持了30年年均增长速度9.8%，创造了

① 胡鞍钢：《中国道路与中国梦想》，浙江人民出版社2013年版，第57页。

② IMF Database.

③ 严婷：《IMF 份额改革冲刺 中国将成第三大份额国》，《第一财经日报》2013年4月16日第10版。

④ 世界银行：《2013年世界发展报告·就业》，清华大学出版社2013年版，第206页。

人类经济史上的"新奇迹"。同期,全球经济年均增速仅有 2.8%。
1978—2010 年,经济总量由全球第 10 位跃升至第 2 位,成为世界第二大
经济体。对全球经济增长的贡献率不断提高,1978—2012 年,经济总量
占世界的份额由 1.8% 提高到 11.5%。[1] 2008—2012 年,对全球经济增长
的年均贡献率高于 20%[2],成为后金融危机时代带动世界经济复苏的重要
引擎。

(一) 与发达国家相比

随着中国 GDP 的高速增长,其在全球经济体系中的重要性不断上升,
对世界经济的贡献率不断提高。根据世界银行汇率法现价美元计算的
GDP,2010 年中国对世界经济增长的贡献率超过日本,成为仅次于美国
的世界第二大经济体,并与美国的差距不断缩小。1978 年中国 GDP 占世
界的比重为 1.74%,到 2012 年则达到了 11.35%;美国占世界的比重则从
27.64% 下降至 22.40%;日本从 11.69% 下降至 8.22%。从相对差距来看,
1978 年日本 GDP 是中国的 6.72 倍,2010 年中国 GDP 超过日本,2012 年
日本 GDP 只相当于中国的 72%。1978 年美国 GDP 是中国的 15.9 倍,
2012 年为 1.97 倍 (图 1—6、表 1—10)。

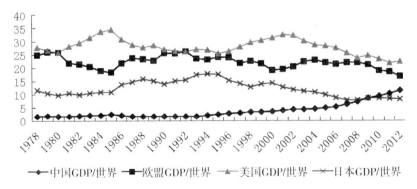

图 1—6　1978—2012 年中国在世界经济体系中的重要性比较 (单位:%)

资料来源:世界银行数据库。

---

[1]　中华人民共和国国家统计局:《国际统计年鉴 2013》,中国统计出版社 2013 年版,第
1—1 页。

[2]　中华人民共和国国家统计局:《改革开放铸辉煌　经济发展谱新篇》,《人民日报》2013
年 11 月 6 日第 1 版。

　　按照 PPP 平价法美元现价计算，中国与日本、美国等国家的差距不断缩小。日本与中国的相对差距从 1978 年的 2.18 倍下降至 2012 年的 0.32 倍，美国与中国的相对差距从 5.40 倍缩小至 1.12 倍。2009 年全球经济增长率为 -0.6%，主要发达国家的经济增长率平均为 -3.2%，以中国为首的新兴发展中国家达到了平均 3.4% 的经济增长，中国更是维持了 9.2% 的高增长。虽然两种方法计算的结果不同，但是充分说明中国 GDP 高速增长对世界经济增长的贡献大幅提升（表 1—10、图 1—7）。

表 1—10　　　　　　　　　　五大国 GDP 占世界经济总量比重及
　　　　　　　　　　　　　　对世界经济增长的贡献率　　　　　　（单位：%）

	GDP（现价美元）			国民总收入（PPP 法）		
	1978 年占世界比重	2012 年占世界比重	新增总量贡献率	1990 年占世界比重	2012 年占世界比重	新增总量贡献率
中国	1.74	11.35	12.63	3.97	15.24	19.75
德国	8.4	4.73	4.24	5.39	3.64	2.94
印度	0.64	1.21	1.29	1.71	3.23	2.44
日本	11.69	8.22	7.76	8.66	4.85	3.32
美国	27.64	22.40	21.71	21.42	17.09	15.35
世界	100	100	100	100	100	100
美/中（倍）	15.9	1.97	—	5.40	1.12	—

　　注：新增总量贡献率指的是 2012 年（或 1990 年）比 1978 年 GDP（GNI）增加量占世界增量的比重。

　　资料来源：世界银行数据库。

　　（二）与其他金砖国家相比

　　在金砖四国占世界 GDP 的份额中，中国以 GDP 总量衡量，遥遥领先。以 PPP 衡量的中国 GDP 占全球份额而言，比其他金砖三国的总和还要大。按照 PPP 衡量的 GNI，2012 年中国的 GNI 规模达到 14.73 万亿国际元，而其余三国的 GNI 总和只有 8.28 万亿国际元，还不及中国一国的规模（图 1—8）。

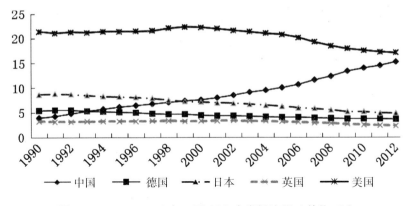

图 1—7　1990—2012 年五国 GDP 占世界比重（单位:%）

注：由于 GDP 与 GNI 数据相差仅 2%，在此用 GNI 代替 GDP。

资料来源：World Bank：World Development Indicators 2013.

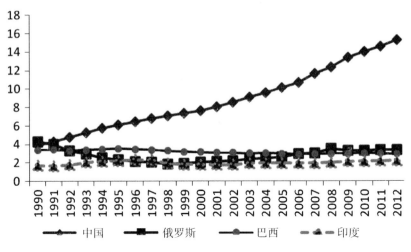

图 1—8　1990—2012 年金砖四国 GDP 占全球份额（单位:%）

资料来源：World Development Indicators 2013.

　　中国对世界经济的贡献，还可从近 10 年来其经济增长率与金砖四国以及世界水平的比较中可见一斑。2001—2012 年，中国 GDP 年均增长率达到 10.1%，超过印度（5.42%）、俄罗斯（4.75%）和巴西（3.3%），世界平均增长率只有 2.6%。可见，金砖国家对世界经济增长的影响力在不断增大，而中国在其中扮演了极其重要的角色，特别是 2008 年以来，世界经济深受金融海啸影响，而中国在 2009—2012 年仍然实现了年均增长率 9.2% 的高增长，不仅远高于世界平均水平，而且大大高于金砖四国中的其他国家（图 1—9）。

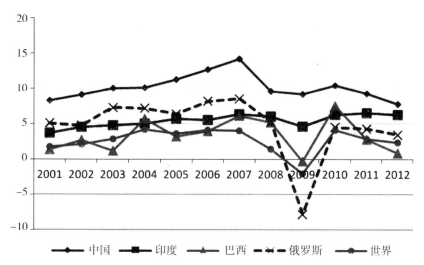

图 1—9　2001—2012 年金砖四国及世界 GDP 增长率（单位:%）

资料来源：世界银行数据库。

改革开放以来，中国 GDP 高速增长，创造了"中国奇迹"。从长期发展看，中国 GDP 增长速度是缓慢提高的。1978—1991 年，GDP 年均增速为 9% 左右；1992—2001 年，提高到 10% 左右；2002—2012 年，再提高到 10% 以上。GDP 的这种 30 多年阶梯式的高速增长，使中国的经济总量、综合国力、国际影响力迅速提高，成为世界第二大经济体、贸易大国、对外投资大国，对全球经济增长和稳定做出了重大贡献。从世界现代经济发展的历史视角看，由于外溢性和正外部性，对世界其他各国来说，中国 GDP 高速增长意味着机遇，不仅改变了中国的政治、经济和社会面貌，而且还重塑了整个世界和世界经济格局，是世界经济史上的奇迹。

第二章

中国 GDP 高速增长动因的理论与实证分析

改革开放 30 多年经济高速增长，中国人均 GDP 从 1978 年的 155 美元增加到 2012 年的 6091 美元（现价美元），增长了 30 多倍。中国经济总量居世界位次稳步提升，2010 年中国成为世界第二大经济体，1978—2012 年，中国 GDP 占世界的比重由 1.7% 上升至 11.6%，对世界经济增长的贡献率稳步上升。2008 年国际金融危机爆发直到 2012 年，中国对世界经济增量的贡献率接近 40%，对世界经济复苏做出了重要贡献。[①] 对于拥有世界最多人口的中国，能在短短几十年时间内，取得如此大的成就，从近乎一穷二白的状态，发展到中等偏上发达国家的水平，并不是一项容易实现的目标。图 2—1 为中华人民共和国成立以来，人均 GDP 增长的对数值图，图 2—1 表明，20 世纪 80 年代以来，中国人均 GDP 基本上呈加速增长，而且该趋势在近年来有加快的迹象。究竟是什么因素推动着中国经济的快速增长，理论界有多种解释，本章揭示一个事实，即 GDP 高速增长与全球化、经济体制改革、资本、劳动力以及技术进步密不可分，并进一步从实证分析的角度加以揭示。

第一节　经济体制改革

1978 年改革开放政策的实施，开启了所有制和经济体制改革的历史新时期，中国创造了人类经济史上的奇迹。按照一般的经济逻辑，中国 30 多年的高速经济增长是在一个"次优的体制安排"下取得的，即边增

---

① 何建武：《中国成为全球经济增量最大贡献者》，《中国经济时报》2014 年 12 月 2 日第 A5 版。

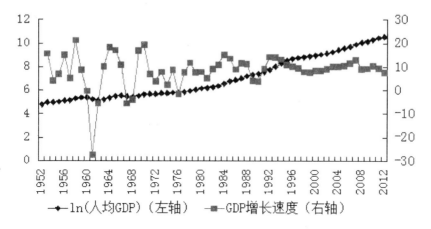

图 2—1　1952—2012 年中国 GDP 增长率与人均 GDP 演化路径

（对数值）及增长趋势（单位:%）

资料来源：根据历年《中国统计年鉴》有关数据计算得出。

长边调整体制安排，使中国经济从一个高度集中的计划经济体制逐步转向一个现代市场经济体制。中国经济的高速增长期正好与改革进程一致，这不是巧合，而是有着逻辑上的因果关系。中国经济高增长，是巨大的制度和体制变革推动的。

一　改革启动了 GDP 高速增长

1949—2012 年，中国所有制结构经历了三次大变化，呈现三个阶段的特征。

1949—1952 年，中国有三种所有制形式：国家、劳动者个体和资本家所有制。有五种经济成分：国营、合作社、个体、私人资本主义以及国家资本主义经济。它们相互合作，共同发展。其中，以国营经济为主导，国民经济很快得以恢复。

1953—1956 年，对生产资料私有制进行改造。1957—1978 年多种所有制并存逐步转变为单一公有制。1979 年以后，形成以公有制为主体，个体、私营和外资经济并存的多种所有制。制度变革是开启中国 GDP 高速增长的钥匙。

1978 年，公有制经济占 GDP 比重达 99%，非公有制经济仅仅占 1%。2012 年非公有制经济对 GDP 增长和税收的贡献率分别超过 60% 和 50%，对新增就业的贡献率高达 90%。① 个体、私营、外资经济逐步成为 GDP 增长、税收和就业机会增加的新动力。实践证明，1979 年以后，中国以公有制为主体，多种所有制经济共存的所有制结构，是对 1949—1956 年的多种所有制、1957—1978 年的单一公有制结构的扬弃。现阶段的所有制结构是经济进一步持续健康发展的保证。

二　改革红利分析

在 1949 年 10 月至 1952 年年底的三年三个月时间里，经济上发生了大变化，国民经济迅速恢复：延续十多年的严重通货膨胀变成物价稳定；经济由下降变成上升，大多数主要工农业产品的总产量恢复到历史上的最高水平。在所有制结构发生急剧变化的同时，生产力快速发展，这是世界经济史上少有的事。这种成就的获得，关键在于选择的经济模式——新民主主义经济形态合乎国情，有利于生产力的发展。1949—1952 年，中国国家统一和民族独立、民主改革的完成、新民主主义经济制度的建立、人民民主专政的巩固、国民经济的恢复，为进行新民主主义经济建设准备了基本条件。②

1950—2012 年中国 GDP 增长轨迹显示（图 2—2），1978 年以前中国经济增长没有持续性和均衡性，与 1978 年以后的稳态经济增长相比，经济总是大起大落、大波大动。每一次经济衰退大多是由频繁的政治运动和激进改革造成的。1957 年的"反右扩大化"、1958—1960 年的"大跃进"和人民公社化、1959 年的"反右斗争"等严重摧残了中国经济，破坏了国民经济比例关系，造成了 1960 年、1961 年和 1962 年连续三年 GDP 负增长，经济严重衰退。1963—1965 年经济开始复苏，这三年 GDP 增长率反弹到 10.2%、18.3% 和 17.0%。但这一轮经济复苏趋势并没有延续下去，1966 年 5 月到 1977 年 8 月中国经历了长达 10 年的"文化大革命"，严重搅乱了社会秩序、经济秩序与规则，1967 年、1968 年和 1976 年 GDP 再次负增长。

1957—1978 年，中国经济停滞与徘徊了 22 年，它是由于主观决策造成的，主要是因为缺乏社会主义现代化的经验，学习苏联的经济经验，实

---

① 王一鸣：《改革红利与发展活力》，人民出版社 2013 年版，第 113 页。
② 赵德馨：《中国近现代经济史（1842—1991）》，厦门大学出版社 2013 年版，第 54 页。

行计划经济体制造成的。1978 年以后，经济开始向平稳型过渡，每一次重大改革举措都没有再引起经济的大幅波动，从体制上保证了经济的快速平稳增长。[1] 从中国经济快速发展的进程看，中国的改革对社会福利改进效应最明显，取得了改革与发展"双赢"的效果。改革为中国经济持续快速发展提供了动力源泉，经济增长周期与改革开放红利释放存在着十分紧密的联系，改革红利是中国特色社会主义道路和现代化建设取得伟大成就的生动写照。

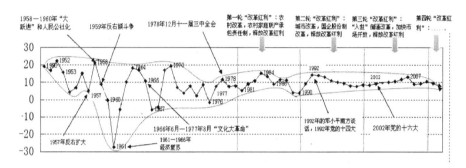

图 2—2　1950—2012 年中国 GDP 增长率和重要历史事件（单位：%）

资料来源：由于统计年鉴上没有 1950 年、1951 年、1952 年 GDP 数据，用《中国统计年鉴1983》第 22、23 页的国民收入代替 GDP，根据国民收入指数算出 GDP 年增长率。1953—2008 年数据来源于《新中国六十年统计资料汇编》第 6、1 页，2009—2012 年数据来源于《中国统计年鉴 2013》第 45 页。

（一）第一轮改革红利释放

第一次改革开放高潮与经济上升的国内背景是"文化大革命"结束时，国民经济到了"崩溃的边缘"。危机倒逼改革。20 世纪 70 年代末围绕"真理标准"的大讨论，解放了思想，促成了 80 年代初改革开放第一轮高潮。1978 年，中国经济体制改革在农村拉开了序幕。以家庭联产承包责任制为核心的农村改革，释放了被传统体制压抑的生产力，并将农村剩余劳动力解放出来，加快了现代科技同农业的结合过程，开创了一条中国农业现代化的新路径，是中国农村经济史上的新的黄金时期。1979—1984 年中国经济体制改革，为释放人口红利和加快工业化进程创造了条

---

[1]　黄志刚、刘霞辉：《中国经济可持续增长机制研究》，经济管理出版社 2013 年版，第113 页。

件，是中国现代经济史中最成功的一次制度变迁，不仅是推动经济发展的巨大动力，更重要的是揭开了探索中国式社会主义经济体制新模式的进程。1979—1984 年中国经济发展的主要特征是"转轨"：由僵化到改革的转轨；由闭关自给到对外开放的转轨；由半自给经济向商品经济的转轨；经济发展由 22 年的基本停滞和徘徊向快速发展的转轨；计划经济体制向有计划商品经济体制的转轨；由生产目的追求高速度到满足人民需要的转轨；由有限发展重工业，重重、轻轻、抑农，造成比例严重失调，到优先发展农业、轻工业，比例比较协调的转轨；由高投入、低效益的粗放型经济增长方式向以提高经济效益为核心的集约式经济增长方式转轨。"转轨"使 1979 年成为一个新时期的起点，在经济领域取得重大成就：1978—1984 年中国 GDP 占世界的比重由 1.74% 上升到 2.14%，人均 GDP 占世界的比重由 7.79% 上升至 9.83%。① 1985—1991 年，中国经济体制改革进入以城市为重点的全面展开的新阶段，市场经济体制和计划经济体制并存中存在摩擦②，说明由计划商品经济代替计划经济体制，不能从根本上解决中国经济发展问题。中国经济的发展要求新的体制，要求体制改革向前推进。1985—1991 年，中国 GDP 年均增长 8.4%，人均 GDP 年均增长 6.8%，1980—1991 年中国人均 GDP 年均增长 7.8%，全球只有韩国的人均 GDP 增长速度（8.7%）快于中国。中国经济增长速度居世界前列。按麦迪森的计算，1984—1991 年，中国 GDP 占世界的比重由 8.8% 升至 11.8%，年均上升 0.5%。同期，中国人均 GDP 占世界人均 GDP 的比重由 40% 升至 55%，年均上升 2.5%。③ 中国经济与世界经济的差距由扩大转入缩小，主要原因是实行改革开放政策，也就是制度变革，这是一个重大的历史转折。这说明对计划经济体制进行全面改革，给经济发展带来了活力。制度红利提高了资源配置效率，拓展了资源配置空间，增强了中国经济增长动力，带动了改革开放以来第一次经济的强劲上升。

（二）第二轮改革红利释放

第二次改革开放高潮与经济上升是 1992 年十四大至 2001 年十六大，

---

① 根据世界银行数据库相关数据计算得出。

② 赵德馨：《中华人民共和国经济史（1985—1991）》，河南人民出版社 1999 年版，第 616—619 页。

③ ［英］安格斯·麦迪森：《中国经济的长期表现》，上海人民出版社 2008 年版，第 108—109 页。

主要是国企实行股份制改革,改革红利得以释放。1993 年社会主义市场经济体制基本框架得以确立,1994 年五项宏观整体配套改革的突破性进展,1997—1999 年调整所有制结构等。这一轮改革,推动了中国经济新一轮大发展。改革从微观领域进入宏观领域,按照市场化方向推进的财税、金融、投资、外贸体制改革,围绕产权关系推进的国有企业改革,优化了资源配置,激发了市场活力,有力地支撑了 90 年代中国经济的快速发展。[①]

20 世纪 90 年代,中国开启了新一轮的经济结构调整,工业化与城镇化进程加速。从 90 年代初到 90 年代末,工业和服务业比重分别由 40% 和 30% 提高到 45% 和 40%,而农业比重则相应降低。城镇化率迅速提升,从 90 年代初的 26% 提高到 90 年代末的 36%,城乡结构出现明显调整。部分城市还探索开展了户籍制度改革。这些改革有效推动了产业结构、城乡结构朝着符合工业化、城镇化发展规律的方向变动。[②]

（三）第三轮改革红利释放

第三次改革开放高潮与经济上升的背景是在亚洲金融危机爆发之后,当时中国经济增速放缓,出现了通货紧缩。2001 年中国成功加入 WTO 后,对经济体制和管理制度进行了比较全面的调整,实行了全面的对外开放,使中国充分分享了全球化红利。2002 年,党的十六大提出到建党 100 年时建成完善的社会主义市场经济体制,并做出了全面部署。改革沿着推进科学发展和经济发展方式转变的方向不断深化,推动了中国经济进入改革开放后持续时间最长的新一轮上升,赢得了 21 世纪新一轮经济持续快速发展。2002 年以后,中国经历了一轮以提高开放度为特征的经济结构调整。中国抓住了全球化机遇,融入了全球生产体系,成为"世界工厂"。出口在经济中的比重明显上升,出口贸易占 GDP 的比重从 20 世纪初的 20% 左右提高到金融危机前的 70% 以上。这次结构变化是中国以 WTO 规则为参照系进行一系列改革的结果。出口、房地产和国有企业"三驾马车"带动了这一轮连续多年的快速增长。[③] 中国以入世为契机,实施了降低关税壁垒、扩大市场准入、增强汇率弹性等多项重要改革,适应了外向型经济发展的需要,为中国在更大范围、更广领域、更深程度上融入经济全球化创造了有利的制度环境。

---

① 王一鸣:《改革红利与发展活力》,人民出版社 2013 年版,第 18 页。

② 同上书,第 52 页。

③ 张卓元:《十八大后十年的中国经济走向》,广东经济出版社 2013 年版,第 84—85 页。

（四）第四轮改革红利释放

2012 年党的十八大明确提出改革开放是决定中国命运、实现"两个百年"目标和中华民族伟大复兴的关键，改革是中国最大的红利，这标志着中国经济社会发展进入新阶段。中国经济站在新的起点上，全面深化改革，加快经济转型，跨越中等收入陷阱。新一轮改革开放高潮带来新一轮红利大释放。2000—2013 年，中国全社会 R&D 投入占 GDP 比重增加 2 倍，达到 2.09%；2013 年，中国专利产出总量高达 60 多万件，居全球第一，远远超过日本和美国。[①] 专利申请量增速越来越大，表明中国创新能力在增强。

总体而言，所有制结构调整开启了中国渐进式改革道路，按照这样的逻辑顺序：非公有制经济—"双轨制"经济—财税联动的宏观管理改革—国有企业改革—完善市场经济体制。这一渐进式改革道路兼具理论与实践的互动、改革与开放的互进，是开拓性的成功。

中国保持了 30 多年 GDP 高速增长的同时，物价水平总体稳定，中国实现了"高增长—低通胀"的宏观格局，这也是中国渐进式改革成功的关键。从 1978—2012 年各年 GDP 和 CPI 年均增长率时间序列轨迹（图 2—3）可以看出，1978—2012 年中国 GDP 增速与 CPI 的波动起伏曲线显示，二者的变动呈现出某种一致性。GDP 增长率出现三次高峰和三次低谷，没有出现负增长。经济一直在高增长的轨道上运行，GDP 高速增长与 CPI 波动幅度趋势大体相当。在改革开放起步期、改革开放全面启动期，以及社会主义市场经济建立初期，都出现程度不同的 CPI 上涨。例如，1980 年、1988 年、1989 年、1994 年 CPI 分别为 7.5%、18.8%、18.0%和 24.1%，由于中国政府宏观调控措施得力，很快有效控制了居民消费物价指数上涨的势头，通胀率总体处于较低水平。尤其是 1997—2012 年，中国宏观经济保持了连续 16 年"高速平稳增长和低通胀"的良好局面，GDP 高速增长的质量和社会福利效应大幅提升。

渐进式改革始终坚持市场化取向的改革，其关键作用在于推动了中国经济配置要素的模式转换，市场配置资源的体制改革提高了资源的利用效率，促进了中国 GDP 的高速增长。

---

① 彭科峰：《中国已经成为全球专利产出总量最多的国家》，《中国科学报》2014 年 11 月 24 日第 1 版。

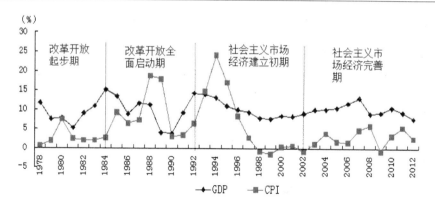

图 2—3　1978—2012 年中国 GDP 增长率和 CPI 变动关系

资料来源：《中国统计摘要 2013》。

第二节　全球化红利

过去 30 多年，全球经济深刻变化，其中最引人注目的就是经济全球化迅猛发展。中国坚持改革开放，抓住了第一轮经济全球化的机遇，中国的后发优势得以发挥，产业国际竞争力大幅提升，并迅速占领国际市场份额。中国 GDP 高速增长受益于经济全球化。

一　经济全球化的发展

20 世纪 60 年代，发达国家因制造业资本溢出效应提升了要素价格，传统制造业加速向要素价格低的发展中国家转移。20 世纪 80 年代，中国在沿海建立了 4 个经济特区，14 个沿海开放城市。1988 年中国实施沿海开放策略，"大进大出、两头在外"，发展外向型经济，大力发展出口导向型的劳动密集型产业，承接"亚洲四小龙"因收入水平提高、国际竞争力受到削弱的劳动密集型产业。[1]

20 世纪 90 年代初期，随着苏联和东欧国家经济转轨，引来新一轮全球化高潮，世界经济进入繁荣期。1992 年邓小平南方谈话后，中国对外开放由沿海扩展到沿江、沿边和广大内陆地区，通过吸收外资，把中国低成本的劳动力和资源与国外的资金、技术、管理和全球销售渠道结合在一起，有效提升了产业国际竞争力。20 世纪 90 年代，国际产业转移以资本

---

① 王一鸣：《改革红利与发展活力》，人民出版社 2013 年版，第 20 页。

密集型或技术、资本双密集型为主,中国因拥有完整的产业结构、齐全的基础设施、稳定的金融市场而成为转移对象。

2001 年,中国加入 WTO 后,外贸出口迅速发展。2001—2007 年,外贸出口年均增速为 21.6%,是改革开放以来外贸出口增速最快、增长最为稳定的时期。2008 年,国际金融危机的爆发,外贸出口增速 17.2%。之后,中国外需减缓,出口增速回落,但在全球的份额仍继续提高。到 2012 年,中国连续三年成为世界货物贸易第一出口大国和第二进口大国。① 在实现出口总量大幅增长的同时,出口商品结构不断优化。在 20 世纪 80 年代实现了由初级产品为主向工业制成品为主的转变。到 90 年代实现了由轻纺产品为主向机电产品为主的转变,21 世纪以来,汽车、船舶、铁路装备、通信产品等大型机电产品和成套设备出口均有新的突破。1980 年初级产品占总出口的 50%;2012 年,工业制成品占出口总额的比重为 95%,说明中国的进出口商品发生了实质性变化。2013 年世界经济论坛发布的《2013—2014 年全球竞争力报告》显示,中国的国际竞争力排名第 29 位,居金砖国家之首,领先于南非(第 53 位)、巴西(第 56 位)、印度(第 60 位)和俄罗斯(第 64 位)。其中,中国和印度之间的竞争力差距从 2006 年的 8 位扩大到目前的 31 位。②

二　中国经济全球化的表现

改革开放 30 多年,中国日益融入国际市场,对外开放的广度和深度不断拓展,实现了从封闭、半封闭到全方位开放的伟大历史转折。这是中国从大规模"引进来"到大踏步"走出去"的 30 多年,也是中国抓住经济全球化机遇一跃成为世界贸易大国的 30 多年。经济全球化主要表现为贸易全球化和投资全球化。

(一)贸易全球化的成效

1979—2012 年中国货物进出口年均增长速度为 16.6%,总量增长了 186 倍,占世界的位次由 1978 年的第 29 位跃升至 2010 年第 2 位③;2001—2007 年中国进出口贸易年均增长率为 21.6%,2008 年外贸出口仍

---

① 马汉青:《中国连续三年成为全球第一出口大国和第二进口大国》,《羊城晚报》2012 年 11 月 8 日第 17 版。

② 王一鸣:《改革红利与发展活力》,人民出版社 2013 年版,第 21 页。

③ 王珂:《对外经济,多方共赢》,《人民日报》2013 年 11 月 26 日第 1 版。

然保持 17.2% 的增长率。① 中国外贸迅速发展不仅是中国 GDP 增长的动力，而且，增长速度远远大于美国和日本，对国民经济的贡献远远高于同期的美国和日本。

中国在全球贸易中的地位也得到了提高。1978 年中国货物进出口总额仅 206 亿美元，占发展中国家的贸易额的 2.7%，仅占全球贸易总量的 0.85%。2007 年年底中国商品进出口总额达 21765.7 亿美元，30 年增长 100 倍，占发展中国家贸易总量的 17%，占全球贸易总量的比重上升到 7% 以上，全球排名第三。到 2011 年末进出口总额已达到 3.64 万亿美元，比 1978 年增长了 176 倍，中国外贸出口额和进口额占世界货物出口和进口的比重分别提高到 10.40% 和 9.46%，货物进出口总额跃居世界第二位，占世界的比重跃升至 10%，连续三年成为世界最大出口国和第二大进口国（图 2—4）。

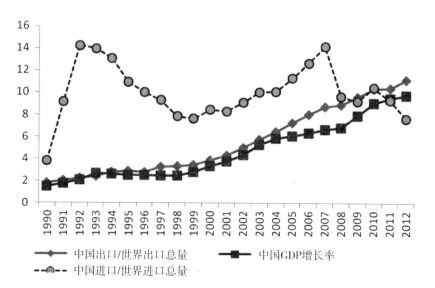

图 2—4　1990—2012 年中国 GDP 增长率、货物进出口额占世界贸易的比重（单位:%）

资料来源：世界数据来源于《国际统计年鉴 2013》，中国数据来源于《中国统计年鉴 2013》。

从出口来看，1978 年中国出口总额不足 100 亿美元，仅占全球出

---

① FAO Database。

口总量的 0.82%。2011 年中国商品出口总额达到 18983.8 亿美元，增长了 189 倍，在全球出口中的比重也上升到了 10.4%。1978—2012 年货物出口年均增长 17.0%，增长 209 倍；1982—2012 年中国商品和服务出口总量占 GDP 的比重由 8.40% 迅速上升到 27.32%，而美国由 8.47% 上升到 13.52%，日本由 14.20% 上升到 14.73%，全球由 18.97% 上升到 30.26%，可见，中国商品和服务出口总量在 GDP 的占比上升幅度最大（图 2—5）。

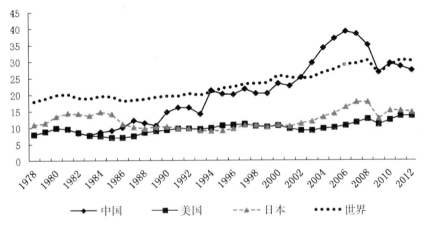

图 2—5 1978—2012 年中、美、日、世界货物和服务出口占世界比重（单位:%）
资料来源：世界银行数据库。

从进口来看，1978 年中国货物进口总额为 108.9 亿美元，仅占全球进口总量的 0.82%；2012 年为 18184.1 亿美元，增长了 166 倍，在全球进口总量中的比重上升到 9.5%。2011 年，中国货物出口、进口占 GDP 的比重达到了 24.93% 和 22.12%，比 1978 年（4.60% 和 5.14%）上升了 20.33 个百分点和 16.98 个百分点。1978—2012 年货物进口年均增长 16.2%（图 2—6）。1982—2012 年中国商品和服务进口总量占 GDP 的比重由 6.72% 迅速上升到 24.5%，而同期美国由 9.06% 上升到 16.89%，日本由 13.57% 上升到 16.71%，全球由 19.53% 上升到 30.32%。可见，中国商品和服务进口在 GDP 的占比上升幅度也最大。

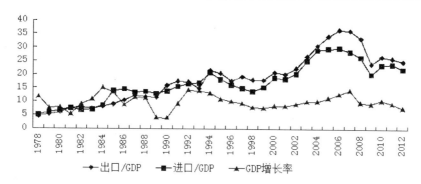

图 2—6 1978—2012 年中国 GDP 增长率与货物进出口占 GDP 比重（单位:%）
资料来源:《中国统计年鉴 2013》。

改革开放以来，随着中国 GDP 高速增长，经济对外依赖程度明显加深，这既体现在以对外贸易额占 GDP 比重衡量的贸易依存度的上升上，又体现在资本流动规模不断扩大上。如图 2—7 所示，分别以 1994 年汇改、2001 年加入 WTO 和 2005 年汇改为标志，中国对外开放程度得到迅速提高。1985—1994 年，外贸依存度由 22.7% 上升到 42.31%，2001 年加入 WTO 推动外贸依存度从当年略低于 40% 迅速上升到 2003 年的超过 50%，2005 年汇改后进一步上升到 2007 年的超过 60%。与资本流入相比，资本流出占 GDP 比重在改革开放后的大部分时期相对较低，但也呈现出类似的变动趋势。此外，同样重要的是中国经济对外依赖程度加深还建立在持续保持经常项目和资本项目"双顺差"上。1994 年之后，中国经常项目、资本项目"双顺差"格局基本形成，2001 年之后（特别是 2005 年汇改后）快速增长。① 经过 30 多年的高速发展，中国的外贸依存度（进出口总额占 GDP 的比重）从 1978 年的不足 10%（9.8%），至 2007 年末已接近 70%（67%），2012 年由于全球金融危机的影响下降至 47%，但国际贸易日益成为中国 GDP 增长的一个重要组成部分。

（二）投资全球化的成效

中国具有广阔的潜在市场优势和要素资源优势，吸引全球的直接投资者，外资助推了中国 GDP 的高速增长。1979—2012 年，中国实际直接使用外资高达 1 万多亿美元，1984—2012 年，中国使用外资的年均增速

---

① 黄志刚、刘霞辉:《中国经济可持续增长机制研究》，经济管理出版社 2013 年版，第 277—278 页。

（18%）远远超过 GDP（10.2%）的增速（图 2—7）。2012 年，全球 190
多个经济体、28.5 万家外资企业、全球 500 强 480 多家跨国公司到中国
投资，中国已连续 20 多年成为吸引外资最多的发展中国家。① 2009 年，
世界货物贸易迅速下降，但是中国外贸不仅没有下降，反而增长 2.9%，
是全球货物贸易唯一增长的经济体。同时，中国非金融类对外直接投资从
2003 年以来，保持迅速增长态势，由 2003 年的 20.5 亿美元增加到 2012
年的 772.2 亿美元，10 年增加了 36.7 倍（图 2—8）。这对稳定全球经济、
有效应对金融危机做出了重要贡献。除此之外，中国还为境外服务商提供
了广泛的市场准入机会，已成为拉动全球经济的有力引擎。②

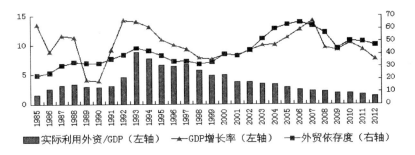

图 2—7　1985—2012 年中国 GDP 增长率与实际利用外资与外贸依存度变动趋势（单位:%）
资料来源:《中国统计年鉴 2013》、世界银行数据库。

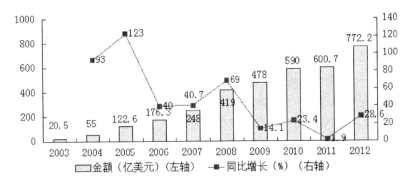

图 2—8　2003—2012 年中国非金融类对外直接投资和同比增长率
资料来源:国家统计局、商务部经济数据。

① 王珂:《中国仍是最吸引外资国家之一》,《人民日报》2013 年 5 月 17 日第 1 版。
② 闫业伟:《开放共赢,中国经济全球化》,《南方日报》2011 年 12 月 30 日第 33 版。

第三节　传统人口红利

20 世纪 80 年代，中国的计划生育政策创造了人口红利。在人口红利下，中国经济实力的快速增长得益于当时人口中有较高比例的劳动年龄人口。这一人口因素对中国实力的持续提高相当有利。中国人口红利时期的劳动年龄人口是同期美国的 3.86 倍，并且这一数字持续增长。就人口规模、质量、结构而论，中国比印度更早进入人口红利阶段。2000 年之后印度的劳动年龄人口占总人口的 60.7%，印度进入了人口红利阶段。尽管充足的劳动力使中国国内生产总值的提升和私人储蓄的累积成为可能，但同时给政府保障高水平就业率造成了很大压力。[①] 2012 年，中国的劳动年龄人口首次下降，表明人口红利开始减弱，是人口结构变化的转折点和分水岭，这将降低 GDP 的增长速度，使中国 GDP 增长速度降低 2—3 个百分点[②]，也深刻影响中国的经济和社会生活。银行的储蓄减少，利息提高，给企业贷款和社会养老造成一定压力，引起投资相应减少。也有不同的预测结论，王丰和安德顺·马森预测中国将会在 2013 年耗尽其人口红利。[③] 总体而言，美国的人口红利时期在 1950—2050 年，美国有 100 年的人口红利。中国从 1980—2012 年的人口红利阶段持续约 32 年。人口红利对中国 GDP 的高速增长起了很大作用。[④]

一　人口红利时期的劳动力比较优势

人口红利主要是指劳动年龄人口在总人口中的占比增大，人口抚养比减低，老年人口比例达到较高水平之前而劳动力资源相对丰富，带来储蓄率上升，投资也逐步上升，从而促进人口就业增长，就业的经济增长效应得以发生。中国政府成功实施了劳动力比较优势战略，将巨大的人口规模转变为促进 GDP 高速增长的人口红利。改革开放初期的 80 年代，中国总人口规模处于快速增长期，1990—2012 年进入持续减速期，2005 年人口

---

① 胡鞍钢：《中国 2020：一个新型超级大国》，浙江人民出版社 2012 年版，第 66 页。

② 宫本勇：《人口结构变化让中国处于转折点》，《环球时报》2013 年 2 月 4 日第 5 版。

③ Wang Feng, Andrew Manson, "The Demographic Factor in China's Transition", in Brandt, Thomas Rawski *China's Great Economic Transformation*, Cambridge Press, 2008, pp. 136–166.

④ 胡鞍钢：《中国 2020：一个新型超级大国》，浙江人民出版社 2012 年版，第 62 页。

规模突破 13 亿。从劳动供给来看，1990—2012 年，中国人口劳动参与率（15—64 岁）呈现出阶梯式下降态势，由 84.85% 降至 76.40%，13 年降低了 8.45 个百分点（图 2—9）。但是，由于中国劳动力资源丰富，劳动力供给绝对量逐年增加，1978—2012 年，随着 GDP 高速增长，全社会劳动力供给总量由 40152 万人增加到 76704 万人，35 年增加了 3.6 亿人，劳动力的充分供给助推了中国 GDP 高速增长（图 2—10）。总体来看，全社会就业规模呈现出以下增长趋势：1988 年以前，全社会就业规模增速较快；1989—1996 年，减速增长；1997—2012 年，向峰值缓慢逼近（图 2—9）。中国实施了"制度变革+劳动力比较优势"的战略，为潜在的"人

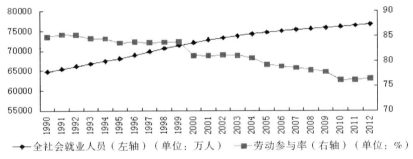

图 2—9 1990—2012 年中国全社会就业人员与劳动参与率

资料来源：根据《中国统计年鉴 2013》相关数据计算得出。

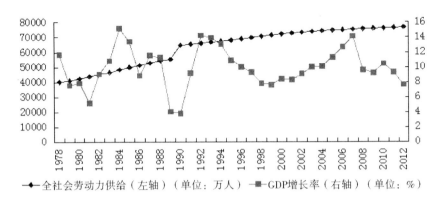

图 2—10 1978—2012 年 GDP 增长率与全社会劳动力供给变动趋势

资料来源：《中国统计年鉴 2013》。

口红利"转化为现实的"人口红利"提供了基础。①

1982 年中国少儿人口（0—14 岁）占总人口 33.59%，2006 年下降到 20.3%，下降了 13.29 个百分点，导致青少年人口（14—25 岁）的进一步下降；1980 年青少年人口占世界总人口比重为 19.5%，1990 年上升为 21.8%，而后大幅度下降，2005 年降至 17.9%。1982 年，中国的劳动年龄人口达到 61.5%，这意味着人口红利的机会窗口开始打开；到 2005 年达到 72.0%，处于高峰期；人口红利高峰期持续到 2012 年，此后将不断降低，人口红利开始消减，到 2035 年基本结束。与此同时，在整个人口转变的过程中，中国的老年人口还会迅速上升。1980—2012 年是中国人口的红利期，也正是人力资本开发的黄金时期。② 改革开放 30 多年，中国充分发挥了劳动力资源的重新配置效应，促进了经济高速增长。

二　劳动力资源的重新配置效应

（一）促进 GDP 高速增长

改革开放以来，中国劳动力资源再配置促进经济增长，③④ 农村剩余劳动力的快速流动促进 GDP 高速增长。如表 2—1 所示，根据国民经济总体增长趋势，将 30 多年中国人均 GDP 增长指数（1978 年=100）划分为三个时期：分别为 1979—1989 年、1990—2006 年、2007—2012 年。这三个时期，人均 GDP 增速的算术平均值分别为 8.0、8.97、9.5；同时，人均 GDP 增速的标准差分别为 3.3、2.63、2.19。可以看出这三个时期后一时期的人均 GDP 增速都比前一时期高。这与 1990 年以后农业就业率下降一致：1979—1989 年、1990—2006 年、2007—2012 年，农业就业率下降幅度的算术平均值分别为：-0.9、-1.0、-1.5；同时这三个时期，农业就业率下降幅度的标准差分别为 0.98、0.97、0.30。因此，劳动力由农业部门转向非农部门促进经济整体效益的提高，从而促进

---

① 黄志刚、刘霞辉：《中国经济可持续增长机制研究》，经济管理出版社 2013 年版，第 166 页。

② 世界银行：《2007 世界发展报告：发展与下一代》，清华大学出版社 2013 年版，第 2—3 页。

③ 胡永泰：《中国全要素生产率：自农业部门劳动力再配置的首要作用》，《经济研究》1998 年第 3 期。

④ 丁宵泉：《农村剩余劳动力转移对中国经济增长的贡献》，《中国农村观察》2001 年第 2 期。

GDP 高速增长。

表 2—1   1979—2012 年中国人均 GDP 增速、
第一产业就业比重变动情况   （单位：%）

年份	人均 GDP 增长速度	第一产业就业比重逐年变动速度
1979	6.1	-0.7
1980	6.5	-1.1
1981	3.9	-0.6
1982	7.5	0.0
1983	9.3	-1.0
1984	13.7	-3.1
1985	11.9	-1.6
1986	7.2	-1.5
1987	9.8	-0.9
1988	9.5	-0.7
1989	2.5	0.8
1979—1989 年均值	8.0	-0.9
1979—1989 年标准差	3.3	0.98
1990	2.3	0.0
1991	7.7	-0.4
1992	12.8	-1.2
1993	12.7	-2.1
1994	11.8	-2.1
1995	9.7	-2.1
1996	8.9	-1.7
1997	8.2	-0.6
1998	6.8	-0.1
1999	6.7	0.3
2000	7.6	-0.1
2001	7.5	0.0
2002	8.4	0.0

年份	人均 GDP 增长速度	第一产业就业比重逐年变动速度
2003	9.3	-0.9
2004	9.4	-2.2
2005	10.7	-2.1
2006	12	-2.2
1990—2006 年均值	8.97	-1.0
1990—2006 年标准差	2.63	0.97
2007	13.6	-1.8
2008	9.1	-1.2
2009	8.7	-1.5
2010	9.9	-1.4
2011	8.8	-1.9
2012	7.1	-1.2
2007—2012 年均值	9.5	-1.5
2007—2012 年标准差	2.19	0.30

资料来源：根据《中国统计年鉴 2013》相关数据计算得出。

（二）促进总体经济效率提高

经典二元经济理论认为，农业就业劳动力比重减少，非农就业的劳动力比重逐渐增加，促使潜在的劳动力资源有效发挥，促进一个社会整体（部门）经济效率全面提高。劳动者技能、知识、经验通过部门流动（产业转移）获得"干中学"、"投中学"的机会，生产效率得以提高。从生产效率看，1978—2012 年，全社会增加值/劳动力投入（可比价）由846.75 元/人升至 14967.02 元/人，增加了 16.7 倍；其中，第一、第二、第三产业则分别由 386.85 元/人升至 4409.5 元/人、2431.31 元/人升至23042.52 元/人、1400.3 元/人升至 18148.13 元/人；第一、第二、第三产业则分别增加了 10.4 倍、8.5 倍和 11.2 倍（图 2—11）。改革 30 多年，无论是全社会还是各次产业，生产效率都稳步增长，总体（部门）经济效率得以提高。

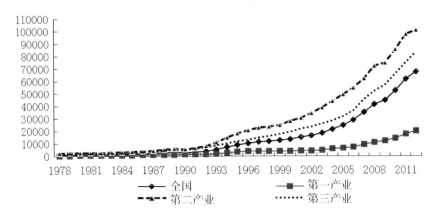

图 2—11　1978—2012 年全社会及各次产业增加值/劳动力变化趋势（单位：元/人）

资料来源：《中国统计年鉴 2013》、《新中国六十年统计资料汇编》；可比价按照商品零售价格指数缩减得到（1978 年＝100）；比率趋势由产出和就业 HP 滤波法趋势相除得到。

（三）GDP 高速增长的维多恩效应

维多恩效应，是指由于生产率提高的产出增加效应大于生产率提高而产生的劳动需求抑制效应，从而促进经济增长。[①] 换句话说，经济增长促使经济效率提高和就业率增加。根据图 2—11 和表 2—2：第一，从国民经济总体状况看，1979—1989 年全社会增加值/劳动力稳定增长的同时，全社会就业年均增长量为 1379.7 万人。其中，第一、第二、第三产业呈现出持续增长态势，年均增长量分别是 446.1 万人、457.1 万人、476.3 万人。第二，1990—2006 年，全社会就业年均增长量是 1155 多万人，比1979—1989 年低，这是由于农业劳动力向现代经济部门转移效应逐渐显现，即第一产业就业比重绝对下降，其中 2000—2006 年平均下降幅度为546.7 万人/年；第二、第三产业出现绝对上升的趋势，第三产业上升幅度大于第二产业。第三，2007—2012 年第一产业就业人数急剧下降，平均每年下降 1028 万人，这种加速下降趋势与二元经济结构下的工业化规律是相吻合的。第二产业就业吸纳能力递减的趋势在 90 年代开始显现，1979—1989 年第二产业就业规模的年均增量为 457.4 万人，1990—1999年下降到 444.5 万人，2000—2006 年下降到 353.3 万人，2007—2012 年出现了年均增长 724.5 万人的反弹。第三产业成为劳动力转移的主要阵

① 黄志刚、刘霞辉：《中国经济可持续增长机制研究》，经济管理出版社 2013 年版，第163 页。

地，其吸纳就业从1978年的4890万人增加到2012年的27690万人，平均每年增加651万人。总体来看，中国30多年的经济增长，体现了效率和就业两方面的兼顾，引领效率提高的现代部门，尤其是第三产业吸纳就业具有较大的空间（表2—2）。

表2—2　　　　　　　1979—2012年全社会就业增加与各次产业
就业增加规模变动趋势　　　（单位：万人）

年份	全社会就业增加量	第一产业就业增加量	第二产业就业增加量	第三产业就业增加量
1979	872	316	269	287
1980	1337	488	493	355
1981	1364	655	296	413
1982	1570	1082	343	145
1983	1141	292	333	516
1984	1761	−283	911	1133
1985	1676	262	794	620
1986	1409	124	832	452
1987	1501	409	510	584
1988	1551	586	426	538
1989	995	976	−176	196
1979—1989年就业年均增长量	1379.7	446.1	457.4	476.3
1990	9420	5689	1880	1850
1991	742	184	159	399
1992	661	−399	340	720
1993	656	−1019	610	1065
1994	647	−1052	347	1352
1995	610	−1098	343	1365
1996	885	−710	548	1047
1997	870	20	344	505
1998	817	337	53	428
1999	757	591	−179	345

续表

年份	全社会 就业增加量	第一产业 就业增加量	第二产业 就业增加量	第三产业 就业增加量
1990—1999 年就业年均增长量	1606.5	254.3	444.5	907.6
2000	691	275	-202	618
2001	712	356	15	342
2002	483	241	-552	793
2003	456	-436	245	647
2004	528	-1374	782	1120
2005	383	-1388	1057	714
2006	331	-1501	1128	704
2000—2006 年就业年均增长量	512	-546.7	353.3	705.4
1990—2006 年就业增长量	1155.8	-75.5	406.9	824.4
2007	343	-1210	1292	261
2008	243	-808	367	683
2009	264	-1033	527	770
2010	277	-959	762	475
2011	315	-1337	702	950
2012	284	-821	697	408
2007—2012 年就业年均增长量	287.7	-1028	724.5	591.2

资料来源：根据《中国统计摘要 2013》相关数据计算得出。

（四）人口红利与贸易大国的关系

对于一个开放经济体来说，派克（Pack）、克鲁格（Krueger）认为国际贸易通过市场网络、知识扩散、创新激励等途径，根据劳动与资本要素比较优势选择适当的贸易模式，能够促进一国（地区）GDP 长期增长。[1]一般而言，发展中国家在 GDP 高速增长阶段，充分发挥后发优势，利用

---

[1] H. Pack, "Industrialization and Trade", in H. Chenery and T. N. Srinivasan, *Handbook of Development Economics*, Vol. I. Elsevier Science Publisher B. V. 1988; O. Krueger, *Trade and Employment in Developing Countries：Individual Studies*, The University of Chicago Press, 1981; O. Krueger, *Trade and Employment in Developing Countries：Synthesis and conclusions*, The University of Chicago Press, 1983.

丰富而廉价的低技能劳动力，大力发展劳动密集型出口产业，参与国际分工，能够促进就业规模扩大、经济稳定增长。改革开放以来，中国大力发展民营企业即非国有独资企业，出口劳动密集型产品，利用国际市场网络优势，最终奠定了中国的国际专业化分工地位。从统计数据来看，2012年的进出口总额（244160.2亿元）是1978年（355亿元）的近688倍（现价计算）。1978年中国货物进出口总额全球排名第29位，2012年以来已连续三年居世界第2位，贸易大国地位得以确立。这与中国劳动力比较优势的发挥吻合，主要表现为以下几方面。

第一，劳动力比较优势的发挥与出口结构的变化。"六五"时期，中国货物出口贸易总额中，一般贸易占比为91.7%，加工贸易占比为7.8%。20世纪90年代初期前，中国对外贸易方式一直以一般贸易为主。到了"十一五"时期，一般贸易占比下降到50.1%，加工贸易占比上升到38.9%。近几年由于国际金融危机的影响，加工贸易占比开始逐年下降，一般贸易占比上升，2012年与2006年相比，一般贸易增加了13个百分点，而加工贸易下降了6.8个百分点（表2—3）。

表2—3　　　　改革开放以来中国贸易规模及货物出口构成情况

	进出口总额（亿美元）	货物出口构成（%）	
		一般贸易	加工贸易
"六五"时期	2524.1	91.7	7.8
"七五"时期	4864.1	66.4	31.8
"八五"时期	10144.1	49.8	47.6
"九五"时期	17739.1	41.5	55.8
"十五"时期	45578.7	41.5	55.1
"十一五"时期	116818	50.1	38.9
2006	17604.4	43	52.7
2007	21765.7	44.2	50.7
2008	25632.6	46.4	47.3
2009	22075.4	44.1	48.9
2010	29740	45.7	46.9

续表

	进出口总额（亿美元）	货物出口构成（%）	
		一般贸易	加工贸易
2011	36418.6	48.3	42.6
2012	38667.6	56	45.9

资料来源：《中国统计摘要 2013》。

第二，贸易顺差与外汇储备的增加。20 世纪 90 年代至今，中国货物贸易一直保持顺差，尤其是 1995 年以来，呈现逐年扩大态势，由 1995 年的 167 亿美元扩大到 2012 年的 2303.1 亿美元。近年来，规模迅速扩大的加工贸易出口，已成为中国贸易顺差的主要来源，这种局面的形成得益于中国出口商品劳动力成本的低廉及由此形成的价格竞争能力。贸易顺差的持续扩大，为中国外汇储备积累提供了基础，外汇储备由 1978 年的 1.67 亿美元增加到 2012 年的 33115.89 亿美元，成为储备外汇最多的国家（图 2—12）。

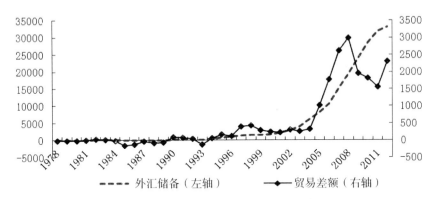

图 2—12　1978—2012 年中国外汇储备与贸易差额变动情况（单位：亿美元）

资料来源：《新中国六十年统计资料汇编》、《中国统计年鉴 2013》。

改革开放以来，中国劳动力比较优势战略的实施，成功地将剩余的劳动力资源优势转化为促进 GDP 高速增长的人口红利优势，将 GDP 送入高速增长的跑道。"制度变革+产业导向"是中国传统人口红利优势得以有效发挥的模式选择。随着中国 GDP 的高速增长，传统人口红利的消减，这一模式的弊端也日渐显露。20 世纪 90 年代兴起的新经济增长理论认为

"专业化的人力资本"是经济持续增长的不竭动力。

第四节 技术进步

按照现代经济增长理论，一个国家（地区）长期经济绩效取决于自主技术创新、自主研发能力。中国要提升国际竞争能力、跻身世界经济强国，就必须发展出独立自主的研发体系、有效利用全球科技资源，为 GDP 高速增长提供源源不断的动力。

一 技术进步路径：从学习模仿转向自主创新

（一）学习模仿

中国经济体制改革提高了利用资源的制度效率，是技术引进的最大贡献者，在要素组织和技术进步模式上形成了一个学习模仿的学习曲线。中国在改革开放开始时人均 GDP 偏低，并有大量的农村剩余劳动力等待转移，学习模仿构成了最主要的经济增长源泉。截至 20 世纪 90 年代末，12 亿人口仍有 9 亿人生活在农村。正是由于劳动力构成当时最为丰富的资源，这才需要增加生产与投资，发挥学习模仿对生产效率的溢出效应，加速经济增长。

从 1990 年开始，中国从国际技术转移中引进技术，发挥"学习模仿"的经济增长效应，"学习模仿"是这一时期技术进步的基础。技术引进可以通过技术购买直接引进，或者是通过外商直接投资间接技术引进两种途径实现。技术引进可以大大缩短发展中国家技术研发时间，从而集中精力进行技术提升和经济赶超。引入外资虽然其目的并不是直接引进技术，但通常认为外资投资于东道国时，可以通过示范效应、技术溢出效应发挥发展中国家的后发优势。因此，外商直接投资企业被视为间接技术引进的重要渠道。改革开放以来，外商直接投资数量不断增加，速度不断加快。1991—2012 年外商直接投资由 43.66 亿美元增加到 1117.16 亿美元，年均增长速度高达 17.1%，这突出显示出 FDI 成为促进中国 GDP 高速增长的重要组成部分。[①]

---

① 《中国统计年鉴 2013》。

(二) 自主创新

20 世纪 90 年代一直到加入 WTO 这一时期,"学习模仿"技术进步机制符合成本—效应原则和中国技术基础比较薄弱的国情,可以快速缩短中国与发达经济体的技术差距,促进中国 GDP 高速增长。但是"学习模仿"引致的技术进步效应受国内外技术差距的影响。在技术引进的早期,国内外技术差距较大,"学习模仿"产生规模报酬递增效应,能够快速吸纳社会闲置资源和劳动力,经济的产出效益不断提高;然而,随着技术引进国家的技术消化、吸收、转化能力增强,国内外技术差距逐渐缩小,"学习模仿"产生规模报酬递减效应。[①]

总的来看,中国企业依靠技术引进取得了很大成功,并且高新技术也实现了跨越式发展。1996 年中国的高技术制成品出口高于拉丁美洲,但比东亚、高收入国家以及世界平均水平都低很多;而到 2011 年,已超过东亚,高出世界平均水平近 10 个百分点。但是在总体上,又存在中国企业自主创新不足问题。中国开始重视自主创新。中国加入 WTO 后知识产权保护的强化、企业"学习模仿"的效率降低,企业增加了自主研发和自主创新的投入。从国际比较看,2011 年中国的 R&D/GDP 虽高于中高等收入国家,但远远低于欧盟、高收入国家甚至世界水平 (表 2—4)。中国的技术水平与发达国家差距较大,属于国际中等水平。因此,推动国家技术创新体系建设是中国能否领先于国际先进技术水平的关键。

表 2—4   1996 年与 2011 年研发和高技术出口的国际比较   (单位:%)

年份	研发支出/GDP		高技术出口/制成品出口	
	1996	2011	1996	2011
中国	0.56	1.84	12.4	25.8
东亚	0.47	1.81	25.2	25.6
中等收入国家	0.56	1.24	14.7	17.4
拉丁美洲	0.53	0.84	9.2	11.4
欧盟	1.75	2.04	16.7	14.8

---

① 黄志刚、刘霞辉:《中国经济可持续增长机制》,经济管理出版社 2013 年版,第 193 页。

续表

年份	研发支出/GDP		高技术出口/制成品出口	
	1996	2011	1996	2011
高收入国家	2.20	2.45	21.1	16.2
中高等收入国家	0.56	1.35	15.1	19.9
世界	2.01	2.13	20.1	16.5

资料来源：世界银行数据库。

二 科技投入和创新产出对 GDP 高速增长的贡献

科技投入从自主研发和技术引进两个角度考察，创新用专利授权量表示。通过对科技投入、创新以及两者之间的关系的考察，可以直观认识改革开放以来中国的科技进步水平。

表 2—5、图 2—13 显示，从 R&D 经费支出看，R&D 支出呈快速增长趋势。1987—2006 年的 20 年，R&D 平均增长率高达约 18%，2001—2012 年的 10 多年增速为 22.6%。从 R&D/GDP 比重看，1987—1992 年稳中有升，1992—1996 年有所下降，1996—2011 年迅速提高，由 0.57%上升至 1.84%。从国外引进技术情况看，1985—1994 年金额相对较少，比重变化幅度较大；1995 年之后数量激增，除 2001 年外，其他年份的技术引进金额均超千亿元。国外技术引进占 GDP 的比重变化幅度较大，并没有显出增长优势；特别值得注意的是，大多数年份国外技术引进占 GDP 的比重均超过同期 R&D 占 GDP 的比重，这意味着国外技术引进在中国创新能力的形成中起到非常重要的作用。

表 2—5　　　　　1983—2012 年中国科技进步状况

年份	R&D	R&D/GDP（%）	国外技术引进（亿元）	国外技术引进/GDP（%）	FDI（亿元）	FDI/GDP（%）	专利授权量（件）	专利授权量/就业人员（件/万人）
1983	—	—	—	—	18.1	0.3	—	—
1984	—	—	—	—	33.02	0.46	—	—
1985	—	—	93.93	1.04	57.44	0.64	—	—

续表

年份	R&D	R&D/GDP (%)	国外技术引进（亿元）	国外技术引进/GDP (%)	FDI（亿元）	FDI/GDP (%)	专利授权量（件）	专利授权量/就业人员（件/万人）
1986	—	—	154.79	1.51	77.48	0.75	—	—
1987	74.3	0.61	111.1	0.92	86.13	0.71	6811	0.13
1988	89.5	0.59	132.07	0.88	118.88	0.79	11947	0.22
1989	112.3	0.66	110.06	0.65	127.71	0.75	17129	0.31
1990	125.4	0.67	60.94	0.33	166.79	0.89	22588	0.35
1991	159.5	0.73	184.15	0.85	234.42	1.07	24616	0.38
1992	198.0	0.74	363.41	1.35	607.05	2.25	31475	0.48
1993	248.0	0.70	352.03	1.00	1585.41	4.49	62127	0.93
1994	306.3	0.64	353.86	0.73	2910.28	6.04	43297	0.64
1995	348.7	0.57	1088.36	1.79	3133.38	5.15	45064	0.66
1996	404.5	0.57	1268.5	1.78	3469.18	4.87	43780	0.63
1997	509.2	0.64	1319.99	1.67	3751.71	4.75	50992	0.73
1998	551.1	0.65	1355.71	1.61	3763.93	4.46	67889	0.96
1999	678.9	0.76	1420.74	1.58	3337.73	3.72	100156	1.40
2000	895.7	0.90	1504.68	1.52	3370.55	3.4	105345	1.46
2001	1042.5	0.95	752.45	0.69	3880.09	3.54	114251	1.56
2002	1287.6	1.07	1439.3	1.20	4365.54	3.63	132399	1.80
2003	1539.6	1.13	1113.36	0.82	4428.61	3.26	182226	2.45
2004	1966.3	1.23	1146.8	0.72	5018.22	3.14	190238	2.53
2005	2450	1.33	1559.95	0.85	4941.64	2.69	214003	2.82
2006	3003.1	1.42	1755.65	0.83	5537.85	2.63	268002	3.51
2007	3710.2	1.40	2226.5	0.84	5961.598	2.25	301632	4.01
2008	4616.0	1.47	2665.2	0.85	6620.084	2.11	352406	4.66
2009	5802.1	1.70	3039.0	0.89	6270.213	1.84	501786	6.22
2010	7062.6	1.76	3906.6	0.97	7367.182	1.84	740620	9.73
2011	8687.0	1.84	4763.6	1.01	7603.291	1.62	962864	12.60
2012	10298.4	1.87	—	—	—	1.4	125538	16.4

资料来源：国家统计局科学技术部：《中国科技统计年鉴 2013》，中国统计出版社 2013 年版。

　　从专利申请授权量情况看，1987—2012 年专利授权数量稳中有升。特别是 1996 年之后，专利授权量大幅度增加，1999 年、2006 年、2012 年分别达到 10 万件、26.8 万件、125 万件。1987—2012 年，就业人员人均专利数量由不足 1 件（0.13 件）升至 16.4 件，专利授权量的增长突出显示了中国创新能力的不断提高（表 2—5、图 2—13）。这说明迅速提高的科技在中国经济快速发展中发挥了重要作用。

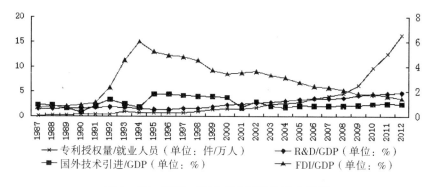

图 2—13　1987—2012 年中国科技进步状况

注：左轴表示专利申请授权量/就业人员，右轴表示 R&D、技术引进、FDI 的占比情况。

资料来源：国家统计局科学技术部：《中国科技统计年鉴 2013》，中国统计出版社 2013 年版。

　　为了考察上述相关变量对 GDP 的影响程度，将上述相关变量做回归，结果如表 2—6：R&D、技术引进、FDI 与专利数量之间的相关系数分别高达 0.985、0.715、0.826，这意味着三者与创新之间都具有很强的正向关系。R&D、技术引进、FDI 与 GDP 之间的相关系数分别高达 0.987、0.873、0.923，显示了三者对 GDP 增长具有重要贡献。

表 2—6　　　　　　　　　　　　**有关变量的相关系数**

	R&D	技术引进	FDI
专利授权量	0.985	0.715	0.826
GDP	0.987	0.873	0.923

　　FDI 促进中国 GDP 高速增长，但是不能促使中国创新能力的持续提升。FDI 对中国 GDP 高速增长的促进作用主要表现在以下方面：（1）推

动国内外资源的交换。中国从外商直接投资中获得先进技术、弥补资金不足以及高级技术、管理人才等高级生产要素资源。（2）激励作用。有先进经营机制和经营观念的国内企业可以与进入中国境内的跨国公司展开竞争，优化资源配置，促使生产效率得以提高。（3）关联作用。外资企业通过外包和采购建立研发、生产、销售的供应链体系，带动国内相关上下游企业提质增效，承担环境责任和社会责任。通过上述作用，国内企业与外资企业从根本上改造中国比较薄弱的工业基础，提升中国工业的全球竞争力。因此，自主研发和技术引进均促进了中国 GDP 高速增长，对中国经济长期持续增长均具有正的影响。前者对中国经济增长质量提升意义重大，后者是经济持续增长的重要途径。

此外，科学论文发表的数量和高技术产品是衡量一国科研能力的重要指标。1980 年中国科学论文发表量只占世界总量的 0.2%，1990 年也仅占 1.3%，远远落后于美国、日本、欧盟和俄罗斯。从 1990 年开始，中国的科技论文产出量迅猛增长，到 2009 年，占全世界的总量迅速上升至 10.9%，居美国（29.0%）之后（表 2—7）。

表 2—7　　　　　五大经济体科学论文发表量占世界总量的比重　　（单位：%）

	1980 年	1990 年	2000 年	2009 年
中国	0.2	1.3	3.7	10.9
美国	39.7	34.9	28.6	29.0
欧盟	32.2	29.6	34.2	36.5
日本	7.2	7.6	9.6	6.7
俄罗斯	5.7	6.2	3.3	2.6

资料来源：Thomason Reuters, *Web of Science*；Jonathan Adams, Christopher King, Nobuko Miyairi and David Pendlebury, *Global Research Report*：*Japan*, *Thomson Reuters Global Research Report Series*.

图 2—14 显示，1992 年以来，中国高科技产品出口占制成品出口的比重迅速上升，2002 年（23.67%）超过欧盟（19.14%），2003 年（27.38%）超过日本（24.43%），2005 年（30.84%）超过美国（29.90%）。2005 年后有小幅下降，但 2012 年达到 26.2%，高于美国、欧盟、日本、俄罗斯。2006 年，中国高科技产品出口占世界比重

（16.9%）高于美国（16.8%）、欧盟（15.0%）和日本（8.0%），成为
世界最大的高科技产品出口地。① 这是一个历史性的转折点，中国经济和
产业具备了创新优势。

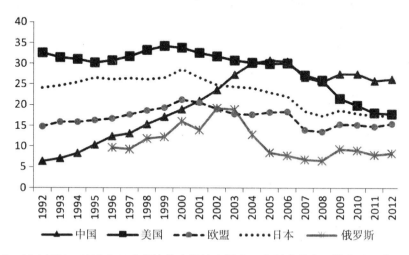

图 2—14　1992—2012 年五大经济体高科技产品出口占制成品出口的比重（单位:%）
资料来源: 世界银行数据库。

三　分阶段科技进步对 GDP 高速增长的贡献率

表 2—8 表明，1998—2012 年，分阶段科技进步对 GDP 高速增长的贡
献率越来越大，由 1998—2003 年的 39.4% 增加到 2007—2012 年的
52.2%，相应的 GDP 年均增速由 8.7% 提高至 9.3%，科技创新是中国经
济高速增长的动力源泉。

表 2—8　　　　　1998—2012 年中国分阶段科技进步贡献率　　　　（单位：%）

项目 ＼ 年份	1998—2003	1999—2004	2000—2005	2001—2006	2002—2007	2003—2008	2004—2009	2005—2010	2006—2011	2007—2012
科技进步贡献率	39.4	42.2	43.2	44.3	46.0	48.8	48.4	50.9	51.7	52.2
GDP 年均增速	8.7	9.2	9.6	10.0	10.4	10.8	10.6	10.3	11.1	9.3

资料来源: 国家统计局科学技术部:《中国科技统计年鉴 2013》，中国统计出版社 2013 年版。

① Tomas Meri, "China Passes the EU in High-tech Exports", *Eurostat Stastistics in Focus*, No. 25, 2009.

第五节　资本形成

资本形成对任何经济来说都是保证经济活力的重要因素，中国 GDP 30 多年来的高速增长，更是与资本快速形成相关。虽然不可否认中国资本的形成效率并不高，但快速资本积累却是中国 GDP 高速增长的重要因素之一。

一　资本形成的途径

（一）高储蓄保证高投资

经典二元经济理论认为，国民储蓄率和资本积累率的不断提高是 GDP 高速增长不可或缺的因素，它是欠发达经济体工业化的基础和摆脱贫困陷阱的关键条件。农业部门剩余劳动力的转移，促使农业、现代部门生产效率提高、经济规模扩张的同时，增加了居民的收入和储蓄以及现代部门巨大的投资能力。

如图 2—15 所示，城乡居民储蓄存款增加很快，1978—2012 年底储蓄余额从 210.6 亿元增长至 399551 亿元，增幅达 1896.2 倍；扣除居民消费价格指数上涨因素的影响，全国城乡居民储蓄增加了 326.2 倍，这成为支撑中国高投资的基础。其间，1978—1983 年，全国居民储蓄平均为 497 亿元；1984—1991 年，上升至 4191 亿元；1992—2002 年升至 45543 亿元；2003—2012 年升至 222349 亿元。实现了居民储蓄百亿级—

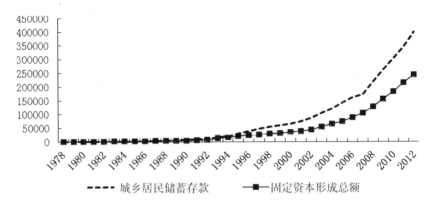

图 2—15　1978—2012 年中国城乡居民存款与固定资本形成比较（单位：亿元）

资料来源：《中国统计摘要 2013》。

千亿级—万亿级—十万亿级的跨越。高储蓄促进了高投资,1990—2012年,中国固定资本形成率高达 30% 以上。同时,随着中国市场化程度的提高和城镇化进程的深入,以吸收剩余劳动力为主渠道的非国有经济成分发展迅速,1981 年国有经济成分的国有资产占全社会固定资产投资比重为 69.5%,而到 2012 年非国有经济的固定资产投资占全社会固定资产投资的 60% 以上。[①]

从国际比较看,中国储蓄率也是比较高的。通过 1982—2012 年中国与部分东亚国家和美国、日本等国内储蓄占 GDP 比重变化趋势的比较,可以看到,2001 年以前,中国处于较高位置,但非最高,其后则处于最高位置,超过 2001 年以前长期处于最高的新加坡(图 2—16)。

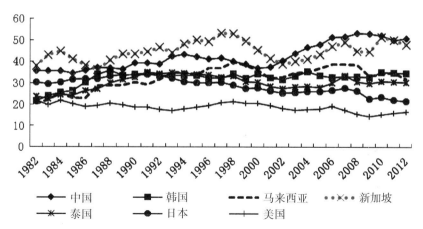

图 2—16　1982—2012 年部分东亚国家和美、日储蓄占 GDP 比重变化趋势(单位:%)

资料来源:世界银行数据库。

1982—2012 年,中国储蓄占 GDP 的比重,居金砖国家首位,远远高于世界平均 22% 的储蓄水平。2008 年金融危机爆发后,中国的高储蓄依旧如故(图 2—17)。高储蓄意味着中国资金充裕,在有效应对国际经济危机方面有很大的回旋余地。

中国储蓄率高的原因如下:一是 1979—1984 年的农业改革启动了中国居民储蓄存款的高增长,农民为工业提供了原始积累。在改革前的 1953—

①　黄志刚、刘霞辉:《中国经济可持续增长机制研究》,经济管理出版社 2013 年版,第166 页。

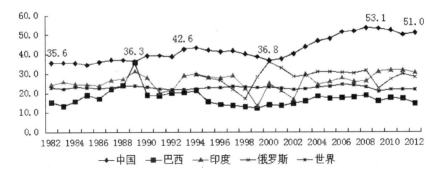

图 2—17 1982—2012 年金砖四国及世界储蓄率比较（单位:%）

资料来源：世界银行数据库。

1978 年，中国的居民储蓄一直处于很低的水平，并且个别年份还是负增长。1979—1984 年，农业改革是中国经济增长的主要动力，农业的市场化改革导致农作物产量高增长，农民收入也有了较大提高，于是农户储蓄开始高速增长。银行储蓄存款的增加是企业获得资本的最重要渠道。二是1985 年以后开始的城市改革促进城镇居民收入提高，进而推动了 1985 年以后直到目前储蓄的快速增长。1984 年以后，城镇储蓄比重不断增长，农户储蓄比例不断下降，城镇、农户储蓄之比不断增大。

（二）信贷扩张支持投资增长

中国改革开放初期，人均收入和储蓄水平较低，需要银行信贷资金转移，支持经济增长所需要的资金。1980 年以来，中国庞大的货币金融体系刺激 GDP 高速增长。图 2—18 显示，M2/GDP 逐年不断攀升，1992 年、1997 年、2006 年分别为 98.71%，123.81%、151.78%。2012 年年底，金融机构总资产和广义货币（M2）余额占 GDP 的比重分别高达 257% 和188%，金融资源是经济增长的直接决定因素，说明货币供给量的增加刺激了 GDP 高速增长。

改革开放以来，从 GDP 增长速度波动周期看，国内贷款与投资增长、GDP 增速与投资增速的变动趋势大体一致，但都滞后于国内贷款变动，因此，信贷扩张支持了投资增长。信贷扩张来源于全国居民储蓄存款。由于中国居民有着勤俭节约、储蓄倾向高的传统，再加上银行体系强有力的储蓄动员机制，中国各项储蓄存款逐年增加。1985 年、2003 年、2012年，中国金融机构各项储蓄存款余额分别为 3553 亿元、23 万亿元、94.3

万亿元，28 年增长了 264 倍（图 2—19）。

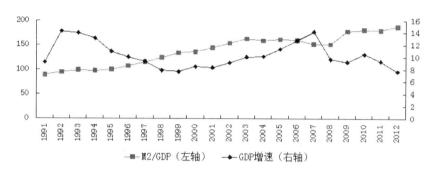

图 2—18　1991—2012 年中国 GDP 增速与货币化（M2/GDP）变动趋势（单位：%）

注：1. 货币供应量为年底余额；2. 货币供应量已包含住房公积金中心存款和非存款类金融机构在存款类金融机构的存款。

资料来源：《中国统计年鉴 2013》。

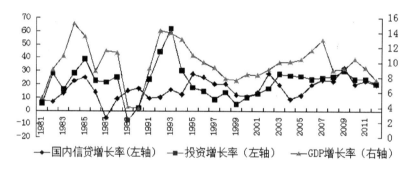

图 2—19　1981—2012 年 GDP 增长率与国内信贷、投资之间的同步性（单位：%）

资料来源：国内信贷数据来自世界银行数据库；2008 年（含 2008 年）以前投资率数据来自《新中国六十年统计资料汇编》，2008 年之后数据来自《中国统计年鉴 2013》。

二　投资的高增长

1952—1978 年，中国资本形成率年均增长 14.6%；1978—2012 年固定资本形成率从 77.9% 上升至 95.6%，同时，存货增加率则从 22.1% 降至 4.4%，因而，新增资本几乎都是固定资本。投资率长期保持在高位，最低为 1982 年的 31.9%，1993 年达 42.6%，此后逐步下降，2007 年后投资率开始趋向提高，2010 年突破了 48%。1978—2012 年，投资对 GDP 的平均贡献率超过 40%，2000—2012 年则接近 50%，这说明中国经济增长一直主要由投资拉动（图 2—20）。

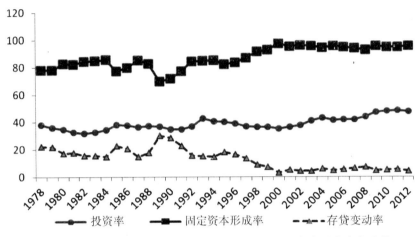

图 2—20 1978—2012 年投资率、存贷变动率、固定资本形成率变动关系
资料来源：《中国统计年鉴 2013》。

三 投资对 GDP 高速增长的作用

中国 GDP 的高速增长得益于高投资。从理论上看，固定资产投资的经济增长效应分为：水平效应和增长效应。前者不改变平衡增长路径的斜率，后者则相反。新古典增长模型认为，资本增长率、劳动增长率和 TFP 构成了 GDP 增长率，高投资加速资本积累，通过资本深化促进 GDP 高速增长。新增长理论指出，新知识、新技能是投资的副产品，新投资将产生新知识，并外溢到整个经济，促进技术水平提高，从而产生内生经济增长。因此，高投资，尤其是设备投资通过提高 TFP 产生增长效应，促进经济高速增长。

（一）投资率与 GDP 增长率高度一致

投资的宏观收益利用投资对经济增长和促进就业的作用来衡量。固定资产投资有供给效应与需求效应，根据乘数原理，固定资产投资对宏观经济产生数倍于初始的投资增量效应，一方面推动经济快速增长，表现为供给效应；另一方面投资增量效应会对社会的生产和消费形成需求效应。无论是供给效应还是需求效应，均多层次、多角度、多级别的螺旋形、波浪式地推动经济增长。[1]

中国曾经有超过 70% 的人口在农村，20 世纪 80 年代初期，农业对 GDP 高速增长起了很大作用，除此之外，中国 GDP 高速增长依赖的不是农业部门，而是工业部门（尤其是制造业）。中国快速的工业化和城镇化，加速了劳动力的转移，同时助推了高储蓄—高投资—高增长。劳动力的转移需要较高的资本；[2] 政府公共资本的拥挤效应助推"高投资—高增长"，同时增加宏观经济成本；[3] 剩余劳动力非农部门的转移提高生产效率，产生高储蓄—高增长。[4] 1978—2012 年，中国 GDP 增速与投资率的波动状态高度一致，说明高投资促进了高增长（图 2—21）。

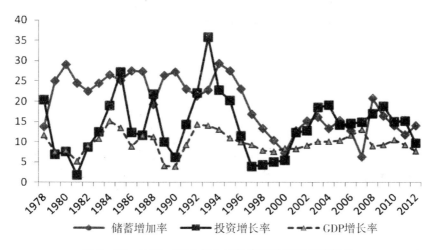

图 2—21　1978—2012 年中国投资驱动下的经济增长

资料来源：根据《中国统计年鉴 2013》相关数据计算得出。

高投资—高增长创造了大量就业机会，使中国丰富的劳动力资源得以开发。1991 年中国就业人口为 65491 万人，2012 年就业人口为 76704 万

---

[1]　黄志刚、刘霞辉：《中国经济可持续增长机制研究》，经济管理出版社 2013 年版，第 206 页。

[2]　中国社会科学院经济研究所经济增长前沿课题组：《开放中的经济增长与政策选择》，《经济研究》2004 年第 4 期。

[3]　中国社会科学院经济研究所经济增长前沿课题组：《高投资、宏观成本与经济增长的持续性》，《经济研究》2005 年第 9 期。

[4]　李杨、殷剑峰：《劳动力转移过程中的高储蓄、高投资和中国经济增长》，《经济研究》2005 年第 2 期。

人，平均每年新增就业人口 533.95 万人，平均增长率为 8.0‰。此外，1978—2012 年，高投资导致城镇化进程加速，带来城镇人口比重由 17.9% 迅猛增加到 52.57%，人口转移从总量上提高了全社会的福利水平。[1]

（二）固定资产投资效率分析

1. 纵向分析

政府主导型投资改善资本配置效率，推动了中国 GDP 高速增长。1953 年以来，中国 GDP 高速增长的进程始终呈现出投资推动型特征，但是宏观经济绩效不同。如图 2—22 所示，在改革开放之前，投资增长率和 GDP 增长率波动幅度偏大，整体 GDP 增长率并不快。1961—1963 年、1967—1969 年 GDP 增长率为负值，20 世纪 70 年代 GDP 增速明显下滑。投资增长率在 20 世纪 80 年代高达 30% 左右，宏观经济增长波动和 GDP 增长率显著改善。[2]

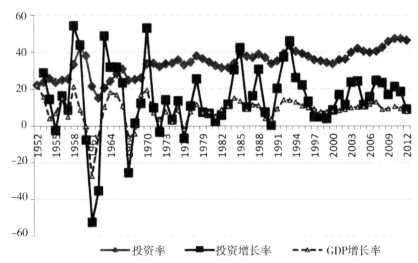

图 2—22　1952—2012 年投资率、投资增长率与 GDP 增长率比较（单位：%）

资料来源：《新中国六十年统计资料汇编》、《中国统计年鉴 2013》。

从投资效率看，投资对中国 GDP 增长的贡献率逐渐减弱。1978—

---

① 李培林等：《2014 年中国社会形势分析与预测》，社会科学文献出版社 2013 年版，第 3 页。

② 黄志刚、刘霞辉：《中国经济可持续增长机制研究》，经济管理出版社 2013 年版，第 270 页。

2013 年，中国 GDP 增长对投资增长的弹性值变动趋势（纵轴的弹性值 =
GDP 增长率/投资增长率）表明，1991—1996 年数值小于 1，该值在
1997—2000 年出现过高值，从 2001 年后开始走低，大部分时间不超过
0.6（图 2—23）。1993—2003 年是投资活跃、经济过热时期，投资增速
快，但效果不好；1997—2000 年，中国经历了宏观紧缩和亚洲金融危
机，投资大幅压缩、增速低，但这一时期的投资效果相对不错；2003—
2012 年，中国经历了高增长，但投资效果却越来越差，弹性值不断走
低，并一度压制在 0.5 以下，这说明增速过猛。投资增速过快，是投资
效率下降的主因。投资效率下降，对经济增长的拉动作用相对减弱。总
体看来，投资在中国 GDP 高速增长中扮演着重要角色。但是，2012 年
中国的人均 GNI 已经达到 10900 国际元[①]，城镇化水平为 52.57%，人口
红利逐渐下降，投资效率不断下降，GDP 高速增长的投资驱动模式已经
难以为继。

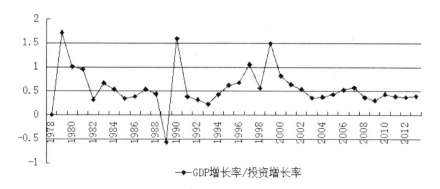

图 2—23　1978—2012 年中国 GDP 增长对投资增长的弹性值变动趋势

资料来源：《中国统计年鉴 2013》。

投资效果差还可以从经济货币化日益严重造成投资效率低下分析。广
义货币量（M2）占 GDP 的比重，由 1990 年的 88% 迅速增加至 2012 年的
188%，高于美国（67%）、法国（158%）和英国（161%）；高于"亚洲
四小龙"中的韩国（144%）和新加坡（138%）；甚至远远超过金砖四国

---

① 世界银行 FAO 数据库。

中的印度 （76%）、巴西 （81%） 和俄罗斯 （52%）。[①] 中国 M2/GDP 较高
的主要原因有：经济货币化需求、间接融资比重和居民储蓄率偏高；国际
收支"双顺差"较大、企业留存收益较低等。当然，由于各个国家 M2 的
统计口径不同，不能简单地横向国际比较得出结论。但是，中国增量
GDP 占增量 M2 的比率的纵向比较分析可以充分说明问题：1991—2012
年，中国增量 GDP/增量 M2 由 76.76% 下降至 37.40%，下降将近一半。
也就是说，1991 年的 1 元人民币能使 GDP 增加 0.77 元，而 2012 年 1 元
钱的广义货币只能使 GDP 增加 0.37 元 （图 2—24）。这说明广义货币量
创造的财富下降，中国经济增长的效益不断降低。

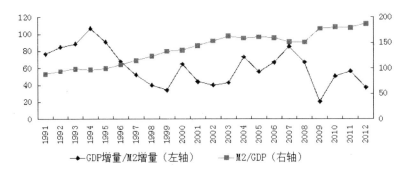

图 2—24　1991—2012 年中国经济货币化变动趋势 （单位:%）

资料来源：《中国统计摘要 2013》。

　　中国人民币信贷对 GDP 增长的推动能力下降。增量 GDP/增量人民币
信贷，从 1991 年的 86.36% 下降至 2012 年的 55.93%，减少将近一半，结
论与中国增量 GDP/增量 M2 基本相同 （图 2—25）。这表明中国经济货币
化日益严重，投资效率日益低下，M2 过快增长容易造成房地产泡沫化，
影响 GDP 健康可持续发展。暴露出中国融资模式和增长模式不合理、经
济结构失衡等深层次问题。中国 30 多年 GDP 高速增长，主要依赖"投
资+出口"两驾马车拉动，这在一定程度上降低了 M2/GDP 的比率，加速
了经济货币化趋势。降低 M2 占 GDP 的比重，加快经济发展模式转型，
是中国今后经济政策的着力点。

---

① 《国际统计年鉴 2014》。

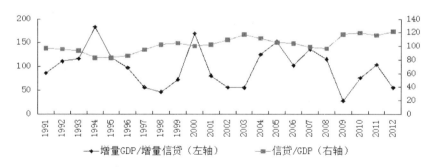

图 2—25 1991—2012 年中国信贷对 GDP 增长的效果变动趋势（单位：%）
资料来源：《中国统计摘要 2013》。

2. 横向的国际比较

为了更加准确考察固定资产投资促进 GDP 高速增长的变化态势，可以通过横向的国际比较进一步说明。选择东亚国家（地区）样本为：中、港、韩、马、新、泰、菲、印尼；选择发达国家样本为：美、日、德、英、加、法、意、西。将 1961—2012 年划分为五个时期，分别为 1961—1970 年、1971—1980 年、1981—1990 年、1991—2000 年和 2001—2012 年；分别计算出东亚国家（地区）和发达国家在这五个时期中的 GDP 增长率和固定资产投资率，对两组指标进行回归。结果表明：总体而言，发达国家的投资率对经济增长的促进效应高于东亚国家地区。固定资产投资率上升 1%，发达国家的 GDP 增长率提高 0.148%，而东亚国家地区 GDP 增长率仅提高 0.133%，低了近 0.02 个百分点（图 2—26）。从图 2—26 可以发现，中国在 1981—1990 年、1991—2000 年两段时期，样本点远远高于东亚国家地区回归线，说明固定资产投资率增加能够显著促进 GDP 高速增长。总体而言，从 1978—2012 年的整个样本点来看，中国固定资产投资对 GDP 高速增长的促进作用超过了同期东亚国家地区的平均水平。但是，值得一提的是，2001—2012 年，中国样本点下移较多，接近东亚国家地区的回归线，说明中国固定资产投资效果显著下降，对 GDP 高速增长的促进作用正在逐步降低。

固定资产投资的宏观收益可以从固定资产投资效果系数（新增 GDP/固定资产投资）直观反映。由图 2—26 数据可知，美、日、韩固定资产投资效果系数在 GDP 高速增长过后出现迅速下降，而且随着 GDP 增长速度的波动呈现较大幅度的波动趋势。1970—2012 年，美国固定资产效果系

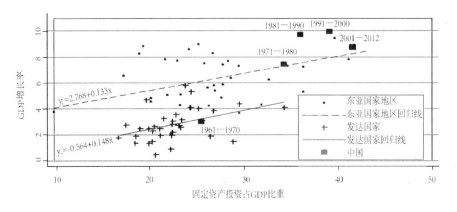

图 2—26　投资率与经济增长率相关性跨国比较（单位:%）

资料来源：世界银行数据库。

数始终维持在 0.2 左右，经济衰退时，GDP 增幅下降，固定资产投资效果系数下降；1973—1990 年，日本固定资产投资效果系数长期低于 0.2，1990 年以后，由于泡沫经济破灭，GDP 增长降低，投资效率进一步下降；1988 年以后，韩国固定资产投资效果系数明显下降，1998 年东南亚金融危机爆发后，GDP 增长速度为负值，固定资产投资效果系数下跌至 -0.30；1992 年以后，中国固定资产投资效果系数持续下降，跌至美国的长期平均值 0.2 左右。1992 年，1 元的固定资产投资导致 GDP 增加 0.379 元；2012 年，1 元固定资产投资只能使 GDP 增加 0.16 元，下降了 21.9 个百分点。目前，由于中国尚处于新型工业化和新型城镇化进程加速推进阶段，固定资产投资效果系数还高于美、日、韩等国，未来一段时间中国经济增长的动力之一还来自于高投资，但应注意投资的方向和重点领域。

固定资产投资的效果还可以用"增量资本—产出率"（ICOR）分析，中国的"增量资本—产出率"自 20 世纪 90 年代中期开始出现了上升趋势，1996—2012 年中国的 ICOR 平均在 5.9% 左右，即投入 5.9 元的资本才能创造 1 元的 GDP，同期，美国为 0.82%、德国为 0.15%、法国为 0.74%、印度为 3.2%，中国 ICOR 远远高于美国、德国、法国和印度的水平。2012 年中国的投资率超过 50%，说明中国经济的宏观投资效率远低于发达国家（图 2—27）。

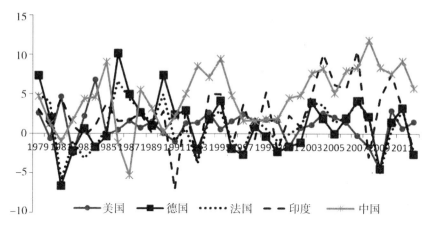

图 2—27 1979—2012 年中国与主要发达国家 ICOR 比较（单位:%）
资料来源：世界银行数据库。

中国目前正处于工业化中后期与城市化初期，大量人口向城市的集聚，使得基础设施建设缺口很大，为投资提供了巨大需求。传统的城镇化正在向新型城镇化过渡，投资扩张是必然的。随着中国新型城镇化的推进，为了满足投资需求，中国城市消耗占全球能耗的比重、占全球石油需求增量的比重分别高达 1/5 和 1/4。到 2025 年前，中国城镇化带来大众交通建设热潮。① 除此之外，未来一段时期中国的快速城镇化还将需要高投资来支撑。过快的城镇化发展将需要政府提供更高的公共服务。

综上所述，中国新型工业化进程正在加速，工业结构的高级化、深度加工化、服务业化是这一时期的重要特征。但是，现阶段中国工业仍处于中低端位置，服务业附加值较低，产业发展整体的品牌化、高端化、国际化仍处于探索和学习阶段；中国新型城镇化的进程远未完成，在未来一段时间，高投资的状况还需延续。但是，中国高投资拉动 GDP 高速增长的动力可能会不断弱化，未来还需走技术创新之路。

第六节　GDP 高速增长动因的实证分析

为了更精确、更深入地分析经济全球化背景下开放经济条件下中国

---

① 王伟光、郑国光：《气候变化绿皮书·应对气候变化报告（2013）：聚焦低碳城镇化》，社会科学文献出版社 2013 年版，第 13 页。

30 多年经济增长的动因，本节将采用货物贸易开放度、服务贸易开放度、直接投资开放度、间接投资开放度四个全面反映经济开放度的指标；利用 AHP 层次分析法与熵权法相结合的综合权重法，测度中国经济开放度的水平；构建计量分析模型，分析 1985—2013 年经济开放度、资本、劳动力、全要素生产率对中国 GDP 高速增长的促进效应。

一　经济开放度的度量与比较

经济开放度的度量分为三个步骤。首先使用 AHP 层次分析法构造货物贸易开放度、服务贸易开放度、直接投资开放度、间接投资开放度四个指标的权重；然后使用熵权法构造这四个指标的权重；最后，对层次分析法和熵权法得出的权重进行综合，得出综合权重指标。

（一）经济开放度的度量方法

1. AHP 层次分析法

（1）构造层次分析结构。首先要把经济开放度所涉及的几个影响因素层次化，将经济开放度的四个影响因素分解成两个层次。第一层次：贸易开放度和投资开放度；第二层次：贸易开放度分为货物贸易开放度和服务贸易开放度，投资开放度分为直接投资开放度和间接投资开放度。

（2）构造判断矩阵。判断矩阵主要是为了得到货物贸易开放度、服务贸易开放度、直接投资开放度和间接投资开放度占整体经济开放度的比重，即确定权重，从而对以上四个指标对整体经济开放度的相对重要性做出判断。判断矩阵的表达式为：

$$U = (U_{ij})_{M \times M} \tag{1}$$

其中，M 表示两两比较的因素数目；U_{ij} 表示因素 i 相对于因素 j 在目标评价中的相对重要性程度，i，$j = 1$，2，$\cdots$，M。U_{ij} 的计算方法采用萨蒂提出的 1—9 标度法。[①]

（3）确定最大特征值及其对应的特征向量。根据主观赋权构建的判断矩阵 U，最大特征值及其对应的特征向量 W^{AHP}，表达式为：

$$UW = \lambda_{\max} W \tag{2}$$

---

① 若 $U_{ij} = 1$，则因素 i 和因素 j 同等重要；若 $U_{ij} = 3$，则因素 i 比因素 j 略为重要；若 $U_{ij} = 5$，则因素 i 比因素 j 重要；若 $U_{ij} = 7$，则因素 i 比因素 j 强烈重要；若 $U_{ij} = 9$，则因素 i 比因素 j 极端重要。赋分 2、4、6、8 介于以上重要性程度之间。若因素 j 和因素 i 比较，则 $U_{ji} = 1/U_{ij}$。

首先利用方根法计算矩阵的特征向量，对每一行的判断矩阵元素求方根：

$$\overline{W}_i = \sqrt[M]{u_{i1} \cdot u_{i2} \cdot \cdots \cdot u_{iM}}, \qquad i = 1, 2, \cdots, M \tag{3}$$

然后将每一行计算的判断矩阵元素的方根求和，并依据此求和标准化即得 AHP 权重：

$$W_i^{AHP} = \overline{W}_i / (\overline{W}_1 + \overline{W}_2 + \cdots + \overline{W}_M), \ i = 1, 2, \cdots, M \tag{4}$$

最大特征值对应的特征向量是：$W^{AHP} = [\ W_1^{AHP}, \ W_2^{AHP}, \ \cdots, \ W_M^{AHP}\ ]^T$，最大特征值是：

$$\lambda_{\max} = \frac{1}{M} \sum_{m=1}^{M} \frac{(UW^{AHP})_m}{W_m^{AHP}} \tag{5}$$

（4）进行一致性检验。由于判断矩阵是通过两两比较的结果，可能导致整个矩阵的因素重要级会出现矛盾的情况，所以需要检验判断矩阵的一致性。

首先求出一致性指标：

$$CI = (\lambda_{\max} - n) / (n - 1) \tag{6}$$

在随机指标表中查找随机指标 RI，利用 CI 与 RI 构造随机一致性指标 CR：

$$CR = CI/RI \tag{7}$$

若 $CR < 0.1$，则认为判断矩阵具有较好的一致性，该权重可以使用。[①]

2. 熵权法

为了使各指标权重更加客观、真实和有效，可以使用邱菀华所提出的熵权法[②]来避免 AHP 层次分析法存在较大人为干扰的不利因素。熵值越小，系统无序度越小。

（1）构造判断矩阵并对判断矩阵进行归一化处理。对于 T 个评价对象的 M 个指标，其判断矩阵为 $J = (J_{mt})_{M \times T}$，$m = 1, 2, \cdots, M$；$t = 1, 2, \cdots, T$。由于单项开放度越大，对整体经济开放度的贡献就越大，应选取越大越好的归一化标准。对每一行（评价指标）计算出指标的最大值 $J_{m,\max}$ 和最小值 $J_{m,\min}$。归一化公式为：

---

① 当 $M = 1$ 或 $M = 2$ 时，$CR = 0$。若指标体系存在多层次，按照从下至上的顺序计算一致性指标：$CR = (CI_1 w_1 + CI_2 w_2 + \cdots + CI_M w_M) / (RI_1 w_1 + RI_2 w_2 + \cdots + RI_M w_M)$。其中，$M$ 表示上层指标体系中的子指标个数。

② 邱菀华：《管理决策与应用熵》，机械工业出版社 2002 年版，第 226—227 页。

$$s_{mt} = (J_{mt} - J_{m,\,min})/(J_{m,\,max} - J_{m,\,min}) \tag{8}$$

经标准化之后的判断矩阵记为 $S = (s_{mt})_{M \times T}$。其中，任意 $s_{mt} \in$ [0, 1]。

（2）定义熵。T 个评价对象 M 个评价指标，确定评价指标的熵为：

$$H_m = -\frac{1}{\ln T} \sum_{t=1}^{T} p_{mt} \ln p_{mt} \tag{9}$$

为避免 $p_{ij} = 0$ 时 $\ln p_{ij}$ 无意义，取

$$p_{mt} = (1 + s_{mt})/(T + s_{m1} + s_{m2} + \cdots + s_{mT}) \tag{10}$$

基于（8）式使用（10）式得到经修正的 p_{mt}，再将 T 个评价对象 M 个评价指标对应的 p_{mt} 代入（10）式中，即可得到修正定义的熵值 H_m。

（3）计算熵权。将评价指标的熵值转化为权重计算指标的差异系数，即：

$$W_m^E = (1 - H_m) \Big/ \sum_{m=1}^{M} (1 - H_m)，且满足 \sum_{m=1}^{M} W_m^E = 1 \tag{11}$$

3. 综合权重

层次分析法往往根据经验和决策者的意向，具有合理性，但主观随意性较大；熵权法从客观角度反映了原始数据所蕴含的真实波动信息，但得到的权重有时不能反映指标的实际重要程度。综合权重既考虑主观经验又结合经济波动，其对 M 个评价指标的计算公式为：

$$W_m = (W_m^{AHP} \times W_m^E)/(W_1^{AHP} \times W_1^E + W_2^{AHP} \times W_2^E + \cdots + W_M^{AHP} \times W_M^E)$$
$$\tag{12}$$

（二）经济开放度的度量

1. 数据来源与处理

1978—1984 年，中国处于市场化起步阶段，对外贸易和引进外资规模较小，对分析经济开放度与中国经济增长的关系影响较小。但是自 20 世纪 80 年代中期以来，中国对外贸易额和引进外资额均持续大幅增长。因此，本节选择中国 1985—2013 年货物贸易额、服务贸易额、直接投资额、间接投资额的数据，度量经济开放度和考察经济开放度与经济增长的关系。

（1）货物贸易数据为海关进出口统计数。

（2）外商直接、间接投资数据来源于商务部网站。

（3）服务贸易数据来源于 WTO 国际贸易统计数据库（International Trade Statistics Database）和中国商务部网站；遵循 WTO 有关服务贸易的定义，不含政府服务。

（4）2001 年前中国对外直接投资数据来源于外经贸部网站，2002—

2005 年数据为中国非金融类中国直接投资数据，2006—2013 年为全行业对外直接投资数据。

（5）中国国内生产总值、对外间接投资数据均来源于世界银行。

（6）间接投资即证券组合投资，是指债券的期限超过一年的固定利率发行的证券，包括净流量通过跨境的公共的公开保证和私人的非保证的债券。

（7）货物贸易、服务贸易、直接投资、间接投资进出口额均采用美元做单位，消除汇率因素对变量的影响。货物贸易开放度、服务贸易开放度、直接投资开放度、间接投资开放度的计算方法分别是：货物贸易、服务贸易、直接投资和间接投资进出口总额与 GDP 的比值。

2. 确定隶属矩阵

根据上述萨蒂提出的标度法，认为贸易开放度比投资开放度略为重要，货物贸易开放度比服务贸易开放度重要，直接投资开放度比间接投资开放度强烈重要，由此分别建立隶属矩阵为：$U = \{1, 3, 1/3, 1\}$；$U_1 = \{1, 5, 1/5, 1\}$；$U_2 = \{1, 7, 1/7, 1\}$。

3. 确定 AHP 层次分析法权重

建立各层次判断矩阵，并基于公式（1）—（4）计算出各评价指标对应权重，见表 2—9。

表 2—9　　　　　　　　　　　　　指标体系总排序

第一层	贸易开放度	投资开放度	第一层权重	
贸易开放度	1	3	0.75	
投资开放度	1/3	1	0.25	
第二层（1）	货物贸易开放度	服务贸易开放度	第二层（1）权重	
货物贸易开放度	1	5	0.833	
服务贸易开放度	1/5	1	0.167	
第二层（2）	直接投资开放度	间接投资开放度	第二层（2）权重	
直接投资开放度	1	7	0.875	
间接投资开放度	1/7	1	0.125	
总体权重	货物贸易开放度	服务贸易开放度	直接投资开放度	间接投资开放度
w（i）	0.625	0.125	0.21875	0.03125

AHP 层次分析法给出的权重是：W^{AHP} = （0.625，0.125，0.21875，0.03125）。

根据公式（5）—（8）检验判断矩阵的一致性，此处每一层次判断矩阵都具有一致性。

根据公式（8）、（10）和（11），熵权法权重为：

W^E = （0.2528，0.2939，0.2796，0.1737）

根据公式（12），基于 AHP 层次分析法与熵权法的综合权重为：

W = （0.6046，0.1406，0.2341，0.0208）

根据 AHP 层次分析法、熵权法与二者相结合的综合权重法，结合上述四个分项开放度数据算出 1985—2013 年整体的经济开放度，见表 2—10。

表 2—10　　　　　　　　　1985—2013 年经济开放度

年份	AHP 法	熵权法	综合权重法	年份	AHP 法	熵权法	综合权重法
1985	14.64	6.80	14.20	2000	26.21	12.80	25.53
1986	16.00	7.48	15.52	2001	25.55	12.54	24.89
1987	19.73	9.20	19.13	2002	28.27	13.68	27.55
1988	21.45	9.96	20.80	2003	33.96	16.03	33.04
1989	20.91	9.57	20.28	2004	39.01	18.31	37.93
1990	20.88	9.64	20.26	2005	40.95	18.88	39.82
1991	23.07	10.61	22.39	2006	42.16	19.72	40.97
1992	25.85	12.50	25.15	2007	40.48	18.77	39.36
1993	29.89	15.07	29.12	2008	37.02	17.37	36.00
1994	28.56	14.49	27.86	2009	29.02	13.79	28.25
1995	26.03	13.21	25.40	2010	32.84	15.56	31.96
1996	22.92	11.71	22.36	2011	32.40	15.04	31.51
1997	23.15	12.05	22.58	2012	30.64	14.33	29.81
1998	21.49	10.90	20.98	2013	28.89	13.58	28.11
1999	22.30	11.04	21.76				

（三）各种测算方法的比较

中国经济开放度测算方法至今没有统一的标准，现有文献有两种方法：主观赋权法和客观赋权法。主观赋权法的典型代表有兰宜生利用外贸依存度和外资依存度衡量经济开放度，认为二者之和等于经济开放度，且权重相等。[①] 客观赋权法的典型代表有杨少文和熊启泉使用 GDP 份额法对 1994—2011 年的中国经济开放度进行的测算；[②] 胡智和刘志雄采用因子分析法利用五个指标：贸易开放度、投资开放度、金融开放度、实际关税率、生产开放度测算了 1985—2002 年中国经济开放度。[③] 为了测算结果的科学性，表 2—11 将本书的测算结果与以往主观赋权法和客观赋权法的测算结果进行了比较。

从表 2—11 可以看出，层次分析法和熵权法相结合的综合权重法与 GDP 份额法、因子分析法测算的经济开放度波动情况基本一致，与因子分析法的估计值相差大约 2 个百分点，与 GDP 份额法相差 4 个百分点左右。主要原因在于，因子分析法和 GDP 份额法都是客观赋权，所赋权重具有客观经济理论依据，可以避免主观人为的干扰因素。从图 2—28 看出，综合权重法波动区间没有以上的多种方法那么剧烈，是一种比较稳健的整体经济开放度度量方式。

表 2—11　　　　　　　　经济开放度不同测算方法结果比较

	1994 年	1995 年	1996 年	1997 年	1998 年	1999 年	2000 年	2001 年	2002 年
综合权重法	27.86	25.40	22.36	22.58	20.98	21.76	25.53	24.89	27.55
因子分析法	22.49	23.19	21.44	24.12	24.45	25.17	27.94	28.21	31.80
GDP 份额法	17.99	18.91	18.04	18.32	18.28	19.40	22.33	23.25	25.68
主观赋权法	43.9	38.5	39.8	35.9	34.2	—	—	—	—

二　GDP 高速增长动因的实证分析——以经济开放度为视角

（一）模型设定

本书对常见的 Cobb—Douglas 总量生产函数的形式进行改进。在资本

---

① 兰宜生：《对外开放度与地区经济增长的实证分析》，《统计研究》2002 年第 2 期。

② 杨少文、熊启泉：《1994—2011 年的中国经济开放度——基于 GDP 份额法的测算》，《国际贸易问题》2014 年第 3 期。

③ 胡智、刘志雄：《中国经济开放度的测算与国际比较》，《世界经济研究》2005 年第 7 期。

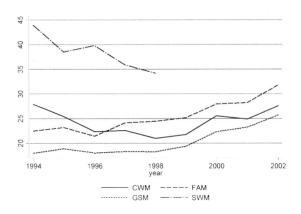

图 2—28　几种整体经济开放度的效果比较

注：CWM、FAM、GSM 和 SWM 分别表示综合权重法、因子分析法、GDP 份额法和主观赋权法对应的整体经济开放度的度量。

要素方面，同时引入国外资本和国内资本两个部分。[①] 通过设定包含了劳动力、国内资本存量和国外资本存量的总量生产函数，在全要素生产率中引入整体经济开放度指标，总量生产函数为：

$$Y_t = A_t L_t^{\beta_1} DK_t^{\beta_2} FK_t^{\beta_3} \tag{13}$$

在公式（13）中，分别用 Y_t、A_t、L_t、DK_t 和 FK_t 来表示第 t 年的国内生产总值 GDP、全要素生产率 TFP、总劳动投入量、国内资本存量和国外资本存量（FDI 的累积存量）。

新的全要素生产率 A_t 定义为：

$$A_t = B_t e^{g(t,\ t \times FK_t,\ NOE_t,\ Z_t)} \tag{14}$$

在公式（14）中，A_t、B_t、t、$t \times FK_t$、NOE_t 和 Z_t 分别表示第 t 年的全要素生产率水平、全要素生产率水平的残差项、时间趋势项、时间趋势项与 FDI 的交互项、国家层面综合开放度和反映全要素生产率的其他因素。其中，时间趋势项与 FDI 的交互项反映了技术溢出；反映全要素生产率的其他因素 Z_t，在这里选用人力资本 HK 作为衡量指标。

将公式（14）代入到总量生产函数（13）中，对生产函数的劳动力、国内资本、国外资本等变量去自然对数，增加人力资本 HK 作为控制变

---

① Chunlai Chen, "The impact of FDI on China's Regional Economic Growth", in Ligang Song, Ross Garnaut, Cai Fang（eds）, published by Australian National University, Canberra ACT 0200, Australia, 2014, pp. 407−427.

量。同时，考虑到 2001 年加入 WTO 之后，对外贸易开放度的增加可能有不同的影响，所以笔者还设置了虚拟变量 D_t。其中，1985 年至 2001 年期间 $D_t = 0$；2002 年至 2013 年之间 $D_t = 1$。

将公式（13）的右边进行整理，再加上常数项 β_0 和残差项 ε_t，得到计量回归方程：

$$\ln Y_t = \beta_0 + \beta_1 \ln L_t + \beta_2 \ln DK_t + \beta_3 \ln FK_t + \beta_4 t + \beta_5 t \times FK_t + \beta_6 HK_t + \beta_7 NOE_t + \beta_8 D_t \times NOE_t + \varepsilon_t \tag{15}$$

（二）数据来源和说明

1. 固定资本存量的计算。

（1）以张军 1952 年不变价位基准[①]，得到 1985—2000 年的固定资产投资价格指数（1952 年 = 100），然后配合中国国家统计局 1990 年以后的固定资产投资价格指数，即在 1985 年到 1990 年之间保持使用张军的固定资产投资价格指数不变，1991 年到 2013 年之间数据采用国家统计局 1990 年以后的固定资产投资价格指数进行比例调整，这样就得到了固定资产投资价格指数在 1985—2013 年的取值。

（2）以 1952 年不变价计算每年的固定资产投资额。每年的固定资产投资原价在中国统计局网站得到，然后除以 1952 年不变价的每年固定资产价格指数即可。

（3）折旧率采取王小鲁[②]的数据取 0.05。

（4）全社会固定资产总值的计算。本年 K（1952 年不变价）= 上年 K（1952 年不变价）+（本年固定资本形成−折旧）/固定资产投资价格指数 P_k。将全社会固定资产投资以 1952 年不变价计算，将张军的固定资本存量（1952 年不变价）的 1985—2000 年的数据作为基础数据，全部得到 1952 年不变价之后进行折算。

（5）最后利用永续盘存法得到全社会固定资本存量的 1952 年价格数据。

2. 国外资本存量的计算

首先在中国国家统计局网站得到 1985—2013 年 FDI 流入的美元价值，然后用同时期人民币美元汇率换算得到 FDI 流入的人民币价值。使用张军

---

① 张军、章元：《对中国资本存量 K 的再估计》，《经济研究》2003 年第 7 期。
② 孟连、王小鲁：《对中国经济增长统计数据可信度的估计》，《经济研究》2000 年第 10 期。

给出的固定资产投资价格指数（1952 年不变价）平减得到 FDI 流入的人民币真实价值。然后以这一真实价值计算年度 FDI 流入几何平均增长率以及资产折旧率，得到以 1985 年为基期的国外资本存量的人民币价值（1952 年不变价），最后利用永续盘存法得到 1986—2013 年的国外资本存量。

3. 人力资本存量的计算

利用孙永强 1985—2000 年人力资本存量数据，在此基础上，根据他的公式计算出 2011—2013 年的人力资本存量数据。[①]

（三）检验分析

在回归之前，笔者首先对于 lnGDP、lnL、lnDK、lnFK、HK 和 NOE 等变量序列做了单位根检验。结果发现 lnGDP、lnDK、lnFK、HK 和 NOE 都是 I（1）过程，lnL 是平稳时间序列。由此笔者构造 E—G 两步法检验发现，E—G 两步法残差为平稳序列，因此产出与劳动力、国内物质资本存量、国外物质资本存量、人力资本以及整体经济开放度存在五个长期协整关系[②]。然后，笔者分别对包含整体经济开放度指标与不包含该指标的情形进行对比发现，两个模型中关于总量生产函数的长期均衡关系稳定存在。这种长期均衡关系，在中国加入 WTO 之后，表现出了整体经济开放度对经济增长的非线性促进机制。

根据前述数据和公式（15）做回归，结果如表 2—12 所示。

表 2—12　　　　　　　　1985—2013 年中国生产函数的回归结果

变量	不包含整体经济开放度	包含整体经济开放度
常数项	−19.3860（−6.09）***	−15.1741（−5.03）
lnL	1.2160（3.91）***	1.1861（4.21）***
lnDK	1.2136（8.05）***	0.8409（5.46）***
lnFK	0.4152（7.65）*	0.2966（5.64）***
T	−0.1360（−7.05）***	−0.1147（−6.41）***
T×FK	−0.0000（−3.56）***	−0.0000（−2.34）**
HK	0.2357（3.05）***	0.0502（4.64）***

---

① 孙永强、徐滇庆：《中国人力资本的再估算及检验》，《中国高校社会科学》2014 年第 1 期。

② 其他的四个协整关系也非常重要，但不在本书的考察范围之内。

变量	不包含整体经济开放度	包含整体经济开放度
NOE		0.0123（3.49）＊＊＊
D×NOE		−0.0051（−3.93）＊＊＊
No. of observations	29	29
R^2 overall	0.9968	0.9982
	F−statistics＝1143.91＊＊＊	F−statistics＝1385.41＊＊＊

注：1. ＊、＊＊和＊＊＊分别表示在 0.10、0.05 和 0.01 水平上具有统计显著性（双尾检验）；

2. 协整方程回归系数具有超一致性，同时括号中给出的仍是 t 检验统计量。

第一，外国资本存量变量（lnFK）在 1% 的水平上具有显著性，这就提供了证据揭示，FDI 作为一种资本的投入，直接对中国经济增长做出贡献，且 FDI 的流入越多，就越有利于经济增长。这一检验结果符合中国 FDI 的实际情况：1992—2013 年，中国连续 22 年 FDI/全球 FDI 年均为 7.6%，成为吸收 FDI 最多的发展中国家，对中国经济高速增长做出了重要贡献。[①] 但是通过对比可以发现，从资本要素贡献上来看，国外资本存量的增加所形成的促进作用，只占到国内资本存量形成的 35%。这说明国内资本投资的经济拉动作用更加强劲，而国外资本的引入对于国内资本形成的市场挤占效应，抵消了其自身要素贡献的积极影响。这一点给我们的启示是，中国的经济增长不能过度依赖国外资本投资，应该逐步削减招商引资过程中对外资的优惠条件，合理利用外资，保证国内市场竞争的公平条件。

第二，时间趋势以及时间趋势和 FDI 存量的交互项（T×FK）系数均为负，且两个回归中都在 1% 的水平具有统计显著性。这一结论与一般所认识的 FDI 引起东道国生产前沿外移的结论有所不同。应该看到，随着中国对外经济程度的加深，在产业升级过程中，FDI 逐步扮演了高新技术垄断者的角色，中国企业需要支付较大规模的专利费用，由此造成 FDI 所引起国内生产前沿变化的经济显著性并不大。

---

① 康森、王昀加：《中国外国直接投资流入量全球第二》，《安庆日报》2014 年 9 月 10 日第 3 版。

第三，人力资本变量（HK）在两个模型中都是正的，且在 1% 的水平上具有统计显著性。技术人才可通过技术创新，对报酬递增起着核心作用，并能帮助中国制造业摆脱低端"路径依赖"，转变劳动密集型和投资驱动的"逐低竞争"增长模式。[①] 中国人力资源占世界的比重从 1990 年的 20% 上升到 2010 年的 24.1%，相当于美国的 2.58 倍。[②] 2013 年中国研发人员总量占世界总量比重达到 25.3%，超过美国 17% 的比重，居世界第 1 位。[③] 因此，回归结果为人力资本促进经济增长提供了经验证据。

第四，加入整体经济开放度作为影响全要素生产率的因素，并且在中国加入 WTO 之后，整体经济开放度有了质的变化。回归结果发现，加入WTO 之前，整体经济开放度的提高有利于整体经济全要素生产率的提高。但是加入 WTO 之后，整体经济开放度的提高反而使得全要素生产率下降了，这反映了随着对外贸易规则的改变，中国的对外贸易条件发生了改变，对外贸易对于全行业劳动生产率的负向冲击开始显现。这一发现与中国的需求结构基本吻合：2002—2012 年，拉动 GDP 年度增长率的需求因素中，消费需求贡献了 5.1 个百分点，投资需求贡献了 4.3 个百分点，净出口贡献了 0.46 个百分点。

总体而言，整体经济开放度（NOE）对经济增长的影响是正向的，促进了中国经济增长。从要素贡献程度上看，经过标准化之后，劳动和资本贡献占比分别为 51% 和 49%，其中国内资本占比 36.2%，国外资本占比 12.8%。从全要素生产率上看，人力资本的增长，有助于经济增长水平的提高，人力资本平均水平提高 1 个百分点，经济增速提高 0.24 个百分点。从整体经济开放度来看，经济开放度水平提高 1 个百分点，经济增速平均提高 0.12 个百分点。但是加入 WTO 之后，经济开放度水平提高 1个百分点，经济增速平均提高只有 0.07 个百分点。这说明，加入 WTO 之后，经济开放度的提升对经济增长的促进作用开始下降。经济发展驱动力开始由对外开放向对内深化改革、结构转型转变。

① 张友丰、杨志文：《知识积累、报酬递增与新兴专业市场》，《华东经济管理》2014 年第 7 期。

② Robert J. Barro and Jong-Wha Lee, A New Data Set of Educational Attainment in the World, 1950-2010 NBER Working Paper No. 15902, 2010; UN, World Population Prospects: The 2008 Revision Population Database.

③ 詹正茂：《创新蓝皮书：创新型国家建设报告（2013—2014）》，社会科学文献出版社 2014 年版，第 10 页。

三　政策建议

中国 30 多年的对外开放，取得了极大成就。随着经济开放度的不断提高，中国目前已成为欧美、中国和泛亚三角生产—贸易—金融国际分工中的重要一极。中国的对外开放较好地兼容了发展与稳定两个目标，这归功于"渐进性"的改革开放逻辑和"FDI 诱导与出口导向"相结合的双引擎开放战略。中国特色双引擎的开放模式是成功的。但是，同时也是高成本的、不平衡的。随着与国际经济关联度的增大，外部因素冲击着中国经济的稳定，这成为现阶段中国扩大对外开放的重大挑战。为此，本书政策建议如下。

（一）重建可持续发展目标的投资鼓励机制

从"基于投资数量"的鼓励转向"基于可持续发展目标"的鼓励，探索实行"负面清单"管理模式，特别是通过跨国的绿色园区等区域产业集群的开发和建设，成立多边机构间技术援助合作机制。转变商务理念，培养全球商学院投资于可持续发展目标的专业、专长。采取针对性的可持续发展私营投资行动方案，使私营投资成为中国经济增长的"强大助推力"。

（二）坚持内源型创新驱动

内源型创新驱动的基本内涵是摆脱对外源型资本、技术和要素投入的过度依赖，彻底走出"低端锁定"的困境，通过自主创新体系的建设构筑先发优势，立足于中国先发优势和竞争优势，通过科技创新和内源型技术进步提高全要素生产率，实现产业升级和转型，在关键产业、支柱产业、主导产业领域实施技术赶超，使内源型技术创新真正成为中国经济增长和发展的内生力量。

（三）建立以开放促改革的机制

扩大服务业包括资本市场对外开放力度，建立上海与香港股票市场交易互联互通机制，促进内地与香港资本市场双向开放。推动金融改革与人民币国际化，通过加快完善 QFII（合格境外机构投资者）与 RQFII（人民币合格境外机构投资者）制度建设，扩大 QFII、RQFII 额度和获得资质的投资机构范围。促进境外人民币业务规模快速发展，缩小境内外人民币价差，维持人民币的币值稳定。推进"丝绸之路经济带"和"海上丝绸之路"建设，积极倡导互联网产业以及互联网金融的蓬勃发展。

（四）采取适合国情的开放战略

在面临全球经济第三次黄金增长期和国际制造业转移的机遇期的情况下，中国必须采取适合国情的开放战略，将国内发展与对外开放统一起来，将中国发展与世界发展联系起来，运用全球资源与市场促进中国经济增长，真正增强经济竞争力。同时，中国的对外开放必须借鉴发达国家及发展中国家在开放早期的经验教训，如拉美国家的"过度借贷症"而缺乏增长后劲、大量引进外资出现的外资支配经济的"外资化倾向"、过度金融自由化产生的对短期资本的过度依赖等，以及以国际借贷为主的韩国模式等出现的较大的经济不稳定及金融危机风险等。

（五）建立经济增长与就业增长的良性互动机制

强化宏观经济政策与就业政策的协调，要以促进就业作为产业政策的重要内容，抓住促进就业的决定性因素和关键领域，实施激励和扶持性政策。鼓励和引导具有显著就业增长效应的第三产业发展，继续扶持现代商务服务、物流、金融保险、租赁等生产性服务业，培育新型生活性服务业，加快发展教育、医疗、卫生、社会保障等公共服务业。以经济增长拉动就业，以就业发展促进经济增长的良性互动效应，解决好就业困难群体的再就业、农业富余劳动力转移就业以及高校毕业生就业三大问题，实现就业总量的稳定。同时，健全满足多样性需求的职业教育和就业培训制度，让劳动者就业价值取向从"有工作干"向"干得体面"提升，在稳定就业量的前提下，向高质量的就业方向发展。

本章的研究揭示出，1978 年中国开始了改革开放的历史进程，经济体制逐步转变，对外开放领域不断拓宽，开放层次和质量不断提升，这从根本上改变了中国传统僵化的计划经济体制，使国家的综合经济实力和民众的生活状况发生了前所未有的变化。渐进式改革很好地处理了改革、发展与稳定之间的关系，是中国 30 多年来保持"高增长—低通胀"宏观格局的最重要因素。中国对农村剩余劳动力的开发利用，带来了劳动力资源重新配置的经济增长效应，在此基础上，国民储蓄率和投资率持续上升，中国经济增长是在"高投资—高增长—低消费"的不均衡模式下进行的。其中，技术进步是不均衡模式下经济增长的核心源泉，"干中学"、自主研发、技术引进对中国创新能力提高和经济高速增长产生了可持续的影响。此外，为了更精确地探讨全球化（在此用经济开放度指标代替）、劳动力、资本、技术进步在中国 GDP 高速增长过程中所起的作用，本章从经济开放度的视角实证分析中国经济高速增长的动因。结论认为：改革开放以来，经济开放度促进了中国 GDP 高速增长，是中国 GDP 高速增长过程中不可或缺的因素，经济开放度提高 1%，GDP 增速提高 0.07%；劳动和资本的贡献率分别为 51% 和 49%；从全要素生产率看，人力资本提高 1%，GDP 增速提高 0.24%；加入 WTO 以后，经济开放度对 GDP 高速增长的促进作用有所减弱，说明中国经济由过度依靠外需逐步转向内需，经济增长方式由速度数量型转向质量集约型增长。由于制度指标至今没有统一的衡量标准，各种方法良莠不齐，因此本章进行实证分析时没有考虑这一因素，这将是今后进一步研究的方向。

第三章

中国 GDP 高速增长与经济增长质量

改革开放以来，中国 GDP 持续高速增长。但经济增长过程中的稳定性、收入分配不平等和资源环境恶化等成为影响中国经济持续发展的主要问题。中国经济既要持续发展，同时又要提高经济增长质量，以达到经济社会和谐发展的目标。因此，转变经济增长方式，提高经济增长质量就成为中国经济持续发展亟待解决的问题。本章围绕提高中国经济增长质量，将从四个方面展开分析：首先界定经济增长质量的内涵；其次，分析改革开放以来中国 GDP 高速增长，中国经济增长质量有了显著提高；再次，分析 GDP 高速增长与经济增长质量仍然较差的历史逻辑联系；最后，就协调中国 GDP 增长速度与经济增长质量的关系，提出可供参考的建议。

第一节　经济增长质量分析

一　经济增长质量的内涵

关于经济增长质量的内涵，经济学界主要有三种观点：（1）经济增长质量的理论内涵应该包括三个层次。第一，经济增长质量体现了经济系统的投入产出效率。从投入角度看，经济增长质量就是单位产出的各种要素消耗的变化。[1] 第二，经济增长质量体现了最终产品或服务的质量。第三，经济增长质量体现了环境和生存质量。[2]（2）经济增长质量是经济增

---

[1]　严红梅：《基于因子分析法的我国经济增长质量的实证分析》，《科技管理研究》2008 年第 8 期。

[2]　赵英才：《转轨以来中国经济增长质量的综合评价研究》，《吉林大学社会科学学报》2006 年第 3 期。

长过程中表现出来的国民经济的优劣程度。具体来说包括七个方面的内容：经济增长的有效性、充分性、稳定性、创新性、协调性、持续性和分享性。① （3） 经济增长质量不仅包括经济方面的内容，还包括社会和谐和环境改善等诸多内容。高质量的经济增长应该具备的四个条件：增长方式属于集约型增长，增长过程表现出稳定性、协调性和持续性②，增长结果带来经济效益与社会效益的显著提高，增长潜能不断得以增强。

上述三种经济增长质量的内涵并没有反映 GDP 增长速度与经济增长质量的关系，本章从 GDP 增长速度的角度界定经济增长质量的内涵。数量型经济增长反映的是 GDP 增长速度，质量型经济增长则是 GDP 增长速度发展到一定阶段并持续一段时间，经济效率和发展稳定性提高、经济结构优化、社会福利分配改善、技术创新能力增强、GDP 增长得以长期持续，因而反映的是经济增长的优劣程度。

没有一定的 GDP 增长速度和数量，不可能谈及经济增长质量。在工业化的总体水平较低、市场竞争不充分、环境和资源约束较为宽松的条件下，数量型经济增长可以促进经济总量的提高。但是，随着工业化的全面推进，经济发展进入比较高级的阶段，经济增长总量水平提高，片面追求 GDP 增长速度的数量型经济增长必然发生与经济效益、经济结构、环境生态、社会发展以及自主创新能力不足的激烈矛盾。因此，当 GDP 增长速度达到一定阶段并持续一段时间之后，需要从数量型经济增长转向质量型增长。因此，综合上述观点，本书认为经济增长质量的内涵应该从以下三个方面加以理解和认识。

第一，经济增长质量是一个复合概念。③ 经济增长质量包含诸多内容，经济增长效率体现经济增长的有效性，单位投入获得的产出越多，要素生产效率越高，经济增长质量就越高。经济结构体现经济增长的协调性，产业结构扭曲，就会增加无效投入，带来国民经济各产业之间的资源瓶颈，也就会降低资源配置效率，经济不可能持续快速稳定增长。稳定性反映经济增长过程中资源的利用程度，稳定性并不等于经济增长率保持某一个数值不变，而是在潜在经济增长率附近窄幅波动，实现对资源的充分

---

① 李俊霖：《经济增长质量的内涵与评价》，《生产力研究》2007 年第 15 期。

② 任保平：《经济增长质量的内涵、特征及其度量》，《黑龙江社会科学》2012 年第 6 期。

③ 任保平：《以质量看待增长：对新中国经济增长质量的评价与反思》，中国经济出版社 2010 年版，第 57—58 页。

利用。福利分配改善体现经济增长的分享性，高质量的经济增长应使更多的人从增长中受益。生态环境体现经济增长的持续性。经济增长过程是生产要素、自然资源与生态环境有机整合的过程，忽视质量的经济增长必然给资源和环境带来巨大压力，损害可持续经济增长的物质基础。只有在自然资源被有效利用和生态环境得到有效保护的前提下，经济增长才是可持续的。创新能力提高体现经济增长的潜力，技术创新既是企业市场竞争力的源泉，也是提高经济增长质量的关键。

第二，经济增长质量更加关注经济增长的结果和前景。GDP 增长速度主要关注数量型的经济增长，容易导致 GDP 增长和经济质量相悖的现象，出现"有增长无发展"的局面。联合国发表的《1996 年人类发展报告》指出，有增长无发展的 GDP 增长速度和经济增长质量不一致的五种情况是：无工作、无声、无情、无根以及无未来的增长。当经济出现上述任何一种有增长无发展的情况时，其 GDP 增长就没有质量。经济增长质量的前景则是关注潜在经济增长的最大水平，以及能否实现长期持续的增长。①

第三，经济增长质量既是实证分析，也是一种规范分析。规范分析方法以一定的价值判断为出发点和基础，并以此作为处理经济问题和制定经济政策的依据。经济增长质量主要从效率提高、结构优化和稳定性提高等方面进行实证分析，也要从福利分配改善、生态环境好、创新能力提高等诸多方面进行规范分析，进而提出衡量经济增长质量的价值判断，为经济增长方式和经济增长结果的评价以及经济增长政策的制定提供依据。②

二　GDP 高速增长与经济增长质量显著提高

1979—2012 年，在 GDP 高速增长的带动下，中国 GDP 增长质量比改革开放前有了显著提高。

（一）1949—1956 年，经济增长质量较好

1949—1956 年，中国经济增长质量较好，主要表现在以下两方面。

1. 经济效益较好

1949—1956 年，中国建成了 100 多项先进的工业项目。工业技术水

---

①　任保平：《经济增长质量：理论阐释、基本命题与伦理原则》，《学术月刊》2012 年第 2 期。

②　同上。

平、质量和性能显著改善。1952—1956 年，工业劳动生产率迅速提高，年均增长 21.4%。产品数量大幅增多，产品质量显著提高，因而经济效益较好。1953—1956 年，新增 GNI 为 293 亿元，100 元的积累增加 GNI 为 38.3 元。[①]

2. 人民生活显著改善

土地改革使 3 亿多无地和少地农民无偿获得 7 亿亩土地和其他生产资料，免除了每年向地主缴纳约 3500 万吨粮食的地租。1952 年，国民经济基本恢复，劳动者的生活水平有了较大提高。1949—1952 年，职工工资提高 70% 左右，农民收入增加 30% 以上。1953—1956 年，全国居民平均消费水平提高 34.2%（当年价格），全民所有制单位职工平均工资提高 36.8%（当年价格）。1952—1956 年，农民人均消费水平提高 25.8%，平均每个农民实物消费额增加 11.6%。[②] 人民的生活得到进一步改善，人民生活水平提高较快。

（二）1957—1978 年，经济增长质量较差

1957—1978 年，由于片面追求工业化和 GDP 增长速度，以及社会动荡造成对经济发展的冲击，GDP 增长质量很差。

1. 经济效率低下

1952—1978 年，中国全要素生产率对 GDP 的贡献率为 -5.3%[③]，1953—1957 年、1958—1965 年、1966—1977 年分别为 8.7%、-130.15% 和 7.15%[④]。1957—1978 年，按净产值计算的工业劳动生产率年均提高 3.4%。其中，全民所有制工业企业劳动生产率年均提高 2.6%，1966—1978 年，年均增长仅 1.5%。1957—1978 年，农业劳动生产率（净产值）年均下降 0.2%。由于经济效率低下，1978 年，全社会就业人口的人均 GDP 仅为 632 美元，相当于发展中国家和世界平均水平的 34% 和 10%。

2. 经济效益低下

1957—1978 年，农业生产的经济效益无论与 1953—1957 年相比（表

---

①　赵德馨：《"之"字路及其理论结晶——中国经济 50 年发展的路径、阶段与基本经验》，《中南财经政法大学学报》1999 年第 6 期。

②　赵德馨：《中国近现代经济史（1842—1991）》，厦门大学出版社 2013 年版，第 403—404 页。

③　郭庆、胡鞍钢：《中国工业化问题初探》，中国科学技术出版社 1991 年版，第 30 页。

④　张军扩：《七五期间经济效益的综合分析》，《经济研究》1991 年第 4 期。

3—1），还是与农业水平较高的发达国家相比（表 3—2），都是很差的。美国农业劳动生产率不仅比中国高得多，而且在基数大得多的情况下，增长率也比中国高得多。1966—1975 年，平均每个农业劳动力养活的人口平均每年增长率，中国为 0.1%，美国为 5.5%。同期，平均每个农业劳动力生产的粮食平均每年增长率，中国为 5.2%，美国为 8.1%；平均每个劳动力生产的肉类，平均每年增长率，中国为 0.8%，美国为 6.1%。[①]
1957—1978 年，每 100 元积累增加的 GNI 为 19 元。"一五"、"二五"、"三五"、"四五"时期，每 100 元积累增加的 GNI 分别为 32 元、0.9 元、22.4 元、15.8 元。1953—1957 年，每 100 元的 GNI 所需积累额为 312 元，1957—1978 年增加为 526 元。可见，1953—1978 年，中国的资本边际效益逐渐降低。能源、原材料产生的经济效益也较低。从"二五"至"六五"时期，每吨标准煤生产的 GNI 分别为 504 元、737 元、579 元、547 元和 767 元，远低于 1953—1957 年的 1086 元，也低于 1978 年以后的时期。[②]

表 3—1　　　　　　1953—1978 年各个时期农业生产经济效益比较

年份	1953—1957	1958—1962	1963—1965	1966—1978
每个农业劳动者负担的耕地面积（亩）	11.65	10.57	9.36	7.89
每个农业劳动者养活的人口数（人）	3.15	3.22	3.10	3.01

资料来源：《中国统计年鉴 1983》。

由于"大跃进"和"文化大革命"造成的混乱和动荡，资本交付使用率、资本形成率低，效益低下。大量产品积压，质量低劣。1957—1978年中国 GDP 增长速度约为 6.1%，并不低。但是，GDP 增长质量很差，经济基本处于停滞徘徊状态。1957—1978 年，GDP 增长速度主要是依靠大规模投入取得的，大规模投入的资金来源是依靠压低农产品价格和压低人民消费水平取得的高积累。这个时期中国的消费水平是 1949 年以来增

---

①　根据《世界经济统计简编（1978）》，第 210—214 页；《中国统计年鉴 1983》，中国统计出版社 1983 年版，第 103、120、162、178 页有关数据计算整理。
②　赵德馨：《中国近现代经济史（1949—1991）》，河南人民出版社 2003 年版，第 298—299 页。

长最慢的。

表3—2　　　　　　　　　　1975年中美农业劳动生产率比较

国别	平均每个农业劳动力养活的人口	平均每个农业劳动力生产的肉类	平均每个农业劳动力生产的粮食
中国	3.01人	51.11斤	1931.53斤
美国	82人	12815斤	227077斤
美国是中国的倍数	27.24	250.73	117.56

资料来源：《世界经济统计简编（1978）》、《中国统计年鉴1983》。

3. 经济增长稳定性较差

这个时期经济增长有六个波谷，分别是1957年、1961年、1967年、1972年、1974年、1976年。其中，六年出现负增长。1958—1961年的经济波动，波动幅度超过了1929—1932年美国经济大危机，既是中国经济史上前所未有的，也是世界经济史上罕见的经济波动。① 这次经济危机，经济增长表现为大上大下的波动，耽误了整整十年的发展时间。

4. 人民生活水平徘徊不前

1957—1978年，中国的人民生活水平提高很慢。农民家庭人均纯收入年均增长2.9%，国有单位职工平均名义工资，1957年为637元，1978年为644元，20多年仅增加了7元。1978年的实际工资只有1957年的85.2%，20多年中还减少了14.8%。在物质消费方面，1978年与1957年相比，人均年消费主要消费品中，粮食、食用植物油、牛羊肉等种类也减少了。粮食减少7.6公斤，食用植物油减少0.82公斤，牛羊肉减少0.36公斤，家禽减少0.06公斤，水产品减少0.92公斤。增加的主要消费品种类只有猪肉和食糖两种。猪肉从5.08公斤增加到7.67公斤，食糖从1.51公斤增加到3.42公斤。1959年以后，物资和商品短缺，市场供应紧张，是中国经济的重要特征，人民生活水平在20多年的时间里徘徊不前。在文化生活水平消费方面，中国城乡居民人均文化生活服务支出，"一五"时期为3.84元，"二五"时期为6.70元，1963—1965年为6.6元，1966—1975年的"三五"、"四五"时期为5.93元。文教用品及书报杂志

① 赵德馨：《中国近现代经济史（1842—1991）》，厦门大学出版社2013年版，第279页。

类费用支出占社会商品零售额的比重，"一五"时期为 3.60%，"二五"时期为 4.6%，1963—1965 年为 4.10%，1966—1975 年为 3.6%，都下降到相当于"二五"时期之前的消费水平。①

（三）1979—2012 年，经济增长质量显著提高

改革开放后，随着市场化改革的深入和社会主义市场经济体制改革目标的确立及经济转型，中国 GDP 增长质量有了显著提高。（1）经济效率提高。1978 年以来，国有企业开始兼并、重组、破产。资本存量开始得到调整，生产要素开始按照市场进行配置，这使过去闲置的生产能力得到利用，提高了经济效益。1978—1994 年，全社会劳动生产率年均增长 6.5%，增加了 1.5 倍（可比价）。平均 100 元 GNI 所需积累额，1957—1978 年为 526 元，1979—1991 年为 270 元，减少了将近一半，资本边际效率大幅提高。（2）经济效率提高。1979—2003 年，全要素生产率增长率及其对 GDP 贡献率分别为 3.3%—4.6%、33%—47%。而在改革开放之前，1953—1957 年和 1952—1978 年，全要素生产率增长率分别为 0.77% 和-1.9%。②

1978—2012 年，中国名义 GDP 从 0.148 万亿美元增长到 8.22 万亿美元，国民总收入（PPP）达到了 14.73 万亿美元。③ 以购买力平价计算，全球只有中国、美国两国的经济总量高于 10 万亿美元，德国和日本等其他国家的经济总量都在 5 万亿美元以下。以不变价计算的中国人均 GDP 从 1978 年的 190 美元增加到 2012 年的 6100 美元，提高了 32 倍。人均国民总收入在全球的排名从 1978 年的 175 位上升至 2012 年的 112 位。世界银行已经将中国从低收入国家提升到上中等收入国家。④

改革以来，中国 GDP 增长质量有了显著提高。它不仅表现在经济效率和经济效益的提高以及居民收入的显著增加，还表现在以下几个方面。

1. 人民生活水平显著提高

图 3—1 显示，随着 GDP 的高速增长，中国城乡居民生活水平迅速提高。1978—2012 年，城镇恩格尔系数由 57.5% 下降到 36.2%，农村由

---

① 根据 1983 年、1984 年、1985 年《中国统计年鉴》、《中国贸易物价统计资料（1949—1983）》第 27—28 页和崔世爽《国内零售市场商品供求关系统计问题》第 47 页有关资料整理。

② 胡鞍钢、郑京海：《中国全要素生产率为何明显下降》，《中国经济时报》2004 年 3 月 26 日第 1 版。

③ 世界银行数据库。

④ 中华人民共和国统计局：《人均国民总收入 34 年上升近 30 倍》，《大河报》2013 年 11 月 7 日第 2 版。

67.6%下降至 39.3%（小于 40%），农村居民恩格尔系数进入富裕阶段。按照联合国粮农组织的标准，中国居民的生活水平已经达到了小康水平。

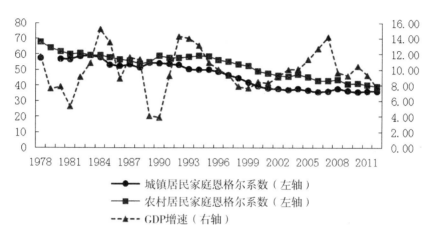

图 3—1　1978—2012 年中国 GDP 增速与城、乡居民恩格尔系数变化趋势（单位：%）
资料来源：《中国统计年鉴 2013》。

2. 就业质量显著提高

图 3—2 显示，随着 GDP 的高速增长，就业人数一直呈现增长趋势。城镇新增就业人数大幅增加，由 1979 年的 485 万人增加到 2012 年的 1188 万人。这说明改革开放后，中国 GDP 高速增长促进了就业增长，体现了经济社会发展的主要预期目标是保就业、惠民生，居民收入与经济发展同步增长。比较充分的就业是居民收入稳步增长的前提。2012 年，中国服务业对 GDP 的贡献率首次超过工业，服务业占经济规模的比重提高，产业结构调整取得历史性变化，对新增就业具有很强的拉动作用。就业增长是印证经济增长质量提高的一项重要指标。1979—2012 年，每年新增城镇就业人数平均 600 万—700 万。GDP 每增长 1%，拉动大约 150 万城镇人口就业。[1] 在第三产业成为吸纳劳动力就业的主渠道之后，GDP 的增长所带动的就业机会更趋于增多。2003—2012 年，中国岗位需求显著增加，就业规模迅速扩大，全国城镇新增就业累计达到 11067 万人，年均新增就业约 1106.7 万人。与此同时，城镇登记失业率始终保持在 4.3% 以下的较低水平。值得一提的是，中

---

[1] 李克强：《GDP 增长 1 个百分点能拉动 150 万人就业》，《工人日报》2013 年 11 月 4 日第 1 版。

国就业率保持了较高的女性参与率。2011 年，全国城乡妇女就业占全社会就业的比重为 46.8%，女性总人口的就业率为 54.5%，是世界最高的女性总人口就业率，显示了中国性别就业的公平。[①] 图 3—2 揭示，随着 GDP 高速增长，就业人数稳步增长。没有一定程度的 GDP 增长速度，就难以创造劳动就业岗位。没有就业岗位，也就没有民生之本，更无社会稳定的前提。

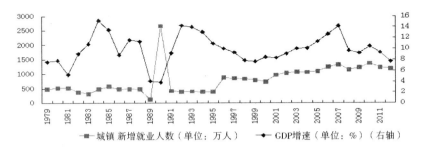

图 3—2　1979—2012 年中国 GDP 增速与城镇就业人数变动关系

资料来源：《新中国六十年统计资料汇编》、《中国统计年鉴 2013》。

中国在就业规模不断扩大的同时，就业结构逐步优化，就业质量也显著提高。首先，从产业就业人数的比重看，2001—2012 年，第一、第二、第三产业就业人数的比重由 50∶22.3∶27.7 变为 33.6∶30.3∶36.1。农业就业率不断下降，非农就业率不断上升，其中服务业就业率上升速度较快，超过农业，成为中国就业人数最多的产业。其次，从城乡就业结构看，城镇就业增长较快。2001—2012 年，城镇就业人数从 24123 万增长到 37102 万，年均增长约 1179.9 万，占全国就业人数的比重从 33.1% 上升至 48.4%。同期，农村就业人数则呈下降趋势，从 48674 万下降到 39602 万，占全国就业人数的比重从 66.9% 下降到 51.6%。就业是民生之本，提高就业质量是经济增长质量的重要指标之一。

就业质量显著提高还包括：（1）城镇职工平均工资稳步提升。劳动收入是衡量就业质量的重要指标。中国各类就业人员的收入水平都有所提高，实现了稳步增长。2001—2012 年，城镇就业人员实际工资平均增速 11.9%，高于 10.2% 的 GDP 年均增速（图 3—3）。同期，城镇就业人员平均工资由 10834 元提高到 46769 元，12 年提高了 35935 元；城镇职工平

---

　①　世界银行：《2013 年世界发展报告·就业》，清华大学出版社 2013 年版，第 14 页。

均工资由 10870 元提高到 47593 元，12 年间提高了 36723 元。企业、事业、机关单位职工的工资都实现了快速增长。2010—2012 年，中国城镇非私营单位职工平均工资分别达到 37147 元、42452 元、47593 元，年实际增速分别为 10%、8.5%、9.2%。2009—2011 年，中国企业职工平均工资分别为 31622 元、36256 元、42020 元，年实际增速分别为 12.5%、10.9%、9.5%。党政机关工作人员平均工资分别为 37397 元、40512 元、44303 元，年实际增速分别为 11.4%、5%、5.6%。同期，事业单位职工平均工资分别为 34053 元、38411 元、43254 元，年实际增速分别为 15.5%、9.3%、7.5%。[①]（2）最低工资标准显著提高。2011 年、2012 年全国分别有 24 个、25 个省份调整了最低工资标准，平均增幅分别为 22% 和 20.2%。2012 年全国 23 个省份发布了工资指导线。基准线提高幅度多在 14% 以上。其中，上海月最低工资达到 1620 元，是全国最高的；小时最低工资最高为北京和新疆，均为 15.2 元。[②]

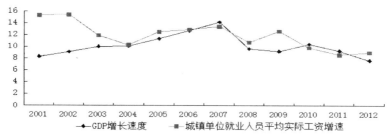

图 3—3　2001—2012 年 GDP 增速与城镇单位就业人员工资增速变化趋势（单位:%）
资料来源：《中国统计年鉴 2013》。

3. 劳动生产率显著提高

1980—2012 年，中国就业人员人均 GDP 迅速提高，由 1655 美元上升至 15250 美元，增长了 8.2 倍（图 3—4）。中国就业人员人均 GDP 与其他金砖国家相比，在 2007 年之前，低于印度、巴西、俄罗斯，2007 年达到 9975 美元，超过印度的 9642 美元。2011 年为 14203 美元，高于巴西的 13592 美元（图 3—5）。

---

① 吴江：《中国人力资源发展报告 2013》，社会科学文献出版社 2013 年版，第 10 页。
② 同上书，第 11 页。

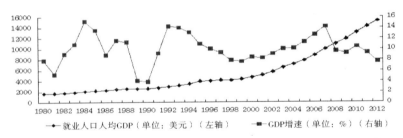

图 3—4　1980—2012 年中国 GDP 增速与就业人员人均 GDP 变化趋势

资料来源：世界银行数据库、《中国统计年鉴 2013》。

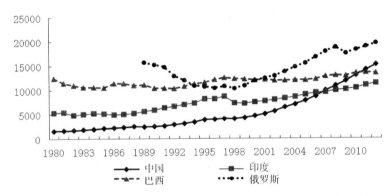

图 3—5　1980—2012 年金砖四国人均 GDP 比较（单位：1990 年不变价购买力平价美元）

资料来源：世界银行数据库。

4. 社会保险覆盖面显著扩大，保障水平显著提升

随着 GDP 高速增长，中国社会保障制度实际覆盖人数持续增长，社会保障体系建设方针由原来的"广覆盖"提升为"全覆盖"，力图使 GDP 高速增长的成果惠及广大人民群众。无论是社会保险各险种的参保人数和参保率，还是社会救助、福利、优抚的惠及面，都获得了显著提升。（1）社会保险覆盖人群不断扩大。2001—2012 年，全国城镇职工基本养老、基本医疗、失业、工伤、生育保险参保人数分别增长了 101.2%、550.8%、39.2%、308.3%、303.5%，都实现了大幅提升。2012 年年末，新型农村社会养老保险和城镇居民养老保险参保人数达到 4.49 亿，新型农村合作医疗参合率为 98.1%。[①]（2）社会保障水平显著提高。2005—

---

①　李培林：《社会蓝皮书·2014 年中国社会形势分析与预测》，社会科学文献出版社 2013 年版，第 10 页。

2013 年，中国企业退休人员基本养老金连续九年上调，调整前的 2005 年人均为 700 元，2013 年累计增加至 1193 元；医疗保险报销的最高支付限额和比例、失业保险待遇、城乡最低生活保障标准、工伤伤残待遇都大幅提高。国家财政补助城镇居民基本医疗保险和新型农村合作医疗的金额也不断提高，从每人每年 20 元提高到 2012 年的 240 元。基本公共卫生服务经费标准由人均 15 元提高到 25 元。①

5. 商品贸易结构显著改善

图 3—6 显示，2000—2012 年，中国出口产品结构中，信息和通信技术产品出口所占比重由 17.71% 上升至 27.06%，提高了 9 个百分点。同期，美国由 20.08% 下降至 9.02%，欧盟由 10.97% 下降至 5.27%，日本由 22.70% 下降至 9.15%、俄罗斯由 0.40% 下降至 0.31%。中国加入世贸组织后，这一比重远超美国、欧盟、日本和俄罗斯。信息和通信技术产品出口比重增大有效改善了中国的出口贸易结构，增强了中国商品的出口竞争力和综合国力，是中国 GDP 高速增长的极其重要的成果。

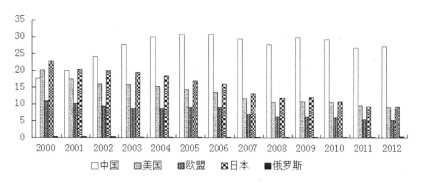

图 3—6　2000—2012 年五大经济体信息和通信技术产品出口/产品出口（单位:%）
资料来源：世界银行数据库。

图 3—7 显示，2005—2012 年，中国在全球五大经济体的信息和通信技术服务出口占服务出口的比重迅速提高，由 2005 年的 24.91% 上升至 2008 年的 28.33%，平均每年上升 1 个百分点，低于欧盟（31.82%）和俄罗斯（29.25%）。尽管 2008 年国际金融危机爆发，中国的这一比重不但没有下降

① 苏海南：《实施就业优先战略　努力实现更高质量的就业——〈中国人力资源发展报告（2013）〉评述》，《第一资源》2013 年第 12 期。

反而提高至 2012 年的 34.92%，仅次于欧盟，高于美国、日本、俄罗斯。

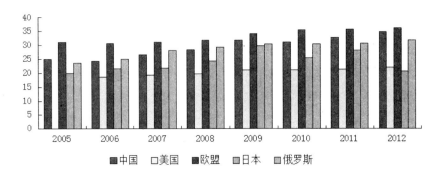

图 3—7　2005—2012 年五大经济体信息和通信技术服务出口/服务出口（单位:%）
资料来源：世界银行数据库。

6. 人文发展指数显著提高

改革开放以来，中国人文发展指数随着 GDP 高速增长而大幅提高。1980—2012 年，中国人文发展指数从 0.407 提高至 0.699，提高了 0.292，提升幅度很大，已经由低人文发展水平跃升至中等人文发展水平。2012 年，中国人文发展指数居全球第 101 位，超过金砖国家 0.655 以及东亚和太平洋地区国家 0.683 的平均水平。从分项指数看，1980—2012 年，中国人均 GNI 由 524 美元提高至 7945 美元（PPP 法），增长 14 倍多。1990 年以后，在 187 个国家中，中国人均 GNI 增长速度最快，增速达 9%。1990—2008 年，中国为世界减贫做出巨大贡献，5.1 亿人摆脱了绝对贫困。同期，人口出生时预期寿命和学龄儿童预期受教育年限分别提高约 6.7 岁和 3.3 年。目前，小学学龄儿童入学率和中学入学率分别达 100% 和 80%，居民健康、教育以及文化素质大幅提高。GDP 高速增长对于提高中国的人文发展指数发挥了显著作用（表 3—3）。

表 3—3　　　　　　　1980—2012 年中国人文发展指数分项指标

指标 ＼ 年份	1980	1985	1990	1995	2000	2005	2010	2011	2012
人文发展指数	0.407	0.452	0.495	0.548	0.590	0.637	0.689	0.695	0.699
预期寿命（岁）	67.0	68.3	69.4	70.4	71.2	72.1	73.2	73.5	73.7
预期受教育年限（年）	8.4	8.0	8.9	9.2	9.5	10.5	11.7	11.7	11.7

指标＼年份	1980	1985	1990	1995	2000	2005	2010	2011	2012
平均受教育年限（年）	3.7	4.3	4.9	5.7	6.6	7.1	7.5	7.5	7.5
人均 GNI（2005 年 PPP 美元）	524	812	1108	1819	2638	4090	6785	7404	7945

资料来源：根据 UNDP 历年《人类发展报告》整理。

第二节　GDP 增长速度与经济增长质量协调发展

在改革开放中前期，中国更加重视 GDP 增长速度和经济增长数量。尽管在 GDP 高速增长过程中，经济增长质量有了显著提高，但是，经过 30 多年的改革开放和 GDP 高速增长，中国经济正面临着最伟大的历史性跨越，这就是将可能提前实现改革开放初期的宏伟目标，基本实现现代化，全面建成小康社会，成为一个中等发达国家。要实现这一目标，经济增长质量仍然有待进一步提高。因此，协调 GDP 增长速度与经济增长质量的关系，在改进效率和提高质量的基础上，保持适度的 GDP 增长，进一步提高经济增长质量，就成为中国经济发展的重要课题之一。中国经济增长质量仍然较差，主要表现在以下几方面。

一　经济增长质量总体水平仍然较低

（一）经济发展整体层次较低

GDP 高速增长并没有带来中国经济发展的层次大幅提升，整体宏观经济效益仍然较差，经济结构有待进一步调整，产品技术含量较低，产品附加值较小，缺乏自主创新和高端人才等。

1. 科学技术水平较低

改革开放以来，从整体上看，全要素生产率的提高对中国经济增长的贡献率（技术进步贡献份额）呈上升趋势，技术进步对中国经济增长的贡献有显著提高。但是，1979—2006 年，技术进步贡献份额平均仅为 43.1%，仍低于 50%，而且，全部投入（资本和劳动）的贡献一直大于技术进步的贡献。这说明中国经济增长属于粗放型投入驱动型的增长。中国具有自主知识产权的关键性技术的供给和技术储备严重不足，科学技术还处于较低的水平。

与发达国家相比，技术进步对中国经济增长的贡献度不高，仍有相当大的差距。而且，中国的技术进步相当大部分的比例是直接从外国引进的技术和设备，自主研发所占比例较小。很大程度上，中国的技术进步来源于后发效应。随着引进技术水平的提高，这种后发效应会逐渐减弱。因此，如果中国自己的创新能力不能得到提高，不能靠自己的研发力量取得技术上的进步，也就难以提高目前比较低水平的技术进步和技术进步贡献率。

企业是创新的主体。但中国企业的研发投入不足，技术创新能力薄弱，创新度明显下降。一般来说，企业研发投入大于销售收入的 8% 时，企业得到发展；保持在 5%—8% 时，企业维持；低于销售收入 5% 时，企业逐渐萎缩。除了华为等少数中国大型企业的研发经费投入达到销售收入的 10% 外，大多数企业都低于 5%。而发达国家企业研发投入占销售收入比重一般在 10% 以上。如微软公司为 17%，爱立信为 14%，朗迅为 12%。① 国家知识产权局的统计显示，截至 2005 年年末，中国企业大约只有万分之三拥有自主知识产权关键技术；仅有 40% 的企业拥有自己的商标，1% 的企业申请专利。多数企业处于无"创造"和无"知识"的状态。集成电路制造设备和高端医疗设备，基本依赖进口；80% 的石化装备，70% 的数控机床、胶印设备依赖进口；② 中国彩电、手机的关键技术几乎都掌握在跨国公司手中；尽管中国专利申请量和授权量居全球首位，但依然属于技术进口国、受让国，属于"创新小国"。

改革开放以来，GDP 高速增长和对外贸易迅速扩张的同时，中国的出口商品结构也不断得到改善。但在中国产品出口结构中，出口商品技术含量和附加值较低，高技术含量、高附加值的产品比重小，而劳动密集型产品一直占有较大份额。1986 年，工业制成品出口额首次超过初级产品出口额，这是中国出口商品结构变化的第一个转折点。1995 年，以机电产品为代表的资本技术密集型产品出口额首次超过了以纺织品服装为代表的劳动密集型产品，这是中国出口商品结构变化的第二个

---

① 任保平：《以质量看待增长：对新中国经济增长质量的评价与反思》，中国经济出版社 2010 年版，第 294 页。

② 王传涛：《"专利大国"为何成了"创新小国"》，《人民日报·海外版》2013 年 12 月 21 日第 5 版。

转折点。① 但中国出口的机电产品仍然主要以低技术、低附加值的机电小商品为主，其核心技术也基本由跨国公司掌握。发达国家通常以"高精尖"的成套自动化设备出口为主。如日本出口的机电产品主要是自主研发的高级数控机床、高级半导体、节能汽车等。2012 年，中国高技术产品占商品进出口贸易额的 28.7%。与发达国家相比，仍有很大的差距。中国只有积极地进行技术创新，才能拥有自己的核心技术，才能提高出口商品的竞争优势。②

2. 科技创新人才缺乏

中国劳动力众多，但劳动力素质整体较低，科技创新人才较少。GDP 高速增长与劳动者能力素质低的差距较大。从高等院校入学率来看，中国的高等教育与国外差距很大。改革开放以来，中国高等院校入学率尽管不断提高，但是与其他国家相比仍有较大差距（图 3—8）。2012 年中国高等院校入学率（26.7%）低于发展中国家泰国（51.4%），低于发达国家韩国（98.4%）、美国（94.3%）、澳大利亚（86.3%）以及日本（61.5%），也低于世界 32.1% 的平均水平。

改革开放以来，中国劳动者整体素质有了很大提升，但与发达国家相比也有很大差距。美国、日本、英国就业人口接受高等教育的比重高达 61%、40% 和 32%，而中国仅 7.4%。大学以上学历占全国的就业比重只有 13%，初中及以下学历占比高达 70% 左右。2012 年，中国职工平均受教育年限约 13 年，一多半的职工受教育程度仅中专及以下，没有职称或仅有初级职称的职工占全部职工的比重高达 76%，仅 30%—40% 的职工在第二次找工作时接受过技能培训。更重要的是，高技能人才严重短缺，全国技工缺口高达两三千万人。中级以上技工供需缺口大，供求倍率 1.3—1.4 之间，有些地区的短缺程度达 1.6。技能劳动者占就业人员比重仅 1/10 左右，为城镇就业人员的 30%。全国技师（含高级技师）在技能就业者中的比重不足 1/20。③ 可见，在 GDP 高速增长的同时，注重提高劳动者素质，加强劳动者职业技能培训，是从追求 GDP "速度型"的增长转向 GDP "质量型"的增长的当务之急。

---

① 高申荣、童霞、吴林海：《环境约束与中国出口商品结构转型研究》，载《中国环境科学学会 2009 年学术年会论文集（第四卷）》，2009 年 6 月 1 日。

② 《中国统计年鉴 2013》，第 731 页。

③ 王晓初、信长星：《就业促进与职业能力建设》，中国劳动社会保障出版社 2012 年版，第 25 页。

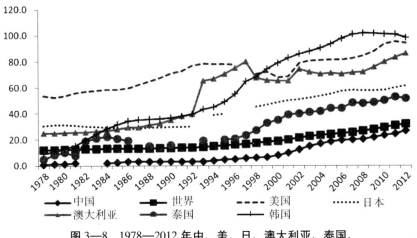

图 3—8 1978—2012 年中、美、日、澳大利亚、泰国、
韩国及世界平均高等院校入学率（单位:%）

资料来源：世界银行数据库。

2011 年，中国每百万人中拥有的 R&D 研究人员是韩国的 16%，日本的 19%，美国的 24%，意大利的 55%。2012 年中国熟练劳动力和金融专门人才数量分列全球第 46 位和第 51 位（图 3—9）。[①]

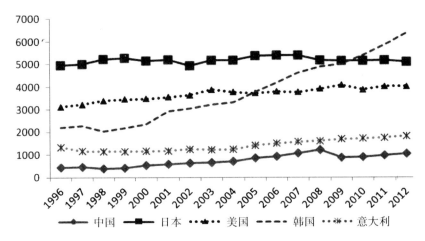

图 3—9 1996—2012 年中、美、日、韩、意 R&D 研究人员（单位：人/百万人）

资料来源：世界银行数据库。

---

① 杨永恒：《从 2013 IMD 全球竞争力排名看我国面临的发展挑战》，《中国青年报》2013 年 10 月 24 日第 7 版。

3. 人文发展指数总体较低且不均衡

人文发展指数是综合反映居民长寿、知识和生活水准等方面的指数，能够比较全面体现居民所享受到的 GDP 高速增长所带来的福利状况。改革开放以来，尽管中国 GDP 实现了高速增长，中国经济、社会综合平均发展水平（人类发展水平）有了很大进步，从中等偏低水平发展到中等水平，但与人类发展水平很高的国家相比，不仅总体水平低，而且发展不均衡（表3—4）。

表3—4　　　　　　2012 年世界主要国家（地区）人文发展指数比较

人文发展指数			健康指数			教育指数				收入指数		
排名	国家（地区）	数值	排名	国家（地区）	预期寿命（岁）	排名	国家（地区）	25 岁以上成人平均受教育年限（年）	学龄儿童预期受教育年限（年）	排名	国家（地区）	人均 GNI（2005 年 PPP 美元）
1	挪威	0.955	1	日本	83.6	1	新西兰	12.5	19.7	1	卡塔尔	87478
2	澳大利亚	0.938	2	中国香港	83.0	2	美国	13.3	16.8	2	列支敦士登	84880
3	美国	0.937	3	瑞士	82.5	3	挪威	12.6	17.5	3	科威特	52793
4	荷兰	0.921	4	摩纳哥	82.3	4	澳大利亚	12.0	19.6	4	新加坡	52613
5	德国	0.92	5	澳大利亚	82.0	5	爱尔兰	11.6	18.3	5	挪威	48688
6	新西兰	0.919	6	冰岛	82.0	6	德国	12.2	16.4	6	卢森堡	48285
7	爱尔兰	0.916	7	意大利	81.9	7	韩国	11.6	17.2	7	文莱	45690
8	瑞典	0.916	8	以色列	81.9	8	斯洛文尼亚	11.7	16.9	8	中国香港	45598
9	瑞士	0.913	9	圣马力诺	81.9	9	荷兰	11.6	16.9	9	美国	43480
10	日本	0.912	10	法国	81.7	10	丹麦	11.4	16.8	10	阿联酋	42716
55	俄罗斯	0.788	84	巴西	73.8	28	俄罗斯	11.7	14.3	54	俄罗斯	14461
85	巴西	0.730	125	俄罗斯	69.1	85	南非	8.5	13.1	76	巴西	10152
122	南非	0.629	142	印度	65.8	101	巴西	7.2	14.2	79	南非	9594

续表

人文发展指数			健康指数			教育指数			收入指数		
排名	国家（地区）	数值	排名	国家（地区）	预期寿命（岁）	排名	国家（地区）	25岁以上成人平均受教育年限（年）	学龄儿童预期受教育年限（年）	排名	国家（地区）	人均GNI（2005年PPP美元）
136	印度	0.554	175	南非	53.4	146	印度	4.4	10.7	132	印度	3285
101	中国	0.699	86	中国	73.7	114	中国	7.5	11.7	89	中国	7945

资料来源：UNDP，Human Development Report 2013.

首先，人文发展指数总体较低。2013 年世界银行的《人文发展报告》显示，2012 年中国的 HDI 值为 0.699，总体进入"中等发展水平"，居全球第 101 位，但低于金砖国家中的俄罗斯（第 55 位）和巴西（第 85 位）。中国居民的健康、教育和生活质量整体水平较低。从健康方面看，中国居民的预期寿命为 73.7 岁，全球排名第 114 位，与排名第 1 位的日本的国民预期寿命相差近 10 岁。从教育方面看，全球排名第 89 位，学龄儿童预期受教育年限和成人平均受教育年限（25 岁以上）与排名第 1 位的新西兰相差年限分别为 8 年和 5 年。从收入方面看，全球排名第 89 位，收入指数是美国的 18%。从 HDI 水平看，中国面临严峻的挑战，主要表现在四个方面：公平、环境、人口、民众的问责和监督问题。中国的老龄化快速发展，环境红利减弱，可持续发展形势严峻。

其次，地区间人文发展指数不平衡。地区之间人文发展指数差距较大。经济发达的东部地区与内陆经济欠发达省份之间的人文发展指数差距很大。东、中、西部三大地区，东、中、西部省份之间以及城乡之间的教育、医疗、卫生水平的差距越来越大。目前，在中国很多地方的穷人负担不起高质量的教育、医疗、卫生服务。这些都说明中国人文发展指数总体水平较低，而且极不平衡。

从中国社会发展四个区间的 HDI 水平看，东部沿海地区与西部欠发达地区人文发展指数呈两极分化趋势。东部地区经济发达省份的 HDI 远远高于内陆经济欠发达省份。最发达的京、沪、津与高人类发展水平的葡萄牙相当。西部欠发达地区的青、甘、云、贵、藏与人文发展组别水平低的非洲国家加纳、赤道几内亚相当。京、津、沪等发达省市的人均 GNI 是全国平均水平的 2 倍多，比西部经济欠发达地区高出近 6 倍。在教育和医疗卫生方面，也存在巨大差距。从教育方面看，东部地区的教育资源、教学水平等占据全国领先优势，北京的中专以上教育入学率和高中入学率分别达 60% 和 98%，与以色列、英国等发达国家的大学入学率相当。西部地区的贵州中专以上和高中教育入学率大约是北京的 1/3 和 1/2，将近 1/2 的学生高中辍学，与越南、老挝的水平相当。从医疗卫生方面看，京、津、沪的人均预期寿命与法国、挪威相当，超过 80 岁，进入极高人类发展组别；而西部藏、云、青等偏远省区的医疗资源匮乏，人均预期寿命与中国 20 世纪 90 年代的平均水平相当，比经济发达地区京、津、沪低约 10 岁。从表 3—5 看出，人类发展水平较高的省份，除了京、津、沪以外，主要集中在东部沿海地区，广大的西部地区人类发展水平总体较低。

通过上述全国总体和地区人类发展指数的分析可知，在中国现代化进程中，不能仅仅单独追求 GDP 增长速度和经济发展的总量，还要注意人民生活质量的提高和文化素质的提高，才能实现社会经济和人类发展质量的全面提高。

表 3—5　　　　　　2010 年中国内地 31 个省市区人文发展指数排名

排名	地区	人文发展指数	健康指数	教育指数	收入指数
	全国	0.693	0.868	0.676	0.569
第一集团（HDI 值>高人文发展组别平均值 0.758）					
1	北京	0.821	0.952	0.837	0.694
2	上海	0.814	0.953	0.808	0.699
3	天津	0.795	0.932	0.779	0.692
第二集团（高人文发展组别平均值>HDI 值>全国平均值 0.693）					
4	江苏	0.748	0.896	0.719	0.650
5	浙江	0.744	0.913	0.7	0.645
6	辽宁	0.740	0.892	0.737	0.618
7	广东	0.730	0.894	0.696	0.624
8	内蒙古	0.722	0.861	0.689	0.634
9	山东	0.721	0.893	0.686	0.613
10	吉林	0.715	0.889	0.715	0.576

续表

排名	地区	人文发展指数	健康指数	教育指数	收入指数
11	福建	0.714	0.882	0.676	0.610
12	黑龙江	0.704	0.886	0.71	0.554
13	湖北	0.696	0.868	0.696	0.558
14	陕西	0.695	0.865	0.699	0.554
15	山西	0.693	0.869	0.699	0.547
第三集团（全国平均值>HDI值>中等人文发展组别平均值0.640）					
16	河北	0.691	0.870	0.676	0.561
17	重庆	0.689	0.881	0.667	0.556
18	湖南	0.681	0.866	0.677	0.539
19	海南	0.680	0.891	0.660	0.536
20	河南	0.677	0.864	0.664	0.540
21	宁夏	0.674	0.845	0.658	0.552
22	新疆	0.667	0.828	0.660	0.542
23	江西	0.662	0.866	0.645	0.520
24	四川	0.662	0.860	0.651	0.519
25	安徽	0.660	0.871	0.640	0.516
26	广西	0.658	0.872	0.634	0.516
第四集团（HDI<中等人文发展组别平均值0.640）					
27	青海	0.638	0.791	0.613	0.537
28	甘肃	0.630	0.826	0.631	0.480
29	云南	0.609	0.784	0.604	0.476
30	贵州	0.598	0.809	0.586	0.452
31	西藏	0.569	0.762	0.498	0.487

资料来源：UNDP，Human Development Report 2013.

（二）经济社会协调发展能力较差

30多年来，中国 GDP 高速增长取得了举世瞩目的成就，综合国力、国际竞争力大幅提升，但中国经济社会协调发展仍存在值得关注的问题。

1. 社会建设明显滞后

随着 GDP 的高速增长，中国人文发展指数大幅提高，但是健康、教育等社会指标并没有随 GDP 高速增长而显著改善。2012 年，中国 HDI 全球排名比人均 GNI 低 12 位。如果剔除收入指数，中国 HDI 全球排名第 106 位，下降 5 位。2000 年以来，中国的健康、教育状况增幅与人均 GNI 增幅相比较小。2000—2012 年，中国居民预期寿命和受教育年限以及平均受教育年限提高幅度并不显著，分别仅仅提高 1.5 岁、2.5 年和 1.8 年。GDP 高速增长的成果并没有有效促进社会进步的大幅提升。① 此外，改革开放以来，城市和农村的教育和医疗卫生方面的不平等程度都在加剧，农村居民所享有的教育、医疗、卫生设施远低于城市，这就转化为 GDP 高速增长过程中城乡间的巨大差距。② 经济社会的协调发展呈现脱节的现象。

2. 政府社会管理面临巨大挑战

2011 年，中国城镇化率为 51.3%，城镇常住人口总数超过农村，城乡人口结构发生转折性变化。中国城镇化的速度居世界首位，城镇化的规模也是空前的。但人口结构的变化给基层政府的传统管理模式提出了挑战。只重视 GDP 增长速度，追求 GDP 政绩，而忽视公共服务等社会管理对经济发展带来的严峻挑战。随着城镇化的进程加快，城镇的基本公共服务需求的全面快速增长与相对紧缺的公共资源供给的矛盾日益显露，影响了社会稳定、公共安全。另外，中国 GDP 高速增长虽然使绝对贫困人口显著减少，但是"相对贫困"人口却明显增长，最贫困的 10% 的居民只掌握着 2% 的可支配收入，而最富裕的 10% 的居民掌握了 35% 的可支配收入。③ 这种福利分配不均使犯罪率和群体性冲突加剧，使经济发展的社会环境恶化，降低了经济增长质量。

3. 不平等现象阻碍经济社会协调发展

收入指数能够最明显地体现不平等。2012 年中国基尼系数高达 0.474，超过国际警戒线 0.4 的标准，收入差距较大。中国的 IHDI（不平等调整后人文发展指数）由于不平等而损失了 20%。高收入人群与低收入人群的差距明显。就城镇居民人均可支配收入而言，最高收入户是最低收入户的 7.8 倍，是收入困难户的 9.8 倍；就城乡居民人均可支配收入（人均纯收入）而言，前者是后者的 3 倍。教育、预期寿命指数经过不平

① 杨家亮：《中国人文发展指数比较分析》，《调研世界》2014 年第 1 期。
② 张晓波：《中国教育和医疗卫生中的不平等现象》，《经济学季刊》2003 年第 2 期。
③ 汤向俊、任保平：《福利分配平等性与中国经济增长质量——基于新中国六十周年数据的理论和实证分析》，《社会科学战线》2009 年第 9 期。

等调整，再加上教育、医疗资源分布的不平衡，使得这两者的指数分别损失了 23.2% 和 13.5%。[①] 此外，中国收入分配中的初次分配的不公平性现象也很严重。新中国成立以来，职工工资总额占国内生产总值的比率一直处于较低水平。改革开放以来，这一比率还呈不断下降趋势。从宏观层面看，1997—2009 年，劳动报酬在初次分配中的比重由 54% 下降到 49%。2000—2007 年，劳动报酬占全国 GDP 的比重由 51% 下降到 40%，降幅为 11 个百分点。1978—2012 年，中国职工工资总额占 GDP 的比重由 16.0% 下降到 13.7%（图 3—10），远低于 2007 年美国、英国、瑞士、德国、南非的平均水平（它们分别为 56%、55%、62%、49%、68%）。初次分配中劳动报酬占比过低，严重危害了社会公平。另外，部门、行业收入差距逐步拉大。2010—2012 年，城镇私营单位就业者年均工资水平较低，仅为城镇非私营单位的约 56%、59%、62%。[②] 消除不平等，促进社会公平

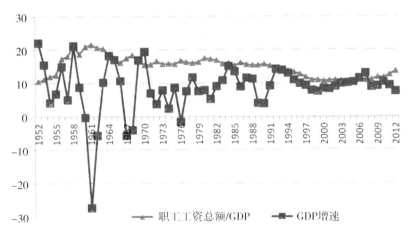

图 3—10　1952—2012 年中国 GDP 增速与职工工资总额占 GDP 比重变动关系（单位:%）

资料来源：1952—2008 年 GDP 来源于《新中国六十年统计资料汇编》，2009—2012 年 GDP 来源于《中国统计年鉴 2013》；1952—1984 年职工工资总额数据来源于《新中国五十五年统计资料》，1985—2008 年职工工资总额数据来源于《中国统计年鉴 2009》，2009—2012 年由于中国统计年鉴没有职工工资总额数据，故用《中国统计年鉴 2013》城镇单位就业人员工资总额代替。

①　杨永恒：《从 2013 IMD 全球竞争力排名看我国面临的发展挑战》，《中国青年报》2013 年 10 月 24 日第 7 版。

②　吴江：《中国人力资源发展报告 2013》，社会科学文献出版社 2013 年版，第 15 页。

是关系到中国 GDP 增长速度和经济社会协调发展的重要问题。较低的劳动者报酬不利于中国经济结构的改善。只有提高劳动者报酬在经济总量中的比重，才能提高消费水平，改善人民生活质量，改变中国经济增长过度依赖外资和外需的困境。

（三）资源环境承载力失衡

中国 GDP 的高速增长消耗了大量的能源和资源，产生对生态环境的破坏和对不可再生资源的过度消耗。2010 年，中国工业化水平综合指数已达到 66，表明中国已经进入工业化后期阶段①，这是中国工业化进程的重要里程碑，从而对资源供应量和环境承载力提出了更高的要求。

中国 GDP 的高速增长对资源和生产要素的过度依赖，导致资源和环境压力日益加大。资源的过度消耗带来的严重污染和排放问题（表 3—6），也日益成为关注的焦点，环境的承载能力已接近极限。中国正冒着破坏脆弱的生态环境的风险推动着 GDP 的高速增长。这一过程伴随着草原退化、沙漠化、植被破坏、土壤腐蚀、盐碱化、土地污染和世界历史上最大的生物多样性流失。人与自然之间的缺口将会继续扩大，虽然整体毁灭性的趋势已得到控制，但是这样的高速增长显然是不可持续的。②

中国能源消耗总量持续快速增长。2013 年，中国消耗了世界 22.4%的能源，是世界最大的能源消费国。但是，中国的资源总量比较贫乏，而且资源的利用效率较低。中国能源总规模约占全球的 20%左右。能源结构中，67.5%是煤炭，非化石能源等可再生能源占比为 9.6%。清洁能源也没有成为能源消费的主流。③ "十一五"时期，中国资源产出率为 320—350 美元/吨，是发达国家资源产出率的 1/10，且有下降的趋势。④ 2013 年，中国单位 GDP 能耗是世界平均水平的 2.6 倍，所创造的 GDP 仅占全球的 13.36%，人均 GNI 仅为美国的 25%左右（PPP 法）。⑤

---

① 张慧敏：《中国社科院：京沪率先进入后工业化时期》，《北京商报》2012 年 10 月 26 日第 1 版。
② 胡鞍钢：《中国 2020：一个新型超级大国》，浙江人民出版社 2012 年版，第 199 页。
③ 张萌：《世界能源格局新变化　世界能源展望 2013》，《第一财经日报》2013 年 12 月 2 日第 5 版。
④ 王尔德：《中国环境生态成本高达 GDP 的 3.8%》，《21 世纪经济报道》2012 年 2 月 3 日第 6 版。
⑤ BP：《世界能源统计年鉴 2014》。

表 3—6　　　　　　六大经济体二氧化碳排放量占世界比重　　　　　（单位：%）

经济体	1980	1990	2005	2015	2030
中国	8.08	11.29	19.16	25.34	27.32
欧盟	13.59	10.96	14.82	11.77	9.97
美国	25.32	22.67	21.75	19.76	16.44
日本	4.71	4.76	4.55	3.79	2.82
俄罗斯	—	9.26	5.74	5.28	4.71
印度	1.79	3.01	4.14	5.28	7.88
欧盟/中国差距	1.68	0.97	0.77	0.46	0.36
美国/中国差距	3.13	2.01	1.14	0.78	0.60

注：欧盟包括 25 个国家；俄罗斯的 9.26 为 1992 年数据。

资料来源：World Development Indicators 2006，World Bank；International Energy Agency，The world energy outlook 2007.

空气污染和水污染正在成为影响人民群众生活质量的重要负面因素。因此，环境群体性事件多发，影响社会安全。中国污染物排放总量大，环境污染严重。2013 年，中国排放了占世界 27.1% 的二氧化碳，比美国多 60%，是世界二氧化碳排放量第一大国。[1] 中国 70% 左右的城市空气质量不能达到新的环境空气质量标准，尤其是京津冀、长三角、珠三角地区空气污染更为严重。2013 年，全国平均雾霾天数为 29.9 天，创 52 年之最，雾霾波及 100 多个大中型城市。[2] 70% 左右的江河湖泊被污染，90% 流经城市的河段受到严重污染。60% 的地下水为差，16.8% 为极差。81% 的海洋生态系统受到水体污染、生态受损等环境问题困扰，处于亚健康和不健康状况。[3] 环境污染在影响居民身心健康的同时，也难以避免地导致了群体性事件的频发。近年来，在集体上访、信访总量下降的情况下，环境群体性事件却快速上升，凸显了中国环境问题的敏感性和尖锐性。据估算，由于环境恶化，带来的损耗占中国 GNP 的比例从 2003 年的 5.1% 增加到 2008 年的 10%。2009—2010 年，

---

[1]　BP：*The world's energy statistical yearbook reports*，World Bank，2014，p.6.

[2]　张彬、杨烨：《2013 各地频遭十面"霾"伏　粗放发展方式难辞其咎》，《经济参考报》2013 年 12 月 30 日第 2 版。

[3]　王治卿：《2012 中国国土资源公报》，《中国国土资源报》2013 年 4 月 20 日。

这一比例有所下降，但是 2011 年又上升到 8.4%，超过了低收入国家平均 7.8% 的水平。①

　　中国直接物质资源投入增速快、能耗高，但是资源、能源、环境成本太高，负外部效应很大，生态环境面临严峻的挑战。西部欠发达地区生态环境退化成本占 GDP 的比重很大，且与人均 GDP 呈负指数关系。荒漠化土地比例达到 27.3%，近 4 亿人口受到影响。水土流失面积达到 38%，每年因水土流失损失土壤 50 亿吨。土地利用率不断下降。2000—2012 年，中国城镇人均建设用地由 130 平方米上升为 142 平方米。城市用地单位产出率很低。上海城市用地单位产出率是香港的 1/14，是纽约的 1/29。② 生态系统多样性、物种多样性及遗传多样性都受到威胁。各类生物物种受威胁比例在 20%—40% 之间。2008 年，中国生物多样性效益指数（GEF）（0 = 无生物多样性潜力，100 = 最大）为 66，美国为 99，中国仅相当于美国的 66.7%。2014 年，中国植物物种（较高的）受到威胁的数量占世界的比重为 3.7%，是同期美国的近 2 倍。③ 森林资本是中国最稀缺的资本，森林产品是最短缺的生态产品，森林服务又是最紧俏的生态服务，但是中国人均森林资源拥有量只有世界平均水平的 20%。④ "高消耗、高污染、高风险"的 GDP 高速增长模式，已经超过了中国资源环境承载能力的极限。中国 GDP 高速增长是以不断透支自然资源和危害生态环境为代价的。

　　（四）劳动生产率仍然较低

　　1978 年以来，与发达国家相比，中国劳动生产率仍然较低。1980—2012 年，中国就业人员人均 GDP 不断提高，但是低于美国、日本、德国、英国等发达国家，也低于世界平均水平。2012 年，美国、日本、德国、英国、世界就业人员人均 GDP 分别是中国的 4.48 倍、2.94 倍、2.84 倍、3.24 倍、1.24 倍（图 3—11）。

---

　　① 李培林等：《2014 年中国社会形势分析与预测》，社会科学文献出版社 2013 年版，第 9 页。

　　② 王保安：《中国经济"现行版"已难以为继》，《求是》2014 年第 1 期。

　　③ 世界银行数据库。

　　④ 中国科学院生态与环境领域战略研究组：《中国至 2050 年生态与环境科技发展路线图》，科学出版社 2009 年版，第 67—69 页。

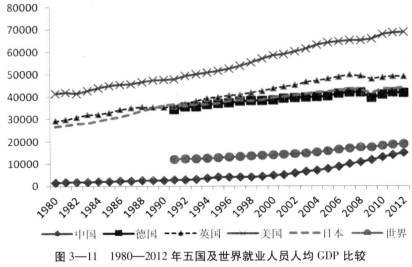

图 3—11 1980—2012 年五国及世界就业人员人均 GDP 比较

（单位：1990 年不变价购买力平价美元）

资料来源：世界银行数据库。

    1980—2012 年，中国内地就业人员人均 GDP 也远低于"亚洲四小龙"中的香港特区、新加坡、韩国以及日本。2012 年，中国内地就业人员人均 GDP 分别为中国香港特区、新加坡、韩国以及日本的 23%、31%、34% 和 34%（图 3—12）。

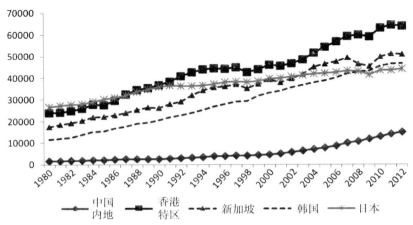

图 3--12 1980—2012 年亚洲四国及香港特区就业人员人均 GDP 比较

（单位：1990 年不变价购买力平价美元）

资料来源：世界银行数据库。

改革开放 30 多年来，中国劳动生产率不断提高，特别是"入世"以来，每个就业者创造的 GDP 成倍提高，2012 年中国的 GDP/就业人员是 2000 年的 3.3 倍。但与发达国家相比，差距较大。2012 年，中国每个就业者创造的 GDP 为 15250 美元，低于高收入国家和世界平均水平；是发达国家日本的 34%、美国的 22%；是金砖国家俄罗斯的 78%；是阿根廷的 53%（表 3—7）。

表 3—7　　　　　　　　每个就业者创造 GDP 的国际比较

（单位：1990 年不变价购买力平价美元）

国 家 ＼ 年 份	2000	2005	2007	2008	2009	2010	2011	2012
世界	13942	15725	16970	17300	17339	17997	18556	18948
高收入国家	45579	48885	49977	49842	49184	50545	46349	46678
中等收入国家	7151	9181	10580	11091	11369	12041	12684	13231
中低收入国家	6659	8489	9754	10207	10506	11106	11574	12056
低收入国家	2228	2556	2813	2896	2693	2765	3357	3458
中国	4660	7710	9768	10638	11540	12593	14203	15250
日本	40003	43571	45143	44772	43132	44804	44628	44851
美国	58622	63800	64825	65114	65848	68126	68039	68374
阿根廷	24612	24767	27746	28581	27478	28678	28412	28551
巴西	12100	12059	12732	12947	12891	13419	13592	13557
俄罗斯	11991	15597	17978	18795	17694	18259	19012	19656
印度	5063	6283	7169	7528	7959	8401	8875	9200

资料来源：《国际统计年鉴 2014》。

1980—2012 年，中国 GDP 增长速度远远高于上述国家，但劳动生产率却低于它们。这说明中国劳动生产率与 GDP 高速增长不成正比，因此，中国应提高劳动生产率，而不能片面追求 GDP 的高速增长。

（五）经济效率仍然较低

中国 30 余年 GDP 高速增长，付出了沉重的代价：产能过剩、效益低下等。福利水平和生活质量没有实现与 GDP 增长率同步提高，居民享受到的 GDP 高速增长成果大打折扣，这是由于中国经济增长过程中的投入产出效率较低的缘故。

从投入角度来说，中国 GDP 高速增长的成本位居全球前列。如果把造成生态环境等外部不经济的成本也视为"投入"，GDP 高速增长付出的成本更高。长期以来，中国 GDP 高速增长主要依赖 GDP 50% 的高投资 + GDP 10% 的净出口。中国社会科学院 2012 年的研究表明，20 世纪八九十年代，中国生态退化和环境污染的经济成本为 GDP 的 8%。2005 年以后，这一数字有所降低，但 2011 年仍然高达 4% 左右。若扣除生态退化与环境污染带来的经济损失，中国真实 GDP 增速仅有 5% 左右。[①]

从产出角度来说，中国典型的投资拉动型 GDP 高速增长形成数量巨大的产品积压库存，造成生产能力长期闲置，资源浪费。这种投资增长推动的 GDP 增长率包含很大的"水分"，使投资很难形成有效供应。很多投资变成"胡子工程"、"豆腐渣工程"。有些投资生产的产品不能适销对路。流通库存和过剩生产能力造成的 GDP 增长，同样构成 GDP 增长的"水分"。近年来，中国部分传统产业和新兴产业的产能严重过剩。2012 年，太阳能光伏电池组件产能仅占全球的 60%，风电设备产能闲置超过 40%。综合产能闲置率达到 50%—55%。中国产能利用率平均水平为 70%—80%，低于国际正常水平 85%—90% 的标准[②]，已接近危险水平。产能过剩降低了经济增长的效率，阻碍 GDP 的持续健康发展。

经济学意义上的 GDP 增长效率，一般以最小的投入获得既定的产出，或以既定的投入得到最大的产出。因此，将投入和产出结合起来分析，就构成了判断 GDP 增长效率和质量的重要指标。近年来，在追求 GDP 增长速度的激励机制下，各级地方政府普遍高度重视高投资，很少或根本不顾及产出的数量和 GDP 增长的质量，忽视投入产出的效率和效益。它造成的直接结果就是 GDP 高速增长和经济效益的提高缓慢，甚至下降。这可以通过 1979—2012 年中国全社会增量资本产出比来说明。1979—1995 年，中国增量资本产出比平均为 2.3；1996—2012 年，上升为 3.5，后一阶段比前一阶段增长了 52.2%。中国经济高速增长时期的增量资本产出比偏高，高于 20 世纪 50 年代至 70 年代日本经济高

① 李扬主编：《经济蓝皮书·2014 年中国经济形势分析与预测》，社会科学文献出版社 2013 年版，第 5 页。

② 李俊峰：《中国风电发展报告 2012》，中国环境科学出版社 2012 年版，第 58 页。

速增长时期的增量资本产出比平均 2.0 的水平。[①] 显然，中国 30 多年 GDP 的高速增长的经济效率较低，经济增长质量不高。因此，降低 GDP 增长的速度，压缩 GDP 增长的水分，才是真正提高 GDP 增长质量的有效办法。

从世界经济史来看，发达国家和发展中国家经济差距的根本原因既是经济增长速度的差距，也是经济增长的效率和经济增长质量的差距。因此，发展问题、赶超问题以及超越"中等收入陷阱"问题，实质上是缩小发达国家和发展中国家之间经济增长的效率差距的问题。当前，中国由过去一味追求过高的 GDP 增长速度转变为有益于提高质量和效益的 GDP 增长速度，体现了科学发展观的根本要求，也为中国成功跨越"中等收入陷阱"提供坚实的物质基础。

（六）城镇化水平和质量不高

改革开放 30 多年，中国创造了人类历史上规模最大、速度最快的城镇化进程。1978 年中国城镇化率不足 20%；2012 年，城镇化率超过了 50%，城镇常住人口超过农村常住人口。尤其是 2001—2012 年，城镇化率从 37.6% 迅速升至 52.57%，12 年提高了近 15 个百分点。它表明具有 5000 多年农业文明史的农业大国，进入了一个以城市社会为主的崭新阶段，这深刻影响着人们的生产、生活与消费方式，人们的职业结构、价值观念等将有新的变化。[②] 但是，过去的城镇化是速度数量型的城镇化，"重量不重质"，与发达国家相比仍然有很大的差距。

1. 中国城镇化水平和质量的国际比较

与高收入、低收入、中低等收入、中等收入、中高等收入、拉丁美洲和东亚及太平洋地区的城市化比例和速度相比较，中国城镇化水平相对落后，城镇化质量也不高。2012 年，中国城镇化率为 51.8%。这虽然高于中等收入组别 49.5% 的水平，但还是低于中高等收入组的 60.7% 的水平。这种状况基本与东亚及太平洋地区的状况一致，这也反映出东亚模式都较偏重工业化，而城市化发展较弱的情况。从城市百万人口集聚程度看，2012 年，中国是 22.0%，基本与中等收入组持平。

---

① 中国科学院生态与环境领域战略研究组：《中国至 2050 年生态与环境科技发展路线图》，科学出版社 2009 年版，第 67—69 页。

② 王大树、邓旭峰：《提高城镇化的质量》，《中国国情国力》2012 年第 12 期。

但以最大城市人口集中度来看，中国非常低，只有 3.1%，远低于任何可比组别。这是由于中国较严格的户籍管制的原因，并且背离了城市的规模性发展和集聚规律。在城市卫生条件方面，2012 年，中国城市居民得到改进的卫生设施所占百分比为 74.1%，仅比低收入组别高28.1%，比中低等收入组别高 8.1%。总体说来，1990—2012 年，中国GDP 平均增长率达 10.0%，高于任何组别水平，但并没有带来城镇化质量的大幅提高。当前中国城镇化水平仍然偏低且不平衡（表 3—8）。

表 3—8 　　　　　　1990—2012 年中国 GDP 增速、城镇化
比例和速度的国际比较 　　　　　　（单位：%）

栏目	GDP	城镇人口		人口超过 100 万的城镇群中的人口/总人口		最大城镇中的人口/城市人口		得到改进的卫生设施城镇人口比重	
	平均增长率	人口比例	平均增长率						
	1990—2012 年	1990 年	2012 年	1990—2012 年	1990 年	2012 年	1990 年	2012 年	1990 年	2012 年
中国	10.0	26.4	51.8	3.93	9.6	22.0	2.6	3.1	47.8	74.1
高收入	2.1	74.2	80.2	0.91	—	—	18.2	18.2	96.6	97.0
低收入	4.1	21.3	28.3	4.15	9.1	11.6	34.4	32.3	33.6	46.0
中低等收入	4.7	31.1	38.8	2.75	12.1	15.4	16.0	15.6	61.3	66.0
中等收入	5.0	36.3	49.5	2.81	14.3	20.4	15.5	14.0	66.4	75.5
中高等收入	5.1	41.0	60.7	2.86	16.2	25.5	15.2	12.9	69.9	82.0
拉丁美洲	3.1	69.9	79.0	1.97	—	—	24.8	23.0	80.1	86.8
东亚及太平洋地区	3.8	33.7	53.6	3.12	32.3	35.6	16.3	12.0	65.6	79.6

注：由于世界银行中的得到改善卫生设施的城镇人口比重从 1990 年统计，所以有关城镇化数据只能从 1990 年开始进行比较。

资料来源：世界银行数据库。

2. 中国城镇化水平和质量的历史比较

从国际经验看，随着 GDP 的高速增长，一国工业化和城镇化的发展表现出明显的阶段性：第一阶段是工业化带动城镇化，城镇化速度大幅提高，农民不断转换为市民；第二阶段是城镇化带动工业化，工业化增长稳定或下降，经济服务化推动非农就业的比重上升，从而带动城镇化率提

高。而城镇化则决定一个国家经济结构的现代化，它更表现为人口资源配置和人的发展，为 GDP 增长速度的持续协调稳定发展奠定了坚实基础。

中国城镇化第一个阶段也是工业化带动城镇化。这一阶段是中国城镇化建设的加速过程，它是在工业化积累财富产生城镇化巨大需求下开始的，拉动了城市房地产建设、市政设施建设等公用事业的迅速发展，也促进了城市税收的大幅增长。20 世纪 90 年代以来，中国城镇市政建设和公共交通等公用事业与改革开放前相比，有了很大的改善，城镇人口密度增长 8.3 倍。城镇化水平和城镇化质量有了很大提高（表3—9）。1997 年，中国启动了消费信贷，进一步推动了城镇化浪潮。因此，这是一个"建设周期"。目前，中国城镇化仍然处于这一阶段。

表3—9 　　　　　　　　中国城镇公用事业的发展情况

项 目 ＼ 年 份	1990	1995	2000	2010	2012
城镇建设					
城区面积（平方公里）	1165970	1171698	878015	178692	183039
建成区面积（平方公里）	12856	19264	22439	40058	45566
城镇建设用地面积（平方公里）	11608	22064	22114	39758	45751
城镇人口密度（人/平方公里）	279	322	442	2209	2307
城镇供水、燃气及集中供热全年供水总量（亿立方米）	382.3	481.6	469.0	507.9	523.0
人均生活用水（吨）	67.9	71.3	95.5	62.6	62.7
用水普及率（％）	48.0	58.7	63.9	96.7	97.2
人工煤气供气量（亿立方米）	174.7	126.7	152.4	279.9	77.0
天然气供气量（亿立方米）	64.2	67.3	82.1	487.6	795.0
液化石油气供气量（万吨）	219.0	488.7	1053.7	1268.0	1114.8
燃气普及率（％）	19.1	34.3	45.4	92.0	93.2
集中供热面积（亿平方米）	2.1	6.5	11.1	43.6	51.8
城市市政设施					
每万人拥有道路长度（公里）	3.1	3.8	4.1	7.5	7.7
人均拥有道路面积（平方米）	3.1	4.4	6.1	13.2	14.4
城市排水管道长度（万公里）	5.8	11.0	14.2	37.0	43.9

续表

项 目 / 年 份	1990	1995	2000	2010	2012
城市公共交通					
年末公共交通车辆运营数（万辆）	6.2	13.7	22.6	38.3	43.2
每万人拥有公交车辆（标台）	2.2	3.6	5.3	11.2	12.1
城市绿地面积（万公顷）	47.5	67.8	86.5	213.4	236.8

资料来源：《中国统计年鉴 2013》。

"十二五"期间，中国城镇化年均增速为 0.8%，低于过去 10 年每年 1.5% 的速度。预计到 2020 年可实现城镇人口占 60% 的目标（表 3—10）。中国城镇化进入了工业化后期的城市化水平。[①]

表 3—10　　　　　　　中国城镇人口和预测

年份	城市人口比例（%）		城市人口（百万）		年均速度（%）	
	2005	2020	2005	2020	2000—2005	2005—2020
中国	42.5	60.3	554.4	872.6	4.1	2.7
东亚	46.5	62	980.9	1463	3.3	2.6
世界	49.1	59.9	3170.1	4912.5	2.3	2

资料来源：世界银行：《东亚复兴》，中信出版社 2008 年版。

根据《中国工业化进程报告 2012》的推算，2017 年中国完成工业化，进入后工业社会。[②] 到这个时候，中国将进入城镇化带动工业化的第二阶段。首先进入后工业社会的是中国东部地区的一些主要经济区域，城镇化布局将主要集中在珠江三角洲、长江三角洲和环渤海地区。这些区域的城镇化率都将达到 75%（表 3—11）。GDP 增长从工业化拉动转向服务业拉动，城镇化服务业将成为经济发展的持久动力。这个阶段是空间、资源和人口的再配置优化过程，也是支撑中国 GDP 持续健康增长的巨大红利空间。

---

① 黄志刚、刘霞辉：《中国经济可持续增长机制研究》，经济管理出版社 2013 年版，第 70 页。

② 陈佳贵：《中国工业化进程报告 2012》，社会科学文献出版社 2012 年版，第 242 页。

表3—11 中国主要经济区的工业化阶段

项目		全国	四大经济板块	七大经济区	城市化率
后工业化	四省三市	京、沪、津、鄂、浙、苏、鲁	东部	长三角	75%
				珠三角	
工业化后期	后半阶段二省	辽、闽		环渤海	60%—75%
	前半阶段八省	晋、吉、蒙、冀、黑、宁、渝、陕	东北	东北	
工业化中期	后半阶段十一省	青、湘、豫、新、皖、赣、川、甘、云、桂、琼	中部	中部六省	50%—60%
			西部	大西北	
				大西南	
	前半阶段				
工业化初期	后半阶段	黔			30%—50%
	前半阶段				
前工业化		藏			30%以下

资料来源：陈佳贵：《中国工业化进程报告》，社会科学文献出版社2007年版，第98页；黄志刚等：《中国经济可持续增长机制研究》，经济管理出版社2013年版，第70页。

　　然而，目前，中国城镇化走的是传统城镇化的道路。它的目标是经济发展，主线是工业化，主导力量是地方政府，主要内容是住宅用地和工业用地，物质资本消耗巨大但城镇的基础设施建设等公共服务严重不足，因此，这是一种成本很高但质量不高的城镇化。这种城镇化带来一系列次生问题，主要表现为：大量转移的农业人口享受不到城市公共服务，土地的城镇化快于人口的城镇化，市民化进程滞后，城镇规模和结构不合理，"城中村"、"城市病"问题非常突出，环境污染，交通拥堵，市民生活质量与幸福感不高。

　　3.提高城镇化水平和质量是一项双重任务

　　城镇化成功与否，不能仅以城镇数量和城镇人口的增长判断。相比城镇数量的增长，更加应该注重城镇化的质量。目前，中国城镇化率已经与世界平均水平大体相当。应加快农民工市民化，使流动的农民工沉淀下来，优化人口分布，从而促进城镇化的健康、可持续发展，提升城镇化的质量。

　　名义城镇化和实际城镇化的差距很大是中国城镇化水平和质量不高的

主要原因。2012 年，中国城镇户籍人口占全国人口的比例为 35%，这意味着有 17.37%生活在城镇里的居民并没有城镇户籍，不能正常享有市民待遇。① 因此，这种城镇化实际上是虚拟城镇化和泡沫城镇化，而不是实际城镇化。邹军认为城镇化不能简单"一化了之"，提高城镇化水平和质量是中国新型城镇化所面临的双重任务。②

二　协调 GDP 增长速度与经济增长质量

改革开放以来，强调 GDP 增长速度，忽视经济增长质量，造成了经济增长的高速低质。实现 GDP 增长速度与经济增长质量的协调发展，一方面要做到保持经济增长稳定性，努力避免经济大起大落；另一方面也要做到经济社会与自然和谐发展，降低经济发展的生态环境代价，提高人民的生活水平和生活质量，使人民充分享受经济增长的成果。

（一）以科学发展观为指导思想

中国 30 多年的经济高速增长奇迹，使中国在短期内就由低收入国家进入中低收入国家的行列，这在当今发达国家却用了上百年的时间。但是，在中国经济高速增长过程中，单纯追求 GDP 增长速度，忽视了社会发展和人的发展，忽视了经济社会与自然的和谐统一，不仅导致城乡差距、收入差距拉大，经济增长与社会发展严重脱节等问题出现，而且导致环境的严重破坏和资源的供给不足等制约经济发展的问题出现。因此，以科学发展观为指导思想，一方面追求经济增长与社会发展之间的相互促进、相互协调，通过有序的社会发展为经济持续增长提供保证，实现经济与社会的协调发展；另一方面追求经济增长与自然之间的相互补充、相互适应，以最小的投入获取最大的产出，提高经济效率和经济效益，通过有序的自然发展来提高经济增长质量。

（二）以和谐社会建设为统领

改革开放 30 多年来，在实现中国 GDP 增长奇迹的过程中，社会各阶层的利益关系也发生了许多重大的变化。社会各阶层的利益实现程度和实现手段不同，由此产生的错综复杂的社会矛盾和冲突体现在社会生活的各个方面和各个角落。它影响到广大人民享受经济增长成果的积极性和经济

---

① 王大树、邓旭峰：《提高城镇化的质量》，《中国国情国力》2012 年第 12 期。
② 邹军：《努力实现高质量的城镇化》，《中国改革论坛》2012 年第 4 期。

增长质量，并阻碍中国 GDP 增长奇迹的持续性。因此，要实现中国 GDP 增长和经济增长质量的协调发展，必须以和谐社会建设为统领。通过改革和完善利益分配机制、利益协调机制和利益补偿机制，建设和谐社会，促进社会各阶层的利益冲突向利益和谐转化，实现经济增长与社会发展的和谐统一，真正提高经济增长质量。

（三）以人的全面发展为终极目标

改革开放以来，通过引入市场机制，在"允许一部分人先富起来"的倾斜政策导引下，中国实现了 GDP 的快速增长。但"先富"的倾斜政策使社会阶层的贫富差距拉大，妨碍了社会稳定和人的全面发展。GDP 增长速度只是经济发展的手段，而不是经济发展的目的。其终极目标是要使人民分享经济增长的成果，实现人的全面发展。使人民分享经济增长的成果，提高人民的收入水平和生活质量，缩小收入差距，人民才对经济增长具有积极性。这是保持 GDP 增长及 GDP 增长速度的关键。因此，要以人的全面发展为终极目标，提高人民的收入水平和生活质量，广大人民才会真正积极参与到经济社会的全面建设中来，人民也才会在这种积极参与中实现人的全面发展。

（四）以自主创新为发展手段

20 世纪 80 年代以来，作为自主创新技术代表的高新技术，特别是信息技术在全球范围内尤其是在发达国家实现了飞速发展和广泛应用，并主导了发达国家 20 多年的经济增长。高新技术是一种绿色技术，代表了当今世界的技术进步潮流和大趋势，它的物质消费少但附加值很高，对提高发达国家的经济增长质量发挥了最主要的推动作用。作为追赶世界经济和技术的中国，从 20 世纪 90 年代以来，高新技术，尤其是信息技术结合工业化和信息化，在中国得到广泛推广和应用，对中国 GDP 高速增长和提高经济增长质量已经发挥了重要的推动作用，而且将在今后中国经济增长与进一步提高经济增长质量中发挥更加重要的推动作用。只有这样，中国 GDP 增长与经济增长质量提高才能真正从要素投入推动型发展转变到自主创新推动型发展的路径。

一是要通过建立鼓励科技创新的激励制度，鼓励关键技术领域和前沿核心技术领域的创新，形成一大批具有自主知识产权的关键创新技术，追赶世界科技的新趋势。在经济新常态背景下，把科技产业化放在经济发展和科技发展的突出地位，支持企业成为科研开发投入和技术创新的主体，努力促进科技创新成果的产业化。二是要通过发挥风险投资的作用，形成促进科技创新、创业的资本运作机制和人才汇集机制。技术创新既是企业竞争力的源泉，也是提高经济增长质量的关键。鼓励一批科研机构进入企业或与企业实现多种形式的结合，使大批科研机构整体转变成科技型企业。促进教育、科研、生产在功能与资源优势上的协同发展，使技术创新和产业创新实现对接，形成技术创新和产业创新有效连接的机制，以技术创新和产业创新为主体，形成以自主创新为主体的经济发展路径。通过微观的自主创新增加企业利润与提高企业核心竞争力，通过中观层次的产业自主创新促进经济结构优化调整，通过宏观层次的自主创新转变经济增长方式，从而在三个层次上促进经济增长，并提高整体的经济增长质量。

（五）以转变经济增长方式为发展路径

对于发展中国家来说，工业化是经济增长的主体和实现现代化的主题。传统工业化主要是以物质资源的大量消耗为代价的。它的成本高，对资源和物质投入的耗费多，并且会对环境造成严重的破坏。新型工业化主要依靠信息技术等高新技术，在投入不变的情况下，走绿色、集约化的发展新路径。因此，转变中国高速低质的经济增长局面，必须协调工业化和信息化的关系，转变经济增长方式，实现工业化和经济增长路径的转型。

首先，以信息化带动工业化，促进工业结构的优化升级。积极发展高新技术产业，优先发展信息产业，广泛应用信息技术，促进高新技术产业和信息产业的发展。以高新技术产业与信息产业为主导产业，促进工业经济结构的高级化与现代化。加快推进经济和社会的信息化。同时，在经济转型时期，以劳动密集型产业为主体，促进信息技术等高新技术产业与劳动密集型产业的产业融合与产业配套，加快对传统产业的改造步伐。积极运用信息技术等高新技术和先进适用技术对传统产业进行改造和升级，形成高端装备制造业，提高中国制造业的国际市场竞争力。

其次，以信息技术为引导，加快发展现代服务业，提高第三产业在国民经济中的比重，形成第三产业和现代服务业与国民经济的协调发展，促进经济增长路径的转型。

再次，加速推进新型工业化进程。中国的新型工业化面临既要继续推进农村工业化，加快农村剩余劳动力的转移，又要积极推进再工业化，推进传统工业的改造、老工业基地的振兴、资源型工业的转型的双重任务。只有这两个任务都完成了，中国才能最终实现工业化，才能真正提高经济增长质量。

本章的研究揭示，1949—1956 年，中国经济增长质量较好；1957—1978 年，经济增长质量较差。改革开放以来，中国经济增长质量在 GDP 高速增长的基础上有了显著提高。但是，中国 30 多年片面追求速度数量型的 GDP 增长，经济效率、经济效益仍然较低，经济结构也有待进一步优化升级。同时，经济社会发展失衡，尤其是收入分配不公平导致收入差距不断扩大成为经济持续增长的绊脚石，由此导致 GDP 高速增长与经济增长质量较差如影随形的局面。面对经济全球化、市场化和快速发展的信息化的挑战，中国需要从速度数量型经济增长转变到质量型经济增长的新阶段。在适度经济增长中更要关注提高经济效率和经济效益，协调经济结构，转变经济增长方式。

中国由数量、速度型经济增长向质量、效益型经济增长转变。作为一个发展中国家，对于中国来讲一定的发展速度、一定的经济总量是必要的，这是实现发展的首要任务，如果没有经济发展的速度和数量，就难以在世界上有话语权。但是要真正把经济增长持续下去，不仅需要适度的增长速度，更要强调经济增长的效率和质量。过去强调 GDP 增长速度，忽视社会发展，形成了经济增长与社会增长的不协调，如收入分配差距、城乡差距、公共服务供给不足等。经济社会的协调发展，是一个社会文明进步的标志，它要求在经济增长的同时，必须考虑社会的同步增长。经济增长和社会增长是同步的，经济增长是社会增长的基础，社会增长又制约着经济增长。[1] 只有二者协调增长，才能使人民共同分享经济增长的成果。

改革开放之后，中国资源环境问题的严重性和 GDP 高速增长是密不可分的。速度型、粗放式的经济增长造成资源的极大浪费和过度开发，使资源面临紧张和短缺，造成环境的持续退化，使环境面临巨大压力，降低了经济增长质量。

提高经济增长质量，需要在保持 GDP 高速增长的过程中，实现人力资本、自然资本和物质资本均衡发展，实现经济社会的协调发展，实现人与自然的和谐发展和人的全面发展。

经济增长质量包含着经济结构的调整和优化。本书将 GDP 增长速度与经济结构另列一章（第四章），专门分析两者之间的机理机制。

---

[1] 金碚：《科学发展观与经济增长方式转变》，《中国工业经济》2006 年第 5 期。

第四章

中国 GDP 高速增长与经济结构

　　经济结构调整是和 GDP 增长速度相协调的过程。伴随中国 GDP 高速增长的奇迹，中国经济结构出现了剧烈的变动，其突出特征是产业结构的调整优化、需求结构的不断演进、收入分配结构的显著改善，但同时经济结构出现了明显的失衡、不协调、不可持续等问题，因此，如何推进产业结构的升级、需求结构的协调、收入分配结构的平衡就成为进一步提升经济增长质量和保持中国经济高效、可持续发展的一个极其重要的任务。本章从三个部分展开：其一是分析 GDP 高速增长与产业结构的关系；其二是研究 GDP 高速增长与需求结构的关系；其三是探讨 GDP 高速增长与收入分配结构的关系。

第一节　GDP 高速增长与产业结构的关系

　　追求工业化是每一个发展中国家的目标。英、法、德、美、日等发达国家的经济史表明，它们就是从早期工业革命的粗放型的经济发展方式向当今后工业时代集约型经济发展方式转变的，经济增长动力经历了从要素积累到集约管理再到知识创新的变化，主导产业结构经历了从农业到工业再到服务业的演进，政府的作用也经历了从直接数量型干预到市场化价格调节再到扩大与人口质量相关的公共支出的转变。这是一个经历了长达几百年的长时间的演进过程。在这一过程中，不断调整和升级的产业结构能够实现资源的优化配置，进而促进国民经济实现持续增长，经济增长质量不断提高，人民生活和社会福利不断改善，经济社会实现和谐发展。

一　产业结构的变化和调整

（一）1952—1956 年，产业结构趋向协调

1949 年，在中国国民经济结构中，农业占工农业净产值比重很大，为 84.5%；工业十分落后，只占 15.5%，是一个典型的农业国家。为了赶超发达的工业化国家，1952 年，中国开始实施优先发展重工业的产业结构战略，并建立由国家集中支配资源的计划经济体制，通过扭曲生产要素价格的一系列宏观政策来保证实现这一工业化发展战略和计划体制的运行。1952—1956 年，工业总产值增长了 104.96%。到 1957 年，在工业内部，轻重工业产值之比为 100∶102，这也符合当时中国的社会生产力水平。经过土地改革和农业合作化运动，农业也获得了较快发展，农产品生产基本满足了工业化的需要。1957 年，农业、轻工业、重工业在工农业总产值中的比重分别为 62.3%、18.6% 和 19.1%。与 1949 年相比，农业占比下降了 22.2 个百分点。随着工业化的推进，中国开始从落后的农业国转向工业国，产业结构的调整也迎来了难得的历史机遇。

（二）1957—1978 年，产业结构趋向严重不协调

从 1958 年起，工业、农业领域中分别实行"以钢为纲"和"以粮为纲"的产业结构政策，重点发展重工业和基础工业，导致畸重畸轻的产业结构，三次产业极度不协调：农业基本停滞，服务业严重萎缩，第二产业过度发展。1978 年一次、二次、三次产业的比例为 28.2∶47.9∶23.9。这样的产业结构对于一个农业国来说，是极不正常的。1957—1978 年，工业内部重工业在工业总产值中的占比由 45% 提高到 56.9%，轻工业由 55% 下降到 43.1%，轻重工业比例失调。重工业内部，片面追求钢铁、机械制造业，而能源、原材料工业极度紧缺，导致能源、原材料的"瓶颈"。农业内部"以粮为纲"，片面关注种植业，而林牧副渔业受到忽视。种植业内部粮食种植业挂帅，棉花、油料等经济作物受限，造成农业结构畸形发展，农民生活长期极度贫困。1957—1978 年极度不合理的产业结构经济发展绩效极差。

（三）1979—2012 年，产业结构趋向比较协调

与中国 GDP 高速增长相伴随的，第一、第二、第三产业之间和内部都发生了巨大变化，产业结构比较协调。从长期变动趋势看，第一、第二、第三产业之间的比例关系正逐步优化升级，并趋向比较协调（图 4—

1）。其中，第一产业产值占 GDP 的比重呈现持续下降的趋势；第二产业产值的比重稳定在 40%—50% 之间，平均为 45.6%，内部结构升级，1978—2012 年，高技术制造业增加值平均增长速度 13.4%，成为国民经济先导性、支柱性产业；同期，第三产业占 GDP 的比重不断上升，由1978 年的 23.9% 大幅上升至 2012 年的 44.6%。

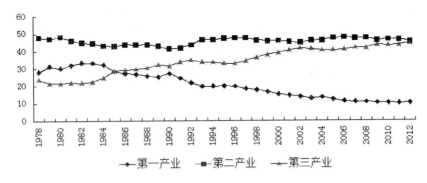

图 4—1　1978—2012 年中国三次产业的变动趋势（单位:%）

资料来源:《中国统计年鉴 2013》。

1. 产业结构变动的分析

（1）产出结构的变动。1978—2012 年，中国三次产业结构的变动具有四个方面的基本特征。

第一，第一产业产值占 GDP 的比重降幅非常明显。由 1978 年的28.2% 下降至 2012 年的 10.1%，下降了 18.1 个百分点。值得注意的是，1978—1984 年，农业和农村改革解放了中国的农业生产力，资源配置也向第一产业倾斜，推动了第一产业的发展，第一产业占国民生产总值的比重迅速上升。1984 年，第一产业增加值的年均增长率达到 14.5%（当年价格），超过第二产业 10% 和第三产业 12% 的速度。但是，这种结构变动是补偿性和暂时性的。从 1985 年开始，第一产业的比重逐步下降。1990年以后呈现出明显下降趋势。

第二，第二产业产值占 GDP 的比重略有下降，但变化幅度很小。从1978 年的 47.9% 下降至 2012 年的 45.3%，降幅为 2.6 个百分点。从整体上看，第二产业始终占据着国民经济的主导地位。其中，1993—2001 年是中国重化工业主导的时期。这一时期国家大力加强了能源、交通和通信等基础设施的投资建设，第二产业的比重迅速上升，并改变了 20 世纪 80 年代以来重工业增长低于轻工业增长的局面。随着能源、交通、通信基础设施建设的进展，带动了钢铁、电力、机械电子、石油化工、汽车、有色和建筑材料等产品的需求。钢铁、电力、汽车、造船、化工、机械设备、建材等工业成为经济增长的主要动力。因此，中国 GDP 高速增长具有明显的以重化工业为主导的特征。从 1992 年起，中国开放 14 个沿海城市，到 2001 年中国加入 WTO，中国在承接国际产业分工的转移中，农村劳动力大量转移，中国劳动力资源丰富的比较优势开始显现，经济国际化水平不断提高，工业化获得了快速发展。在外贸方面，中国外贸依存度不断提高，经济结构也从内需发展转向了外向型经济，"九五"期间，净出口带动了中国经济 18.87 个百分点的增长。20 世纪 90 年代中期以前，中国的贸易逆差地位转变为顺差，外汇储备也持续增加。

第三，第三产业产值占 GDP 的比重持续大幅上升。由 1978 年的 23.9%大幅上升至 2012 年的 44.6%，上升 20 多个百分点，幅度较大。其中，1978—1984 年，第三产业占 GDP 的比重没有太大变化，仅仅上升了 1 个百分点。在这之后，迅速上升。1985 年，第三产业超过第二产业。2012 年，第三产业产值占 GDP 比重比第二产业产值占 GDP 比重 45.3%低不到 1 个百分点。这是由于中国第一产业大量过剩的劳动力资源通过多种途径被转移到第三产业，不仅劳动力资源配置得到合理优化，也有力推动了中国第三产业的发展和 GDP 的高速增长。

第四，整体来看，三次产业对 GDP 增长的贡献率，最大的是第二产业，1990—2012 年，第二产业对 GDP 增长的平均贡献率为 55.9%，远超过第一产业和第三产业；其次是第三产业，GDP 增长中 30%以上来自第三产业；最低的是农业，只有不足 10%的份额。从长期趋势来看，20 世纪 90 年代以来，第三产业对 GDP 增长的贡献率显著上升，第二产业有下降趋势。第一产业对 GDP 增长的贡献率持续下降，中国 GDP 增长更主要是依赖第二、第三产业的增长（图 4—2）。

（2）就业结构的变动。1978—2012 年，中国就业结构变动也具有两个方面的特点。

第一，三次产业的就业人数比重和产业结构的变动趋势总体上是吻合的（表 4—1）。改革开放以来，第一产业就业人数总体呈现不断下降趋势，且幅度很大。1978—2012 年，由 70.5%下降到 33.6%，下降将近一

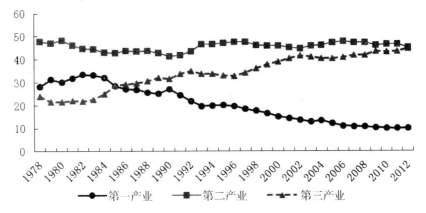

图 4—2　1978—2012 年中国三次产业占 GDP 比重的变动关系（单位:%）
资料来源:《中国统计年鉴 2013》。

半;与此同时,第二、第三产业的就业人数不断上升,分别从 17.3% 和
12.2% 提高至 30.3% 和 36.1%。1978—2012 年,中国劳动力结构出现了
两个转折点:第一个转折点是从 1992 年开始的,农业就业人数从持续增
加转向不断减少。1992—2012 年,农业就业人员减少了 2545 万人,而第
二、第三产业部门增加了 39096 万人,这说明中国农业部门的劳动力供给
不再是无限的;第二个转折点是从 2002 年开始的,第一产业就业人数的
比重由 50% 以上降低至 50% 以下,2012 年为 33.6%,中国已经实现了以
非农就业为主的就业结构。

表 4—1　　　　　　　　三次产业占 GDP 的比重和就业比重　　　　（单位：%）

年份	劳动力投入结构			GDP 结构		
	第一产业	第二产业	第三产业	第一产业	第二产业	第三产业
1978	70.5	17.3	12.2	28.2	47.9	23.9
1980	68.7	18.2	13.1	30.2	48.2	21.6
1985	62.4	20.8	16.8	28.4	42.9	28.7
1992	58.5	21.7	19.8	21.8	43.5	34.8
1995	52.2	23	24.8	20	47.2	32.9
2002	50	21.4	28.6	13.7	44.8	41.5
2012	33.6	30.3	36.1	10.1	45.3	44.6

资料来源:《中国统计年鉴 2013》。

第二，就业结构与产出结构变动趋势也是一致的，但它们的构成比重仍然有较大的差异。第一产业的就业比重与其对 GDP 的贡献不成比例，即使由于农业的劳动生产率较低，这种反差也是较大的；第二产业对 GDP 贡献率远远超过第三产业，但是就业比重低于第三产业。1990—2012 年，第二产业就业人员共增加 9385 万人，第三产业增加的就业数是第二产业增加的就业数的 1.67 倍。这与上述第一点从 1978—2012 年得出的结论一致，即中国就业结构变化幅度比产业结构大很多。用结构变化值指标分析，1978—2012 年，就业结构变化值为 73.8，远高于产出结构变化值的 41.4；1990—2012 年，这两者的变化值分别为 53 和 34.1。分析结果表明，1978 年以来，中国劳动力就业结构变化较快，说明中国产业结构优化升级，朝着合理化方向迈进步伐加快（图 4—3）。

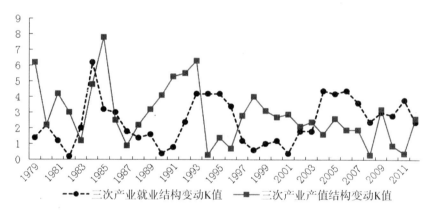

图 4—3　1979—2012 年三次产业产值结构和就业结构变动的 K 值

资料来源：根据《中国统计年鉴 2013》相关数据计算得出。

（3）三次产业内部结构的变动。主要体现在：第一，1978—2012 年，第一产业内部总体呈种植业产值比重下降、林业相对稳定、牧业和渔业稳中有升的趋势。农业内部林业、牧业、渔业以每年 6.3%、5.8% 和 8.0% 的速度增长。牧业和渔业发展迅速，随着 GDP 高速增长，人民生活水平不断提高，对肉类、鱼类产品需求不断增加，促进了牧业、渔业的发展。同时，1978 年以后，中国农产品中的肉类、禽蛋类和水产品出口增长，使牧业和渔业迅速发展。以种植业为主的传统农业转向农林牧渔业多元化发展的现代农业。2012 年，中国牧业和渔业的产值分别是 1978 年的 130

倍和 395 倍，在农林牧渔业总产值中，牧业比重由 15% 上升到 30.4%，渔业则由 1.6% 上升为 9.7%。值得注意的是，第一产业内部的结构变动集中体现在 20 世纪 90 年代之前。在 20 世纪 90 年代之前，农、牧、渔业的变化幅度较大，但是 1990 年之后，变化趋势转向缓和。2000 年之后，种植业比重进一步下降，牧业比重显著上升。1995 年之后，渔业产值基本没有变化（图 4—4）。

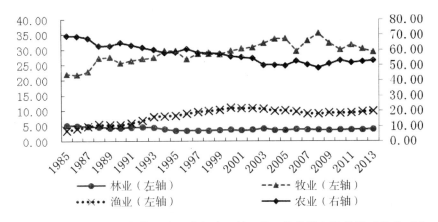

图 4—4　1985—2013 年第一产业内部农、林、牧、渔业的占比关系（单位:%）

资料来源：2008 年（含 2008 年）之前数据来自《新中国六十年统计资料汇编》，之后数据来自《中国统计年鉴 2013》。

第二，第二产业的增长在国民经济的发展中起主要作用。1978—2012 年，第二产业增加值由 1745.2 亿元增至 235162 亿元，年均增长率高达 15.8%，高于 GDP 增速，占 GDP 的比重稳定在 40%—50% 之间。其中，工业增长较快，工业增加值由 1607 亿元增加至 199670.7 亿元，年均增速 15.6%，工业对 GDP 贡献率、拉动率远远高于第一、第三产业而均居首位。

第二产业内部结构变动的特点分为两个方面：首先，按照轻重工业比例关系的变化，可将 1978—2012 年中国工业结构演变过程大致分为四个阶段。

第一阶段：1978—1984 年，主要是从矫正重工业优先发展战略的角度，由畸重畸轻的工业结构逐步转向轻、重工业结构均衡发展。这一阶段实施了轻工业"六优先"的发展政策，尤其是优先发展轻纺工业。轻工业产值在工业产值的占比从 43.1% 提高至 47.4%，增长了 4.3%（图 4—

5)。轻纺工业和耐用消费品工业快速增长，改善了此前轻重工业发展不协调的局面，工业内部结构逐渐趋向合理。同时，扶持重工业中的机械工业，增强了工业对农业和消费品工业的服务职能。

第二阶段：1985—1992 年，轻、重工业基本平衡。改革开放初期实施的轻工业优先发展的政策，使轻工业产值占比持续上升，1990 年达49.4%，与重工业的比重几乎相当（图4—5）。

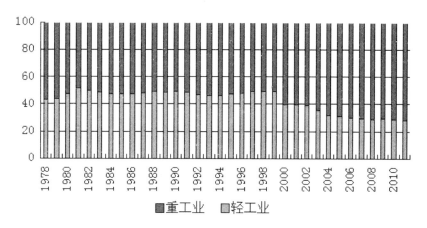

图4—5　1978—2011 年中国轻重工业比例关系（单位：%）

资料来源：杨宽宽：《中国工业经济统计年鉴》，中国统计出版社 2012 年版。

第三阶段：1993—2001 年，随着人均 GNI 的提高，家用电器等耐用消费品的需求大幅增加，这又进一步推动了机电工业和基础工业的迅速发展，重工业在工业产值中的比重有所提高。

第四阶段：2002—2012 年，2002 年以来，城镇化、工业化成为中国GDP 增长的双引擎。城镇化快速发展，2012 年中国城镇人口已经超过农村人口，城镇化率从 2002 年的 39.1%提高至 2012 年的 52.57%，年均增长 3.1 个百分点。中国从工业化进程转入城镇化进程，从以产品生产配置为中心的经济结构全面转向以人为配置中心的现代经济结构，中国从典型的农业社会（1978 年农村人口占 82.1%）开始真正进入以城镇为主的现代社会。

其次，从工业结构的行业构成变化来看，1978 年以来，从一般加工工业制造业逐步转向新兴能源工业以及技术密集型产业，技术、装备的引进、创新促进了工业结构的优化升级。工业结构由劳动密集型逐步转向资本、技术密集型，工业发展从数量扩张为主转向素质提高为主。工业结构正在转向以网络化、信息化的方向发展。

第三，1978 年以来，第三产业呈现出快速发展态势。1979—2012 年，中国第三产业年均增速高达 18.1%，比 9.8% 的 GDP 年均增速高将近 1 倍，也高于第一（12.3%）、第二产业（15.8%）的年均增速；第三产业就业人员从 4890 万人增加到 27690 万人，就业比率也从 12.6% 增加到 36.1%（图 4—6）。

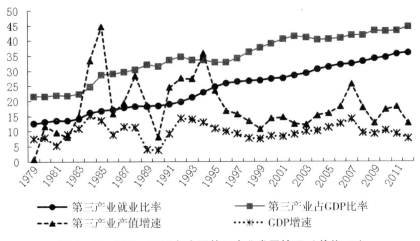

图 4—6　1979—2012 年中国第三产业发展情况（单位：%）

资料来源：根据《中国统计年鉴 2013》相关数据计算得出。

第三产业从改革开放初期的商业、饮食、居民服务等传统服务业逐步向生活服务、生产服务、服务贸易需求等新兴服务业发展。[①] 首先，人均收入水平的提高和城镇化的深入推进，大大增加了生活性服务的需求。1978—2012 年，城镇居民人均可支配收入由 343.4 元大幅上升至 24564.7 元，增加了 70.5 倍；农村居民人均纯收入由 133.6 元升至 7916.6 元，增加了 58.3 倍，人均收入水平的提高，引致生活服务的需求量扩张。21 世纪以来，中国城镇化发展更加迅速，2000—2012 年，中国城镇化以年均增速 1.4% 的速度发展，城镇人口平均每年增长 2106.3 万人。城镇人口比

---

① 张卓元：《十八大后十年的中国经济走向》，广东经济出版社 2013 年版，第 185 页。

重和城镇人口数分别从 2000 年的 36.22% 和 45906 万人大幅上升至 2012 年的 52.57% 和 71182 万人，乡村人口从 2000 年的 80837 万人下降至 64222 万人，减少了 16615 万人。

其次，随着市场化的发展，企业素质不断提高，也增加了企业对生产服务的需求。改革开放以来，中国经济迅猛增长。以往中国的主要竞争优势源于劳动力、土地、原材料等传统生产要素。随着经济的进一步发展，资源开发强度不断加大，这些传统竞争优势逐渐消失。这种压力使企业不得不谋求转型升级，主动加大市场服务的投入，才能获得发展。以中国规模以上工业企业为例，2004—2012 年，有 R&D 活动的企业数从 17075 个上升至 37467 个，R&D 经费支出与主营业务收入之比从 0.56% 上升至 0.71%。随着工业企业素质的大幅度提高，大大增加了对生产服务中的研发、设计、咨询、审计等高端生产服务的需求量。

最后，在国际分工中，中国逐渐从制造环节向服务环节扩展，增加了对服务贸易的需求，服务输出能力不断增强，对中国生产性服务业的发展产生拉动作用。改革开放以来，中国服务贸易出口额从 1982 年的 25 亿美元增长到 2012 年的 1905 亿美元，年均增速达 16%，其占世界的比重也相应由 0.7% 上升到 4.4%。进入 21 世纪以来，中国服务贸易飞速增长，服务贸易国际需求空间巨大，出口增长更是十分迅速。2001—2012 年，年均增速高达 17.8%。但是，中国服务贸易长期处于逆差状态，中国对运输、旅游、保险、专有权利使用费和特许费等服务进口需求量很大（表 4—2）。

表 4—2　　　　　2000—2012 年中国服务进出口差额　　　（单位：亿美元）

年份	2000	2005	2006	2007	2008	2009	2010	2011	2012
总计	-57.1	-92.5	-89.1	-76.0	-115.4	-295.0	-219.5	-549.1	-897
运输服务	-67.3	-130.2	-133.5	-119.5	-119.1	-230.1	-290.5	-448.7	-469.5
旅游	31.2	75.4	96.3	74.5	46.9	-40.3	-90.7	-241.2	-519.5
通信服务	11.0	-1.2	-0.3	0.9	0.6	-0.1	0.8	5.4	1.4
建筑服务	-3.9	9.7	7.0	24.7	59.7	36.0	94.2	110.0	86.3
保险服务	-23.6	-66.5	-82.8	-97.6	-113.6	-97.0	-140.3	-167.2	-172.7
金融服务	-0.2	-0.1	-7.5	-3.3	-2.5	-2.9	-0.6	1.0	-0.4

续表

年份	2000	2005	2006	2007	2008	2009	2010	2011	2012
计算机和信息服务	0.9	2.2	12.2	21.4	30.9	32.8	62.9	83.4	106.1
专有权利使用费和特许费	-12.0	-51.6	-64.3	-78.5	-97.5	-106.4	-122.1	-139.6	-167.1
咨询	-2.8	-8.6	-5.6	7.2	46.1	52.1	76.8	98.1	134.3
广告、宣传	0.2	3.6	4.9	5.8	2.6	3.6	8.4	12.4	19.8
电影、音像	-0.3	-0.2	0.2	1.6	1.6	-1.8	-2.5	-2.8	-4.3
其他商业服务	9.7	75.0	84.3	86.8	28.9	59.2	184.1	140.1	88.6

资料来源：根据 2000—2013 年《中国统计年鉴》有关数据计算得出。

1979—2012 年中国产业结构趋向比较协调、合理，这是在 1952—1956 年的"比较协调"、1957—1978 年"严重不协调"的基础上发展演变的。

（4）三次产业劳动生产率增速高于 GDP 增速。1979—2012 年，三次产业劳动生产率年均增速均高于 GDP 增长率（图 4—7），但波动较大。其

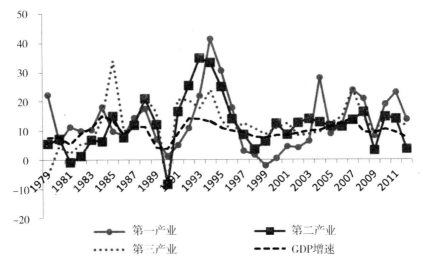

图 4—7　1979—2012 年中国三次产业劳动生产率增速与 GDP 增速变动关系（单位:%）
资料来源：根据《中国统计年鉴 2013》相关数据计算得出。

中，第三产业劳动生产率年均增速为 12.26%，整体呈上升趋势。这种变化趋势说明整个产业发展朝着优化产业结构、提高整个社会经济效率的方向发展。

2. 产业结构变动的国际比较

1978—2012 年，中国产业结构在发展中不断进行调整，但与发达国家的产业结构变化相比，仍存在很多不足之处，亟待优化升级。这些不足主要表现在以下几方面。

（1）第二产业比重偏高。按照产业结构理论，在经济发展到一定阶段后，第二产业增速应减弱，它在经济中的主导地位应逐步让位于第三产业。1978 年，中国第二产业产值占 GDP 的比重为 47.9%。20世纪 90 年代初，第二产业产值的 GDP 占比不断下降，但随后开始回升，"十五"期间持续上升，2008 年高达 47.4%。与转型国家的产业结构相比，中国第二产业比重明显偏高。2012 年，中国第二产业比重接近 50%，高于世界平均水平 20 个百分点，比印度（26.2%）、俄罗斯（36.7%）、巴西（26.0%）高很多。① 与俄罗斯相比，中国第二产业占比不断上升的趋势有较不合理因素。1990—2012 年，俄罗斯第二产业占 GDP 比重由 48.4% 下降至 36.7%，降幅 11.7 个百分点；同期，中国则由 41.3% 上升至 45.3%。与印度相比，1991 年中国与印度发展水平相当；2012 年，中国人均 GDP 为 6091 美元，而印度仅仅为 1503 美元。中国 GDP 增长速度 7.7% 远远高于印度的 4.7%。中国 GDP 的高速增长主要来自工业的高度发展，工业产值占中国 GDP比重由 37.1% 迅速升至 45.3%；同期，印度工业占 GDP 比重为26.7%，服务业的比重由 1990 年的 44.5% 升至 2012 年的 56.3%，中国的这一比重仅为 44.6%。这也在一定程度上表明中国产业结构的发展并不均衡。与巴西相比，1980 年，巴西人均 GDP 为 2000 美元，二、三次产业的比例 43.8∶45.2。与印度相比，2012 年二、三产业比例为 26.2∶56.3。2012 年，中国二、三次产业的比例关系为 45.3∶44.6，与 20 世纪 80 年代巴西的产业结构较为接近，这更说明中国第二产业比重偏高（表 4—3）。

---

① World Development Indicators Databases，World Bank.

表4—3 　　　　若干国家三次产业结构变动趋势 　　　　（单位：%）

年份	产业分类	印尼	印度	韩国	马来西亚	菲律宾	墨西哥	巴西	俄罗斯	中国
1978	一	28.1	35.5	21.0	25.9	28.2	10.9	11.6		28.2
	二	35.7	24.3	32.4	37.8	36.9	32.7	40.1		47.9
	三	36.2	40.3	46.7	36.3	34.9	56.3	48.3		23.9
1990	一	19.4	29.0	8.2	15.2	21.9	7.8	8.1	16.6	27.1
	二	39.1	26.5	38.2	42.2	34.5	28.4	38.7	48.4	41.3
	三	41.5	44.5	53.6	42.6	43.6	63.7	53.2	35.0	31.5
1995	一	17.1	26.3	5.8	12.9	21.6	4.4	5.8	7.2	20.0
	二	41.8	27.4	38.4	41.4	32.1	32.5	27.5	37.0	47.2
	三	41.1	46.3	55.8	45.6	46.3	63.2	66.7	55.9	32.9
2000	一	15.6	23.0	4.4	8.6	14.0	3.5	5.6	6.4	15.1
	二	45.9	26.0	38.1	48.3	34.5	34.9	27.7	37.9	45.9
	三	38.5	51.0	57.5	43.1	51.6	61.6	66.7	55.6	39.0
2005	一	13.1	18.8	3.1	8.3	12.7	3.4	5.7	5.0	12.1
	二	46.5	28.1	37.5	46.4	33.8	35.2	29.3	38.1	47.4
	三	40.3	53.1	59.4	45.4	53.5	61.5	65.0	57.0	40.5
2006	一	13.0	18.3	3.0	8.6	12.4	3.4	5.5	4.5	11.1
	二	46.9	28.8	36.9	46.5	33.5	36.4	28.8	37.2	47.9
	三	40.1	52.9	60.2	44.9	54.1	60.3	65.8	58.2	40.9
2007	一	13.7	18.3	2.7	10.0	12.5	3.3	5.6	4.4	10.8
	二	46.8	29.0	37.0	44.6	33.1	36.1	27.8	36.4	47.3
	三	39.5	52.7	60.3	45.4	54.5	60.6	66.6	59.1	41.9
2008	一	14.5	17.8	2.5	10.0	13.2	3.3	5.9	4.4	10.7
	二	48.1	28.3	36.3	45.1	32.9	36.6	27.9	36.1	47.4
	三	37.5	53.9	61.2	44.9	53.9	60.2	66.2	59.5	41.8
2009	一	15.3	17.7	2.6	9.2	13.1	3.5	5.6	4.7	10.3
	二	47.7	27.8	36.7	41.0	31.7	34.3	26.8	33.6	46.2
	三	37.1	54.5	60.7	49.8	55.2	62.2	67.5	61.7	43.4
2010	一	15.3	18.2	2.5	10.4	12.3	3.5	5.3	3.9	10.1
	二	47.0	27.2	38.3	41.2	32.6	35.1	28.1	34.7	46.7
	三	37.7	54.6	59.3	48.5	55.1	61.5	66.6	61.4	43.2

续表

年份	产业分类	印尼	印度	韩国	马来西亚	菲律宾	墨西哥	巴西	俄罗斯	中国
2011	一	14.7	17.9	2.5	11.8	12.7	3.4	5.5	4.4	10.0
	二	47.1	27.2	38.4	40.4	31.3	36.3	27.5	37.3	46.6
	三	38.2	54.9	59.1	47.8	55.9	60.3	67.0	58.2	43.4
2012	一	14.5	17.5	2.5	10.0	11.8	3.5	5.3	3.9	10.1
	二	46.8	26.2	38.1	40.8	31.1	36.4	26.0	36.7	45.3
	三	38.7	56.3	59.5	49.2	56.9	60.1	68.7	59.2	44.6

资料来源：WDI 数据库。

与发达国家相比，中国的工业比重也是偏高的。2012 年，中国工业比重比英国（20.7%）、德国（30.5%）、日本（25.6%）也要高很多（表4—4）[1]，这也说明，当前中国经济增长的重要动力仍然是工业化。30多年来，中国 GDP 高速增长高度依赖低端的加工贸易和加工制造，高度依赖要素投入。这就使中国工业始终保持高位，主导着中国的经济增长。

（2）第三产业比重仍然偏低。从服务业对 GDP 的贡献率看，改革开放以来虽有很大提高，但与发达国家相比仍有较大差距。从纵向比较看，1979—2012 年，中国服务业的年均增速为 10.8%，低于工业的 11.3%。从横向比较看，英、美、德、日等发达国家的服务业与 GDP 的占比分别从 1990 年的 66.7%、70.1%、61.2%、57.8%上升到 2011 年的 77.9%、78.6%、68.5%、72.7%，即达到 75%左右。同期，中国服务业与 GDP 的占比从 31.5%上升至 43.4%，上升幅度并不小，但与英、美、德、日等国家相比差距仍然较大（表4—4）。2012 年，中国服务业占 GDP 的比重比世界平均水平低近 25 个百分点，比低收入国家和中低收入国家低 5 个百分点以上。2013 年，中国服务业对 GDP 的贡献率才首次超过工业的贡献率。

进入 21 世纪以后，中国第三产业占 GDP 的比重持续上升，但是与世界其他国家相比还是偏低。这主要是由于中国鼓励工业品出口的导向，同时在现行财税体制支配下，地方政府追求 GDP 政绩观，通常将资金投资于 GDP 快速提高的工业和建筑业。此外，扭曲的能源产品价格导致工业

---

[1] World Development Indicators Databases, World Bank.

快速增长，服务业发展相对缓慢。

表4—4　　　　　　　中国与几个发达国家的产业结构比较　　　　（单位：%）

年份 国别	1990	1995	2000	2005	2006	2007	2008	2009	2010	2011	2012	2013
农业增加值/GDP												
英国	1.5	1.6	0.9	0.6	0.6	0.6	0.7	0.6	0.7	0.7	0.7	0.6
美国	2.1	1.6	1.2	1.2	1.0	1.1	1.2	1.1	1.2	1.2		
德国	1.5	1.1	1.1	0.8	0.8	0.9	1.0	0.8	0.8	0.8	0.8	0.8
日本	2.6	1.7	1.6	1.2	1.2	1.1	1.1	1.2	1.2	1.2	1.2	1.2
中国	27.1	20.0	15.1	12.1	11.1	10.8	10.7	10.3	10.1	10.0	10.1	10.0
工业增加值/GDP												
英国	31.8	30.3	26.8	23.6	23.6	23.0	22.6	21.3	21.5	21.5	20.7	20.3
美国	27.9	26.3	23.4	22.2	22.2	22.0	21.1	19.6	19.8	20.2	—	—
德国	37.3	32.3	30.5	29.3	30.1	30.5	30.1	27.8	30.2	30.7	30.5	30.2
日本	37.5	32.7	31.0	28.1	28.1	28.1	27.4	25.9	27.5	26.2	25.6	—
中国	41.3	47.2	45.9	47.4	47.9	47.3	47.4	46.2	46.7	46.6	45.3	43.9
服务业增加值/GDP												
英国	66.7	68.2	72.3	75.8	75.8	76.4	76.7	78.2	77.8	77.9	78.7	79.0
美国	70.1	72.1	75.4	76.6	76.7	76.9	77.6	79.3	79.0	78.6	—	—
德国	61.2	66.6	68.4	69.9	69.0	68.6	68.9	71.4	69.0	68.5	68.7	69.0
日本	59.8	65.6	67.4	70.7	70.8	70.7	71.4	72.9	71.4	72.7	73.1	—
中国	31.5	32.9	39.0	40.5	40.9	41.9	41.8	43.4	43.2	43.4	44.6	46.1

资料来源：World Development Indicators Databases，World Bank.

总之，从国际比较看，2012 年中国人均 GDP 为 6091 美元，正在进入世界中高等收入组，经济结构和就业基本符合一般发展的均衡标准。从产业结构看，中国的工业化水平和就业水平都超过了中高等收入国家，服务业产值和就业水平还远低于中高等收入国家（表4—5）。中国正经历从中等收入国家迈向中高等收入国家的过程，需要继续转移农村剩余劳动力，大力发展服务业等第三产业，提高服务业产值和就业水平。这是关系到中国的经济结构现代化与 GDP 增长速度的核心问题。

表 4—5　　　　　　　2012 年生产和就业结构的国际比较

	人均 GDP（美元）	农业（%）		工业（%）		服务业（%）	
		产值比率	就业率	产值比率	就业率	产值比率	就业率
中国	6091	10.1	34.8	45.3	30.3	44.6	36.1
低收入	597	27.4	—	23.5	—	49	—
中等收入	4545	9.9	37.6	36.1	—	54.1	—
中低等收入	1930	16.8	43.1	30.8	—	52.4	—
中高等收入	7285	7.8	29.5	37.8	—	54.5	—
高收入	38288	1.4	3.5	24.5	—	74.0	—

资料来源：World Development Indicators Databases，World Bank.

二　产业结构存在的问题

总体上看，改革开放以来，中国三次产业结构是在不断调整优化的。但根据发达国家产业结构的变化趋势，中国产业结构仍然需要进一步改善。在片面追求 GDP 增长速度的情况下，农业成了经济发展的短板，"三农"问题日益暴露并趋于严重化。工业的迅速发展并没有真正去"反哺农业"；服务业的发展依然滞后，并形成对第一、第二产业较强的制约作用。因此，目前中国三次产业结构以及三次产业内部的结构存在的问题还有很多。

（一）农业结构有待优化

改革以来，农业内部结构经过不断调整，虽然发生了很大的改变，但就农产品来说，优质率较低，有效供给不足，无论是总量，还是品种和品质结构都不能满足工业化需求。调整农业结构亟须解决的突出问题主要是：

（1）在土地、矿产和水等资源约束的情况下，农产品供给总量小于需求，无法满足工业化的需求，这个矛盾十分突出。同时，农业的产业化、规模化、现代化技术进步严重滞后，品种不优、质量不高，在国际市场上竞争力不强，难以满足后工业化时代消费者优质化和多样化的需求。

（2）中国农产品深加工度不足，农产品加工业与农业产值的比值仅仅有 0.43：1，发达国家的这一比例为 2：1。2008 年，中国农业增加值比例、农业劳动力比例和农业劳动生产率三项指标计算的农业经济水平，与美国相差约 108 年，与英国相差约 150 年。中国农业劳动生产率比工业劳动生产率低大约 9/10，农业现代化水平比国家现代化水平也大约低 10%。[①]

（二）工业创新能力较低

1. 科、教、研投入较低

科学技术应用和人口素质提高是影响技术进步贡献的最重要因素，是推动技术进步、提高生产效率的根本动力。然而，中国对科技人才、教育及研发的投入较低。图 4—8 显示，2011 年中国研发支出占 GDP 的比重为 1.84%，不仅落后于发达国家韩国（4.04%）、美国（2.76%）、德国（2.89%）等，也落后于世界 2.13% 的平均水平。2012 年中国科学研究人员人均科研经费 5.05 万美元，全球排名第 7 位，是名列榜首的以高科技电子产品和科研实力著称的韩国（9.79 万美元）的一半。[②] 2012 年，中国公共教育支出和人均公共教育支出均列全球第 54 位，公共教育支出占 GDP 比重为 3.49%。每千人 R&D 人员和科学研究水平分别排在全球第 39 位和第 37 位；产学知识转移能力和企业创新能力排在全球第 44 位和第 50 位。[③]

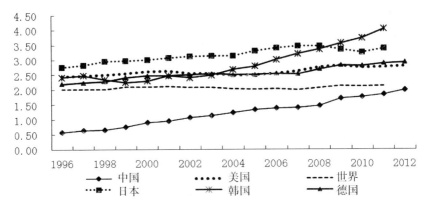

图 4—8　1996—2012 年中、美、日、德、韩和世界平均研发支出占 GDP 比重（单位:%）
资料来源：世界银行数据库。

---

① 何传启：《中国现代化研究报告 2012：农业现代化》，北京大学出版社 2012 年版，第 98 页。

② PH Bang：《2012 年全球国家科学研究人员人均科研经费排名》，《泰晤士报高等教育特辑》2013 年 9 月 11 日。

③ 杨永恒：《从 2013 IMD 全球竞争力排名看我国面临的发展挑战》，《中国青年报》2013 年 10 月 24 日第 7 版。

2. 缺乏自主创新和高端创新人才

2012 年，中国全社会研发强度是 2008 年美国和日本的 71.1% 和 57.5%，制造业研发强度分别为美国和日本的 25.4% 和 24.8%。高新技术产品出口中的劳动力要素以非熟练工人为主，制造业出口中包含的熟练工人仅仅是非熟练工人的 1/40。[①] 2007—2011 年，中国 R&D 人员总量年均增速为 13.5%，全球为 3.7%，中国是全球 R&D 人员总量增速最高的国家。中国 R&D 人员总量占世界的比重为 25.3%，超过美国（17%）的比例。中国的科技人力资源居全球首位，但是，人均产出效率远落后于发达国家，高端创新型人才非常稀缺。2012 年，中国劳动人口平均 GDP（GDP/总就业人口）居世界第 57 位。[②] 世界经济论坛公布的《2014—2015 年度全球竞争力报告》显示，中国技术就绪度[③]排在第 83 位，高等教育的质量仅排在第 65 位[④]，技术就绪度和高等教育是中国创新软件的主要短板。

根据国际普遍认可的标准，创新型国家的科技创新占 GDP 的比重一般超过 70%。研发投入占 GDP 的 2% 以上，技术对外依存度低于 20%。2012 年中国研发投入/GDP 的比重为 1.97%，科技创新对经济增长的贡献率仅仅为 40%，科技成果转化率低于 25%，真正实现产业化的不足 5%，技术对外依存度高于 50%。[⑤] 中国创新者带来的生产率提高是美国的 1/2。[⑥] 多数行业处于国际分工低端，企业研发投入占销售收入不足 1%，低于发达国家 2.5%—4% 的水平。[⑦] 中国的科技成果的产业化存在着布点少、规模小、管理弱、盲目重复建设、浪费严重和效率低等现象（表 4—6）。

---

① 付保宗：《突出企业技术 创新主体地位》，《经济日报》2014 年 1 月 2 日第 14 版。

② 詹正茂：《创新蓝皮书：创新型国家建设报告（2013—2014）》，社会科学文献出版社 2014 年版，第 58 页。

③ 技术就绪度也称为技术备便水平，是一种衡量技术发展（包括材料、零件、设备等）成熟度的指标。

④ 周艾琳：《全球竞争力报告：中国排名第 28 位 美国第 3 位》，《第一财经日报》2014 年 9 月 10 日第 A8 版。

⑤ 陈至立：《在"2011 年诺贝尔奖得主北京论坛"开幕式上的讲话》（http://www.cet.com.cn/wzsy/cj/335182-2.shtml）。

⑥ 刘凡：《中国未来经济增长需由自主创新推动》，《科技日报》2014 年 9 月 18 日第 2 版。

⑦ 王保安：《中国经济"现行版"已难以为继》，《求是》2014 年第 1 期。

表4—6　　　　　　　**中国与发达国家在创新活动指标上的差距**　　　（单位：%）

项目	科技创新贡献率	RD/GDP	科技成果转化率	技术对外依存度
创新型国家	70	2	80	<20
2012 年中国	40	1.97	—	50—70
2020 年中国	> 60	2.5	15—25	<30

资料来源：根据《中国中长期科学和技术发展纲要（2006—2020）》和相关资料整理。

3. 缺少世界知名品牌

中国很多种工业产品产量排名第一（表4—7），但由于技术创新能力低，缺少世界知名品牌。

表4—7　　　　　　　　　　**中国工业主要产品产量居世界位次**

项目 ＼ 年份	1978	1980	1990	2000	2005	2009	2010	2011	2012	2013
粗钢	5	5	4	2	1	1	1	1	1	1
煤	3	3	1	1	1	1	1	1	1	1
原油	8	6	5	5	5	4	4	4	4	4
发电量	7	6	4	2	2	2	1	1	1	1
水泥	4	4	1	1	1	1	1	1	1	1
化肥	3	3	3	1	1	1	1			
棉布	1	1	1	2	2	1	1	1	1	1

资料来源：《国际统计年鉴 2014》。

（三）服务业发展滞后

改革开放以来，第三产业发展总体呈现出提高的态势，但总量偏小和质量较低。2012 年第三产业占 GDP 比重仅为 44.6%，远远低于绝大部分发达国家 70%—80% 的比重，也低于大部分发展中国家 50% 的水平。第三产业内部结构也不尽合理，发达国家服务业主要集中在信息、咨询、金融等现代新兴产业，而中国传统服务业中的商业餐饮、交通运输占比较大，高达40% 以上，新兴服务业如金融保险、信息咨询、科技研发占比明显偏低，发育不完善。此外，中国服务业产品创新不足，高端优质服务产品较少，营销技术、管理水平缺乏国际高精尖的服务，难以适应国际竞争需要。

三　GDP 高速增长与产业结构的矛盾

改革开放以来，由于片面追求 GDP 高速增长，中国三次产业结构之间的矛盾突出，已成为制约中国经济持续健康发展的严重障碍。

（一）GDP 高速增长与工业快速发展的矛盾

改革开放以来，在 GDP 挂帅的导向下，中国大力发展第二产业（图4—9），已经建立起具有较强竞争力和门类较为齐全的工业体系。2010年，中国成为世界制造业第一大国。然而，在工业规模快速增长的同时，第三产业的发展仍然严重滞后，造成中国产业结构的失衡，从而积累了很多的结构性矛盾。产业结构失衡主要体现在很多行业中普遍存在的产能过剩与产能不足并存。社会资本向一些行业大量集中，造成部分行业产能严重过剩的问题。例如，2012 年，中国钢铁、水泥等传统产业的产能利用率为 70%—80%，而光伏、风电等战略性新兴产业也同样存在着产能严重过剩的问题。受出口等因素影响，多晶硅生产企业的开工不足一半。这些行业的产能过剩造成资源的大量浪费，不仅加重了环境压力，同时也造成企业之间的恶性竞争，对企业技术创新的动力和能力以及产业组织整体效率的提高形成抑制作用。因此，部分企业的产能过剩已经成为经济运行的突出矛盾和诸多问题的根源。与此同时，在体制机制不顺和技术水平落后等因素的影响下，很多行业又存在产能的严重不足，甚至在很多产能严重过剩产业的高端环节，也同样依赖于大量进口。例如，芯片产业关系到整个国家的经济安全和国家安全，但中国 90% 的芯片是依赖进口的，它的年

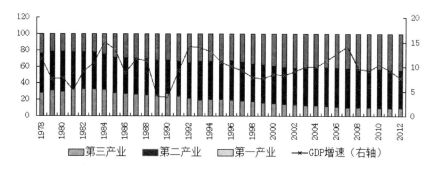

图 4—9　1978—2012 年中国三次产业占比与 GDP 增速变动关系（单位:%）

资料来源:《中国统计年鉴 2013》。

进口额超过了石油；机械工业是决定一个国家工业竞争力的基础性行业，但中国在发动机、液压、传动和控制技术等关键零部件上的核心技术比较落后，也严重依赖于进口；70%—80%的高端医疗器械依赖价格昂贵的进口货；尽管中国已经成为光伏组件的第一生产大国，产能严重过剩，但多晶硅等硬件产品仍然需要大量进口。

（二）GDP 高速增长与三次产业劳动生产率差距扩大的矛盾

1978 年以来，中国整体经济效率是不断提高的。图 4—10 显示，1978—2012 年，中国全社会劳动生产率持续上升，由 908 元/人提高至67655 元/人，增加了 73.5 倍。20 世纪 90 年代以前，三次产业之间的劳动生产率差别不大，它们与全国劳动生产率之间的差距也不显著；但在20 世纪 90 年代以后，第二、第三产业的劳动生产率提高很快，农业劳动生产率也有小幅上升，但与第二、第三产业的劳动生产率的差距越来越大。第二产业的劳动生产率最高，其次是第三产业，最低的是第一产业，第一产业的劳动生产率不仅远低于第二产业，也低于全社会劳动生产率。这是由于中国正处于后工业化时代，"GDP 速度崇拜"追求工业化的高速发展，促使工业劳动生产率显著高于农业和服务业。同时，农业劳动生产率相对较低，造成城乡收入差距持续不断扩大。1990 年，第一、第二、第三产业的劳动生产率的比值为 1∶4.28∶3.78；2012 年，这一比值变为1∶4.98∶4.11，产业间劳动生产率差距呈现不断扩大的趋势。

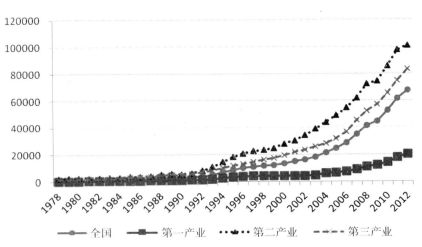

图 4—10　1978—2012 年中国三次产业劳动生产率变动趋势（单位：元/人）

资料来源：根据《中国统计年鉴 2013》相关资料计算得出。

（三）GDP 高速增长与产业的能源效益低的矛盾

1984—2012 年，中国能源消费的弹性系数总体较高。这说明中国能源产值率较低，能源利用率较低。在"七五"至"九五"的三个五年计划里，能源消费年均增速分别为 5.18%、5.86% 和 2.1%，能源弹性系数小于1；"十五"以后，能源消费速度提高很快，超过了同期的 GDP 增速，平均能源消费增速和弹性系数分别为 7.95% 和 0.775（高于国际平均0.45 的合理水平）；2003—2007 年，中国能源消费平均增速 12%，超过GDP 的年均增速，这段时期能源消费弹性系数平均为 1.08（图4—11）。

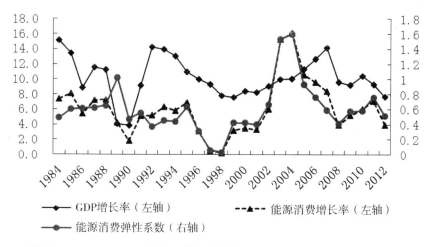

图 4—11 1984—2012 年中国能源消费与 GDP 增速变动趋势（单位:%）

注：左轴表示 GDP 增长率与能源消费增长率，右轴表示能源消费弹性系数。

资料来源：1984—1989 年数据来自《中国统计年鉴 1996》，1990—2012 年数据来自《中国统计年鉴 2013》。

能耗增速超过 GDP 增速，说明经济运行是不正常的。1980—2003年，韩国人均消耗能源由 1.2 吨标准煤，升至 4.5 吨，年均增速 7.5%。但1999—2012 年，其能耗增速一直没有高于 GDP 增速，GDP 单位能耗一直稳定在 5.3 美元左右的水平。中国从改革开放初期到 2012 年，能源消费弹性系数一直维持在 0.6 的高位。2002 年之前，中国 GDP 单位能耗显著降低，其中 1997 年、1998 年能源消费增速为 0.5%、0.2%，表现出总耗能减少、产出增加的良好局面。但 2002 年以来，中国 GDP 增速高达10.3%，钢铁、水泥、平板玻璃等高耗能产业迅速扩张，重工业产值占

GDP增加值比重越来越大。

　　能源消费弹性系数长期维持高位，说明中国GDP的高速增长是以高能耗为基础的。煤炭和原油消费是中国能源消费的主要来源（图4—12）。1978—2012年，中国能源消耗中的煤炭年均消费70%以上；交通运输行业居原油消耗首位；电力主要用在生活、冶炼业和化工业；天然气主要用于化工；水电、核电、风电等清洁能源消耗较少。2012年，中国全社会能源消耗总量为361732万吨标准煤，其中工业能耗252463万吨，占70%；在工业中，五大类高能耗产业占工业能耗的70%左右。这显示出高耗能产业比重偏高与能源效益偏低的矛盾，并与循环经济减量化原则相悖。[①] 中国GDP高速增长与产业能源效益低的矛盾非常突出。

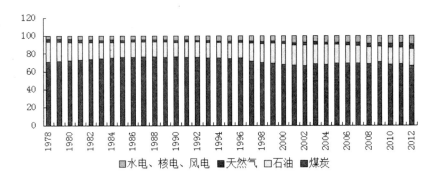

图4—12　1978—2012年中国能源消费构成（单位：%）

　　资料来源：2008年之前数据（含2008年）来自《新中国六十年统计资料汇编》，2008年之后数据来自《中国统计年鉴2013》。

四　协调GDP高速增长与产业结构

　　在中国GDP高速增长过程中，产业结构失衡是影响GDP增长持续健康发展的重要障碍。协调好GDP增长速度与产业结构之间的关系成为中国经济增长亟待解决的重要问题。

　　（一）保持农业的基础地位不变

　　从现代产业结构变动趋势看，农业在国民经济中的比重将持续下降，但它的重要性和在国民经济中的基础地位并不会改变。首先，要改造传统

---

　　① 马晓河、赵淑芳：《中国改革开放30年来产业结构转换、政策演进及其评价》，《改革》2008年第6期。

农业，提高农民的素质，提升农业的技术含量，基于现代科学知识和实验方法的技术创新，用发达的技术装备改造农业，提高农业生产要素的利用效率，使传统农业转型为现代农业，并成为新的经济增长点。其次，中国农业的历史欠账太多，因此需要持续加大对农业和农村基础设施的建设投入。农村基础设施等公共物品的建设，主要包括农村道路交通、教育、卫生、医疗、社保、农村电网改造、大型水利设施。农村教育还应包括提高农民的素质，开展一系列农村实用新型新技术的培训。最后，创新农业组织形式，引导农民步入和适应社会主义市场经济，一个有效的组织创新形式是"公司+农户"的模式：这种模式以公司为中介，把市场、技术、信息、资金与千家万户的个体农民联系起来，公司通过给农民提供市场需求、技术指导、小额资金的帮助，以契约的形式把千千万万的农民组织起来。它既可以发挥企业家的功能，又能把农业生产有效地组织起来。

（二）工业对 GDP 的贡献由速度效应转向结构效应

工业对 GDP 的贡献应由增长拉动的速度效应向结构升级和效益提高转变。一个国家在工业化的初期和中期，通常是工业规模迅速扩张的阶段，而到了工业化后期，工业规模的扩张速度会大大放缓。例如，美国建国以后便开始了工业化历程，到 1860 年进入工业化中期，1925 年进入了工业化后期[1]，其中不同阶段经济增长速度有着明显不同：1820—1870年，GDP 年均复合增长率为 4.2%，比世界同期快 3.27 个百分点；1870—1913 年，为 3.94%，比世界同期快 1.83 个百分点；1913—1950 年为 2.84%，比世界同期快 0.96 个百分点。

当前，中国正处于工业化中后期阶段，过度扩张的工业规模也应该逐渐收缩。改革开放后，中国 GDP 高速增长主要依靠劳动力、资本和能源等传统生产要素的高投入率，这些传统生产要素的成本随着经济发展不断上升。1995—2012 年，中国 GDP 年均增速 9.8%，而全社会固定资产投资年均增速则达 19%，城镇单位就业人员工资总额年均增速 14%。能源消费弹性系数从 1995 年的 0.6 上升至 2011 年的 0.76，2003 年和 2004 年还一度超过 1，分别高达 1.53 和 1.60。2008 年、2009 年、2011 年，国家分三批确定了 69 个资源枯竭型城市（县、区）。传统生产要素的成本上升不仅成为中国经济发展的资源瓶颈，也使不少国际合作的工业企业迁往

---

[1]　马亚华：《美国工业化阶段的历史评估》，《世界地理研究》2010 年第 9 期。

东南亚等生产要素成本更低的地区。改革开放以来，中国经济总量迅速扩大，也使第二产业保持持续高速增长越来越难，从而制约了第二产业的增长。因此，第二产业的增速放缓是一个必然趋势，这导致中国 GDP 增长速度的降低。另外，中国充当"世界工厂"的势头也在减缓，导致第二产业的发展减速。其原因在于：第一，中国正在检讨过去 30 多年在国际产业分工链条中被锁定在加工等低端环节的弊端，正在努力推进制造业服务化，向"微笑曲线"的前端（品牌、研发、设计等服务环节）和后端（产品销售和售后服务环节）等服务环节拓展，这将在客观上导致加工制造业发展放缓。第二，中国传统的数量型人口红利逐渐减弱，导致新增劳动力数量的相对下降，加之劳动力价格的迅速上升，中国企业承揽国际市场制造加工订单的竞争力正在下降。

中国已经进入工业化的中后期，取代传统生产要素投入的技术进步将成为经济增长的核心动力。工业作为技术进步的基础载体，发挥着不断改造第一产业和第三产业的作用，并促进整个国民经济组织方式和资源利用方式的改善，吸纳全球技术资源，使中国逐步进入技术进步的集约化增长。这是工业化中后期阶段中国工业发展的方向。首先，大力发展新能源产业、低碳产业、生物医药等新兴产业，利用绿色技术重塑传统产业的竞争优势。将失去竞争优势的夕阳产业植入新能源、新技术之中，使之转变成朝阳产业，重塑产业竞争优势。其次，积极推行以互联网技术和可再生能源结合为标志的"第三次工业革命"，建立全新的生产组织模式和商业模式，推动金融资本和产业资本融合发展、产业之间大规模兼并重组等。积极运用"第三次工业革命"孕育的新技术对世界制造业的影响，加快形成中国自己的跨国公司，并利用全世界在信息技术、新能源技术、新材料技术、先进制造技术等方面的技术储备，使中国从传统工业结构转变为现代新型工业结构，形成中国自己的信息链、资金链和创业链，从而促进中国工业增长转向结构效应。

（三）促进先进制造业和现代服务业的融合发展

先进制造业是一个国家进入工业化中后期以后工业发展的主要形式，也是当今世界西方国家控制全球分工体系的战略制高点。先进制造业的实质是工业和服务业的融合发展，是将高新技术成果综合应用于产品的研发、设计、制造、检测、销售、服务、回收全过程。随着先进制造业的发展，工业企业会越来越多地实现服务业务外包，逐步形成对生产性服务业发展的巨大需求，从而带动服务业质量和比重的提升。例如，美国进入工业化后期以后，服务业占国民经济的比重开始稳步上升，1947 年达到53%，目前已经接近 80%。[①]

中国应促进高端制造业的发展，向高层次的现代制造业转型升级，向关键、高精尖端的技术迈进，彻底走出低端"技术锁定"陷阱，向"微笑曲线"两端要质量、要效益，全面提升中国在全球产业价值链上的层次，使中国从"世界制造"大国迈入"世界制造"强国。这是中国产业结构调整的最主要任务。首先，要发挥高端装备制造业的"高端引领"作用，大力发展智能制造、高档数控机床、航空航天、海洋工程装备、新能源汽车等高端装备制造业，选择重点行业进行智能制造试点，加强高端装备制造业的数字化、绿色化与智能化建设。[②] 其次，中国应整合全球的专业性技术人才、国际金融服务、国际生产前沿的科技创新等优势资源，统筹规划构建世界级的高端制造业项目。通过高端制造业引领先进生产性服务业发展。再次，积极推进生产性服务业向中高端发展。依靠市场机制和创新驱动，重点发展与高端制造业紧密相关的生产性服务业。重点推进研发设计服务、检验检测认证服务、数字内容服务、科技成果转化服务等八个领域的高技术服务业，促进"中国制造"向"精细制造"转型，依靠高技术服务业带动整个服务业快速发展。同时，推进流通业的流通模式创新和技术创新，建立全球物流公共信息平台和货物配载中心，使物联流与制造业联动发展；推进产业链和产业集群升级，在保留产业集群优势的基础上进行创新。从单纯的加工装配生产延展到接单、研发设计、供应链服务、商务服务等，将制造业和生产性服务业结合起来，延展科技创新服务链，发挥科技"催化剂"作用，保障科技产业创新链稳定、高效运行，促进科技与经济深度融合，培育现代服务业新的增长点。先进的生产性服务贸易和高端制造业相辅相成，相互促进，共同引领产业结构向价值链高端提升，实现高端制造业与先进服务业的有机融合，推动产业结构升级和经济提质增效。

（四）转向以服务经济为主导的产业结构

随着经济的迅速发展，中国将进入以服务经济为主导的产业结构，服

① 李扬主编：《经济蓝皮书·2014 年中国经济形势分析与预测》，社会科学文献出版社2013 年版，第 93 页。

② 黄鑫、童政：《装备制造业升级定调"高端引领"》，《中国高新技术产业导报》2014年 5 月 19 日第 C8 版。

务供给不断扩大。

首先，劳动力数量的增加和质量的提高，为服务业发展提供了人力资源保障。从数量上看，2001—2012 年，中国第一、第二、第三产业就业比例从 50.0：22.3：27.7 转变为 33.6：30.3：36.1，第三产业就业比重连年高于第二产业，并在 2011 年首次超过了第一产业，第三产业已成为国民经济吸纳就业的支柱产业。随着中国人口红利的消失，劳动力增长速度下降，而工业发展空间相对减小，新增劳动力在第三产业就业相对增多。从第三产业内部行业的就业结构看，2003—2012 年，就业人数占第三产业比重上升最快的五个行业分别是金融业、房地产业、信息传输计算机服务业和软件业、租赁和商务服务业、卫生社会保障和社会福利业，其就业比重分别上升了 1.80 个、1.47 个、1.06 个、0.93 个、0.87 个百分点，2012 年分别达到 6.93%、3.41%、2.92%、3.93%、9.31%。[①] 从质量上看，随着中国高等院校的大众化发展，劳动力整体素质提高，越来越多的大学毕业生在第三产业就业，第三产业就业人员的素质提升很快。第三产业就业人员数量和质量的"双提升"，为其发展提供了扎实的人力资源保障。

其次，第三产业强大的投资吸引能力，为其发展提供了资金保障。经过 30 多年的改革开放，中国已由资本匮乏的资本输入国演变成资本充裕的资本输出国。2012 年，中国的外汇储备高达 33115.89 亿美元，是全球最大的"债主"。一定程度上说，中国紧缺的是有创意、有发展前途、回报率高的投资项目。第三产业是庞大资金寻找投资热点的很好选择。近年来，中国加快产业结构转型升级，在投资、政策、用地指标等诸多方面向第三产业倾斜，第三产业已成为新的投资热点。2005—2012 年，第三产业固定资产投资从 47613.2 亿元增加至 197159 亿元，年均增长 23.8%，呈快速增长态势。中国第一、第二、第三产业固定资产投资结构从 2005 年的 2.6：43.7：53.6 调整为 2.8：42.5：54.7，第三产业投资比重连年超过 50%，为中国第三产业的发展储备了充足的能量。

最后，再生性资源的不断开发，为第三产业发展提供了物力保障。相比第一、第二产业，第三产业对自然资源的依赖程度较低，受非再生资源逐渐枯竭的制约较小，能够较为有效地使用再生资源。随着非再生资源逐

---

① 根据《国民经济行业分类》（GB/T4754—2002），2003 年第三产业内部行业统计口径开始实行新分类标准，故比较基期设为 2003 年；就业人数指城镇单位就业人员数。

渐枯竭，再生性资源得到进一步开发。例如，迅速发展的电子服务使第三产业供给的增长获得了新的"物力"。信息技术就是有效推动第三产业发展的重要再生资源之一，在一定程度上改变传统服务产品使用价值的非储存性、非转移性以及生产、交换、消费的同时性，促使"电子服务"这种新型服务产品的产生。"电子服务"是利用信息技术提供的服务产品，其本质是用电子资源替代人力、物力和脑力生产服务产品，是信息技术产品与服务产品融合发展的结果，包括"电子商务"、"电子政务"、"电子金融"等。"云计算"的出现，又催生了一种新的"电子服务"——"云服务"。"云计算"可以通过网络向客户提供像传统的水、电、煤气一样及时、按需计算的数字资源。"云服务"利用"云计算"提供的服务产品，如用"网盘"存储数据的生产服务、利用网络提供实时查询周边生活设施的生活服务等。随着科技进步，催生的新兴服务产品，大大提高了服务供给的能力。

第三产业增速提高，第二产业增速下降，产业结构服务业化将是中国产业结构调整的必然趋势，也是解决中国 GDP 高速增长引起产业结构严重失衡而走向合理化、高级化的必然途径。

第二节 GDP 增长速度与需求结构的关系

消费、投资和出口被认为是拉动经济增长的"三驾马车"。这三驾马车之间具有内在的相互协调的结构，需要相互配合、有效协调。如果它们之间的结构失衡，经济就难以实现高效运行。从 GDP 增长的历史发展来看，消费、投资和出口都为中国 GDP 高速增长做出了极其重要的贡献，但是，在消费、投资和出口的结构问题上，中国 GDP 增长仍然存在"两驾马车"问题：过度依赖投资和出口。因此，转变中国经济增长需求结构动力由"投资和出口"的"两驾马车"拉动转向"消费、投资和出口"的"三驾马车"协调拉动，就成为中国经济增长亟待解决的重要问题。

一 GDP 增长的需求贡献分析

（一）改革开放以前 GDP 增长的需求贡献分析

1952—1977 年，中国 GDP 年均增长速度为 7.1%，消费率保持在70.9%的平均水平，相对较高，但总体来说呈下降趋势，由 78.92%下降至 65.00%，降幅 13.92 个百分点；同期，投资率稳定在 22.8%左右，整体呈上升趋势，由 22.20%上升至 34.68%，上升了 12.48 个百分点；净出口率较低，保持在 0.24%左右的水平（图 4—13）。这段时间，中国国民经济整体较薄弱，用于消费支出的比例相对较大，消费率较高，与世界消费率大致相近，而投资较小，外贸出口更少，因而投资率和净出口率就相对较低。与此相对应的是，消费支出对经济增长的贡献最大，投资贡献次之，净出口最低。但是，这样的高消费率属于需求结构的"低端高级化"[①]。这与中国经济发展阶段，即从低收入国家向中等收入国家转变的过程是一致的。

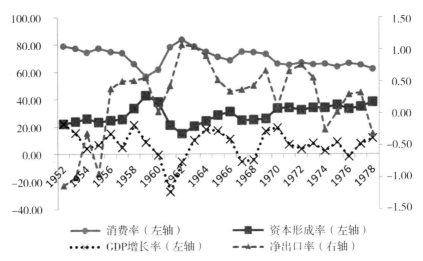

图 4—13　1952—1978 年中国 GDP 增长率与三次需求率变动关系（单位：%）
资料来源：《新中国六十年统计资料汇编》。

（二）改革开放以后 GDP 增长的需求贡献分析

如表 4—8 所示，1981—1990 年，中国 GDP 增长率平均为 9.35%，"六五"和"七五"消费率分别为 77.4%和 46.46%，投资率分别为 36.26%和 20.86%，消费占绝对的带动地位，主导着经济增长。净出口负的年份多，一直受到逆差的困扰；1991—2000 年，"八五"期间的投资率

---

① 纪明、刘志彪：《中国需求结构演进对经济增长及经济波动的影响》，《经济科学》2014年第 1 期。

上升很快，但消费仍主导经济增长。1993 年，投资过热引起经济的较大波动，对外依存度明显提高。1997 年，为了抵御亚洲金融危机，国家实行积极的财政政策，投资比率不断提高。1994 年、1995 年、1997 年"投资+出口"的贡献超过了消费。"十五"期间投资率超过了消费率，达 50.09%，成为经济增长的主导因素。"九五"以后，中国进入了外向型的经济发展轨道，投资和出口是拉动经济增长的主动力。2006 年、2007 年经济呈现高速发展，外贸的拉动创新高，贸易依存度继续提高。这种情况对大国经济是非常不合理的。2009 年，净出口对中国 GDP 贡献创下 −37.4% 的纪录，而投资贡献率达到 87.6%。归根结底，这是中国消费贡献率太低的缘故。在国家扩大和鼓励消费的政策下，2011 年，中国消费的贡献由 2010 年的 43.1% 突增 13.4 个百分点，升至 56.5%，这是逐渐将 GDP 增长不稳定的"两驾马车"转向稳定的"三驾马车"的一个良好的趋向。[①]

表 4—8　　　　改革开放后五年计划时期需求贡献的分解　　　　（单位：%）

	投资贡献率	消费贡献率	净出口贡献率	GDP 增长率
"六五"（1981—1985）	36.26	77.4	−13.66	10.8
"七五"（1986—1990）	20.86	46.46	32.68	7.9
"八五"（1991—1995）	47.2	54.4	−1.6	12.3
"九五"（1996—2000）	25.08	58.5	16.12	8.6
"十五"（2001—2005）	50.09	41.62	7.48	9.6
"十一五"（2006—2010）	54.7	43.4	1.9	10.7
2011 年	47.7	56.5	−4.2	9.3
2012 年	50.4	51.8	−2.2	7.7

资料来源：《中国统计摘要 2013》。

（三）GDP 增长需求贡献的国际比较

从国际比较看，2011 年，中国消费比重为 56.5%，远低于任何可比组，而投资比重仍高达 48.8%，高于任何可比组（表 4—9）。在净出口率方面，基本与中等收入组相匹配。在加入世贸组织后的前五年，对外贸易

---

① 黄志刚、刘霞辉：《中国经济可持续增长机制研究》，经济管理出版社 2013 年版，第 76 页。

发展快速，外贸依存度不断上升。2003 年首次超过 50%，达到 51.9%，2006 年达到 67%，较 2001 年高出 28.5 个百分点。2008 年国际金融危机后，外贸依存度开始回落，基本稳定在 50% 以上。中国外贸依存度一度高达 70% 左右，偏离了大国外贸依存度的国际标准，反而更像一个小国。2009 年，中国净出口对经济增长的贡献率为-37.4%。中国的需求结构长期偏离常态，虽然具有经济赶超的特征，即大规模积累和大规模出口，这对一个发展中国家具有重要的发展意义，但也有脆弱性，很容易受到来自外部的各种冲击。①

表 4—9　　　　　　　　　2011 年经济增长需求贡献的国际比较

	人均 GDP（美元）	总消费（%）	政府消费（%）	资本形成（%）	出口（%）	进口（%）
中国	5447	56.5	13.7	48.8	28.5	26.0
低收入	564	78	11.3	25.6	24.3	40.2
中等收入	4366	78.2	14.6	29.7	31.0	31.4
中低等收入	1899	78.4	14.1	29.5	28.6	33.1
中高等收入	6934	83.1	15.3	32.1	31.7	30.8
高收入	38165	—	18.1	19.8	30.5	30.4

资料来源：世界银行数据库、《国际统计年鉴 2013》。

二　GDP 高速增长与需求结构的关系

1978—2012 年，中国 GDP 高速增长与需求结构关系分为两个主要方面，一是 GDP 高速增长造成需求结构失衡，二是 GDP 高速增长与需求结构的演进趋势。

（一）GDP 高速增长与需求结构的失衡

GDP 高速增长与需求结构失衡突出表现在 GDP 高速增长与内需、外需失衡和与消费、投资失衡。

1. GDP 高速增长与内需、外需失衡

1978—2012 年，随着 GDP 的高速增长，中国货物和服务净出口额为-11.4 亿元，占总需求的比重为负值。20 世纪 90 年代之后，特别是 2001

---

① 黄志刚、刘霞辉：《中国经济可持续增长机制研究》，经济管理出版社 2013 年版，第 76 页。

年加入 WTO 后，中国外贸出口更是突飞猛进。2012 年，货物和服务的净出口额高达 14632.4 亿元，占总需求的比重为 2.8%。改革开放 35 年来，中国净出口额增加了约 1285 倍，外需占总需求的比重总体呈上升趋势。内需总量从 1978 年的 1908.5 亿元增加至 2012 年的 51 万多亿元，占总需求的比重却是呈整体下降趋势（图 4—14）。内外需失衡说明实施出口导向型发展战略，使中国经济增长过度依赖出口，而内需却相对不足，容易受到国际经济变化的冲击。

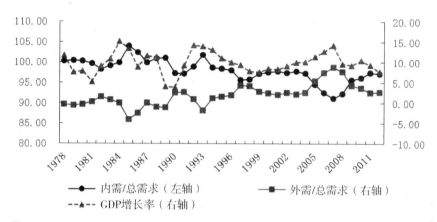

图 4—14　1978—2012 年中国 GDP 增长率与内外需占总需求变化关系（单位：%）
资料来源：根据《中国统计摘要 2013》相关数据计算得出。

2. GDP 高速增长与消费、投资失衡

1978 年以来，中国消费率和投资率的比例关系变化显著，尤其是 20 世纪 90 年代以来，GDP 年均增速高达 10% 的两位数增长，投资率由 1990 年的 34.9% 上升至 2012 年的 47.8%，增加了 12.9 个百分点，增幅较大，呈整体上升趋势；消费率由 1990 年的 62.5% 下降至 2012 年的 49.5%，下降了 13 个百分点，降幅较大，呈整体不断下降趋势（图 4—15）。在 GDP 的高速增长模式下，造成投资需求与消费需求的严重失衡。

中国需求结构失衡主要表现在三大需求比例上。第一，工业增长主要依靠投资拉动。2002 年以来，资本形成超过最终消费，成为中国工业增长的主导拉动力量。2002—2012 年，资本形成对 GDP 增长的贡献率为 52.08%，比最终消费高出 7.87 个百分点。工业投资的高速增长带来了投资效益的急剧下降。2012 年，固定资产投资效果系数仅为 12.23%，远低

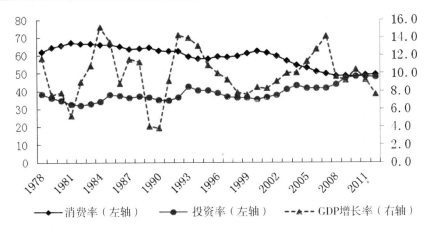

图 4—15　1978—2012 年中国 GDP 增长率与消费率、投资率变动关系（单位:%）
资料来源:《中国统计年鉴 2013》。

于 1989 年以来的平均值 35.03%。第二，消费需求比例过低。消费需求不足的原因主要是居民可支配性收入不高、社会保障体系还不完善、传统的勤俭节约文化等，但更重要的原因是需求结构与产业结构适应度很差，大量的有效需求不能得到满足。第三，部分产业的发展高度依赖外需。通过积极参与国际分工，中国民族产业获得了较大的发展。这也造成了一些产业在发展中高度依赖世界市场。如果遭遇世界市场不景气或国外贸易保护政策，这些产业就会受到巨大冲击，造成中国经济的波动。[①]

（二）GDP 高速增长与需求结构演进的关系

改革开放以来，随着中国 GDP 高速增长，消费率、投资率和净出口率发生了重大变化。

1. 国内需求结构的演进

如图 4—16、表 4—10 显示，1978—2012 年，中国 GDP 高速增长与需求结构的变动可以划分为三个阶段。需求结构的整体变化特征是:消费率波动下降，投资率和净出口率阶梯式上升。从三个阶段看，1978—1992 年，消费率小幅下降，投资率与此相反小幅上升，净出口率趋于零，整体变化不大。1993—2001 年，消费率波动上升，投资率小幅下降，净出口率波动上升但总体变化不大。2002—2012 年，消费率迅速下降，投

① 李扬主编:《经济蓝皮书·2014 年中国经济形势分析与预测》，社会科学文献出版社 2013 年版，第 94 页。

资率和净出口率波动上升。

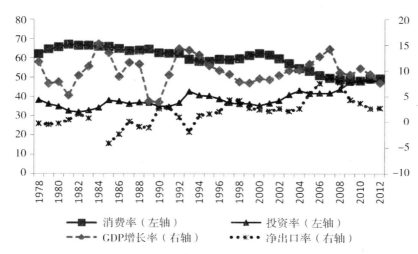

图 4—16 1978—2012 年中国 GDP 增长率与三大需求变动关系（单位:%）
注：左轴表示平均投资、消费、净出口率，右轴表示 GDP 增长率。
资料来源：《中国统计摘要 2013》。

表 4—10　　　　1978—2012 年中国 GDP 增长速度与需求结构关系　　（单位：%）

变量 阶段	GDP 年均 增长率	消费贡献率 （平均消费率）	投资贡献率 （平均投资率）	净出口贡献率 （平均净出口率）
1978—1992	9.6	63.7（64.5）	30.1（35.5）	6.17（-0.02）
1993—2001	9.9	53.2（59.8）	39.2（38.1）	7.6（2.1）
2002—2012	10.3	43.9（51.6）	52.4（43.8）	3.7（4.6）

资料来源：根据《中国统计摘要 2013》相关数据计算得出。

　　GDP 年均增速与需求结构演进的趋势是（表 4—10）：1978—1992年、1993—2001 年、2002—2012 年，GDP 增长速度波动上升，分别高达9.6%、9.9% 和 10.3%；与投资率（35.5%、38.1%、43.8%）和净出口率（-0.02%、2.1%、4.6%）上升相对应；与此相反，消费率（64.5%、59.8%、51.6%）呈阶梯式下降，说明中国 GDP 高速增长主要依赖投资和出口拉动，消费需求相对较弱。

　　中国 GDP 增长速度与需求结构演进的逻辑关系，比较符合工业化初中期需求结构演进的特征。值得注意的是，中国进入工业化加速阶段，投资率和净出口率提升速度加快，而消费率特别是国内消费率下降，使中国经济比较容易受到外部冲击，减弱其"内生性"和"常态性"，加剧了经济波动和"脆弱性"。

2. GDP 高速增长与三大需求贡献率的波动

改革开放以来，投资率、消费率的关系，相应于各个时期 GDP 增长速度周期有较大波动。1978 年以来，中国投资贡献率基本在 32%—43% 的高位区间，消费贡献率在 55%—67% 的低位区间。在 GDP 快速发展、经济增长率逐步提高的时期，投资贡献率上升，消费贡献率下降；反之亦然。1984—1985 年，GDP 增长率上升到 15.2% 和 13.5%，投资贡献率上升到 1985 年的 80.9%。随后的调整时期逐步下降。1988 年，GDP 增长率上升到 11.3%，投资率上升到 39.4%。治理整顿时期又逐步下降。1992—1993 年，GDP 增长率由 3.8% 上升到 13.5%，投资贡献率由 34.3% 上升到 78.6%，消费贡献率由 72.5% 下降到 59.5%（图 4—17）。2008 年以来，投资率接近历史最高水平，消费率处于低水平。

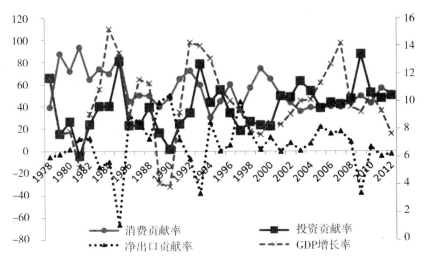

图 4—17　1978—2012 年中国 GDP 增长率与需求贡献率变动关系（单位:%）

注：左轴表示需求贡献率，右轴表示 GDP 增长率。

资料来源：《中国统计摘要 2013》。

新中国成立以来，投资率的最高年份是"大跃进"时期和 20 世纪 80 年代经济过热时期。其中，1959 年为 43.8%，1985 年、2009 年分别为

80.9%、87.6%。同期,消费率最低。其中,1959 年为 56.2%、1986 年、2009 年分别为 45%、49.8%。21 世纪以来,在出口快速增长、外资大量流入和民间投资增加等一系列激励投资因素的叠加作用以及金融、土地政策的相对松弛和地方政府的行政推动等作用下,投资迅猛增长,投资率持续攀升,消费率持续下降。2008 年以来,受国际金融危机的影响,投资的拉动作用又迅猛抬头。2009—2012 年,投资贡献率平均为 60%,GDP 年均增速升至 9.15。目前,中国潜在增长率减低,为了实现经济增长供给方因素与需求方因素的平衡,GDP 增长就不应再过度依赖投资需求的拉动。①

1978—2012 年,净出口对中国 GDP 增长的贡献率平均为 5.77%。最低点在 1985 年,为 -66.4%;最高点在 1990 年,为 50.4%,波动很大。2002—2012 年,净出口对 GDP 增长的平均贡献率为 3.7%,2009—2012 年,为 -9.95%。2008 年以来,受世界经济低迷特别是欧债危机的影响,中国经济的外需严重不足。这正是中国把外需不足作为倒逼经济转型的动力的大好机遇,中国 GDP 增长转向内需特别是消费需求拉动有了一个强有力的动力。

一个国家的经济结构是与其经济增长阶段高度相关的。21 世纪以来,中国消费减速,投资、出口加速明显。这一特征与东亚其他国家相仿。但是,GDP 高增长条件下,消费率下降速度较快却与东亚其他国家不同。中国正处在一个下凹形的增长曲线上,应该通过经济结构的调整大力推进经济转型,否则可能会落入人均 GDP 达到 3000—5000 美元条件下进入衰退和长期停滞的"中等收入陷阱",拉美国家 20 世纪 70 年代后"失去的10 年"就是因为未能及时调整经济结构而失去了经济转型的有利时机,从而落入"中等收入陷阱"。②

中国 GDP 增长是从 20 世纪 80 年代开展的农村改革开始的,特别是 80 年代农村居民的消费是最主要的 GDP 增长贡献来源。1979—1985 年,农村居民的消费对经济增长发挥了主导作用。80 年代后期,城市的经济改革释放了城市居民的消费热情。1989 年,经济调整开始,也是由于农村居民消费下降过快引起的。1988 年以后,在积极财政和消费信贷的刺激下,城市化进入加速期。1992 年,土地要素纳入可交易范围,居民不

<hr />

① 黄志刚、刘霞辉:《中国经济可持续增长机制研究》,经济管理出版社 2013 年版,第214 页。

② 同上书,第 77 页。

动产的积累逐步加速，农村人口向城市大规模转移。这些因素启动了新的城市建设周期，并开启了此后中国由投资主导的 GDP 增长现象。

3. 需求结构演进的国际比较

通过考察 1978—2012 年中国与印度、巴西、新加坡、韩国、美国、德国、英国的需求结构演进趋势，得出的结论如下：（1）表 4—11 说明，八个国家的投资率、消费率和净出口率均值、标准差的差异较大，说明不同国家需求结构的演进态势是由各国的经济制度、资本存量、劳动力、技术水平、消费习惯、GDP 增长率等因素决定。[①] 同一个国家在不同的工业化阶段和 GDP 增长速度差异的不同时期，上述因素的作用结果也有所不同。因此，适用于所有国家的标准的需求结构和 GDP 增长速度的演进模式可能并不存在。（2）图 4—18、图 4—19、图 4—20 说明，伴随工业化的不断推进，不同国家的消费率、投资率和净出口率存在着共同的变化规律，这就是：工业化初中期阶段（印度、巴西），消费率不断下降，投资率和净出口率波动上升；后工业化阶段（美国、德国和英国），消费率波动上升，投资率和净出口率不断下降，但投资率、消费率和净出口率总体变化幅度不大。（3）工业化初中期阶段，GDP 增长速度的上升与投资率和净出口率的提高、消费率的降低相对应；后工业化阶段，GDP 增长速度有一定幅度的下降。与此对应的是，消费率提高，投资率和净出口率下降。（4）从总体上看，中国 GDP 的高速增长，其消费率低于其他七个国家，并且与其他七国消费率的差距有扩大趋势；而投资率高于其他七个国家，净出口率处于七个国家的中间水平。随着中国工业化进入中后期阶段，服务业迅速发展拉动消费，消费率会提高至较高水平，经济发展水平较高阶段对应的是需求结构的"高端高级化"。[②]

表 4—11　　1978—2012 年八国需求结构演进特征及与 GDP 增速关系

		中国	印度	巴西	新加坡	韩国	美国	德国	英国
消费率	均值	44	64.4	63.2	43.8	54.9	64.9	58.2	62.5
	标准差	5.63	4.78	4.04	4.49	3.69	2.49	0.9	2.68

① 纪明：《需求结构演进逻辑及中国经济持续均衡增长》，《社会科学》2013 年第 2 期。

② 纪明、刘志彪：《中国需求结构演进对经济增长及经济波动的影响》，《经济科学》2014 年第 1 期。

续表

		中国	印度	巴西	新加坡	韩国	美国	德国	英国
投资率	均值	39.5	26.3	19.3	33.6	31.3	22.1	21	17.8
	标准差	4.4	5.85	2.7	7.59	3.11	1.88	2.44	1.89
净出口率	均值	21.3	11.8	10.6	184.7	34.1	9.8	30.6	27
	标准差	9.52	6.29	2.73	21.65	8.73	1.66	10.22	2.17
GDP 年均增长率（%）		9.9	5.88	2.89	6.92	6.04	2.8	1.87	2.29

资料来源：根据世界银行数据库相关数据计算得出。

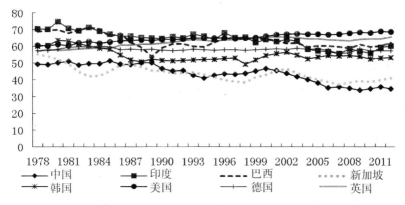

图 4—18　1978—2012 年八国消费率演变趋势（单位:%）

资料来源：WDI 数据库。

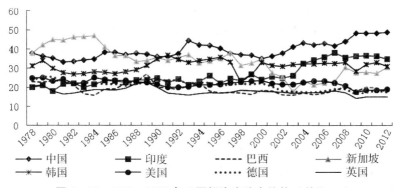

图 4—19　1978—2012 年八国投资率演变趋势（单位:%）

资料来源：WDI 数据库。

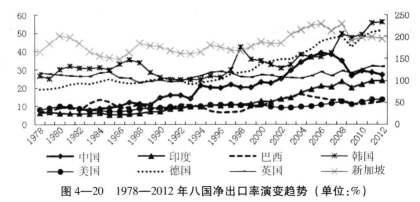

图 4—20　1978—2012 年八国净出口率演变趋势（单位:%）

注：右轴表示新加坡净出口率，左轴表示其他七国的净出口率。

资料来源：WDI 数据库。

（三）GDP 增长速度与需求结构演进的动力

消费、投资和净出口都是经济增长的需求动力。但在工业化发展的不同阶段，由于各自的性质不同，哪一种需求动力成为驱动 GDP 增长的主导机制也是不同的。GDP 增长速度与需求结构演进的逻辑关系说明，工业化初中期阶段，第二产业迅速发展引致了投资需求的扩张。由于投资乘数效应形成强大的生产能力，引起 GDP 的高速增长。但同时，这也造成某些行业尤其是制造业严重的产能过剩，又引起出口的增加。因此，工业化初中期阶段，GDP 高速增长的主要驱动力是投资和出口。[①] 工业化中后期阶段，随着 GDP 增速的降低，第三产业迅速发展，逐渐取代第二产业成为经济的主导产业，消费需求上升，GDP 增长的主要驱动力转变为消费、投资、出口的协调拉动。总之，消费、投资和净出口分别是 GDP 增长的稳定器、启动器和加速器与辅助器，三者共同作用，缺一不可。

三　协调 GDP 高速增长与需求结构

（一）扩大消费需求是协调 GDP 增速与需求结构的立足点

1. 积极培育信息消费新热点

第三次工业革命后，全球信息消费迅速发展，支撑了中国消费需求的快速增长。城乡居民购买电子金融、电信服务的消费显著增加，家庭日用的信息化程度飞速发展。网上购物、在线支付等成为很多居民快捷、方便

---

① 纪明：《经济增长的需求启动、需求约束及再启动》，《社会科学》2011 年第 5 期。

的购物方式。移动互联网正从音乐、游戏等传统娱乐类业务应用转向电子金融、交通、医疗等新兴重点领域。新一代移动互联网 3G、4G 数据业务成为经济增长、生产与生活发展的支撑点。信息消费逐渐成为广大居民越来越活跃的消费热点。2012 年年底，中国网民数量高达 5.6 亿，互联网普及率达到 42%。网络经济的市场规模比 2011 年增长 54%。电子商务零售额近 2000 亿美元，相当于全球最大零售市场美国的数额。① 中国市场规模庞大，拥有广阔的信息消费前景，正处于居民消费快速升级的阶段，因此，中国信息消费具有巨大的发展潜力。但中国信息消费也面临挑战：云计算、大数据等新型信息消费观念落后、标准不规范、监管不力，产品和服务创新能力弱，个人信息保护及网站信任服务滞后，信息资源开放共享水平低，基础设施支撑能力和网络环境有待提升和改善，配套政策不健全、体制机制不适应等问题亟须解决。推进信息消费，改善民生，拉动有效需求，培育新的增长点，既能促进产业结构调整，又能够促进 GDP 的稳定增长。

2. 推动居民消费升级

城镇化是中国现代化的必由之路。它蕴含着中国最雄厚的内需潜力，也是促进产业升级、调整优化城乡和区域结构的重要途径。目前，中国城镇化正在由传统数量型城镇化逐步迈向智慧型城镇化。新型城镇化不是单纯提高所谓的"城镇常住人口"和人口城镇化率，而是让城镇化的基本公共服务和社会保障等公共服务事业惠及新市民，让新型城镇化的消费习惯成为普遍市场化的大众城市消费，发挥城市高级生产要素的"集聚效应"和"示范效应"等。随着新型城镇化的加速，新型的生产性和生活性的服务需求将会增加不同类型的消费商品，转换新的消费方式，从而直接刺激有效需求的增长。新一轮消费周期如智能家电、娱乐体验等将兴起。新型城镇化将带来国内消费需求持续快速扩张，成为 GDP 持续增长的新引擎。

（二）稳定投资需求是协调 GDP 增速与需求结构的关键

1. 合理的投资增长

GDP 的稳定增长离不开投资的稳定增长，中国应该以经济结构调整为契机，保持合理的投资增长。改革开放 30 多年来，投资始终是拉动中

---

① 中华人民共和国统计局：《2012 年国民经济和社会发展统计公报》，2013 年 2 月 22 日。

国 GDP 高速增长的核心推动力。但投资规模过大,产生了产能严重过剩、地方债务风险加剧等多种问题。随着资源环境成本压力的增大,GDP 规模不断扩大,GDP 增长潜力不断减弱,中国 GDP 正由"高速挡"转换为"中高速挡"。同时由于投资的基数较大,客观上也要求投资的增速放缓,以提高投资效率。2011—2012 年,中国全社会固定资产投资增速约 20%,比"十一五"时期 25% 的平均水平下降了约 5%。

2. 增加中西部地区高端制造业投资比重

东中西部三大地区经济发展的不平衡,为中国产业的梯度转移提供了极为有利的空间条件。21 世纪以来,中国制造业开始规模化、分批次地从东南沿海发达地区逐步转向较落后的中、西部地区。2008 年国际金融危机,使中国制造业的梯度转移速度加快了。中、西部地区具有资源丰富、劳动力成本低的优势。"十二五"规划关于深入西部大开发和全面振兴东北老工业基地以及中部崛起的战略,逐步缓解了制约中西部、东北地区产业发展的瓶颈因素。为此,东部地区在积极向内陆腹地及部分东盟国家转移劳动密集型及低附加值的产业,还制定了高端制造业的产业承接政策,承接国内外高端制造业,并在中西部地区建立各类工业园区,带动中西部地区的产业技术升级。当前,中国 GDP 增速最快的区域是中西部地区,其 GDP 增速高于东部沿海地区。推进中西部地区产业的梯度转移,提高中西部地区研发创新和高端制造业投资的比重,优化中西部地区的产业结构,转变经济发展方式,建立中国自己的高端制造业和完善的产业价值链是协调 GDP 增长与投资增长的一条可行的途径。

3. 增强"智慧型"投资质量

新型的"智慧型"城镇化在提高城镇人口素质和生活质量、促进城镇服务人口真正市民化的同时,还要加强不同于传统城镇化的"钢筋+水泥"的市政、民生方面的投资,如绿化、安防、互联网金融等。因此,"智慧型"城镇化是中国最大的需求潜力与经济增长的长久拉动力。东部大中城市的经济实力更强大,在这方面的需求更旺盛,这就必然增加大中城市的投资需求。大、中城市"智慧型"的质量投资,包括城市建筑的节能改造与节能新建,智能交通、医疗和网络建设等,实现产业和地产、产业和城市的融合发展。智慧型城镇化空间结构布局、工艺产业与房产的匹配度、产城融合与集约化建设等都将对新型城镇化的质量投资提出新的要求。中西部智慧型城镇化投资建设也要实现城与镇协调、城与乡互补、功能吻合、产城融合及绿色发展。此外，健全房地产市场投资的长效机制，加快改革房地产税收制度，促进房价合理回归，防止房价反弹，增加普通商品房供给，抑制房地产投机投资性需求，满足合理的自住性需求，稳步推进保障性住房投资建设的有效供给和可持续性，完善其分配、管理、退出等制度，则是智慧型城镇化质量投资的保证。

4. 最大限度利用民间投资

新中国成立以来，政府和国有企业一直是中国投资的主体。2002—2012 年，在总投资中，政府和国有企业的投资占比为 58.7%，民间投资为 41.3%。在社会主义市场经济条件下，实施投融资体制的改革，发挥各种金融主体的积极性，以服务实体经济为出发点，运用多元化的融资渠道，鼓励和引导民间投资进入金融、石油、资源开发、公共服务等传统垄断行业和领域，从而改善投资主体的结构，是促进经济发展和优化经济结构的一条有效途径。

稳定投资是扩大消费需求、稳定 GDP 增长的关键。注重转变经济发展方式、调整经济结构，把稳定投资与新型城镇化建设、民生改善结合起来，与淘汰落后产能结合起来，实现速度、结构和效益的统一，为中国时期长、水平高、质量好的 GDP 增长速度奠定基础。

（三）稳定出口是协调 GDP 增速与需求结构的必要条件

受 2008 年国际金融危机影响，中国实体经济的外部环境的风险明显加剧。GDP 增速换挡回落，扩大内需成为 GDP 增长的立足点。但外需仍然是影响内需的基础，外贸发展可以产生拉动效应及关联效应，影响国内上下游产业的投资需求，进而产生投资乘数效应，带动国内需求扩大。因此不能忽视和放松外需。保持外贸的稳定增长是保持 GDP 稳定增长的重要条件。

1. 调整出口结构

出口不仅要与投资、消费之间形成合理的结构，而且出口自身也要形成合理的结构。协调的出口结构主要包括出口的产品结构、地区结构、方式结构、出口商结构和品牌结构五个方面。

（1）协调的出口产品结构。中国的出口产品主要是劳动密集型产品和资源密集型产品，所占比例偏大，而技术密集型产品出口的比例偏小。因此，中国应提高技术密集型产品的出口比例。从某种意义上讲，技术密集型产品的出口是代表一个国家的真正国际竞争力。因此，只有形成和完善国内的技术创新体制，才能真正提高国家的技术创新能力，真正提高技术密集型产品的出口比例，实现出口产品结构的协调。

（2）协调的出口地区结构。长期以来，中国对外出口的主要地区是美国及欧盟，对亚洲、非洲等地区的出口比例不高，因而中国的出口经常受制于美国及欧盟，这说明中国出口的地区结构并不协调。作为亚洲国家，中国应该增加对亚洲和非洲地区的出口。尽管亚洲国家对中国产品的需求很大，但亚洲许多国家购买中国产品的国际支付能力不足。因此，中国应从战略高度培育亚洲国家购买中国出口产品的支付能力①，从而改善中国的出口地区结构。

（3）协调的出口方式结构。中国出口产品中的加工贸易比例过高，真正的自主性出口比例并不高。在某种意义上讲，加工贸易并不是真正的出口，因而虽然出口额很大，但真正获利并不多。国际上一些企业充分利用中国在资源上的比较优势，发展与中国的加工贸易。对中国来说，加工贸易利用了中国的资源优势，但并没有真正把这种资源优势转变为利益优势。中国在损失了大量资源的基础上，却仅仅获得了一点点"蝇头小利"，而且这点"蝇头小利"还是以破坏中国的自然资源为代价的。因此，大力发展中国的自主性出口，才能真正获得有效的出口收益。

（4）协调的出口商结构。目前，中国的出口商主要是外资企业及中外合资企业，中国独资企业的出口比例并不高。实际上，中国仍然处在国际产业分工中加工制造的低端地位，因而在对外出口中并没有获得应有的利益，而且还带来大量的国际贸易摩擦。因此，大力推进企业的创新活动，完善技术创新与体制创新机制，增强中国独资企业的国际市场竞争力，才能真正提升中国独资企业的对外出口，改善中国的出口商结构。

（5）协调的出口品牌结构。中国大量的出口企业的出口实际上是给国外的品牌商打工的"贴牌"式出口，而自主品牌在中国出口中所占的比例微乎其微。因而获得的仍然是"蝇头小利"。品牌的形成不能仅仅靠广告，因为品牌反映的实际是公众对产品的市场认可度，而要获得公众的市场认可度，就必须使产品在质量、效用、售后服务、精神享受等方面优于别国的同类产品。因此，中国应该努力促进和培育自主品牌。在产品营销、质量、技术等方面不断追求创新，改善出口的品牌结构。

---

① 张卓元：《十八大后十年的中国经济走向》，广东经济出版社 2013 年版，第 50—52 页。

2. 稳定中国的出口比较优势

主要体现在：（1）稳定中国出口产品的需求优势。全球高档商品和奢侈品消费经常受国际经济环境的冲击而大幅下降。但中国出口的中低档商品适应了国际经济持续疲软的中低档消费能力，因此，各国对中国出口的中低档生活必需品存在刚性需求。"土豆效应"为"中国制造"商品赢得广阔的国际市场空间。（2）稳定中国出口的政策环境优势。改革开放以来，中国制定并实施了一系列着眼长远、应付外贸挑战的政策举措，具有应对出口风险的政策环境优势。中国提高出口信用保险、出口退税率等政策，对拥有自主品牌和自主知识产权、暂时困难但发展前景良好、风险管理到位的出口型企业，提供多元化、多方位、宽领域的出口融资支持、服务，有助于有效应对出口风险。随着西部地区承接东部地区劳动密集型产业及部分资本密集型产业，东部地区生产要素低成本优势缩小，未来出口的新增长点将在中、西部地区兴起，也有助于稳定中国的出口比较优势。

3. 稳定出口要处理好的关系

（1）出口与进口。在稳定出口增长的同时，中国还应积极创造条件，通过结构性减税，开辟多元化的出口市场，充分利用好大宗资源性产品国际市场价格大幅下跌的机会，扩大国内短缺能源资源的进口。（2）外资、外经和外贸。中国对外承包工程和对外投资双双增长，带动大宗机电产品出口，中国仍然要发挥外资对出口的拉动作用。（3）新兴市场和传统市场。在世界经济持续低迷、发达国家重振"制造业计划"、贸易保护主义抬头的情况下，中国应该利用好"两个市场、两种资源"，积极开拓新兴经济体市场，有效避免和应对国际贸易摩擦。（4）短期利益和长远目标。在中国经济面临"四期叠加"的困难时期，积极推进贸易结构转型和贸易方式升级，实现外贸高级化发展。

出口对利用外资、巩固全球市场极其重要。从吸收外资看，无论发达国家还是发展中国家都围绕利用外资展开激烈竞争。中国 55% 的出口来自外资企业，如果出口急剧下降，将不利于吸收外资，对中国引进技术、促进外贸经济转型升级产生不利影响。但很多跨国公司由于受国际金融危机影响资产严重缩水，对外投资意愿和实力下降。从全球市场份额看，维护国际市场份额比出口更为重要。从某种意义上说，"保出口"就是"保市场"。

中国工业化的过程尚未最终完成，工业结构的高加工度化和资本技术密集型工业的加速发展，是这一时期的重要特征。第二产业特别是制造业的生产过程更为复杂，需要大规模投资。现阶段中国工业比重高而服务业比重低的结构性特点，以及完成工业化的客观需要，在一定时期内保持适当高的投资率可能是难以避免的。随着工业化进入后期阶段并基本完成后，第三产业比重超过第二产业比重，投资率的下降将会比较明显。随着中国新型城镇化的进程加快，未来一段时间，高投资的状况还需延续，但是，中国经济靠高投资增长的动力可能会不断弱化，未来还需走技术创新之路。

发达国家正从集约型的增长模式向创新型的增长模式过渡，资源配置的模式也更多地向以人的知识创新获利的模式过渡，即向人力资本投资、知识产权、健康、环保等服务业发展，人成为创新主体。创新获得的"知识租"成为新的获取利润的核心，并以此展开要素配置创新的经济增长模式。由于农村过剩劳动力的大规模存在，中国沿着要素积累的方向继续前行不可避免。因此，中国目前处在从要素积累、投资驱动的经济增长模式向集约型的增长模式过渡时期，应该优化要素配置效率。优化需求结构的主要任务是改变经济发展方式由投资驱动向创新驱动转变，激励中国企业的技术创新能力和提升国际竞争能力，调整相对价格体系，加速要素价格的市场化改革，使中国能进入到一个更稳定和持续的发展路径中。[①]

第三节　GDP 高速增长与收入分配结构的关系

改革开放以来，中国 GDP 高速增长，居民的收入和消费水平也快速增长，中国摆脱贫困，走向富裕。但是，赶超型的 GDP 高速增长模式下，出现了经济发展水平与居民收入和消费增长之间的不协调，收入差距不断扩大以及收入分配不公等问题，影响了中国经济增长的质量与效率，损害了政治、经济、社会稳定。因此，处理好 GDP 高速增长与收入分配结构关系是中国经济高效运行的当务之急。

---

① 黄志刚、刘霞辉：《中国经济可持续增长机制研究》，经济管理出版社 2013 年版，第 77 页。

一 GDP 高速增长与居民收入、消费水平现状

30 多年来，随着 GDP 的持续高速增长，中国普通百姓的收入和消费水平总量上有了大幅提高，表 4—12 为中国城镇居民家庭抽样调查的结果，较全面地表明了居民收入和消费水平的变化情况。1990—2012 年，年人均收入增长 16.8 倍，消费增长 12 倍。在收入方面，工资始终是最主要的收入来源，经营净收入、财产性收入的增幅大，但数额较小，转移性收入有了大幅提高。在消费方面，食品与家庭设备用品占比下降（分别由 54.24%、8.48%降至 36.23%、6.69%），衣着、教育、文化娱乐服务占比基本稳定，而医疗保健、交通通信、住房占比则大幅提高（表 4—12）。这表明中国居民的收入来源渠道正在走向多元化，消费需求也从简单的温饱状态走向舒适与健康。

表 4—12　　　　　　　　　中国城镇居民家庭基本情况

项目	1990 年	2000 年	2010 年	2011 年	2012 年
GDP 增长速度（%）	3.8	8.4	10.4	9.3	7.7
调查户数（户）	35660	42220	65607	65655	65981
平均每户家庭人口（人）	3.5	3.13	2.88	2.87	2.86
平均每户就业人口（人）	1.98	1.68	1.49	1.48	1.49
平均每户就业面（%）	56.57	53.67	51.74	51.57	52.1
平均每一就业者负担人数	1.77	1.86	1.93	1.94	1.92
平均每人全部年收入（元）	1516.21	6295.9	21033.42	23979.2	26958.99
工资性收入	1149.7	4480.5	13707.68	15411.91	17335.62
经营净收入	22.5	246.24	1713.51	2209.74	2548.29
财产性收入	15.6	128.38	520.33	648.97	706.96
转移性收入	328.41	1440.78	5091.9	5708.58	6368.12
可支配收入（元）	1510.16	6279.98	19109.44	21809.78	24564.72
平均每人总支出（元）	1413.94	6147.38	18258.38	20365.71	22341.42
平均每人现金消费支出（元）	1278.99	4997.99	13471.46	15160.88	16674.31
食品	693.77	1971.32	4804.71	5506.33	6040.85
衣着	170.9	500.46	1444.34	1674.7	1823.39

续表

项目	1990 年	2000 年	2010 年	2011 年	2012 年
居住	60.86	565.29	1332.14	1405.01	1484.26
家庭设备及用品	108.45	374.49	908.01	1023.17	1116.06
交通通信	40.51	426.95	1983.7	2149.69	2455.47
文教娱乐	112.26	669.58	1627.64	1851.74	2033.5
医疗保健	25.67	318.07	871.77	968.98	1063.68
其他	66.57	171.83	499.15	581.26	657.1
平均每人现金消费支出构成（%）					
食品	54.24	39.44	35.67	36.32	36.23
衣着	13.36	10.01	10.72	11.05	10.94
居住	4.74	11.31	9.89	9.27	8.90
家庭设备及用品	8.48	7.49	6.74	6.75	6.69
交通通信	3.17	8.54	14.73	14.18	14.73
文教娱乐	8.78	13.4	12.08	12.21	12.20
医疗保健	2.01	6.36	6.47	6.39	6.38
其他	5.20	3.44	3.71	3.83	3.94

资料来源：《中国统计年鉴 2013》。

从总体上看，1978—2012 年，中国城乡居民消费水平都有大幅增长（表 4—13）。农村居民消费从 1978 年的 138 元增加至 2012 年的 6475 元，增加了 45.9 倍；城镇居民从 405 元增加至 20864 元，增加了 50.5 倍，城镇居民消费增加的速度大于农村居民消费增加的速度。城乡消费差距呈现不断扩大的趋势，城乡消费水平差距由 1978 年的 2.93∶1 扩大为 2004 年的 3.84∶1，之后又有回落的态势，2012 年城乡消费水平差距为 3.22∶1。城乡之间仍有不小的差距。

表 4—13　　　　　　　1978—2012 年城乡居民消费水平

年份	绝对数（元）			城乡消费水平对比	指数（1978 年＝100）		
	全体居民	农村居民	城镇居民		全体居民	农村居民	城镇居民
1978	184	138	405	2.93	100	100	100

续表

年份	绝对数（元）			城乡消费水平对比	指数（1978 年 = 100）		
	全体居民	农村居民	城镇居民		全体居民	农村居民	城镇居民
1979	208	159	425	2.67	106.9	106.5	102.8
1980	238	178	489	2.75	116.5	115.4	110.2
1981	264	201	521	2.59	126.2	126.8	114.6
1982	288	223	536	2.40	134.8	138.3	115.4
1983	316	250	558	2.23	145.8	153.1	117.9
1984	361	287	618	2.15	163.2	172.8	127.2
1985	446	349	765	2.19	185.2	195.7	141.3
1986	497	378	872	2.31	194	200.3	150.8
1987	565	421	998	2.37	205.5	210	159.3
1988	714	509	1311	2.58	221.5	221	174.7
1989	788	549	1466	2.67	221	217.2	176
1990	833	560	1596	2.85	229.2	215.4	190.9
1991	932	602	1840	3.06	249	227.1	211.4
1992	1116	688	2262	3.29	282	246.5	245.3
1993	1393	805	2924	3.63	305.8	257.1	270.8
1994	1833	1038	3852	3.71	320	265	282.8
1995	2355	1313	4931	3.76	345.1	282.9	303.2
1996	2789	1626	5532	3.40	377.6	323.8	313.6
1997	3002	1722	5823	3.38	394.6	334	320.4
1998	3159	1730	6109	3.53	417.8	338.1	339.2
1999	3346	1766	6405	3.63	452.3	355.3	363
2000	3632	1860	6850	3.68	491	371.3	391.1
2001	3887	1969	7161	3.64	521.2	388	406.3
2002	4144	2062	7486	3.63	557.6	408.1	426.2
2003	4475	2103	8060	3.83	596.9	409.5	456.1
2004	5032	2319	8912	3.84	645.3	426.7	487.7
2005	5596	2657	9593	3.61	698.2	472.8	511.8
2006	6299	2950	10618	3.60	766.4	511.6	552.7

续表

年份	绝对数（元）			城乡消费水平对比	指数（1978 年 = 100）		
	全体居民	农村居民	城镇居民		全体居民	农村居民	城镇居民
2007	7310	3347	12130	3.62	849.9	546.8	606.2
2008	8430	3901	13653	3.50	926.4	593.5	647.9
2009	9283	4163	14904	3.58	1022	639.3	706.5
2010	10522	4700	16546	3.52	1106.1	690.3	748.3
2011	12570	5870	19108	3.26	1219.8	777.4	803.3
2012	13946	6475	20864	3.22	1315.6	836.6	851.6

注：1. 本表绝对数按当年价格计算，指数按不变价格计算；

2. 居民消费水平指数按常住人口平均计算的居民消费支出。

资料来源：《中国统计摘要 2013》。

二 GDP 高速增长与收入分配结构失衡的矛盾

（一）GDP 增速高于城乡居民收入增速，收入增速高于消费增速

中国居民的收入与消费水平虽然伴随着 GDP 高速增长都有较大增长，但是，长期以来中国存在着城乡居民收入增长速度低于 GDP 增长速度，消费增长速度慢于收入增长速度，而且收入分配差距呈不断扩大的态势。

1979—2012 年，中国 GDP 年均增速为 9.8%，城镇居民可支配收入年均增长 7.4%，农村家庭人均纯收入年均增长 7.5%，GDP 增长速度比城乡居民收入增速都高 2 个多百分点。1979—1989 年，经济增长都是大于城镇居民人均消费增长，其间 GDP 年均增长速度 9.7%，城镇居民人均消费增长 5.2%，相差 4.5 个百分点。1990—2012 年，有些年份城镇居民人均消费年均增长超过 GDP 增长，其间 GDP 年均增长 10.0%，城镇居民人均消费年均增长 7.3%，相差 2.7 个百分点。1979—1984 年，农村家庭人均收入增长大于农村家庭人均消费增长，其间农村家庭人均收入年均增长 16.5%，农村家庭人均消费年均增长 8.9%，相差 7.6 个百分点。1985—2012 年，农村家庭人均消费年均增速为 6.4%，高于农村家庭人均收入 5.7% 的增速；同期，GDP 年均增速为 9.98%，仍然高于农村家庭人均收入和消费增速（表 4—14）。

表 4—14 1979—2012 年 GDP、城乡居民人均收入和人均消费增长率变动 （单位：%）

年份	GDP增长率	城镇居民人均可支配收入增长率	农村家庭人均纯收入增长率	城镇居民人均消费增长率	农村家庭人均消费增长率
1979	7.6	15.7	19.2	4.2	6.9
1980	7.8	9.7	16.6	6.3	8.8
1981	5.2	2.2	15.4	1.5	9.4
1982	9.1	4.9	19.9	0.7	7.4
1983	10.9	3.9	14.2	2.5	9.4
1984	15.2	12.2	13.6	10.2	11.7
1985	13.5	12.2	7.8	8.2	14.1
1986	8.8	13.9	3.2	7.3	2.5
1987	11.6	2.2	5.2	8.7	4.3
1988	11.3	-2.4	6.4	8.9	6.0
1989	4.1	0.1	-1.6	-1.6	-0.8
1990	3.8	8.5	1.8	7.5	0.3
1991	9.2	7.1	2	9.3	6.7
1992	14.2	9.7	5.9	15.4	9.8
1993	14.0	9.5	3.2	8.9	6.1
1994	13.1	8.5	5	6.3	4.7
1995	10.9	4.9	5.3	4.6	8.2
1996	10	3.8	9	2.5	14
1997	9.3	3.4	4.6	3.5	3.3
1998	7.8	5.8	4.3	8.3	2.8
1999	7.6	9.3	3.8	11.3	4.7
2000	8.4	6.4	2.1	10.1	4.8
2001	8.3	8.5	4.4	4.4	4.5
2002	9.1	13.4	4.8	4.0	5.7
2003	10.0	9	4.3	4.9	2.7
2004	10.1	7.7	6.8	5.0	4.7
2005	11.3	9.6	6.2	7.6	5.7

续表

年份	GDP 增长率	城镇居民人均可支配收入增长率	农村家庭人均纯收入增长率	城镇居民人均消费增长率	农村家庭人均消费增长率
2006	12.7	10.4	7.4	8.6	7.6
2007	14.2	12.2	9.5	9.7	6.9
2008	9.6	8.4	8	6.9	8.5
2009	9.2	9.8	8.5	9.1	7.7
2010	10.4	7.8	10.9	5.9	8.0
2011	9.3	8.4	11.4	6.6	11.7
2012	7.7	9.6	10.7	10.0	13.2
年均增长率	9.87	7.45	7.76	6.68	6.82

资料来源：根据《中国统计摘要 2013》和历年《中国统计年鉴》相关数据计算得出。

（二）GDP 高速增长与居民收入差距扩大的矛盾

基尼系数反映了居民收入分配的平等程度。库兹涅茨（Kuznets）认为在经济增长的早期阶段，基尼系数呈加大趋势；而在经济发展的后期，基尼系数又会减小，总体上呈现倒"U"形。[1] 巴罗（Barro）研究了英国、瑞典、德国、比利时、澳大利亚和美国的收入分配状况。他认为这些国家在经济发展过程中，基尼系数出现先上升后下降的现象，与库兹涅茨的理论分析一致。[2] 图 4—21 的基尼系数说明，1978 年以来，随着中国 GDP 高速增长，城镇、农村和城乡居民收入差距不仅没有缩小，反而不断扩大。[3] 1978—2012 年，城镇居民基尼系数从 0.16 扩大到 0.3980，农村居民基尼系数从 0.2124 扩大到 0.3925，全国居民基尼系数从 0.333 扩大到 0.473（图 4—21）。

1.GDP 高速增长与城乡居民收入差距扩大的矛盾

新中国成立以来，基尼系数总体呈上升趋势，但有少数年份基尼系数

---

[1] ［美］库兹涅茨：《各国的经济增长》，商务印书馆 1999 年版，第 75 页。

[2] Barro R. J., "Economic Growth in a Cross-section of Countries", *Quarterly Journal of Economics*, Vol. 106, 1991, pp. 407-443.

[3] 根据泰尔指数的可分解性，全国收入差距可以分解为三个部分：城乡之间收入差距、城镇内部收入差距和农村内部收入差距。

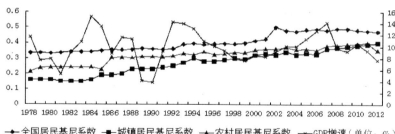

图 4—21 1978—2012 年中国 GDP 增速与三种基尼系数变化趋势

注：左轴表示全国、城镇、农村居民基尼系数；右轴表示 GDP 增速。

资料来源：2003—2012 年中国居民基尼系数来自张晓鸣《中国基尼系数连续五年回落》，《文汇报》2013 年 1 月 19 日；1978—1999 年历年的农村和城镇居民基尼系数来源于中华人民共和国统计局《从基尼系数看贫富差距》，《国情国力》2001 年第 1 期；1978 年的农村居民基尼系数为 0.2124，城市为 0.16；1995 年全国居民基尼系数为 0.389，1999 年为 0.397；1978 年、1995 年、1999 年数据来自于冯禹丁《消失 12 年后，官方版重出江湖基尼系数混战》，《南方周末》2013 年 2 月 2 日；2000—2011 农村和城镇居民基尼系数来源于黄志刚、刘霞辉《中国经济可持续增长机制研究》，经济管理出版社 2013 年版，第 104 页；2012 年农村和城镇居民基尼系数来源于李实、赖胜德《中国收入分配研究报告》，社会科学文献出版社 2013 年版，第 11—15 页。

是下降的。1960—1967 年基尼系数下降与"三年困难时期"有关，1970—1973 年基尼系数下降与开展大规模"三线建设"有关，1979—1985 年基尼系数下降与农村家庭联产承包责任制的推广带来农村收入增长有关。[1]

改革开放以来，随着 GDP 高速增长，全国城乡之间收入差距显著扩大。近 10 多年来，中国基尼系数一直在高位徘徊。20 世纪 80 年代初期，全国居民基尼系数为 0.33 左右，城乡收入差距较小，属于收入差距的合理范围。从 80 年代中期开始，城乡收入差距逐步扩大。2002 年基尼系数达到 0.454[2]，城乡收入差距拉大到约 2.44 倍。此后，波动上升，2008 年达到峰值 0.491。2012 年，基尼系数从 2008 年的峰值逐渐回落至 0.474，但是仍然超过国际警戒线[3]，远高于发达国家基尼系数

---

[1] 任保平：《以质量看待增长：对新中国经济增长质量的评价与反思》，中国经济出版社 2010 年版，第 248 页。

[2] 同上。

[3] 国际上通常把 0.4 作为收入分配差距的"警戒线"。

0.24—0.36 的区间。目前，全国基尼系数实际上不低于 0.5。[1] 根据《2011 年人类发展报告》对 111 个国家基尼系数的比较，基尼系数超过 0.5 的国家仅有 17 个[2]，属于收入高度不平等国家。

2. GDP 高速增长与城镇居民内部收入差距扩大的矛盾

随着 GDP 高速增长，城镇居民内部收入差距也呈加速扩大趋势。1978—1999 年，城镇居民基尼系数由 0.16 增长到 0.295，收入分配差距较小。进入 21 世纪以来，2000—2002 年，城镇居民基尼系数为 0.32 左右，城镇内部收入差距变化不大；2003—2005 年基尼系数上升至 0.33，随后几年围绕这一水平上下徘徊。从 2009 年开始，基尼系数又不断上升。根据相关研究[3]，目前，中国城镇居民的基尼系数超过 0.4。

3. GDP 高速增长与农村居民内部收入差距扩大的矛盾

随着 GDP 高速增长，农村居民内部收入差距缓慢扩大。1978—1999 年，农村居民基尼系数由 0.2124 增加至 0.336，收入分配差距较小。最近十年农村内部居民收入差距再次缓慢扩大，从 2000 年的 0.3536 上升至 2012 年的 0.3925，上升了近 4 个百分点，平均每年提高将近 0.4%。近年来由于国家实施惠农政策，收入差距有所缩小。城镇居民内部收入差距大于农村内部收入差距。

改革开放以来，中国收入分配差距变化，除了城乡居民、城镇居民和农村居民基尼系数不断扩大外，城镇居民人均可支配收入与农村居民人均纯收入比和城镇居民人均消费与农村居民人均消费比也在不断扩大。改革开放之初的 1979 年，城镇居民人均可支配收入是农村家庭人均纯收入的 2.53 倍，20 世纪 80 年代的农村改革使这一比例有所下降，1983 年为 1.82。1983 年后，这一比值又逐渐增大，上升到 1994 年的 2.86，2007 年达到 3.33。此后又大致呈下降态势，2012 年这一比值虽下降到 3.10，但仍然处于一个差距较大的状况。如果将城镇居民享受带来很大福利性成分的医疗、教育、交通以及公共服务等计算在内，剔除农民收入中不可计算

---

① 李实、赖胜德：《中国收入分配研究报告》，社会科学文献出版社 2013 年版，第 11—15 页。

② 2011 年人类发展报告编写小组：《2011 年人类发展报告》，联合国开发计划署，2011 年，第 78 页。

③ 李实、[日] 佐藤宏、[加] 史泰丽：《中国居民收入分配研究 IV：中国收入差距变动分析》，人民出版社 2013 年版，第 54 页。

的实物部分以及用作生产资料的投入，中国城乡居民实际收入差距更大。与之相伴随的是，1979 年，城镇居民人均消费是农村居民人均消费的 2.7倍，同人均收入相对应。1979 年以后，这一比值下降到 1983 年的 2.04。随后这一比值又逐渐增大，上升至 1995 年的 2.70。此后这一比值始终处于较高范围，2003 年、2004 年升至 3.35、3.29。此后有下降态势，但都在 3.0 左右震荡（图 4—22）。

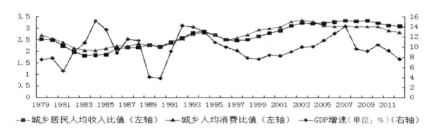

图 4—22 1979—2012 年中国 GDP 增速与城乡居民人均收入、消费变化关系
资料来源：《中国统计摘要 2013》。

（三）GDP 高速增长与最高、最低收入户收入差距的矛盾

随着 GDP 高速增长，最高、最低收入户之间收入差距不仅没有缩小，反而有所扩大。2012 年，最高收入户的人均可支配收入扣除人均消费性支出后剩余为 26162.47 元，而最低收入户的人均可支配收入扣除人均消费性支出后剩余为 913.72 元，最高收入户剩余是最低收入户剩余的28.63 倍。最高收入户和最低收入户在扣除消费性支出后的收入差距比扣除前的收入差距还要大。显示穷者愈穷，富者愈富。2012 年，农村高收入户的人均纯收入是低收入户的 8.21 倍。农村高收入户与低收入户之间的收入差距也在扩大。按收入水平将城镇和农村居民收入划分为五组，2012 年，城镇居民高收入组人均可支配收入是低收入组人均可支配收入的 5 倍，农村居民高收入组人均纯收入是低收入组的 8.2 倍左右。[1]

（四）GDP 高速增长与政府财政、居民收入失衡的矛盾

改革开放 30 多年，随着 GDP 高速增长，居民收入在国民收入分配中所占比例偏低，其增长速度明显低于财政收入增长速度。居民个人收入与

---

[1] 根据《中国统计年鉴 2013》相关数据计算。

国家财政收入的关系是失衡的。1994—2012 年，中国财政收入连续 19 年
高速增长，年均增速高达 19%。同期，GDP 年均增速为 9.95%，财政收入
增长速度几乎达到 GDP 增长速度的 2 倍。与此同时，城镇居民人均收入年
均增速为 8.25%，农村居民人均收入的年均增速为 6.67%，两者都不足财
政收入年均增速的 1/2，也低于 GDP 年均增速。有的年份城镇、农村居
民人均收入增长速度仅仅是国家财政收入增长速度的 1/3（图 4—23）。

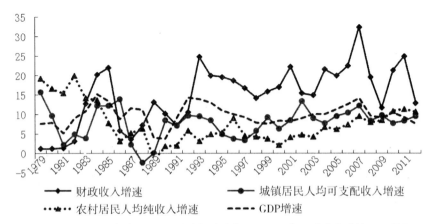

图 4—23　1979—2012 年中国 GDP 增速与财政收入、居民收入增速变动情况（单位:%）
资料来源:《中国统计年鉴 2013》。

（五）GDP 高速增长与收入分配不公的矛盾

改革开放 30 多年来，GDP 高速增长的同时，出现了严重的收入分配
不公现象。

首先，城乡之间收入分配不公。21 世纪以来，城乡居民人均收入比
值从 2000 年的 2.79 倍提高到 2009 年的 3.33 倍，2009 年达到历史新高，
随后的三年出现小幅下降，2012 年城乡居民人均收入差距为 3.1 倍。城
乡收入差距扩大是导致全国收入差距扩大的主要因素。一些研究表明，城
乡收入差距占全国收入差距的比重呈不断上升趋势，1995 年、2002 年、
2007 年分别为 41%、45% 和 47%。[1]

城乡收入差距被列为一种收入分配不公，体现了收入差距的中国特

---

[1]　李实、[加] 史泰丽、[瑞典] 别雍·古斯塔夫森:《中国居民收入分配研究 Ⅲ》，北京
师范大学出版社 2008 年版，第 120—125 页。

色。这既有历史的原因，也有现存体制和政策的原因。新中国成立之初，为了追求快速的工业化进程，国家实行城乡价格剪刀差，以牺牲农民利益来支持工业化发展所需的资金。城乡二元模式导致农村社会保障、公共服务发展落后于城市，农民收入与城镇收入增长差距拉大。改革开放以后，户籍制度等城乡分割体制并没有改变。从某种程度上讲，城乡收入差距扩大是经济高速增长的反面成果，是不公平的社会经济体制、不公平的经济发展战略造成的，因此是一种严重的收入分配不公。

其次，垄断行业与非垄断行业收入差距过大。改革开放一直到 20 世纪 90 年代初期，最高工资行业平均工资与最低工资行业平均工资的差距不明显，前者仅仅比全社会平均工资高出 30%—40%，行业间的收入差距较小。21 世纪以来，垄断行业的工资水平远高于社会平均工资。2012 年，金融业职工年均工资分别是制造业、住宿和餐饮业以及农、林、牧、渔业职工年均工资的 2.15 倍、2.87 倍和 3.96 倍。[1] 有些研究揭示，高收入行业主要是一些垄断行业，其高收入主要来源于该行业的垄断利润。[2] 而垄断行业的高收入与其高管收入过快增长紧密相连。2012 年，2310 家上市公司高管的平均薪酬（63.61 万元，比 2008 年提高 20%）是城镇居民可支配收入的 25 倍。金融类高管平均薪酬是非金融类的 3.85 倍。[3]

再次，退休人员收入差距较大。中国社会保障制度的分割体制，使不同退休人员的收入差距扩大。最好的是公务员退休保障制度，其次依次是企业单位退休制度、无就业人员的养老保障制度。退休保障制度种类不同，导致退休人员养老金收入差距扩大。1988—2007 年，城镇退休人员养老金收入差距的基尼系数由 0.22 提高至 0.30。[4] 近年来，农村养老保险制度在一定程度上缩小了城乡养老保障水平的差距，但城镇养老保障水平总体上远高于农村养老保障水平。

（六）GDP 高速增长与收入分配差距的国际比较

中国全国的基尼系数由 20 世纪 80 年代的 0.3 多一点上升到 1994 年

---

① 吴江：《中国人力资源发展报告（2013）》，社会科学文献出版社 2013 年版，第 257—260 页。

② 岳希明、李实、[加] 史泰丽：《2010：垄断行业高收入问题探讨》，《中国社会科学》2010 年第 3 期。

③ 高明华：《中国上市公司高管薪酬指数报告 2013》，经济科学出版社 2013 年版，第 12 页。

④ 李实、赵人伟、高霞：《中国离退休人员收入分配中的横向与纵向失衡分析》，《金融研究》2013 年第 2 期。

的 0.395 左右，这段时期的收入差距相对合理。自 2000 年进入到 0.4，此后一直上升，到 2012 年达到 0.474。中国收入分配差距的扩大与推行比较优势发展战略的日本和"亚洲四小龙"相比也是相对较高的。在经济高速增长时期，日本的基尼系数维持在 0.3—0.4 之间[①]，"亚洲四小龙"的收入分配状况同样没有出现恶化。1965—1966 年，新加坡和中国香港地区家庭收入的基尼系数分别为 0.498 和 0.467；到 1981—1982 年，新加坡、中国香港地区和中国台湾地区降至 0.443、0.453 和 0.308。[②③] 国际上公认日本和"亚洲四小龙"成功地实现了从中等收入向高收入跃升，成功地突破"中等收入陷阱"，其中的经验之一是：日本和"亚洲四小龙"在 GDP 高速增长时期，收入分配较公平。

拉美国家 GDP 高速增长时期，财富和收入高度集中于极少部分的富人，绝大多数低收入阶层和贫困人口储蓄很少，是收入分配不公的经典案例。拉美国家从 20 世纪 50 年代起 GDP 增长迅速，到 70 年代末，大多数拉美国家人均 GDP 超过 1000 美元。然而在此之后，即从 80 年代起，由于片面追求 GDP 增长，忽视社会发展之间、城乡发展之间、不同利益群体之间的关系，从而在拉美国家出现了贫富悬殊、失业人口增多、城乡收入差距拉大等一系列问题。[④] 拉美国家在 GDP 高速增长时期，城乡之间收入差距较大、贫富差距悬殊，是落入"中等收入陷阱"的原因之一。中国 GDP 高速增长的同时，全体居民并没有公平地享受经济发展带来的利益，居民收入差距不合理扩大化。这种收入分配格局对经济发展、社会稳定构成严重威胁。如果不能及时有效解决收入分配不公的问题，中国也有可能落入"中等收入陷阱"。

三　GDP 高速增长与收入分配失衡的后果

（一）贫富差距扩大

1980—2012 年，中国贫富差距扩大了 1 倍多。2002 年，中国 10% 的

---

① 李实、罗楚亮：《中国城乡居民收入差距的重新估计》，《北京大学学报》（哲学社会科学版）2007 年第 3 期。

② 沈红芳：《东亚主要经济体收入分配的比较研究》，《南洋问题研究》2004 年第 3 期。

③ 黄志刚、刘霞辉：《中国经济可持续增长机制研究》，经济管理出版社 2013 年版，第 279 页。

④ 曾伏秋：《"收入分配—经济增长"的现代分析框架及中国收入分配改革的思考》，《湖南商学院学报》2012 年第 2 期。

最富有人口占全部财富的比重为 41%。2012 年，中国基尼系数为 0.474，贫富差距超过了美国，位居世界贫富差距最大的国家前列。2012 年的调查显示，日益严重的贫富不均为中国社会面临的首要挑战和最大威胁，其排名在贪腐和失业之上。贫富差距进一步扩大，不仅威胁社会的进步，而且对国家政治、经济和社会稳定产生恶劣影响。[①] 2014 年，中国资产超过 10 亿美元的富豪 263 人，比 2013 年多 64 人。这些富豪资产的计算，主要依据上市公司披露等公开数据。由于中国诚信体系很不健全、监管不力、现金交易过大等弊端，这些富豪资产还有很多没有计算进去。中国大约 1/2 的财富集中在少数富豪手中，财富分配严重失衡。世界银行的一项报告显示，中国最高收入中 20% 人口的平均收入是最低收入 20% 人口平均收入的 10.7 倍，远超过美国的 8.4 倍、俄罗斯的 4.5 倍、印度的 4.9 倍和日本的 3.4 倍。波士顿咨询集团的一项财富报告显示，2010 年，中国高净值家庭[②]拥有的可投资资产占全国私人金融资产总额的比重超过 40%，高净值家庭财富增长的速度是普通家庭的近 2 倍。2008—2012 年，高净值家庭数呈指数化上升趋势，依次为 51 万、124 万、143 万、174 万，仅次于美国的 513 万、日本的 159 万，复合年均增长率为 41%，远远超过同期 GDP 年均 9.26% 的增长速度。高净值家庭数的高速增长，显示中国未来财富差距还将进一步扩大。未来 5—10 年，中国财富增长速度为 13%—15%，是 GDP 增长速度的 2 倍多。[③]

（二）影响经济可持续增长

20 世纪 90 年代中期以来，中国 GDP 中的工资性收入所占的份额呈不断下降的趋势。这意味着国民收入分配中，工薪阶层分享到收入增长的相对份额不断减少，而资本收益和政府收入在收入增长中所获得的相对份额不断增加。这反映了在初次分配阶段，中国整体收入分配流程存在的缺陷。中国要素禀赋格局（劳动力是中国最为丰富的初始生产要素）和实行人民币可调整盯住汇率制的需要，均要求压低工资获取产品国际竞争力和贸易顺差，进而累积外汇储备。此外，中国收入分配差距扩大还危及现行的储蓄动员机制。社会保障和金融发展滞后作为现行储蓄动员机制的重

---

① 赵强：《中国贫富差距超美国》，《环球时报》2014 年 4 月 30 日第 3 版。

② 拥有 600 万元以上可投资资产的家庭。

③ 2012 经济研究小组：《中国私人财富知多少》，《第一财经日报》2013 年 5 月 4 日第 A 专栏 2 版。

要支柱均无助于缩小收入分配差距。其中，不仅消费金融的高成本加剧了对低收入阶层的歧视，而且金融欠发达，特别是证券、房地产等资产市场的非规范发展和单边市场特征还极大限制了广大民众获得高效的（金融）投资渠道和财产性收入，甚至出现严重的劫贫济富现象。中国社会保障支出水平长期偏低，也使得相对收入差距扩大趋势无法得到有效扭转。由此可见，继续维持政府主导型的储蓄动员机制不仅会妨碍消费跨期平滑、直接降低社会福利，而且还会恶化本已经严峻的收入分配状况、阻碍广大民众分享经济增长成果。在极端情况下，甚至会引发严重的社会问题，危及 GDP 可持续增长。

（三）可能落入"中等收入陷阱"

中国目前的收入分配模式下，家庭收入占国民总收入的比例不断降低。这一比例的总趋势先是升高而后降低。1978—1982 年，家庭收入占国民收入的比例急速增长，1982 年达到最高点 62.8%，这意味着人民是经济增长的直接受益者。然而，到了 2007 年，这一比例降低为 44.5%，低于 1978 年的水平。这表明收入的涨幅明显低于经济涨幅，即高经济增速并不一定转化为国民平均收入的增长。与此同时，不同家庭的收入差距拉大，劳动报酬在初次分配中的比例降低。不同阶层、不同群体间的收入差距也呈上升态势。中国的收入分配不均不仅是城市和农村间的问题，城市和农村自身内部同样存在着收入分配不均。富人越来越富裕，穷人越来越贫穷。收入分配的两极分化极有可能使中国落入"中等收入陷阱"，这已经成为中国经济增长面临的严峻挑战。[①]

四　协调 GDP 高速增长与收入分配结构

GDP 增长速度影响收入，但它既可能引起收入分配差距扩大，也可能减少不平等和贫困化，这要视 GDP 增长速度的适度与否。追求过高过快GDP 增长速度，会导致收入分配差距的扩大。贫富悬殊过大，影响社会稳定和经济可持续发展。改革开放 30 多年来，GDP 高速增长，城乡居民的收入消费大幅增长，但是城乡居民之间、城镇居民内部、农村居民内部收入差距不断扩大，国家财政收入与居民个人收入严重失衡等，阻碍经济增长效益的发挥。收入分配不公通过影响消费、投资从而影响 GDP 增长速度。

---

① 胡鞍钢：《中国 2020：一个新型超级大国》，浙江人民出版社 2012 年版，第 197 页。

收入分配不公还影响社会、政治稳定以及资本市场的产生途径，不平等和贫困化对 GDP 增长速度的社会环境将产生不利影响，从而损坏 GDP 增长速度的外部条件。因此，必须协调好 GDP 增长速度与收入分配结构的关系。

（一）协调好 GDP 高速增长与财政收入和居民收入增长

财政收入在国民收入中占比过大，而居民个人收入占比偏小。提高居民个人收入，相应减少国家财政收入，有四种办法：一是对居民个人收入减税；二是退税；三是提高个税起点。提高个税起点可有效增加居民个人的收入；四是在社会保障基金的缴纳上国家应承担更大的责任，适当减少居民缴纳的数额。居民缴纳社会保障基金的比例偏大，就等于减少居民个人的收入。这将不利于增加消费。目前，中国拥有数额庞大的国有资产，在承担起社会保障资金缴纳的基础上国家完全具有更大的能力和责任。

（二）协调好 GDP 高速增长与税收杠杆的再调节功能

健全税收杠杆对收入分配的再调节功能，着力"提低"、"控高"，解决不合理的个人或集团资产的存量。个人所得税是调节收入分配最直接、最有效的方式。但是，中国个税收入占税收总收入的比重仅约 6%（美国为 40%），其中的 60% 又来自工薪阶层，这不利于发挥个人所得税调节收入分配的功能。[1] 中国应该提高个税起征点，降低个税税率。中国工薪所得和劳务报酬的最高税率分别为 45% 和 40%，而世界 4/5 的国家最高税率不超过 40%。[2] 鼓励和推动企业职工持股，可以起到资产占有均等化的效果。以全局、整体、全社会共赢为根本立足点，寻找房产税和遗产税尽可能接近的平衡点。对部分高档娱乐、奢侈消费品征税，有利于优化居民消费结构。经济全球化，税源国际化，大量企业避税导致税基侵蚀和利润转移，应该加大反避税收入，同时加强信息技术在税收征管上的应用。

（三）协调好 GDP 高速增长与财产性收入增长

中国 GDP 高速增长，但居民的财产性收入相对较低。因此，只有提高财产性收入在居民收入中的比重，才能实现真正富有。仅靠劳动收入并不能使居民真正富裕起来。提高财产性收入在居民收入中的比重，一是增加居民自身的财产，只有居民的财产增加了，居民才能提高自己的财产性收入。二是形成有利于居民不动产收益增加和动产收益增加的资产投资体

①　江国成：《专家建议推行房产税遗产税》，《新华每日电讯》2014 年 5 月 16 日第 6 版。

②　贾康：《房产税遗产税的推出应逐步探索》，《经济参考报》2013 年 11 月 1 日第 8 版。

制。资本市场投资和房地产市场投资构成了资产投资。既要必须防止资产价格的过快上涨，有效保证居民财产性收入能够实现应有的增长，又要防止资产价格上涨过快所形成的泡沫压力和社会矛盾压力。

（四）协调好 GDP 高速增长与包容、均等化教育

更加包容和均等化的教育发展是 GDP 高速增长过程中，缩小收入差距、防止贫困代际传递的根本方法。培养人力资本，既要保持总体扩大的势头，提高全民素质和劳动技能，又要更加注重公平和均等，解决在城乡之间、地区之间和不同利益群体之间存在的教育不公平问题。全球化和技术进步具有潜在地排斥低技能劳动者的倾向，而提高整体教育水平，保证所有劳动者群体人力资本的不断提高，是防止出现这种排斥现象的最有效办法。推进收入分配和教育体制的配套改革，确保城乡、地区、不同利益群体享受公平的教育和就业机会，良好的教育是就业、创业和创新竞争力的重要途径。

收入分配归根结底取决于国民收入的大小。因此，需要保持 GDP 增长的适宜速度，实施再分配政策时要依据法律规定有效调节高收入群体，培养中等收入者群体和改善低收入者群体的生活状况，同时防止政策的随意性，避免伤害劳动就业、合理消费、积累和投资的积极性。

处理好 GDP 增长速度、经济结构、物价稳定三者关系，要求物价上涨温和可控、GDP 增长平稳，而结构调整是增强 GDP 增长平衡性、协调性和可持续性的手段。当前，有效抑制通货膨胀、保持适宜的 GDP 增长速度以及避免 GDP 增速出现大的波动是中国经济宏观调控需要解决的主要问题。（1）保持宏观经济政策的针对性、稳定性，既要实施积极的财政政策，又要配合稳健的货币政策，并依据国际、国内形势的变化提高其前瞻性和有效性。财政政策应重点调整财政收支结构、强化增收节支，解决地方政府性债务问题，保障 GDP 平稳发展，优化经济结构。货币政策应重点消除前段时期货币规模发行过快带来的滞后效应和累积效应，防止多重紧缩因素过度叠加效应，维持社会融资总量合理、高效增长。这就需要发挥多种货币、财政政策协调的综合作用。（2）短期目标和中长期目标相结合，把控制物价过快上涨和保持 GDP 平稳较快增长相结合，避免短期控制物价影响长期就业和中长期 GDP 增长基础。（3）重视解决具体实际问题：中小企业融资难、房地产市场的调控和健康发展、安全生产等方面的问题。应实施差别政策和针对性措施，把握宏观调控的大方向、发

挥各地方的积极性。

本章的研究揭示：无论从理论上还是从实践上，一个国家的经济结构是否合理，与其 GDP 增长速度和质量是直接相关的。调整经济结构是发达国家和发展中国家在经济发展过程中的中心问题，也是 GDP 增速适度与否的重要内容和必要条件。调整经济结构也是当前中国适应世界经济结构深度调整的必然要求，是巩固和发展经济企稳向好势头的当务之急。

中国全面推进产业结构调整和优化升级的措施也取得了明显成效。中国的制造业，长期扮演"世界工厂"、"世界制造"的角色①，取得了巨大成就。2010 年中国制造业增加值占世界总量的比重为 19.8%，超过美国的 19.4%，打破了自 1890 年以来美国长达 120 年之久的世界第一工业或制造业大国的地位。② 但是，中国产业结构中第三产业相对滞后，产业内部依靠自主创新的高科技产业缺乏明显优势。第二产业又主要以低端制造业为主。这与当前发达国家产业结构迈向高端制造业和服务业为主的发展趋势还存在很大的差距。目前，发达国家实施"再工业化"战略，工业在较长时间内仍将是推动全球经济增长和效益提高的重要动力。然而，随着工业化从平推式向立体式转变，能耗高、水耗高、资源消耗高、污染严重、资本密集的传统工业的比重将大幅降低，工业更趋向于高端制造业；劳动密集、知识密集、节能减排的服务业比重明显提高。在服务业中，旅游、交通运输、信息通信和金融保险服务将成为对经济增长贡献率最高的行业。服务业的国际贸易将成为推动服务贸易发展的主要动力，对知识、科技、教育、信息等知识要素的依赖程度迅速增加，并成为促进经济长期增长的主要动力和创新就业的主要来源。推进中国低端产业转向高端制造业和知识服务业，向知识经济、知识社会转型是中国产业结构调整的必由之路。

2008 年以来，为应对国际金融危机，中国全面扩大内需，加强基础设施和生态环保建设，实行结构性减税，大力增强消费需求对经济增长的拉动力，使中国经济转向更加均衡的可持续的发展。但是，消费需求不足，国民经济主要靠投资拉动的格局并没有实质性改观。2009 年，GDP 增速为 9.2%，在 GDP 增长中，投资贡献了 8.1 个百分点，而最终消费仅

---

①　王伶俐：《中印服务外包的比较研究》，对外经济贸易大学出版社 2011 年版，第 56 页。
②　胡鞍钢：《中国道路与中国梦想》，浙江人民出版社 2013 年版，第 49 页。

仅贡献了 4.6 个百分点，投资推动 GDP 高速增长的特征仍然明显。此外，需求结构过分依赖投资和出口，而消费作用偏弱。1990 年以来，世界平均消费率基本稳定在 77%—79%，在所统计的 36 个国家中，只有 8 个国家低于 70%，而 2012 年中国居民最终消费率为 34.8%。① 这种投资和出口的"双高"发挥了中国的后发优势，对中国经济增长发挥了重要作用。但从经济发展的一般趋势看，持续的高投资、高出口而国内需求特别是消费需求相对较弱，既不利于国民经济的持续健康发展，也会对国外市场形成过度依赖。因此，总需求中要提高消费需求对经济增长的拉动作用，增强 GDP 长期增长的"内生性"动力。GDP 高速发展的最终目的是有利于经济发展和广大人民生活，实现"两个百年目标"。调整原有的需求结构，在保持适度投资和出口的同时，完善促进消费和提高居民收入的各项政策，积极推动最终消费，提高消费对经济发展的贡献，推进中国经济增长由主要依靠投资、出口"两驾马车"拉动向依靠消费、投资和出口"三驾马车"协调拉动的转变。

在中国 GDP 高速增长的模式下，劳动力供给充裕而资本稀缺决定了中国的"强势资本、弱势劳工"的基本格局，中国的收入差距不断扩大。收入较低的农民不可能在短期内转移出来，进入到收入较高的工业和服务业就业。而在转移过程中，不仅那些还未转移出来的农民收入较低，难以提高，就是那些转移出去获得新的非农就业的"农民工"，由于劳动力市场供给过大、竞争激烈，工资水平还会是很低的，他们的各种权利也很难得到保障。在这样的情况下，农民及"农民工"，所获取的收入比较少，处于收入的下层。与此同时，在 GDP 高速增长的赶超过程中，政府通过集中资源和扭曲价格等方式补贴工业等现代部门，虽然一方面拉动了国民收入的增长，即"增长效应"；另一方面也使收入分配差距进一步拉大，即"分配差距效应"，使得拥有资本和技术的个体获得收入更多，处于收入的上层。② 因此，在 GDP 高速增长模式下，中国的收入差距会进一步扩大，2012 年，中国城乡、城镇、农村居民基尼系数分别为 0.4706、0.3980 和 0.3925。GDP 高速增长的赶超型增长模式使得中国居民收入差距增大，影响了中国经济的健康发展。

---

① 世界银行 WDI 数据库。

② 樊纲、张晓晶：《"福利赶超"与"增长陷阱"：拉美的教训》，《管理世界》2008 年第 9 期。

　　调整经济结构既是中国应对世界新科技革命带来的经济结构深度调整的挑战，也是提高中国经济整体素质和增强经济发展后劲的重大战略措施。当前，世界经济正向低碳经济转型，新的科技革命将会以绿色、智能、可持续发展为特征。[①] 历史经验表明，抓住科技革命的机遇，在科技创新方面占据优势，主动调整经济结构，就能掌握经济发展的主动权，实现经济的快速发展，在世界范围的竞争中赢得主动权。在新一轮科技革命时代，推动经济结构调整，是应对后金融危机时代激烈国际竞争的关键举措，是实现以人为本的经济发展的内在要求。

　　总之，随着 GDP 的高速增长，中国产业结构、需求结构、收入分配结构在一定程度上都进行了调整和优化，为国民经济的可持续发展做出了重要贡献。但是，也产生了一些影响经济持续健康发展的弊端。在经济结构调整中，产业结构调整是基础，它影响需求结构和收入分配结构的调整过程和质量。同时，需求结构和收入分配结构调整也是中国经济结构调整必不可少的组成部分，三者相互作用，相互影响。除此之外，所有制结构、区域经济结构、城乡结构等也需要进行调整。

---

　　① 庄贵阳：《低碳经济：让地球换一个活法》，《光明日报》2009 年 12 月 4 日第 11 版。

第五章

中国 GDP 增长速度步入新常态

改革开放 30 多年，GDP 高速增长创造了巨大的社会财富。2012 年中国人均 GDP 进入中等偏上阶段后，原有的人口红利、资源红利和全球化红利等传统发展要素的比较优势对经济增长的支撑作用不断减弱。特别是2008 年国际金融危机引发的国际环境深刻调整和国内加快经济转型，中国进入经济增长速度的换挡期，继续保持 GDP 的高速增长将超出经济的潜在增长率。中国 GDP 高速增长的传统比较优势逐渐消失，原来的红利因素减弱，因此，中国经济从高速增长转向中高速增长，是宏观经济的理性回归和潜在经济增长率下降的内生要求，是中国经济的必然选择，也符合世界经济发展的一般规律。同时，通过再造经济增长的一系列新红利和动力系统，是新常态下 GDP 中高速增长的有效保障，并通过 GDP 中高速增长，实现经济提质增效，持续健康协调发展。

第一节　GDP 增长速度步入新常态的必然性

一　GDP 高速增长的传统优势逐步减弱甚至消失

中国经济发展的总体态势没有因为金融危机的冲击而改变，但支撑过去 30 多年 GDP 高速增长的潜在增长率正在下降，传统发展优势逐步减弱甚至消失。这是中国经济从高速转向中高速增长的客观原因。

（一）人口红利减弱

人口红利阶段指的是处于劳动年龄阶段的人口等于或大于总人口的60% 的时间跨度范围。人口红利可以用倒 U 形曲线描述，分为三个阶段。第一阶段，人口红利窗口打开，劳动年龄人口稳步提升。该曲线在劳动年龄人口达到总人口最大比例时达到顶峰。当劳动年龄人口占总人口比例趋于稳定下降趋势时，人口红利窗口关闭。人口红利的倒 U 形曲线的精确形状在不同国家是不同的，因为各个国家都在经历不同的人口转型。人口红利窗口最多将在 40 年内持续保持敞开状态。这取决于人口出生率的下降速率，老龄化的到来将彻底关闭人口红利窗口。日本的人口红利时间是1955—1995 年，意大利是 1975—1995 年，印度是 1975—2035 年。[①] 不同国家的人口红利为本国的经济高速增长都做出了重要贡献，随着经济社会的发展，人口红利会逐渐减弱。

改革开放 30 多年来，中国丰富廉价的劳动力资源是中国 GDP 高速增长的重要源泉之一。中国成功实施的比较优势战略，将传统农业和国有企业部门中的"人口负担"转变为推动经济高速增长的"人口红利"[②]，把中国 GDP 送入起飞的跑道，为中国经济规模的快速扩张做出了巨大贡献。进入 21 世纪，中国必须要面对两大人口统计学挑战（除了提升人均 GNI 外）：儿童人口的下降和不断增长的老年人口。与世界上发达国家典型的"在变老之前变富"不同，中国在变富之前人口结构已经开始变老。为中国经济增长贡献了很长时间的人口红利在 21 世纪初开始逐渐减弱，这一转变对中国 GDP 增长速度换挡有重要影响。如图 5—1 所示，1990—2014年 0—14 岁人口比重呈直线下降趋势，由 27.7% 降至 16.5%，降幅超过10 个百分点，其中 2005—2014 年下降速度加快；与此相反，65 岁以上人口比重呈上升趋势，由 5.6% 升至 10.1%，升幅近 5 个百分点，人口年龄结构朝着"未富先老"的方向变化。其中，2012 年，中国 15—64 岁的劳动年龄人口数量同比下降 0.6%。这暗示，在过去计划生育政策存在的条件下，劳动年龄人口的持续下降，带来人口抚养比率的提高，这一状况呈扩大态势。2012 年出现人口红利的拐点。[③] 劳动力供需形势发生逆向变化，"人口红利"逐步减弱甚至消失。在劳动力由原来的无限供给变化至

①　世界银行：《2007 世界发展报告：发展与下一代》，清华大学出版社 2013 年版，第 4—5 页。

②　［美］朱利安·西蒙：《发展经济学的革命（中译本）》，上海三联书店 2000 年版，第45 页。蔡昉：《人口转变、人口红利与经济可持续增长——兼论充分就业如何促进经济增长》，《人口研究》2004 年第 2 期。中国经济增长与宏观稳定课题组：《劳动力供给效应与中国经济增长路径转换》，《经济研究》2007 年第 10 期。

③　《人口红利拐点已至，经济增长方式与人口政策需调整》，《南方都市报》2013 年 2 月 25日第 A02 版。

持续下降，劳动力成本则不可逆地上升。2008—2012 年，城镇职工平均工资的年均增长率为 12.8%，农民工的平均收入增长 14.3%。[1] 这一方面是因为经济发展和通货膨胀等因素导致劳动力工资的持续上升，另一方面是因为劳动力的无限供给的状况开始发生逆向变化。2014 年，我国 60 岁及以上人口占总人口的比重高达 15.5%[2]，大大高于发展中国家的平均水平。"十三五"时期，虽然实施"全面二孩生育政策"，但由于目前我国的总和生育率为 1.5—1.6，大大低于 2.1 的更替水平[3]，"未富先老"已经凸显，所以人口红利将加快消失，进一步降低 GDP 的潜在增长率。因此，支撑 GDP 高速增长的人口红利的减弱，是中国 GDP 转向中高速增长的客观现实。

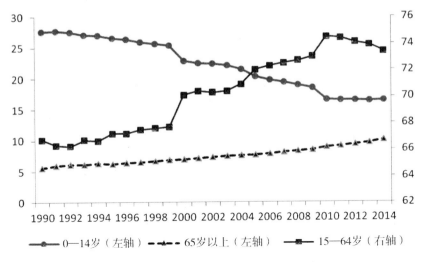

图 5—1　1990—2014 年中国人口年龄结构（单位:%）

资料来源:《中国统计年鉴 2015》。

（二）高储蓄率和高投资率向下调整

储蓄是一个经济社会进行投资的主要渠道，以便利用资源生产更多的产品，满足经济社会的更高级和更多样化的需求。一般来说，在体制政策

---

[1]　根据《中国统计摘要 2013》相关数据计算得出。
[2]　根据《中国统计年鉴 2015》相关数据计算得出。
[3]　《中共中央关于制定国民经济和社会发展第十三个五年规划的建议》（辅导读本），人民出版社 2015 年版，第 275 页。

不变的条件下，决定储蓄率的主要因素是整个社会的人口抚养比和预防性储蓄，两者呈反比例变化关系。抚养比每提高 1%，储蓄率下降 0.8%。在 GDP 高速增长时期，中国储蓄率持续上升，而抚养比不断下降。但这种情况在现行计划生育政策不变的情况下，将随着人口年龄结构变化和老龄化进程加快而发生变化，人口抚养比将趋于上升，用于养老的支出将持续增长。这些变化将使过去的高储蓄率向下调整。2010—2012 年，中国储蓄率已由 51.8% 下降至 50.8%，下降了 1 个百分点。[①] 根据人口年龄结构的变化预测，未来几十年中国储蓄率呈逐步下降趋势，2020 年、2050 年、2100 年分别下降至 33%、20% 和 12%。[②] 储蓄率与投资率呈正比例关系，储蓄率的下降必然引致投资率的下降，支撑 GDP 高速增长的高投资局面将发生转变。这是中国 GDP 从高速增长转向中高速增长的重要原因之一。

（三）GDP 高速增长的动力结构从外循环转向内循环

改革开放以来，中国经济进入外向型的发展轨道，在拉动经济增长的"三驾马车"中，GDP 高速增长主要依靠投资和出口的驱动力。1978—2010 年，资本形成、货物和服务出口、最终消费支出年均增长率分别为16.7%、23.3% 和 14.9%；资本形成、货物和服务出口年均增速分别高于消费增速 1.8% 和 8.4%。

2008 年全球金融危机发生后，中国政府投入 4 万亿元资金刺激经济。2009 年中国净出口对经济增长的贡献率下降为-37.4%，但投资贡献率达到 87.6%。2003—2010 年，中国投资对 GDP 增长的年均贡献率为 54%，远远超过 1980 年以来全球 21% 的平均投资水平，而中国消费率仅为48%，低于全球 80% 的平均水平。投资率偏高，消费率偏低，投资和消费的比例长期失衡。投资和出口的快速增长成为中国 GDP 高速增长的主要驱动力，这是一种"投资+出口"的外循环经济增长模式。

但是，随着人民币的升值，中国出口竞争力下降，出口商品的国际市场占有率缩减。2011 年，中国进出口贸易总额占全球的比重为 9.9%，低

---

① 王一鸣：《改革红利与发展活力》，人民出版社 2013 年版，第 35 页。

② Peng, X. J., "Population Ageing Human Capital Accumulation and Economic Growth in China, An Applied General Equilibrium Analysis", *Asian Population Studies*, Vol. 1, No. 2, 2005, pp. 149-168.

于 GDP 占全球 10.5% 的比重。[①] 在后金融危机时代，一方面，英、美等发达国家采取汇率操纵、新贸易保护主义措施等手段，削弱中国产品的出口竞争力。另一方面，发达国家实施"再工业化"、"创新制造"的战略，新兴经济体和发展中国家的工业振兴计划，给中国产品出口带来了双重制约。如图 5—2 所示，2001—2008 年中国出口平均增速是 27.2%，而 2008—2012 年为 9.4%，[②] 后者是前者的 1/3。2012—2014 年全社会固定资本增长速度分别为 20.3%、19.1% 和 14.7%，呈逐年下降态势，低于 2006—2010 年平均增速 25.5% 的水平。从 2012 年至 2014 年，固定资本增速呈明显下降走势，三年内降低 5.6 个百分点；同期，资本形成总额的年均增速比 2001—2005 年和 2006—2010 年分别下降 4 个和 5.3 个百分点。奇怪的是，2012—2014 年，资本形成年均增速 18.0%，超过消费 10 个百分点；同期，最终消费对 GDP 的贡献率平均为 52.1%，超过投资平均 47.6% 贡献率（图 5—3）。从需求角度看，我国过去 GDP 的高速增长主要是依托高投资。2012 年以来，随着 GDP 增速降为 8% 以下，需求结

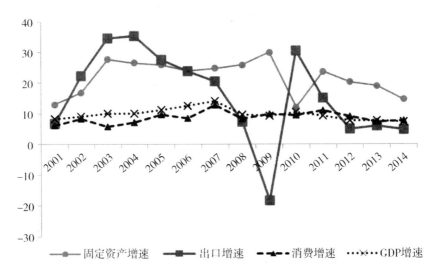

图 5—2　2001—2014 年固定资产投资、出口、消费与 GDP 增速变动关系（单位:%）

资料来源:《中国统计年鉴 2015》。

---

① IMF Database.

② 中华人民共和国统计局:《中国统计摘要 2013》，中国统计出版社 2013 年版，第 9 页。

构发生了标志性的重大转折。需求对 GDP 的贡献率逐步提高，在经济增长中的基础地位更为凸显。中国 GDP 中高速发展已转变为更多依靠消费和内需。可见，近年来，随着国际经济形势变化和中国经济增速换挡回落，投资和出口动力逐渐减弱。

2012—2014 年，中国货物出口增速由 2001—2011 年的年均 18.7% 的增速降为两位数以下，分别为 5.0%、6.0%、4.9%，货物和服务的净出口的贡献率连续三年均不足 2%，分别为 1.7%、-2.4% 和 1.7%（图 5—3）。

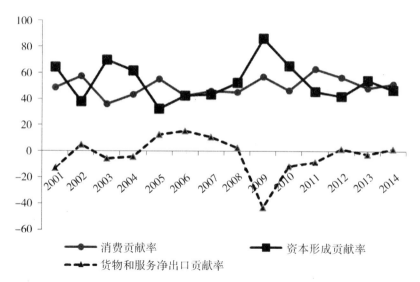

图 5—3　2001—2014 年三大需求对 GDP 的贡献率（单位:%）

资料来源:《中国统计年鉴 2015》。

随着居民收入水平的不断提高，消费对 GDP 增长的贡献率逐步增强。"十五"期间，居民人均消费年均增速 8.5%，远低于人均 GDP 12.6% 的增速；"十一五"期间，居民人均消费年均增速提高至 13.1%，而人均 GDP 增速升至 16.6%，前者仍低于后者；2012—2014 年，居民人均消费年均增速升至 12.5%，而人均 GDP 增速降为 11.2%（图 5—4），前者高于后者。2001—2014 年，居民人均消费增速相对于人均 GDP 增速，由落后到领先，说明消费对 GDP 贡献逐渐增强。随着投资和出口动力衰减，消费动力日益增强。因此，在中国经济增速换挡背景下，中国经济增长由外循环模式转变为"投资+消费"的内循环模式，逐步过渡到以消费为GDP 增长的引擎，是中国经济增长的动力结构深度调整和客观要求，这也要求 GDP 增长要由高速转向中高速。

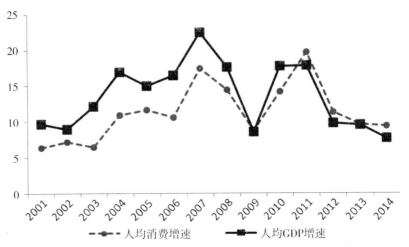

图 5—4　2001—2014 年中国人均消费、人均 GDP 增速比较（单位:%）
资料来源：根据《中国统计年鉴 2015》相关数据计算得出。

（四）资源红利减弱

30 多年来，随着 GDP 的高速增长，中国的资源环境状况却呈现出"结构型、压缩型、复合型"的"三位一体"的严峻态势。中国已经成为世界上能源消耗的超级大国。2011 年，中国平均每千克石油当量的能源消耗所产生的按购买力平价计算的 GDP 仅仅为 4.95 国际元，远远低于美国 7.09 国际元、日本 9.49 国际元、印度 7.96 国际元、世界 7.26 国际元（图 5—5）。2013 年，中国 GDP 占全球的 13.36%，人均 GNI 接近美国的1/4（PPP 法），但消耗的能源巨大，消耗了全球 22.4% 的能源，单位GDP 能耗是全球平均水平的 2.6 倍。[①]

中国是世界污染排放的超级大国。中国是世界上最大的煤炭消费国和最大的二氧化碳排放国。2013 年，中国排放的二氧化碳占世界的 27.1%，比美国多排放 60%；二氧化硫排放总量位居全球第一。根据国际能源署的测算，2000—2008 年，中国的能源消费增长占全球增长的 34%，煤炭

---

① BP, *The world's energy statistical yearbook reports*, World bank, 2014.

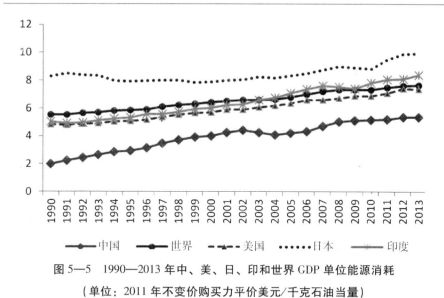

图 5—5　1990—2013 年中、美、日、印和世界 GDP 单位能源消耗

（单位：2011 年不变价购买力平价美元／千克石油当量）

资料来源：世界银行数据库。

消费量占世界总量的 68% 以上，二氧化碳排放量占全球的 52%，[①] 2015 年，中国的二氧化碳排放量达到 86 亿吨，超过美国的 64 亿吨，位居世界第一。显而易见，中国是世界上最大的煤炭消费国，有着世界上最大的负外部效应。欧洲、美国、日本的二氧化碳排放量比例正逐步下降，而中国、印度和其他发展中国家则日趋上升。与日俱增的环境污染日益频繁地给人类的身体健康带来严重影响和损害。2013 年的皮尤民调发现，47% 的中国人认为空气污染是"非常严峻的问题"。[②]

"十一五"时期，中国资源产出率仅仅为发达国家的 10%，且有下降的趋势。西部地区 GDP 增长的负外部性显著，生态环境退化成本与人均 GDP 呈负指数关系。生态环境面临严峻挑战，生态环境成本占 GDP 的比重高达 3.8%，土地荒漠化率和水土流失面积分别高达 27.3% 和 38%；2000—2012 年，城镇人均建设用地逐年上升（130 平方米上升至 142 平方米），但是土地单位产出率不断下降。上海土地单位产出率分别是香港和纽约的 1/14 和 1/29；[③] 生态系统、物种及遗传多样性均受到严重威胁，

---

① IEA, World Energy Outlook 2012; IEA, Key World Energy Statistics, 2010.

② IEA, World Energy Outlook, 2007.

③ 王保安：《中国经济"现行版"已难以为继》，《求是》2014 年第 1 期。

各类生物物种受威胁比例高达 20%—40%。森林产品和森林资本是中国最短缺的生态产品和最稀缺的资本,然而,中国对森林的服务不到位,质量差、效益低,森林服务成为最紧俏的生态服务,人均森林资源拥有量仅仅是全球平均水平的 1/5。[①] 中国 GDP 高速增长是以不断透支自然资源和危害生态环境为代价的。"高消耗、高污染、高风险"的经济发展,已经超过资源环境承载能力的极限,支撑 GDP 高速增长的资源红利不断削弱。资源、能源、环境红利的减弱是 GDP 中高速增长的现实需求。

(五) 全球化红利减弱

20 世纪 60 年代,发达国家因制造业资本溢出效应提升了要素价格,传统制造业加速向要素价格低的发展中国家转移。20 世纪 90 年代,国际产业转移以资本密集型或技术、资本双密集型为主,中国因拥有完整产业结构、齐全的基础设施、稳定的金融市场而成为转移对象。

改革开放以来,中国坚持出口导向型的发展战略,大力吸收 FDI 和发展加工贸易,依托要素成本和低劳动力价格优势积极参与国际分工。依靠开放形成劳动密集型产业的比较优势,推动了 GDP 高速增长,中国成为20 世纪八九十年代全球化红利的受益者。后金融危机时代,全球政治和经济领域的"去全球化"态势日益显现。美国等发达国家面临"财政悬崖"需要缩减消费,提高储蓄率,放缓中期消费和投资,以改善负债状况而实施的"再工业化"战略,对中国的出口贸易造成巨大压力,而量化宽松、新的地缘政治以及新的贸易保护主义政策等,对中国货币政策带来新的挑战,加大了中国经常项目和资本项目国际流动的不确定性和不稳定性。欧洲的债务危机与紧缩政策,使经济持续下滑。新兴经济体和发展中国家由于过度依赖能源出口,经常和资本项目账户"双赤字"问题突出,普遍失去强劲增长势头。全球流动性过剩和地区冲突等诸多因素,导致全球经济进入中低速增长轨道。2012 年、2013 年全球 GDP 增速分别为3.8% 和 3.5%(PPP 法);如果按市场汇率法计算则分别为 2.6% 和2.8%;2014 年为 3%。未来几年,GDP 中低速增长是全球经济的新常态。[②] 在这种情况下,同时由于劳动力、资本成本快速上升以及环境资源

---

① 中国科学院生态与环境领域战略研究组:《中国至 2050 年生态与环境科技发展路线图》,科学出版社 2009 年版,第 67—69 页。

② 王洛林、张宇燕:《世界经济黄皮书:2014 年世界经济形势分析与预测》,社会科学文献出版社 2014 年版,第 15 页。

压力，中国依靠出口拉动经济增长的空间缩小，全球化红利逐步减弱。

二　GDP 增长速度进入换挡期

2003—2007 年，中国 GDP 年均增速高达 11.6%；2008 年以来，在美国次贷危机等因素影响下经济增速下降，2008—2011 年降至 9.6%，2012 年、2013 年继续回落至 7.7%，2014 年为 7.4%。中国 GDP 由高速增长转入 7%—8% 的中高速增长，具有客观性、规律性和必然性。中国经济经过 30 多年的高速增长，目前，GDP 总量和基数都很大，GDP 每增长 1%，其增加的绝对值要比基数小时大很多，再继续追求 GDP 的高速增长已不符合中国现实国情。2013 年，中国 GDP 增速虽然仅有 7.7%，但 GDP 总量几乎是日本的 2 倍，增量与 1994 年中国 GDP 总量相当，超过居世界第 17 位的土耳其 GDP 总量。[①] 根据国际经验，当居民人均收入高于 11000 国际元时，GDP 增长速度由高速增长转为中高速增长。日本和"亚洲四小龙"中的韩国、中国台湾在经历了 GDP 高速增长之后，经济都转为中速、低速增长。2013 年《世界经济黄皮书》预计，未来几年中低速增长是全球经济增长的新常态。[②] 7%—8% 的中高速既是中国宏观经济潜在增长率的大致区间，也是 GDP 增速正常运行的合理区间。2013 年，中国居民人均收入高于 11000 国际元，因此，中国 GDP 增长速度由高速增长转为中高速增长，是中国经济未来发展的新常态，符合经济发展的客观规律。但这并不是一个短期的过程，而是一个中长期的调整过程，也是一种趋势性、不可逆的稳定发展状态。这是中国 GDP 增长速度阶段性特征的合理反映，我们要理性务实对待经济增速表面的换挡回落，摆脱 GDP "高速崇拜"的惯性思维，追求经济增长质量和效益，实现经济可持续增长。

目前，中国 GDP 增长速度面临的国际、国内环境发生了重大变化。从国际看，世界经济处于低迷发展、艰难复苏状态以及经济结构深度调整期。从国内看，中国经济处于 GDP 增速换挡回落的关键时期，从宏观调控方面看，要保持 GDP 长期持续、健康、稳定发展，必须把握好潜在增

①　田俊荣、吴秋余：《中国经济：新常态，新在哪?》，《人民日报》2014 年 8 月 4 日第 1 版。

②　王洛林、张宇燕：《2013 年世界经济形势分析与预测》，社会科学文献出版社 2013 年版，第 23 页。

长率下降的幅度问题。

潜在经济增长率下降是一个分阶段、逐步渐进的过程，演进的趋势为"高速"—"中高速"—"中速"。[①]（1）2007 年，GDP 增长率上升到 14.2% 的新高时，为防止经济偏快转为过热，防止价格由结构性上涨演变为通货膨胀，中央采取"双防"措施宏观调控。（2）2008 年受国际金融危机冲击，GDP 增长率又连续迅猛下滑至 9.6%。在应对国际金融危机中，中国采取了大力度的经济刺激政策，迅速扭转了经济下滑趋势，到 2010 年 GDP 增长率回升至 10.6%。2008—2010 年 GDP 增速出现了一次"V"字形回升。（3）但经济增速没有稳住，GDP 增长率从 2010 年又出现了连续下滑趋势。（4）从 2012 年 9 月起，中国经济运行的多项重要指标开始出现企稳回升的态势。2012 年第四季度，GDP 同比增长率也出现了反弹，小幅回升到了 7.7%。（5）GDP 增长率回升态势没有稳住。进入 2013 年，又继续下滑，2014 年中国 GDP 增速 7.3%，创 15 年来新低（图 5—6）。2015 年 GDP 增速回落至 6.9% 的中高速。国内外著名研究机构认为，"十三五"时期，我国 GDP 的潜在增长率能够保持在 6%—7% 的合理区间。[②]

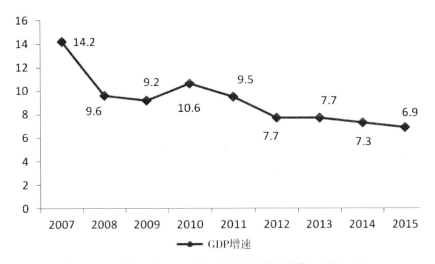

图 5—6 2007—2015 年中国 GDP 增速变化趋势（单位:%）

资料来源:《中国统计年鉴 2015》，2015 年数据来自 2015 年国民经济和社会发展统计公报。

① 刘树成:《我国经济进入中高速增长阶段》,《人民日报》2013 年 10 月 14 日第 10 版。
② 《中共中央关于制定国民经济和社会发展第十三个五年规划的建议》（辅导读本），人民出版社 2015 年版，第 71 页。

新常态下，权威机构关于中国 GDP 潜在增长率的预测大致在 6%—8% 的区间。世界银行估计中国 GDP 潜在增长率，2011—2012 年为 8.6%，2016—2020 年为 7%；艾肯格林关于中国经济增长潜力的研究表明，2011—2020 年为 6.1%—7.0%，2021—2030 年为 5.0%—6.2%；亚洲开发银行与北京大学的研究显示，2011—2020 年为 8%，2021—2030 年为 6%。[1] 林毅夫认为 2004—2014 年 GDP 年均潜在增长率为 8.56%，2014—2024 年下降为 7.08%。[2] 王小鲁等认为 2001—2010 年 GDP 年均潜在增长率为 6.58%，2011—2020 年降为 6.21%。[3] 林毅夫和王小鲁的估计结果相差较多，但都认为后 10 年的 GDP 增长速度要慢于前 10 年的 GDP 增长速度（表 5—1）。

表 5—1　　　　　2001—2024 年中国经济潜在增长率分析　　　（单位：%）

	王小鲁等（2000）		林毅夫（2003）	
	2001—2010 年	2011—2020 年	2004—2014 年	2014—2024 年
GDP 潜在增长率	6.58	6.21	8.56	7.08
物质资本增长率	3.42	3.14	9.50	9.00
劳动力增长率	0.24	0.15	1.70	1.00
人力资本增长率	0.52	0.52	2.60	2.40
全要素生产率（TFP）增长率	2.4	3.81	2.70	2.00

资料来源：林毅夫等：《中国经济的长期增长与展望》，北京大学中国经济研究中心讨论稿，2003 年；王小鲁、樊纲：《中国经济增长的可持续性——跨世纪的回顾与展望》，经济科学出版社 2000 年版，第 44 页。

著名经济学家李扬认为中国 GDP 潜在增长率呈现逐步下降态势（表 5—2）。[4]

---

① 黄益平、苟琴、蔡昉：《增长趋势放缓将是中国经济新常态》，《经济参考报》2014 年 7 月 16 日。
② 林毅夫：《中国经济的长期增长与展望》，北京大学中国经济研究中心讨论稿，2003 年。
③ 王小鲁、樊纲：《中国经济增长的可持续性——跨世纪的回顾与展望》，经济科学出版社 2000 年版，第 44 页。
④ 李扬等：《当前和未来五年中国宏观经济形势及对策分析》，《财贸经济》2013 年第 1 期。

表 5—2　　　　　　2011—2030 年中国经济潜在增长率分析　　　　（单位：%）

年份	潜在增长率	资本增长率	劳动增长率
2011—2015	7.8—8.7	10—11	0.8
2016—2020	5.7—6.6	9—10	−1
2021—2030	5.4—6.3	8—9	−0.5

资料来源：李扬等：《当前和未来五年中国宏观经济形势及对策分析》，《财贸经济》2013 年第 1 期。

　　1979—2010 年的 32 年，GDP 增长速度超出 10%（包含 10%）的年份就有 16 个，占一半。因此过去 30 多年 GDP 增长速度的主要问题是经常冲出 10%，宏观调控的突出问题就要对上限进行把握。目前，在国内外新的经济环境背景下，中国 GDP 增速下降具有惯性。在当前阶段及未来一段时间里，就要把握 GDP 增长速度的适度区间或合理区间。从中国 GDP 增长速度的实践和中国的国情出发，GDP 增长速度以 7% 为中轴线，上下浮动 2 个百分点为宜。[①] 过去 30 多年关于中国 GDP 增长速度适度区间的问题，主要针对 GDP 增长速度经常冲出上限进行把握，目前要转变为守住下限。GDP 增长速度无论冲出上限，还是滑出下限或连续在下限边缘运行，都不利于转方式、调结构。针对 GDP 增长速度有可能滑出下限，要把握适度增长区间的中线。也就是说，在当前和未来一段时间保持 GDP 中高速增长，防止 GDP 增速大幅度下降。

　　GDP 增速的适度区间为 7% 左右，上下浮动 2%，揭示中国 GDP 已从高速增长阶段转入中高速增长阶段，有以下含义：（1）从国际看，7% 左右的 GDP 增速仍然是较高的速度。（2）从国内看，与改革开放以来中国 30 多年 GDP 实际增速 8%—12% 高速相比，7% 左右为中高速。这体现了主动将 GDP 增长速度降下来，注重转变经济发展方式和调整经济结构、提高 GDP 增长质量和效益、资源节约和环境保护、保障和改善民生。（3）中国 GDP 增长速度从过去 30 多年的"高速"转变为 7% 左右的"中高速"，经济社会要有一个适应、接受的过程。如果 GDP 增速下降幅度过大、过急，影响社会稳定和市场经济秩序，就会产生许多新问题。2007—

---

　　①　赵德馨：《经济的稳定发展与增长速度》，《中南财经大学学报》1990 年第 4 期。

2014 年中国经济由"高速—中高速"分阶段逐步降低是合理、有利的。（4）中国地域辽阔、人力资源丰富，各地区发展不均衡，新的红利因素正在取代传统红利因素，加之充分释放改革红利，充分发挥市场配置资源的基础作用，GDP 中高速增长是可以实现的。

三 经济新常态的本质内涵和主要特征

（一）本质内涵

2014 年 5 月习近平考察河南时，根据中国经济发展的阶段性特征，提出中国经济要适应新常态，保持战略上的平常心，这是第一次正式提出中国经济新常态的重要概念。新常态是对中国经济处于"三期叠加"新阶段的新认识，其本质内涵是中国经济由过去"低效率—高成本—不可持续"的高速增长进入"高效率—低成本—可持续"的中高速增长。意味着过去 30 多年 GDP 高速增长的时代一去不复返，中国经济将进入不同于以往的新常态，这是一种长期的、稳定的发展状态，符合中国国情和世界经济客观发展规律。新常态下，中高速、经济发展方式转变、结构转型、动力转换是主要特征，提质增效是目的。

（二）主要特征

1. GDP 增速放缓，从高速增长转向中高速发展

过去 30 多年 GDP 增长速度接近两位数，但这种高增长不可持续，经济新常态下，GDP 增长速度由高速转为中高速。2013 年中国 GDP 经济增长率为 7.7%，2014 年为 7.4%，2015 年为 6.9%。实际上，2012—2014年连续 16 个季度，中国 GDP 增长率最高 7.7%，最低 6.9%[①]，处在非常狭小的区间范围内波动。也就是说，GDP 增长速度转入中高速增长阶段后达到了一个相对均衡的状态。经济发展数量扩张的空间很小，提质增效是增速换挡期的主线。

2. 发展方式转变，从规模速度型转向质量效率型

30 多年中国 GDP 增长速度只要达到 10% 以上，几乎所有的产业、企业都能取得盈利，中央、地方财政收入增长高达 20%—30%；当经济增速滑坡到 8% 以下时，如在 1996 年的亚洲金融危机和 2008 年国际金融危机的冲击下，所有产业都亏损，中央和地方政府财政收入负增长，这是速度

---

① 中国统计局年度数据库。

效益型增长模式①，效益指标总体呈高弹性特征。2014 年以来，工业生产增长速度明显放缓，但效益指标基本保持稳定。2014 年，全国规模以上工业企业盈利率同比提高约 10%，主营业务利润率 5.5% 左右；2014 年工业企业整体亏损额累计同比增速下降，财政收入和税收累计增速分别为8.3% 和 8%。效益指标由强弹性逐步变为弱弹性，表明市场主体逐步适应整个宏观经济社会环境的变化，盈利模式由速度效益型逐步向质量效益型转变。② 提质增效的持续增长依赖于创新驱动。

3. 结构转型，从增量扩能为主转向调整存量、做优增量

2011—2014 年，经济结构发生转折性变化。一是 2013 年中国第三产业增加值对经济增长的贡献率首次超过第二产业，2014 年继续提高，达48.1%，第三产业就业占比超过第二产业 10.7 个百分点，服务业逐步成为新常态下新的经济增长点和经济增长的最大来源。二是消费占 GDP 比重稳步上升，超过投资，成为经济增长的新亮点和第一动力。2014 年消费对经济增长的贡献率，比投资高 4.9 个百分点。三是城镇化率由 2010年的 49.95% 提高至 2014 年的 54.77%（常住人口）。农业粮食产量获得"十一连增"的佳绩。四是区域发展差距缩小，中西部地区投资和 GDP增速超过东部。近两年重化工业"去产能"、房地产"挤泡沫"、融资平台"去杠杆"、消费领域"挤浪费"的特征明显增强，加快经济结构调整。③ 结构调整进程快慢、质量优劣依赖于创新。

4. 动力转换，由要素驱动转向创新驱动

经济增长动力从传统动力转换到新的动力，即从"要素驱动"和"投资驱动"转向"创新驱动"，从过度依赖"人口红利"和"土地红利"转向靠深化改革来形成"制度红利"，促进经济内生增长。从传统增长点转向新的增长点，必须依靠创新的新引擎，并且让改革激发转型动力和创新活力。其中，动力转换是重中之重，它要聚合多元创新驱动的新动力，培育新的经济增长点，决定着速度换挡和结构转型的质量；创新是实现动力转换成功和提高经济发展质量的新引擎。

---

① 李海楠：《实现"新常态"需改革与危机赛跑》，《中国经济时报》2014 年 12 月 18 日第1 版。

② 刘世锦、余斌、陈昌盛：《着力提质增效，改革释放活力，为新常态奠定基础》，《中国经济时报》2014 年 12 月 15 日第 1 版。

③ 同上。

第二节　再造 GDP 中高速发展的新优势

中国经济经历了 30 多年 GDP 高速增长，人均国民收入进入中等偏上收入阶段后，随着"刘易斯拐点"的到来，"人口红利"逐步减弱；各种资源成本的上涨，"资源红利"也不复存在；世界经济持续低迷，"全球化红利"更难以为继。这些因素对支撑 GDP 高速增长的作用逐渐减弱甚至消失。因此，中国经济正处于"三期叠加"的关键时期，GDP 增长正在从高速向中高速换挡，这就要求转换 GDP 增长的动力系统，提升人力资源水平、扩大就业空间、进一步提升全球化水平等，再造中高速增长新的发展优势，形成 GDP 中高速增长的新动力。这些新的红利因素和新的发展优势将改善资源配置效率，提高 GDP 增长的质量和效益，支持中国经济在新阶段的潜在增长率。它既不会让 GDP 维持过去 10% 左右的高速增长，又能顶住 GDP 增长速度的下行压力，为中国 GDP 中高速稳定、健康、持续发展增加动能。

一　提升人力资源水平

"数量型的人口红利"正在逐步减弱，教育资源红利和科技人力资源红利即人力资源红利正在兴起。它们是新的附加值更高的红利形式，实质是高质量的人口红利，其边际效率高于传统人口红利。从人口红利到人力资源红利，支撑中国 GDP 中高速增长的能力逐步提升。数量型的人口红利支撑了过去 30 多年中国 GDP 的高速增长，而质量型人力资源红利的开发将成为今后 GDP 中高速增长的持久支撑点。

（一）提升教育资源水平

中国总人口和劳动年龄人口占世界总量的比重均不断下降，但人力资源占世界总量的比重呈上升趋势。改革开放以来，中国政府财政收入逐步提高，加大了对教育的投入。同时，随着城乡居民生活水平的提高，无论城镇还是农村家庭都在不断增加对教育的投入，中国人均受教育年限得到大幅提升。从人口质量看，中国逐步实现由"人口大国"向"人力资源大国"的转变，各级教育入学率显著提高，高等教育进入大众化阶段，人力资本总量位居世界第一。中国 15 岁以上成人识字率（93%）不仅明显高于世界平均水平（80%）和印度的水平（61%），也高于中等收入国家的平均水平（90%）。2005 年年末，初中、高中和高等教育毛入学率分别为 95%、52.7% 和 21%，较 1990 年分别提高了 40%、1.3 倍和 5.2 倍。初中、高中和大学的在校生数，占 10—24 岁人口的 22%、9.3% 和 4.3%。中国各类教育人口占世界总数的近 20%，已经成为各类教育人口最多的国家；2005 年中国高等教育（含成人高等教育）在校生数超过 2000 万人，是世界最大的高等教育人口国家。1982—2005 年，全国国民教育年限从 4.6 年提高至 8.5 年，已超过世界人均水平，是世界人力资本总量第一大国。所以说，中国的教育资源红利主要体现在青少年人口，使得中国迅速从人口大国向人力资源大国转变。[①] 1980—2010 年，中国人力资源占全球的比重稳步上升，从 17.6% 增加至 24.1%，是美国的 2.59 倍；到 2030 年高达 27.2%，是美国的 3.89 倍（表 5—3）。教育资源红利为人力资源红利的形成奠定了基础。

表 5—3　　　　　　　　1980—2030 年中国、美国、欧盟
总人力资源占世界的比重　　　　　　　（单位：%）

	1980 年	1990 年	2000 年	2010 年	2020 年	2030 年
中国	17.6	20.0	24.1	24.1	26.8	27.2
美国	16.9	14.1	11.5	9.3	8.1	7.0
欧盟	20.2	17.4	15.3	13.7	12.4	11.8
中国/美国	1.04	1.42	2.10	2.59	3.31	3.89

注：1. 总人力资源＝15 岁及以上人口平均受教育年限×劳动年龄人口（15—64 岁）；

2. 欧盟包括 27 国。

资料来源：Robert J. Barro and Jong-Wha Lee, A New Data Set of Educational Attainment in the World, 1950—2010, NBER Working Paper No. 15902, 2010；UN, World Population Prospects：The 2008 Revision Population Database；2020 年和 2030 年数据来自胡鞍钢等：《2030 中国：迈向共同富裕》，中国人民大学出版社 2012 年版，第 87 页。

（二）提升科技人力资源水平

首先，科技人力资源是人口红利的中坚力量。当传统的人口红利逐渐减弱以后，廉价劳动力的比较优势也在逐渐丧失，新的科技人力资源红利正在逐渐形成。中国科技人力资源红利具有总量大、密度高和成本低的优

---

① 世界银行：《2007 世界发展报告：发展与下一代》，清华大学出版社 2013 年版，第 2—3 页。

势。2012 年，中国大学本科及以上学历的科技人力资源总量连续六年居
世界第一位。2030 年，中国 R&D 人员占世界的比重高达 35%，与美国、
欧盟和日本的总和相当。[①] 其次，成本较低、结构年轻。中国 R&D 人员
的成本大约是欧洲和美国的 1/5，30 岁以下科技人员在科技人力资源总量
的占比高达 62%；美国 30 岁以下的科技人员占总就业人员的比重仅
15%。[②] 最后，密度高。1991—2009 年，中国科技人员增速达到 5.81%，
研发人员全时当量为 12.6%，均超过就业增速 1.77% 的水平。"十一五"
期间，科技人力资源增速约 10%。[③] 2030 年，人才资源总量将占就业人口
的 18%，高技能人才在技能劳动者中的占比达 35%，人才贡献率为
40%。[④] 经济新常态下，科技人力资源的上述优势为 GDP 中高速增长获得
创新驱动创造新的条件，促进管理创新、技术创新、劳动生产率提高，推
动中国经济转型升级和 GDP 中高速的稳健发展，成为 GDP 中高速增长的
新发展优势之一。

二　扩大就业空间

从 2010 年开始，中国劳动年龄人口占非劳动年龄人口的比重一直
增加，至 2015 年达到峰值，之后明显下滑；但从 20 世纪 80 年代初期，
就业人口占非就业人口的比重始终上升，1990 年两者之比为 1.3∶1，
之后的 40 年还将稳步上升，上升速度超过劳动年龄人口与非劳动年龄
人口之比。2010—2030 年，全社会就业率将始终稳定在 59% 左右的水
平。[⑤] 未来随着人口平均寿命、教育年限和素质以及退休年龄的提高，
服务业的快速发展，全社会就业率还会上升，出现新的就业红利，这将
使劳动参与率提高 1%，可使 2011—2015 年 GDP 的潜在增长率提高
0.92%，2016—2020 年潜在增长率提高 0.87%。[⑥] 这在一定程度上抵消

①　胡鞍钢：《2030 中国：迈向共同富裕》，中国人民大学出版社 2012 年版，第 91 页。
②　玄兆辉、宋卫国：《从主要数据看中国科技创新面临的挑战》，《科技日报》2013 年 2 月
25 日第 1 版。
③　郭铁成、孔欣欣：《科技人力资源替代战略及政策选择》，《中国科学报》2013 年 3 月 25
日第 8 版。
④　胡鞍钢：《2030 中国：迈向共同富裕》，中国人民大学出版社 2012 年版，第 91 页。
⑤　李扬主编：《经济蓝皮书·2014 年中国经济形势分析与预测》，社会科学文献出版社
2013 年版，第 87 页。
⑥　蔡昉：《中国的潜在产出增长率及其预测》，社会科学文献出版社 2012 年版，第 103 页。

了人口红利下降的负面影响。与此同时，农村就业人员和农业劳动力数量庞大。随着新型城镇化进程的加快，农村劳动力向城镇迁移，农业劳动力向非农业劳动力转移，城镇就业和非农就业比重持续上升，形成新的转移就业红利，即低劳动生产率部门转移到高劳动生产率部门，转移后的劳动生产率将提高 2—5 倍，成为提高全要素生产率的重要来源，也是再造新的就业红利的重要源泉。城镇新增就业人数不断增长，表明中国经济发展创造了更多的就业岗位。"十一五"期间，中国 GDP 年均增速 11.2%，城镇新增就业年均 1140 万人。"十二五"以后，GDP 年均增速保持在 7.5% 左右的中高速，2011—2014 年城镇新增就业逐年增长，年均增长 1262 万人（图 5—7）。此外，以移动互联网为核心的多元化的就业新形态正在逐步改变传统就业形态，2014 年，中国淘宝村数量达 20 个，直接创造就业岗位 6 万多个，间接促进物流快递、包装等服务业就业。① 这充分说明中国 GDP 增长速度与就业背离，其深层原因是经济结构转型正在向利好方向发展，新的就业红利的经济效应正在逐步显现。

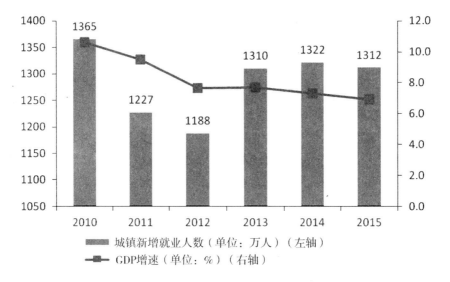

图 5—7　2010—2015 年中国 GDP 增速与城镇新增就业人数变动趋势

资料来源：《中国统计年鉴 2015》，2015 年数据来自 2015 年国民经济和社会发展统计公报。

---

① 程春雨：《中国 2014 年成绩单》，《人民日报·海外版》2015 年 1 月 21 日第 5 版。

三　进一步提升全球化水平

过去 30 多年，中国主要依靠低要素成本驱动获得的第一轮全球化红利逐渐减弱。这就需要中国的经济增长模式由要素驱动转向开放创新驱动，加快推进从全球价值链低端向价值链中高端转变，培育以质量技术品牌服务为核心国际竞争新优势，实施深度全球化战略，使中国在保持开放经济条件下继续获得经济增长的新的全球化红利。结合当今的全球化趋势，中国需要在全球化战略上进行深度调整：第一，依靠全球创新资源和高级人力资本、信息技术、知识经济、网络经济等高级生产要素，不断向全球价值链的高端攀升。因此，要获得新的全球化红利，就必须以开放创新为前提。第二，立足于中国国内市场吸收国外高级创新要素和创新资源，培育中国的创新意识和创新行为，加速发展中国的创新经济，主动创造全球红利而不是被动承接全球价值链的低端产业转移和被动接受全球化红利。因此，新的全球化红利是一种"内需的经济全球化"红利而不是"出口导向型"的全球化红利。第三，由单纯发达国家主导的国际产业转移承接逐步转向资本双向流动和双向投资，提高中国对创新资源的全球协同配置能力和管理能力。大力发展核心技术、生产前沿技术的高端装备制造业和互联网、软件以及信息技术服务业，这是全球价值链利益分配的关键要素和资本双向投资的重点领域。因此，资本的双向流动和双向投资是获得新的全球化红利的核心。第四，大力培育中国的具有全球创新链的跨国公司，是获得新的全球化红利的重要路径。培育全球创新链的关键是吸收利用全球高级创新人才和技术。根据自主研发设计的产品和国内市场需求向全球企业发包，形成"网络型"的供货商、营销商、服务商"三位一体"的全球创新价值链，创造全球的现代贸易流、物联流、资金流、服务流等。通过重构高端价值链带动其他国家经济发展，形成"新雁阵模式"。总之，充分利用全球创新资源和高级生产要素，吸引全球高新人才、高级生产要素向中国集聚，使中国由过去全球跨国公司的制造中心向战略中心和决策中心转变，改变片面追求"市场换技术"出口导向型发展战略，转向"内需的经济全球化"战略，从而再造新的全球化红利。

四 优化国民经济空间布局

经济新常态下，从中国国情出发，要充分利用"两大差距"——城乡差距和地区人均 GDP 差距带来的"两大空间"红利，使中国 GDP 维持中高速增长而防止大幅度下降。[①]

（一）城乡差距

2014 年，中国城镇化率为 54.77%，远低于发达国家美国 82.9%、日本 92.3%、英国 79.9%、法国 86.8%（图5—8），也远低于金砖国家巴西 85.4%的城镇化率。

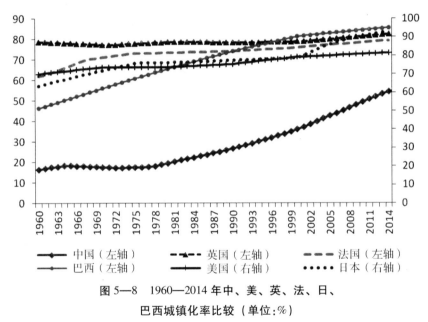

图5—8 1960—2014 年中、美、英、法、日、
巴西城镇化率比较（单位:%）

资料来源：世界银行数据库。

中国城镇居民可支配收入与农村居民人均纯收入差距很大，前者是后者的 3.03 倍。恩格尔系数表明农村生活水平落后于城市生活水平。2000 年农村生活水平大致相当于 1995 年的城市水平，差距为 5 年。2012 年农村生活水平仅相当于 2000 年的城市水平，差距扩大到 12 年（表5—4）。

---

① 李扬主编：《经济蓝皮书·2014 年中国经济形势分析与预测》，社会科学文献出版社 2013 年版，第30—33 页。

不同的发展步伐促进了城市和农村的恩格尔系数持续下降，从小康转变为富裕生活的水平，但它们的现代化水平依然存在着差距。城市和农村地区的发展差距继续扩大。

表5—4　　　　1978—2020 年中国城镇和农村恩格尔系数和生活水平

年份	城镇人口（亿）	恩格尔系数（%）	生活状况	农村人口（亿）	恩格尔系数（%）	生活状况
1978	1.72	57.5	温饱	7.9	67.7	绝对贫困
1990	3.02	54.2	温饱	8.41	58.8	温饱
1995	3.52	50.1	温饱	8.59	58.6	温饱
2000	4.59	39.4	小康	8.08	49.1	小康
2010	6.22	35.7	小康	7.13	41.1	小康
2012	7.12	36.2	小康	6.42	39.3	小康
2015	7.11	30—32	更加富裕	n.a	35.0	富裕
2020	7.94	22—25	更加富裕	n.a	30—32	更加富裕

资料来源：1978—2012 年数据来源于《中国统计摘要 2013》；2015—2020 年数据来自胡鞍钢《中国 2020：一个新型超级大国》，浙江人民出版社 2012 年版，第 46 页。

中国不仅城乡差距很大，而且城镇化水平较低、质量较差，既不完善又不成熟。支撑中国 GDP 高速增长的传统型城镇化严重滞后于新型工业化，人口城镇化严重滞后于土地城镇化，公共服务供给能力严重滞后于新型城镇化发展要求，是中国传统城镇化发展中面临的突出问题。这些矛盾既是过去中国经济高速发展积累的问题，也为中国经济的进一步发展提供了发展空间。新型城镇化是集约、绿色、低碳的"智慧型"城镇化，这为中国经济增长速度转型阶段中国 GDP 中高速增长和财富积累提供了原动力。一方面，以提升城镇化质量为核心，以"人"为本的智慧型城镇化建设成为新的投资动力。智慧型城镇化建设主要包括：城市污水、垃圾处理、电网智能化、"棚户区"改造、医疗教育等保障性、民生性、公益性等薄弱环节和重点领域。另一方面，"凯恩斯"式的城镇化支出不仅成为扩大内需的"推力"，更重要的是，通过新型城镇化的规模经济效应和要素集聚效益带来生产效率的提高，形成城镇化深度拓展的"拉力"，促进产业结构从生产效率低的劳动密集型产业向生产效率高的技术、知识密集型产业转变，形成以高级产业集群为支撑的新型城镇化，带动中国经济质量效益的整体升级。

　　继工业化之后，城镇化成为推动中国经济社会发展的巨大引擎。在工业化、城镇化推动下，中国经济仍将保持 20 年的强劲增长。[①] 从城镇人口规模来看，中国在 1974 年就超过了美国，成为世界城镇人口第一大国；[②] 2012 年城镇人口总量超过美国人口总数的 2.57 倍，比欧盟 27 国人口总规模高 1/4。中国城镇化的年净增量和城镇人口总量，居世界第一位。中国城镇中农业转移人口处于快速稳定增长阶段，城市化率从 2002年的 39.09% 增长到 2014 年的 54.77%，[③] 年均增长超过 3.1%，预计到 2030 年前，全国大约有 3.9 亿农业转移人口需要实现市民化。[④] 城镇化所蕴含的巨大内需潜力是中国经济持续增长的强大动力。人口城镇化进程加速发展，是未来中国中高速增长的重要支撑。例如，农民进城务工无论成为市民还是暂时居住，人均消费支出都将成倍增加，农民仅进城打工将推动人均消费支出提高 171%；若成为市民，将推动人均消费支出提高214%。[⑤] 中国消费每提高 1%，将带动 GDP 增速提高 1.5%—2.7%。[⑥] 消费需求的有效释放将刺激投资需求的增加。投资每增加 1%，可拉动 GDP增长 0.2%。[⑦] 预计到 2025 年，中国将产生 2.5 亿—3 亿名新的城镇居民，带动城镇化相关产业的发展，[⑧] 支持中国 GDP 高速发展的城镇化进程仍将继续，这是维持中高速发展的原动力。

　　（二）地区差距

　　根据 2012 年人均 GDP 数据的差异，将全国除港澳台以外的 31 个省、市、自治区划分为四个梯队（图 5—9）。第一梯队，人均 GDP 突破 1 万

　　① 任朝亮、毕征：《工业化城镇化可推动中国经济增长 20 年》，《广州日报》2013 年 3 月22 日第 A2 版。

　　② UN Department of Economic and Social Affairs, World Urbanization Prospects: The 2008 Revision.

　　③ 中国（海南）改革发展研究院：《人的城镇化》，中国经济出版社 2013 年版，第 6 页。

　　④ 潘家华、魏后凯：《城市蓝皮书·中国城市发展报告 No.6》，社会科学文献出版社 2013年版，第 7 页。

　　⑤ 根据中国人口和计划生育委员会流动人口服务管理司《中国流动人口发展报告 2012》及《国家统计年鉴 2012》相关数据测算。

　　⑥ 杨瑞龙：《收入分配改革与经济发展方式转变》，《人民日报》2013 年 2 月 21 日。

　　⑦ 中国（海南）改革发展研究院：《人的城镇化》，中国经济出版社 2013 年版，第 4 页。

　　⑧ 李冬明：《高净值家庭：中国式速度》，《青岛财经日报》2014 年 1 月 6 日第 1 版。

美元的有津、京、沪、苏、蒙、浙 6 个地区，已达到或接近高收入水平；第二梯队，人均 GDP 处于 10000—6000 美元的有辽、粤、闽、鲁、吉、渝、鄂、陕 8 个地区；第三梯队，人均 GDP 处于 6000—4000 美元的 13 个地区，与第二梯队的 8 个地区基本处于上中等收入水平；第四梯队，人均 GDP 低于 4000 美元的 4 个地区属于下中等收入水平。2014 年，人均 GDP 突破 1 万美元的除了津、京、沪、苏、蒙、浙以外，2012 年属于第二梯队的辽、闽、粤三个地区跃入了第一梯队。

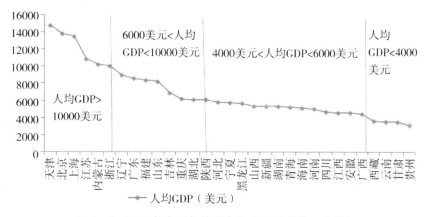

图 5—9 2012 年中国各地区人均 GDP（单位：美元）

注：人均 GDP（美元），按 2012 年平均汇率折算，1 美元 = 6.3125 元人民币。

资料来源：《中国统计摘要 2013》。

2014 年，各地区人均 GDP 发生重大变化的是，已没有人均 GDP 低于 4000 美元的地区，除了上述进入第一梯队的 3 个地区外，其余的 22 个地区的人均 GDP 均超过 4000 美元进入了第三梯队（图 5—10）。根据国际经验，人均 GDP 超过 1 万美元，意味着不再一味追求 GDP 高速增长，转而追求质量和效益，关注社会民生和生活幸福度。人均 GDP 在 4000 美元以下，更为关注 GDP 增长速度[1]。各地区人均 GDP 呈现出较大的差距，为中国产业的梯度推移和结构升级提供了很大的发展空间，也为中国经济新常态背景下 GDP 中高速增长提供了潜在的市场条件。

---

① 李扬主编：《经济蓝皮书·2014 年中国经济形势分析与预测》，社会科学文献出版社 2013 年版，第 23 页。

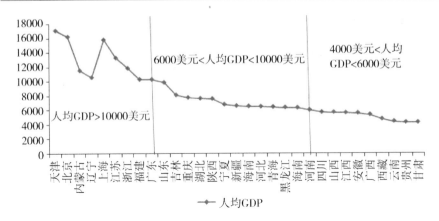

图 5—10　2014 年中国各地区人均 GDP

注：人均 GDP 按 2014 年平均汇率折算，1 美元＝6.1428 元人民币。

资料来源：《中国统计年鉴 2015》。

根据 2010—2014 年东、中、西、东北人均 GDP 的相对变化比例来看，地区之间不平衡发展的势头明显。2014 年，人均 GDP 中部、西部和东北分别是东部的 31.6%、64.3% 和 21.4%（表 5—5）。

表 5—5　　　　　　2010—2014 年东部、中部、西部、东北

人均 GDP 相对比例变化　　　　　　（单位：%）

人均 GDP 比重	2010 年	2011 年	2012 年	2013 年	2014 年
中部/东部	28.8	30.4	31.1	31.4	31.6
西部/东部	55.6	59.6	62.2	63.5	64.3
东北/东部	20.0	21.1	21.7	21.7	21.4

资料来源：根据《中国统计年鉴 2015》相关数据计算整理得出。

30 多年中国 GDP 高速增长，国内各区域、中国与其他国家经济发展差距并没有得到彻底解决，这为未来支撑中国 GDP 中高速发展提供了空间红利。从各区域 GDP 占全国比重看，2014 年，东部占比高达 55.0%，中部、西部以及东北分别仅占 21.8%、21.7% 和 9.0%（图 5—11）。从经济发展成果的惠及面来看，东、中、西部地区居民人均收入差距也较大。2014 年，上海市城镇居民人均可支配收入是 4.88 万元，位居全国首位；而收入最低的甘肃省不足上海的一半，仅为 2.18 万元。各地的人均一般

公共服务支出差距也很大。以京津冀为例，2014 年北京、天津、河北的人均一般公共服务支出分别为 1265 元、1042 元、645 元，河北的人均公共服务支出仅是北京、天津的 51% 和 62%。①

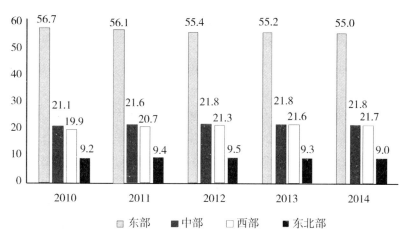

图 5—11　2010—2014 年东部、中部、西部、东北 GDP 占全国比重（单位:%）
资料来源：根据《中国统计年鉴 2015》相关数据计算得出。

　　从"一带一路"战略看，中国与多数国家之间工业化水平差距较大。2014 年，中国工业化综合指数为 84，表明中国已进入工业化的后期阶段，而其他多数国家处于工业化中后期阶段：处于前工业化时期、工业化初期、中期、后期阶段的国家分别有 1 个、14 个、16 个、32 个和 2 个。②总体上看，"一带一路"国家仍处于工业化进程中，工业化结构大体呈"倒梯形"特征，说明"一带一路"战略"涵盖面广"、"包容性强"的特性，具有培育"互补合作"为主导的"新雁阵"模式的潜力，体现"一带一路"战略的主旨：打造"欧亚区域经济一体化"的新格局，实现中国与"一带一路"沿线国家的"互利共赢"。

　　"一带一路"沿线国家工业化进程不同，形成不同的优势产业和产业梯度类型，即技术密集与高附加值产业、资本密集型产业和劳动密集型产业，它们分别属于工业化后期、中期、初期国家。中国与"一带一路"

　　① 根据《中国统计年鉴 2015》相关数据计算得出。
　　② 黄群慧：《工业化蓝皮书·"一带一路"沿线国家工业化进程报告》，社会科学文献出版社 2015 年版，第 10—18 页。

沿线国家进出口贸易商品类型和结构差异较大。中国出口到"一带一路"国家的前几大类商品分别是机电产品、纺织品及原料、贱金属及制品、家具、玩具、杂项制品、化工产品,其中机电产品出口占比最高。出口商品结构以高科技产品占比较高。例如,中国出口到尼泊尔的商品中,出口比例最高的是技术含量高的机电产品;越南、印度进口的资本密集型产品中,中国的占比较大;中国与尼泊尔、越南、印度的贸易互补性大于竞争性,合作潜力巨大。但出口商品地区仍然是以美国、日本、英国、德国等发达国家为主。中国从"一带一路"沿线国家进口的商品中,机电产品占机电产品总进口比重为 16.2%,运输设备占比为 4.6%,医疗设备、光学、钟表占比为 6.0%。而中国从"一带一路"进口的矿产品占矿产品总进口的比重过半,为 50.43%。① 可以看出,中国对"一带一路"的进口以初级产品为主。上述分析可以看出,中国与"一带一路"出口商品范围的局限性、进口商品的特定性,反映出中国与"一带一路"产能合作潜能巨大,市场广阔,为进一步构建对外开放新格局、促进中国有创造实力的优势产能"走出去"奠定坚实基础。

"新雁阵"模式的目的是形成整体生产网络,核心是实现产业转移。随着数量型的"人口红利"时代的终结,可以向工业化初期的部分东南亚国家转移纺织品、玩具等劳动密集型产业,向油气丰裕的中东欧部分国家、矿产资源丰裕的中亚部分国家转移资源密集型产业,还可以向这些国家出口机电、装备制造等技术密集与高附加值产品,实现技术的互通有无。中国的工业化水平高于"一带一路"沿线国家,其面临加速工业化进程的巨大任务。除了高端优势产业转移外,中国严重过剩的产能而沿线国家紧缺的质优价廉的产品"走出去",是中国与"一带一路"产能合作的重大目标之一。

第三节　推进经济结构升级

在 GDP 中高速增长时期,推进经济结构升级是保持 GDP 中高速增长的有力保障。这就要求更加重视经济增长的结构改善、质量提高,处理好

---

① 黄群慧:《工业化蓝皮书·"一带一路"沿线国家工业化进程报告》,社会科学文献出版社 2015 年版,第 18—24 页。

经济增长中"量"和"质"的关系。将 GDP 高速增长时期强调的"量"逐步转变为"质"，速度应当服从质量。GDP 增长的速度以经济结构改善、质量和效益提高为基础和前提。

一　推进需求结构升级

消费需求逐步成为拉动 GDP 中高速增长的主要力量。国际美欧债务危机的冲击下，世界经济深度调整，中国经济低成本、低价格的出口竞争优势明显减弱，拉动中国 GDP 高速增长的"三驾马车"中，出口对经济增长贡献逐步下降。2013 年、2014 年，货物和服务贸易净出口对 GDP 的贡献率急剧减弱，分别为−2.4% 和 1.7%，中国经济增长更多依靠内需扩张。2013 年因抑制政府"三公"消费而使消费贡献率稍有回落，但是2014 年消费贡献率高升至 51.6%，超过资本贡献率 4.9 个百分点。① 居民消费支出结构由追求食品、衣着等生存型逐步转变为享受型、服务类如文、教、乐等。随着 2013 年政府"三公"消费骤降，高端消费泡沫被挤出，高档餐饮娱乐消费逐步转变为大众型消费，消费升级健康发展。拉动 GDP 中高速增长的新的消费热点正在形成，未来中国将成为全球最大消费市场。②

中国作为信息化社会的后来者，通过国外信息化技术的引进、利用、吸收和再创新，迅速成为信息化技术的生产国和出口国，使中国在全球信息化浪潮中完成追赶，并实现超越，从信息化的学习者，逐步成为信息化的领导者。2007 年中国互联网用户就已经超过美国，成为世界网民数第一大国，2010 年 12 月达到 4.57 亿，其中手机网民规模达 3.03亿，均居世界第 1 位，互联网普及率攀升至 34.3%③，已经高于世界的平均水平。

信息化在全球化、国际竞争、知识经济大环境下，对国民经济发展不仅是支撑、促进作用，更重要的是技术引领作用。首先，中国互联网爆炸性的成长，促使中国经济的网络化速度加剧，越来越多的工厂企业依托互

① 根据《中国统计年鉴 2015》相关数据计算得出。

② 崔鹏：《商务部：2015 中国将成世界最大消费市场》，《人民日报·海外版》2012 年 5 月29 日第 4 版。

③ 中国互联网络信息中心（CNNIC）：《第 27 次中国互联网络发展状况统计报告》，2011年 1 月 29 日。

联网成长起来，淘宝网平台上的个人卖家就有 600 多万。2012 年有将近 2
亿网购人群，网民的购物覆盖率达 42%。2012 年"双 11"仅"天猫"和
"淘宝"网单日销售额高达 191 亿元，网购人数达 1 亿。① 信息消费规模
快速增长。2015 年，信息消费规模超过 3.2 万亿元，年均增长率超过
20%，将带动相关行业新增产出 1.2 万亿元以上，其中基于互联网的新型
信息消费规模将达到 2.4 万亿元，年均增长超过 30%。② 信息消费已经成
为目前最活跃的消费热点，成为拉动中国经济增长的新动力。其次，电子
商务随着不断涌现的新产品、新服务和新模式，推动中国经济网络化加
速，带动中国经济的转型和升级（图 5—12），也成为推动消费的有效途
径。截止到 2013 年 8 月，中国电子商务交易额超过 18 万亿元，网络零售
交易额突破 3 万亿元。2006—2012 年，中国网络零售交易额从 263 亿元
增加到 1.3 万亿元，增长了 48 倍；占社会消费品零售总额的比重为
6.3%，提升 21 倍。麦肯锡 2013 年 3 月发布的研究报告显示，100 元网络
交易额中，39% 是完全新增出来的。以 2012 年 13000 亿元的网络零售交
易额计算，电子商务带来的新增消费额达 5070 亿元。③ 2015 年中国电子
商务服务业营业收入达到万亿元，撬动 18 万亿元的电子商务交易规模。居

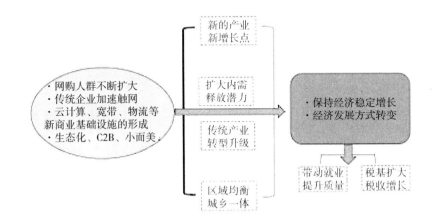

图 5—12　电子商务推动经济发展方式转变的机理

---

①　邓也：《发展消费导向型经济关键在深化改革》，《四川日报》2013 年 3 月 20 日第 6 版。
②　《国务院关于促进信息消费扩大内需的若干意见》（国发〔2013〕32 号），《广东经济》
2013 年第 10 期。
③　叶丹、巫伟：《互联网成信息消费"急先锋"》，《南方日报》2013 年 8 月 29 日第 1 版。

民消费每增加 1%，可拉动 GDP 增长 0.8%，据此计算 2012 年新增网购消费，带动 GDP 1.95%。[①] 再次，中国宽带战略的实施，能够优化信息技术与应用环境，支持并推动现代信息技术产业和信息化更加快速发展。宽带比其他 ICT 技术更能促进中国经济社会发展和产业结构优化升级，提升生产率，宽带平均每年帮助制造业提高 5%、信息产业提高 20%、服务业提高 10%的生产率。[②]

二 推进产业结构升级

产业结构升级可以稳步提高其对 GDP 增长的贡献率。从产业结构看，服务业对 GDP 的贡献率提高，逐步成为 GDP 中高速增长阶段经济增长的主要来源，技术研发、流程控制等高端生产性服务业和互联网金融、家政服务、医疗保健等新兴生活性服务业成为新的经济增长点，孕育着新的发展机会。2013 年服务业增加值对经济增长的贡献率高于第二产业 2.2%，比 2012 年提高了 1.5 个百分点，服务业占比首次超过第二产业。2014 年，服务业占 GDP 的比重超过第二产业 5.4 个百分点，产业结构调整取得新进展。中国经济正逐步转向服务业快速发展推动 GDP 中高速发展的新轨道。在 GDP 中高速增长阶段，随着智慧型城镇化的快速发展，居民消费不断升级，现代生产性、生活性服务业将成为拉动经济增长的新动力。面对劳动力、资本、资源等生产要素的成本上涨，现代制造业企业的"机器换人"、"电商换市"等的积极探索，降低了生产成本、提高了经济效益，经济转型升级取得新进展。2013 年，规模以上工业企业亏损面 11.9%，较 2012 年降低 0.2%；实现利润增长 12.2%，比 2012 年提高 6.9%；全国民间投资增长 63%，新注册企业上升 27.6%，企业创新创业显现新活力。[③]

高技术产业和高新技术产品是 GDP 中高速增长的不竭动力源泉。2012 年以来，中国高技术产业生产与出口强劲增长，发展势头良好，2014 年中国高技术产业主营业务收入、利润同比分别增长 9.8%和 11.9%，高新技术产品出口同比增长 3.0%（表5—6）。但是由于经济新常态下中国 GDP 增长速度由高速向中高速转变，国际经济持续疲弱，

---

① 唐双宁：《靠什么"拉动"中国经济（望海楼）》，《人民日报·海外版》2009 年 12 月 10 日第 1 版。

② 颜景海：《信息化助力中小企业转型升级》，《中国经济信息》2014 年第 1 期。

③ 余斌、任泽平：《2014 年经济增长有望达到预期目标》，《人民日报》2014 年 3 月 10 日。

2013 年、2014 年高技术产业的收入、利润和出口的增长态势没有 2012 年的势头旺盛，而是稳中有降。

表 5—6　　　　　2012—2014 年高技术产业收入、利润及出口情况

指标	2012 年	同比增长（%）	2013 年	同比增长（%）	2014 年	同比增长（%）
主营业务收入（亿元）	102284	16.9	116048.9	13.5	127367.7	9.8
利润（亿元）	6186.3	17.9	7233.7	16.9	8095.2	11.9
高新技术产品出口额（亿元）	46701.1	15.0	49285.1	5.5	50765.2	3.0

资料来源：根据《中国统计年鉴 2013/2015》相关数据计算得出。

高技术产业创新驱动发展特征日益凸显。图 5—13 显示，2010—2014 年中国高技术产业的 R&D 投入强度逐步增强，产业发展的创新驱动型特征逐渐显现。从技术创新投入角度看，2010—2014 年中国 R&D 经费、人员、机构数均呈现持续增长态势。2014 年，高技术产业的 R&D 经费内部支出、人员数、机构数均分别同比增长了 10.8%、2.5% 和 3.9%，2014 年高技术产业的科技创新总体势头比 2013 年稳中有降。

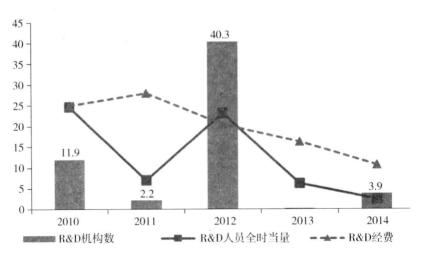

图 5—13　2010—2014 年中国高技术产业 R&D 同比增长情况（单位:%）

资料来源：根据历年《中国统计年鉴》相关数据计算得出。

从技术创新的专利产出角度看（表5—7），2010—2014 年中国专利申请数和有效发明专利数大体保持两位数的增长速度，相比 2013 年，2014 年这两项分别同比增长 17.1% 和 27.7%，说明中国高技术产业专利申请数量和质量的迅猛发展，技术创新是产业发展的强大动力。

在创新驱动发展战略的引导和国家科技体制改革相关政策的激励下，中国高技术产业的 R&D 增幅、人员、机构数将继续稳步增加，企业对知识产权的重视程度和运用能力实现跃升。

表5—7 2010—2014 年高技术产业专利情况

	2010 年	2011 年	2012 年	2013 年	2014 年
专利申请数（件）	59683	77725	97200	102532	120077
有效发明专利数（件）	50166	67428	97878	115884	147927
专利申请数同比增长（%）	15.9	30.2	25.1	5.5	17.1
有效发明专利数同比增长（%）	57.6	34.4	45.2	18.4	27.7

资料来源：《中国统计年鉴 2015》。

高技术产业内部主要细分行业创新能力发展不平衡（图5—14）。2014 年中国高技术产业整体 R&D 经费占规模以上工业企业 R&D 经费的比重为 2.5%，超过规模以上工业企业平均 0.8% 的水平。高技术产业的细分行业的创新能力和发展水平很不平衡。电子及通信设备制造业的 R&D 强度占高技术产业的比重最高，高达 58.2%，但是利润率（5.5%）较低，低于高技术产业平均 6.4% 的水平，意味着应提高电子及通信设备制造业对新技术、新业态发展的支撑能力。医药制造业和医疗仪器设备及仪器仪表制造业 R&D 投入强度分别为 17.2% 和 9.3%，这两个行业的利润率最高，分别为 10.2% 和 9.2%，揭示出这两个行业形成了创新驱动的良性循环。航空、航天器及设备制造业，计算机及办公设备制造业，这两个行业的 R&D 强度不高，利润率偏低，这两个行业的创新能力和创新支撑发展水平有待提高。

此外，中国一大批优秀、知名的大企业在世界的崛起，是中国 GDP 中高速发展不可忽视的重要因素。2015 年《财富》世界 500 强企业排行榜显示，中国上榜企业再创新高，达到 106 家，比 2014 年增加了 6 家，5 家内地企业首次上榜。中国上榜企业数稳居全球第二，与美国（128 家）

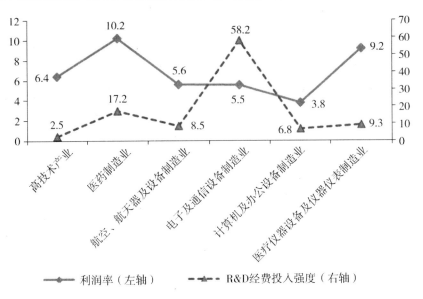

图 5—14　2014 年中国高技术产业内部主要细分产业创新情况（单位:%）

资料来源：根据《中国统计年鉴 2015》相关数据计算得出。

的差距正在明显缩小。中国不仅新上榜公司数量在所有国家和地区中排在第一位，而且有超过 88%的企业排名上升或与 2014 年持平。中国保持着上榜企业数量持续增长、上榜企业营业收入占比不断攀升的态势。这也是保持未来中国 GDP 中高速增长的重要动力。[①]

第四节　改革是再造 GDP 中高速增长新优势的动力源泉

提升人力资源水平、扩大就业空间和优化国民经济空间格局等新的发展优势，都是 GDP 增长的潜在优势和条件，不一定能够转化为现实的发展成果。如果没有改革创新的推动，新的潜在优势难以转化为现实优势。换言之，这些新的潜在优势的释放，都离不开改革创新的驱动，通过深化改革，再造中国新发展优势的动力。因此，改革创新是中国经济增长速度转换阶段创造 GDP 中高速增长的动力源泉。

① 根据《财富》杂志数据库整理，详见 Fortune 500 2015，Fortune Global 500 Database，http：//www. timeinc. net/fortune/datastore/ds/global. html。

一　改革最重要的四项经济制度

GDP 中高速增长的改革是在中国进入深水区、攻坚阶段的系统工程，是新的全方位改革，只有各项改革都相互联系、相互配合，才能释放最大的改革红利，对中国宏观经济产生应有的影响和作用。改革战略上把握最高层面的宏观思考和顶层设计，注重改革的系统性、整体性和协同性，克服改革事项表层化、分散化、无序化、简单化倾向，多方位、全领域、战略性地统筹推进经济、政治、文化、社会、生态等"五位一体"的全面改革。其中，经济体制改革是改革的核心。

在强调"改革顶层设计和总体规划"的同时，必须坚持以人为本，强调"尊重群众首创精神"。整体推进和重点突破相促进，两者是相互支持的统一体，只有坚持将两者有机结合，才能有力地推进各领域的改革，使改革沿着正确方向前进。没有顶层设计的制度调整，就不能焕发出基层群众极大的创造热情；没有来自基层的改革试验，没有呼应顶层设计的群众创造，顶层设计就成为纸上谈兵。

顶层设计和群众首创紧密相关，互为支持。顶层设计的设计内容要以深入调查研究为前提，需要在总结提炼群众首创、各地实践探索的基础上形成。顶层设计的落实和推进过程，就是推动统筹协调和基层改革试验相结合的过程。顶层设计的指导与各行业、各地区的改革需要互动协调、形成合力。同样，群众首创也需要有顶层设计的系统指导，必须在顶层设计大框架下进行。要进一步推动顶层设计和基层创造紧密结合。必须将"自上而下"的顶层设计和"自下而上"的基层创造两条路径有效对接，破解改革攻坚阶段的艰巨性、复杂性困局，砸碎利益链条。一方面，通过顶层设计，凝聚改革共识、汇聚改革合力，上下结合，共同推动改革攻坚。另一方面，通过基层首创，充分调动基层的积极性、创造性，建立改革的社会参与机制，增强基层推进改革的动力。改革开放是保持中国GDP 中高速增长的关键抉择和最大红利，促进社会和谐、生态文明。所有权、分配、土地和户籍制度是中国 GDP 中高速增长阶段经济制度改革中最重要的四项制度。

（一）改革所有权制度

坚持公有制的主体地位、国有经济主导作用的前提下，积极探索公有制的实现形式。"十三五"时期，改革所有权制度，是中国特色社会主义基本经济制度的理论和实践的创新，增强了"三个自信"，对完善社会主义市场经济体制、保持经济中高速发展具有重要意义。2012 年，全国非公有制经济企业对 GDP、税收、就业的贡献率分别超过 60%、50% 和 80%，新增就业贡献率 90%，在中国 GDP 高速增长中发挥重要作用。[①] 2013 年全国第二、第三产业的企业法人单位，非公企业占比雄踞高位，而国有企业占比仅为 1.4%。[②] 2014 年，全国非金融类国有企业的资产、利润、上交税金分别是改革开放初的 141 倍、38 倍和 65 倍，其中有 84 家进入世界《财富》500 强。同年，非公有制经济发展迅速，占 GDP 的比重超过 60%，税收、新增就业分别高达 50%、90%[③]，在支撑 GDP 中高速发展、扩大就业、增加税收、促进创新等方面发挥不可替代的作用。国有经济的混合所有制改革要通过市场竞争，让国有、集体和非公有资本等相互融合，打破"玻璃门"、"弹簧门"对非公经济的阻碍，消除垄断，激活市场竞争活力。充分发挥多种所有制资本"有进有退"，取长补短、共同发展。

（二）改革分配制度

中国经济体制改革是从收入分配改革起步的，打破平均主义，让一部分人先富起来，激发了广大劳动者的积极性，为经济发展注入了生机和活力。然而，居民收入占国民收入的比重下降，劳动报酬占初次分配下降，收入分配差距过大的问题凸显，日益成为绝大多数居民消费能力提升的重要因素。解决收入分配不公问题是实现共同富裕的重要保障，也是中国 GDP 中高速增长阶段收入分配改革红利释放的关键。现阶段，中国正处于社会转型期和矛盾凸显期，也是进行深层次收入分配改革的最好时期。

（1）初次分配是收入分配改革的重点[④]，从以下方面进行：第一，初次分配以市场调节为基础，打破行业垄断；农民拥有产权主体，规范土地在各产权、市场主体之间的流转秩序，制止土地寻租、保证农民财产性收入，取消或修订计划经济体制下初次分配如工资标准、工资级差等规律、

①　王钦敏：《非公经济对 GDP 贡献率超过 60%》，《人民日报》2013 年 3 月 6 日。

②　史波涛：《国有企业法人单位占比 1.4%》，《首都建设报》2014 年 12 月 17 日第 3 版。

③　《中共中央关于制定国民经济和社会发展第十三个五年规划的建议》（辅导读本），人民出版社 2015 年版，第 131 页。

④　刘世昕、厉以宁：《收入分配制度改革应以初次分配为重点》，《中国青年报》2013 年 1 月 27 日第 2 版。

规则。第二，要让农民成为产权主体，让土地的流转在各个产权、市场主体之间有序进行，制止土地使用中的寻租行为，保证农民的财产性收入。第三，消除劳动力市场上买方和卖方的不对称行为；给职工提供更多的培训和升迁机会，提高其教育程度和技术能力，促使低劳工市场转向高劳工市场；鼓励低收入家庭成员自主创业；要让家庭困难、没机会上学的人有上学或接受职业技术教育的机会。从长期来说，教育机会均等是消除收入差距扩大的最基本途径。第四，深入促进机会均等的市场化改革。要不失时机地推进资源和要素价格改革，充分发挥价格机制对促进要素合理分配的作用。垄断体制是贫富差距大的体制因素之一。深化垄断行业和国有企业改革。坚决打破行政垄断，有效监管市场垄断，提高自然垄断行业的效率。建立非公经济发展促进机制，大力发展非公有制经济。规范国有企业分配机制，国有资本红利可以补充社会保障资金或者作为二次分配资金，用于扩大居民消费。

（2）城乡收入差距是收入差距过大的关键因素。目前，中国城乡基尼系数60%的权重源于城乡差距，城乡收入差距超过3倍。破除城乡二元体制障碍，积极推动农民工市民化。要打破城乡分割的管理体制，着眼于城乡统筹发展，合理规划城市的发展规模、速度、环境和人口，引导城乡人口有序流动；加快城镇化的制度创新，逐步消除农民进城的制度障碍，构建新型的现代城乡户籍管理制度，推进公平的基本公共服务体系建设。

（3）建立健全就业优先的体制机制。促进就业、保障就业、鼓励中小企业发展应作为政府的重要工作，把就业作为宏观调控的首要目标，实现从GDP优先转向就业优先。反对就业歧视，尤其是要消除正规部门的就业歧视政策，规范劳务派遣制度。严格实施劳动合同法，稳步提高劳动保障水平。

（4）健全有利于调节收入差距的财税制度。逐步创造条件，将个人所得税从现行分类税制模式改为综合税制模式或者综合与分类相结合的模式。健全与完善财产税与消费税，开征遗产税与赠予税。优化和改革各级政府的财政支出结构，财政资金更多转向满足社会公共服务支出方面，加大向教育、公共卫生和职业培训、社会保障等领域的支出，从根本上解决财政的"错位"与"缺位"问题，加强政府基本公共服务供给责任和能力。社会保障的功能应定位于促进财富的合理分配。社会保障不是部分人的专利与特权，也不可能永远是低水平和雪中送炭，应伴随着国家发展和财富增长而普惠民生、实现共享，最终促进并维系财富的合理分配格局。

（5）规范收入分配秩序。完善政府对收入分配的宏观调控。加快建立并落实规范收入分配的基础性制度。清理规范工资外收入和非税收入，打击和取缔非法收入。中国的灰色收入规模巨大，2013 年灰色收入占 GDP 的 12%，权力寻租和垄断利润是主要根源。规范垄断企业高管的收入，改善低收入者的待遇，消除权力寻租的空间。强化对掌握资源配置权力部门的制度性约束和监督，从源头上取消权钱交易带来的非法收入。深化机关事业单位工资管理体制改革。健全全国统一的职务与级别相结合的公务员工资制度。在认真清理整顿地区、部门自行建立的津贴补贴的基础上，逐步实行合理、规范、透明的地区附加津贴制度。完善符合事业单位特点、体现岗位绩效和分级分类管理的事业单位收入分配制度。

（三）改革土地制度

深化土地制度改革促进改革红利再释放，以农村土地产权关系为基础，落实最严格的耕地保护制度，坚持三条底线：土地公有制性质不改变、18 亿亩耕地红线不突破、广大农民利益不受损，深化"三块地一块产"的改革措施和路径，加快完善土地承包经营制度，防止农地非农化、非粮化，建立土地流转收益分配机制，保障农民利益不受侵犯；改革农村集体建设用地制度，立足于农村建设用地的高效利用和农民土地财产权的实现，稳步进入市场交易；改革农地征收制度的根本出路是缩小征地范围；完善土地节约集约利用制度，全面挖掘土地资源潜力，为深入实施扩大内需战略，推进"四化"建设创造条件。土地制度改革，从某种程度上讲，是衡量当前中国新阶段经济体制改革成败的关键。

（四）改革户籍制度

推进新型城镇化是中国释放内需的最大潜力所在，也是改革红利的最大潜力所在。户籍制度改革是"人的城镇化"改革的最重要任务之一。户籍制度改革能够推进新型城镇化的进程和公民平等社会福利的实现，影响中国 GDP 中高速增长持续健康发展、社会秩序和谐稳定与经济社会结构转型。

首先，中国户籍制度改革路径：取消农业与非农户口界限。按照存量优先、带动增量的原则，兼顾异地就业城镇人口；以农业转移人口为重点，引导人口"梯度转移"；合理控制特大城市和超大城市人口规模；健全人口信息管理制度。

其次，城市公共服务制度是中国户籍制度改革的核心制度内容。解决在劳动报酬、子女上学、技能培训、公共卫生、住房租赁、社会保障、职业安全卫生等方面的突出问题，实现义务教育、就业服务、基本医疗、保障性住房等基本公共服务覆盖城镇常住人口。

再次，建立户籍制度改革的成本分担机制。建立可持续的城市公共财政贴息和投融资机制，为实现城镇基本公共服务常住人口全覆盖和城镇基础设施建设提供资金保障。建立全社会共同分担成本机制，政府承担农民工市民化的公共成本（就业服务、保障性住房等）；企业承担农民工工资正常增长；个人承担社保和住房成本。

GDP 中高速发展时期，制度创新必须把握经济制度改革的主线，同时，在推进改革的过程中把握上述四种制度之间的关联性。四项制度之间是相互联系、相互促进的整体。每一项基本制度的改革，都需要其他制度改革的同步推进和配套。制度层面的顶层设计是 GDP 中高速增长制度创新的总纲，为其他改革提供制度保证。在具体制度改革过程中，应处理好顶层设计和群众的首创精神之间的关系。

二 改革其他经济体制

（一）处理好政府与市场的关系

改革开放 30 多年来，中国 GDP 高速增长主要依赖资源驱动和要素驱动。进入 GDP 中高速增长的新阶段，经济增长模式逐步转向创新驱动和效率驱动，提高劳动效率和全要素生产率，达到提质增效的目的。这就要求加快经济转型。同时，经济转型也为改革创新提出了新的要求。当前，正确处理好政府和市场的关系是经济体制改革的核心。在"市场失灵"的地方，必须发挥政府的"有形的手"的宏观指导和干预。在政府和市场对创新资源配置效率方面，如果政府的配置效率高于市场，就要发挥政府作用；反之，则相反。从政府宏观层面看，要推动财税制度在收支两方面的重要转型。政府职能要从"全能政府"转变到"有限政府"，简政放权，将支出重心转向基本公共服务，提高公益性事业的支出比重。按照市场化、法治化的主攻方向，构建法治型、服务型政府。发挥知识经济中政府的服务力量，打造官—产—学—研互动的创新环境，激励各经济主体的创新行为。① 从市场微观层面看，深化土地、户籍、资源等领域的改革，使生产要素得到效率更高的配置。其中，深化资源价格和税收体制改革是改革攻坚阶段的"硬骨头"和提高资源生产力的迫切需要。应按照"市场定价"、"价税分开"、"税收绿化"等原则，构建资源性产品价格比价制度以及优化资源配置效率的税收体制，真正发挥市场在资源配置中的决定性作用。因此，政府和市场通过正确划分各自的职能和职责，相互配合才能共同促进经济社会的协调发展。②

目前，中国经济处于"三期叠加"的关键时期，既要让市场充分发挥对以技术创新为核心的全面创新资源的决定性作用，也要充分发挥政府提供经济社会公共产品、公共服务方面的职能，通过改善基础设施、完善上层建筑为经济发展提供软环境和硬环境。"十三五"时期，保持经济"中高速"发展、产业迈向"中高端"水平、跨越"中等收入陷阱"、成为高收入国家，这就要求实现新旧动力转换，必须实施创新驱动战略，相应地，政府职能要从过去的研发管理转向创新服务。实质上是政府履行科技体制机制和创新职能的深刻改革，即营造更好的创新生态环境，真正让企业成为技术创新的主体，为释放全社会创新活力提供新空间。一是深化科技体制机制改革。以改革激发创新潜能，让科技创新和体制机制创新成为创新驱动战略的"双轮"，其中以科技创新为核心，让创新驱动"新引擎"尽快成为引领中高速发展的第一动力。二是转变政府职能，加快创新治理方式变革。政府要着力抓好基础研究、共性关键和重大科技突破，增加公共产品、公共服务的供给，全方位系统化加强创新服务，发挥市场对创新资源配置的决定性作用、政府对技术创新的导向作用。

（二）改革现有教育体制

当今国家间竞争主要是人才和科技的软实力竞争，人才和科技更是国家综合实力和经济持续发展的基础，是经济增长后劲提升的重要因素。③

---

① 张友丰：《知识积累、报酬递增与新型专业市场》，《华东经济管理》2014 年第 7 期。

② 林毅夫：《经济转型离不开"有为政府"（新论·学者说改革）》，《人民日报》2013 年 11 月 26 日。

③ Barro R. J., Lee J. W., "International Data on Educational Attainment Updates and Implication", *Oxford Economic Papers*, No. 3, 2001, pp. 63-541.

人力资本决定着实用技术水平①，是克服物质资本边际生产力递减的关键因素。因此，教育体制改革要瞄准国际高端人才发展动态和方向，打通社会纵向和横向流通的渠道，使优秀人才脱颖而出，培养高端业态专业技术人才。大力培养机械编程、科研一线等高级蓝领，重点培养中青年科技领军人才以及重点领域创新团队等，为创造新的人力资源红利提供保障。

（三）加快科技体制创新

在全球产业转型升级的机遇下，中国亟须加快科技体制创新，构建以新知识、新技术、新方法、网络化等为核心的高级要素边际效益递增为基石的开放的、系统的技术创新体系。创新性创业要立足于科技进步的竞争优势和"创新租金"②，以新知识创造和商业化为导向。在关键产业、支柱产业、主导产业领域制定实施技术赶超战略，实现新知识的"持续创造"和"柔性制造"，释放技术创新的内生动力，实现从外源型的技术引进、技术模仿为主导向内源型的技术创新为主导的转变。首先，强化企业是技术创新的主体，建立以市场为导向、提高企业自主创新和自主研发能力的机制。积极推进实用新型技术研发组织市场化、高端化、企业化改革，实现高级要素边际效益递增的"技术创造技术"的良性循环。③ 其次，加快技术创新的转化速度，建立由企业牵头的产、学、研创新协同和管理机制。充分发挥大型创新企业的骨干带头作用，以形成技术知识的"马太效应"，激发中小微企业的创新活力。加快创新知识、创新技术的"适度外溢"和"技术扩散"的"蝴蝶效应"，实现高级要素带来的产业规模效应，从而将技术创新成果尽快转变成现实的产业竞争力，为 GDP中高速增长提供高级人才和技术的强有力支撑。

（四）实施生态文明的改革

随着 GDP 的高速增长，经济社会进入速度换挡期，中国面临的资源环境约束越来越突出，人民群众对良好生态环境的要求越来越迫切，对实

---

① Arrow K. The Economic Implication of Learning by Doing. Review of Economic Studies，Vol. 29，No. 3，1962，pp. 155–173. Uzawa Hirofumi，"Optimal Technical Change in an Aggregative Model of E-conomic Growth"，*Review of Economic Studies*，No. 31，1964，pp. 1–24. Paul M. Romer，"Increasing Returns and Long-Run Growth"，*The Journal of Political Economy*，Vol. 94，No. 5，1986，pp. 1002–1037. Lucas R.，"On the Mechanism of Economic Development"，*Journal of Monetary Economics*，Vol. 22，No. 1，1988，pp. 3–22.

② 刘刚：《中国经济发展的新动力》，《华东经济管理》2014 年第 7 期。

③ 陈东、刘西发：《产业转型升级的高级要素治理》，《学习与实践》2014 年第 8 期。

现生态文明改革、推进生态文明建设提出了更加迫切的要求。主要从以下几个方面改革：（1）加快资源性产品的价格改革。资源性产品价格改革的核心是改革资源性产品价格形成机制，必须在可竞争性领域加快引入竞争，建立市场化价格机制，加强和完善政府价格监管，并通过税费改革促进资源和环境外部成本的内部化，进而更好地发挥资源性产品价格在优化整体资源配置和促进节能减排等方面的重要作用。（2）推动碳交易制度改革，以顶层制度设计引领全国碳交易市场建设。紧密围绕"低成本实现控排目标"这一核心政策目标，以"碳排放权界定和配置"、"交易规则"、"碳排放权保护"三项核心制度设计为重点，进一步明确中国碳交易制度建设的具体思路，指导相关工作的有序、高效、顺利开展。（3）完善绿色税收制度，严格按照"税收中性"原则，在促进结构优化，社会公平前提下，完善绿色税收约束和激励机制。资源税计征办法应为"从价计征"；适度提高高污染和高能耗矿产品的税率。（4）改革环境评价制度，提高其独立性、客观性、公正性，为中国 GDP 增长速度转型期经济社会可持续发展提供一个优美、舒适的生态环境，走出一条有中国特色的生态文明建设之路。

（五）推进城镇化改革

中国的城镇化进程是独特的。庞大的人口基数确保了中国城镇变迁能够被全世界感受到。事实上，目前中国的城镇化速率全球第一（表5—8），2000—2030 年中国城镇人口增长速度为 2.19%，高于美国（1.16%）和世界（1.86%）的平均水平，这使得中国不仅是世界经济增长的引擎，而且也是全世界城镇化的发动机，还是中国 GDP 中高速发展的主要驱动力。城镇化是解决新常态下中国经济转型中出现结构性新矛盾的重要途径。其核心是人的城镇化，要降低新型城镇化农民进城的门槛，有效消除人口城镇化的体制障碍。这一体制障碍不仅损害了农村居民的利益，也导致了巨大的制度性机会成本，导致宏观经济付出较高代价。农村、农民和农业面临的挑战总体上已经成为目前中国经济发展中最为严峻也最为明显的问题。加快城镇化是解决这一问题的根本措施。也就是要将农民从其农村的地位中解放出来，投资农民、转移农民、减少农民，同时带动农民致富。为了将城镇中的市民二元结构变为单一化结构，城镇中的公共服务就应该开展到所有农民工及其家庭成员身上。要在教育、医疗、住房、就业和保障等方面实现普遍覆盖，关键是要预防一些一直困扰其他发展中国家的城市化问题，包括极易成为高犯罪率地区的城市贫民窟的产生，以及不断拉大的收入差距等。中国的城镇化应该使城镇更宜居、更和谐以及更具有发展上的可持续性。

表 5—8　　　　1950—2030 年中国、世界、美国的城镇人口增长　　　（单位：%）

阶段	中国	世界	美国
1950—1980 年	3.85	2.91	1.75
1980—2000 年	4.47	2.50	1.41
2000—2030 年	2.19	1.86	1.16
1960—1970 年	0.99	2.94	1.73
1950—2030 年	3.38	1.44	1.44

资料来源：转引自胡鞍钢《中国 2020：一个新型超级大国》，浙江人民出版社 2012 年版，第 73 页。

本章的研究揭示，中国 GDP 增长速度由"高速"转变为"中高速"既符合世界经济发展的一般规律，也是主要由依靠资源和要素高投入驱动的 GDP 高速度转向创新和效率驱动的中高速增长的经济增长模式转换的反映和要求，是主动适应中国经济潜在增长率下降的理性回归和质量速度效益的和谐统一。GDP 中高速增长是科学发展观的集中体现，是从未来发展战略（党的十八大报告提出的 2020 年 GDP 总量倍增和人均收入倍增）目标中探求的速度，也是一种对人民最有利的、稳定的、可持续的发展速度。

第六章

结　语

一　适度的 GDP 增速是对新中国经济发展过程与实践的探索[①]

　　1949 年以后，中国经济社会形态发生了两次重大的转变，从半殖民地半封建社会转变为新民主主义社会，再转变为社会主义社会初级阶段。在中外经济史上，除了中国之外没有任何其他国家在这 60 多年发生这样的转变。在世界经济思想史上，毛泽东是创立两个经济形态转变学说并亲自领导人民实现这种经济形态两次转变的第一人。1957 年，中国进入社会主义初级阶段和社会主义建设时期。在中国开展社会主义经济建设，是前人未曾经历过的事业，一切都要从头开始探索。1957—1966 年经济建设不仅取得了重要的成就，也留下了许多宝贵的经验和教训，是初步探索的十年。1967—1976 年的"文化大革命"所造成的 GDP 增长速度停滞和混乱局面是中国共产党对中国经济建设道路、经济政策在理论和实践上的探索。1979—1991 年的农村经济体制改革和城市经济体制改革，不仅是推动经济发展的巨大动力，更重要的是开启了探索中国式社会主义经济体制新模式的进程。这是因为这次经济体制改革是在新的理论指导下展开的，从而使这次体制改革能够承担探索中国式社会主义经济体制与中国式现代化道路的历史任务。1979—1991 年是中国经济体制改革史和中国式社会主义经济体制模式探索史上成绩辉煌的年代。1992—2012 年的经济发展和经济体制改革，是在邓小平的社会主义市场经济理论指导之下，探

---

① 此观点和材料由中南财经政法大学经济学院赵德馨教授提供。

索社会主义市场经济的目标。在不断探索中国经济体制改革的过程中，社会生产力水平得到极大提高。1953—2012 年中国 GDP（扣除价格因素）增长速度年均达 8.2%，是同期世界平均水平（3%左右）的 2 倍多。2012 年中共十八大以来，中国经济面临"三期叠加"的关键时期，中国宏观经济格局深刻变化，GDP 增长速度由持续 30 多年的高速增长转变为中高速增长，这是遵循经济、社会、自然发展客观规律的一种科学发展、包容性发展和可持续发展，是中国 GDP 增长速度对中国经济新常态下中国经济增长方式与中国宏观经济格局发生深刻变化的一种新的探索，符合中国现阶段的国情。

探索适度的 GDP 增速，其目的是探索稳定的、可持续的发展速度。中国经济落后，导致国力弱、人民生活水平低。因为国力弱、人民生活水平低，并曾经受人欺侮，因此，中国社会各界都希望经济快速发展。快速发展的计划与实绩总是受到群众的欢迎和上级的赞扬。各级地方政府的领导者都力求本地经济发展得比别地快，以求政绩好，得到升迁。但是，GDP 增长速度要受到一个国家政治、经济、社会以及国际环境的制约，不是想快就快、想慢就慢的。1957—1978 年中国 GDP 年均增长速度约 6%，远高于世界平均 1.55% 的速度[①]，但它是一种得不偿失的高速，是没有经济效益和社会福利提高的高速，导致中国国民经济整体停滞，被迫调整（如 1961—1964 年、1989—1991 年），造成大上大下，形成峡谷形起伏。所以 GDP 增长速度太慢了不行，太快也会吃亏。1978—2012 年中国 GDP 持续 30 多年将近两位数的高速发展，其结果或是高产出依靠的是高投入，效益低或是资源消耗大；或是经济结构扭曲，或是通货膨胀，导致被迫调整，进入低速阶段。在某些特殊情况下向内向外借债是必要的、有益的。借债，无论是内债还是外债，以后都要偿还，且要加上利息。依靠借债提高速度，这种高速度难以持久。低效益的高速度是无效的或虚假的高速度。现阶段，中国 GDP 7%左右的中高速增长，是符合世界经济客观规律和中国经济客观现实的一种速度，是保障经济结构优化、质量效益好、人民群众生活水平提高的一种速度。

"十一五"、"十二五"规划中 GDP 增速为 7.5%，在全世界是较高的速度，高于 2001—2012 年世界平均 2.6%的速度，也高于中等收入国家平

---

① ［英］安格斯·麦迪森：《中国经济的长期表现》，上海人民出版社 2008 年版，第 37 页。

均 5.9% 和高收入国家 1.7% 的水平。① "十三五"时期，中国经济保持 6.5% 以上的增速，就能实现翻一番的目标。目前，中国经济基数大，增长一个百分点的绝对量相当于一个中等发达国家的经济总量。只要能保持 7% 左右的增长速度，中国经济实力就能继续壮大，人民生活就能继续改善。中国是个人口众多、经济相对落后的发展中大国，实现工业化和现代化的任务紧迫，就业压力巨大，经济增长慢了确实不行。GDP 增长速度保持在 7% 左右，是中国 60 多年实践经验的总结，是实事求是和经过努力可以达到的目标，也是留有余地的目标。7% 左右的 GDP 增长速度是一个动态概念，意味着经济增长要从实际出发，能快则快，也是一个全面、协调、有质量、有效益的速度。我们追求的 GDP 增长速度是实实在在的速度，是有效益的速度，是经济结构合理、产品适应市场需要、社会发展同步、生态环境改善、生活质量提高的速度。②

党的十八大报告提出 GDP 增长速度是要保证实现"两个百年目标"，坚持质量效益为前提，转变经济发展方式。③ GDP 增长速度要以注重经济增长的质量，即效率与效益为前提，以长期持续稳定发展为基础，以满足人民群众物质文化生活水平提高为目的。只有"提质增效"的经济增长才是 GDP 增长速度发展的目的，才代表多数人的利益，才是真正"以人为本"，为人民服务。

二 GDP 增长速度与经济增长质量、经济结构的协调与统一

中国 60 多年 GDP 高速增长是中国政权长期保持稳定最坚强的基石。塞缪尔·亨廷顿指出：追求 GDP 政绩是国家政府收入的合法来源。④ 但是中国 60 多年经济发展事实证明，GDP 发展速度要与经济增长质量和经济结构协调统一，才能实现国民经济持续健康和谐发展。否则，一方面，

---

① 根据世界银行数据库相关数据计算得出。

② 皮树义：《纲要提出，"十五"经济增长速度预期为年均 7% 左右》，《人民日报》2001 年 4 月 2 日。

③ 李义平：《实现两个"百年目标"需要怎样的速度》，《北京日报》2013 年 1 月 7 日第 18 版。

④ ［美］塞缪尔·亨廷顿：《第三波——20 世纪后期民主化浪潮》，上海三联书店 1998 年版，第 59 页。

就会造成经济增长质量滞后于 GDP 增长速度，对经济发展造成重大损害，或是大起大落，或是被迫调整，进入低速阶段；或是违背了成本—效益原理，投入多，产出少，效益低，低效益的速度是很虚假的速度。例如，1957—1978 年的 GDP 年均增长速度为 6%，属于高速度，但是投入多，产出少，人民生活极度贫困，国民经济整体基本停滞。1957—1966 年、1989—1991 年的大起大落，形成"之"字形起伏，经济损失大。因此，GDP 增长速度太慢不行，太快也会吃亏，太快或者太慢都会对经济社会造成危害或损失。1992—1993 年的高速增长导致 1994 年的通胀率高达24.1%，人民生活水平下降，贫富差距扩大，基尼系数 1994 年超过 0.4国际警戒线，后来不断扩大。2002 年以后 GDP 高速增长，在经济领域，出现高能源消耗、高环境污染、高生态破坏、高土地财政等严重问题；在社会领域，房地产、教育、医疗卫生矛盾凸显，贫富差距越来越大等；在生态环境领域，土地、环境、资源红利减弱甚至衰退。另一方面，GDP高速发展已造成经济结构严重失衡。目前，经济结构失衡问题已成为GDP 由高速增长转向中高速发展的重要条件。在 GDP 速度"崇拜"的目标下，工业迅速发展，农业成了经济发展的短板，服务业依然滞后，生产性服务业与制造业融合发展能力较低，产业链有效衔接程度较低，产业的国际竞争力低。过去 GDP 高速增长主要依托高投资，投资的增速超过了消费的增速，形成了消费比重偏低的现象；在一系列鼓励出口政策的支持下，出口贸易保持了强劲的增长，2015 年中国贸易大国地位继续稳固发展。经济高速增长动力主要依靠投资和出口，造成需求结构畸重畸轻。在赶超型的经济增长模式下，导致经济发展水平与居民收入、消费之间不协调，收入分配差距不断扩大等问题。经济结构失衡影响了中国经济发展的质量和效率，不利于政治、经济、社会稳定发展。

经济新常态下，经济增速将由过去的 10% 左右两位数的高速增长转向中高速发展，"稳增长"与"调结构"是经济发展的核心问题，提质增效是经济发展的目的。因此，经济增长动力要由过去主要依靠投资和要素驱动转向创新驱动，经济结构由低端产业和重化工业为主，转向高端制造业和生产性服务业融合发展为主。加快经济结构战略性调整，推动产业向中高端跃升，这是"十三五"时期"转方式"的主攻方向。坚持扩大内需的基本方针，鼓励需求导向的技术、商业模式创新，充分释放居民的消费潜力，改善需求结构，使消费在中高速发展中发挥基础作用，更好发挥投资的关键作用以及出口的支撑作用。改革完善以初次分配为重点的收入分配制度，加快新型城镇化的制度创新，构建新型的现代城乡关系，推进公平的基本公共服务体系建设。"十三五"时期，产业结构调整是全面建成小康社会的经济基础，它影响需求结构、收入分配结构调整的质量和过程。同时，三者相互影响、相互作用，共同推进中高速的稳定发展。此外，所有制结构、城乡结构、区域经济结构等均需要调整和优化。"十三五"是全面建成小康社会的决胜时期，要在坚持"五大发展理念"的基础上，加大供给侧结构改革力度，加快转变经济发展方式，推动"中高速"的稳定发展，实现更高质量、更有效率、更可持续的发展。

三 改革开放前、后 30 多年 GDP 增速是差异性与连续性的有机整体

改革开放前、后 30 多年，中国 GDP 增速既有差异性，也有连续性，是两者的有机整体。1950—1956 年，中国 GDP 年均增速 14.2%，高速增长，其中 1950—1952 年属于恢复性增长。1949—1956 年，我国经济增长质量较好，建成了 100 多项工业建设的先进项目；1956 年工业全员劳动生产率比 1952 年提高了 85.7%，经济效益较好。1957—1978 年，由于片面追求 GDP 增速，实行粗放式扩大再生产，忽视了经济增长质量和效益，1978 年，全社会就业人员人均 GDP 仅为世界平均水平的 10%。[①] 1957—1978 年，GDP 年均增速为 6.0%，经济增长质量较差，基本处于停滞、徘徊状态。1957—1978 年的 20 多年中，中国经济错过了两次大的发展机遇。一次是 1958—1961 年，中国违背客观经济规律发动的"大跃进"和人民公社化运动，给中国经济社会造成重大摧残和破坏，导致了社会生产力大滑坡。同期，日本、联邦德国抓住了世界经济发展的极好机遇成为经济强国。另一次是 1966—1976 年，中国在"左"的错误思想的指导下，开展"文化大革命"，而"亚洲四小龙"抓住世界新科技革命兴起、世界产业大调整这一难得的发展机遇，一跃成为发达国家（地区）。中国痛失了这两次发展机遇，这是 1957—1978 年经济工作的重要经验教训。[②] 这

---

① 赵德馨：《中国近现代经济史（1842—1991）》，厦门大学出版社 2013 年版，第 402 页。
② 同上书，第 280 页。

两次延误，滞怠了中国发展成为现代化强国的历史进程。

1979 年以后，中国改革开放政策的有效实施，使中国经济现代化进程进入新阶段，中国经济实现了 30 多年连续两位数的持续快速增长，创造了"中国奇迹"，成为世界经济增长的新引擎。2001 年中国抓住了入世的重要战略机遇期，成功加入 WTO，对外开放进入新的起点。中国实施投资驱动、要素驱动战略，抓住并利用第一次全球化红利促进了 GDP 高速增长。现阶段，科技创新和产业发展相互融合，全球化和信息化交叉发展，新的全球化红利正在兴起，2012 年党的十八大提出开放型的创新驱动战略，抓住并利用好基于中国"内需的全球化红利"，实施创新驱动战略，对于 GDP 中高速持续健康增长，实现"两个百年目标"，推进中国特色社会主义事业，具有极其重大的意义。"十三五"时期，中国经济发展仍处于大有作为的重要战略机遇期。从国际看，新一轮的世界科技、产业革命正在孕育，将给中国 GDP 中高速发展带来新的机遇。从国内看，我国新型城镇化、工业化加速发展，制造业与信息化深度融合，高端装备制造业与国际产能合作协调推进。我国 GDP 保持 7% 左右的中高速，在世界主要经济体中仍稳居前列，经济结构调整、动力转换正进入新的阶段，战略性新兴产业发展态势稳中有升，新机制、新技术、新模式等正在成为新的经济增长点。我国经济发展的基本面良好，潜力、韧性和回旋余地大，抓住并充分利用好"十三五"时期我国中高速发展的战略机遇期，是中国经济保持"中高速"发展、产业迈向"中高端"水平的关键。

新中国 67 年 GDP 增速的演变历程，是中国经济发展阶段性的整体概括。在 1978 年之前的 30 年中，既有经验，主要是 1949—1956 年在多种经济成分基础上，实行有计划的市场经济体制，经济快速恢复与发展的经验；也有教训，主要是 1957—1978 年，在单一公有制基础上实行有市场的计划经济体制，经济基本停滞的教训。1979—2012 年 GDP 的高速增长，2013 年以后的中高速发展，是总结并吸取这些经验教训的产物。因为有前 30 年的经验教训与经济发展建立的物质基础，才会有后 30 多年的高速、中高速发展。如果将前 30 年弃之不提，单说后 30 多年，这后 30 多年的经验便成为不可理解之物。现阶段，中国 GDP 中高速发展，是对中国 GDP 增长速度 60 多年经验和教训的扬弃，是结合中国宏观经济的客观趋势和世界经济发展规律而得出的正确结论。

四　GDP 高速增长、中高速发展的中国特色

(一) GDP 高速增长的中国特色

在中国经济高速增长之前，已有不少国家有过经济高速增长的时期。以亚洲的日本和"四小龙"为例。1956—1973 年，日本保持了 18 年 GDP 增长率为 9.2% 的高速增长；1963—1979 年新加坡保持了 17 年 9.3% 的高增长；1966—1979 年，韩国保持了 14 年 9.1% 的高增长。在中国经济高速增长的同一时期，有一些同为发展中的国家，而且同是大国，诸如亚洲的印度、南美洲的巴西、欧洲的俄罗斯等国，同样进行经济改革，同样加入世贸组织，其目的都想利用世界经济发展的新趋势，为国际资本提供最好的再生产环境，谋求成为工业制成品的出口国。它们获得了与中国相似的高速增长。但是，中国经济高速增长时期 1979—2012 年 GDP 年均增长速度为 9.8%，超过印度 1992—2012 年经济快速增长时期 GDP 年均增长速度（6.75%）、巴西 1948—1978 年经济高速增长时期 GDP 年均增长速度（7.2%）和俄罗斯 1999—2012 年经济高速增长时期 GDP 年均增长速度（5.25%）。[①]中国 GDP 高速增长是一种追求高速度的模式，或可称之为速度至上模式，具体表现为唯 GDP 论："GDP 至上论"、"GDP 主义"、"速度第一"等。（1）计算速度的方法不科学。在唯 GDP 论指导下，GDP 的计算方法是不论是否增加国家财富，不论是否有利于人民福祉，一律列入 GDP 增长之数。例如，某个城市为了美化市容，将一个老的居民住宅区拆掉，耗资 5000 万元；为了安顿这批居民，在江边建住宅，耗 3 亿多元，因其妨碍防洪将它炸掉，耗 5000 万元，为了安排已迁入的住户，在另处建房，花 4 亿多元；补贴住户搬迁费，耗 5000 万元，所有这些，都算入 GDP，而居民两度搬迁，有的还因此失业，却一无所获。（2）拉动 GDP 增长的要素结构的非典型性，或者说要素之间的比例不合常规。在拉动经济运行的"三驾马车"中，主要靠国家高投资促成经济增长。根据国际比较，在典型的新兴经济体里，投资占 GDP 的比重通常约为 30%，消费为 60% 左右。而中国投资却接近 50%，消费仅占 35% 左右，投资和消费的比例失衡，成为中国经济结构的痼疾。投资过度导致一些产业因供

---

① 根据世界银行数据库计算得出。

大于求、产能过剩；基础设施建设因边际收益低、现金回报率低，极易催生银行的不良贷款；引发巨大的公营部门和地方政府债务危机。因此，这是一个不可持续的模式。（3）国家投资的钱来自国民应得的收入和利益。第一，税收增长率超过 GDP 增长率。1995—2012 年（1994 年实行分税制改革），除 2009 年之外，中国税收年均增速基本上保持在 15% 以上。[1] 同期，名义 GDP 年均增长率为 9.9%，远远低于税收收入年均增长率。长期的低工资和负利率，结果是国富民穷，居民消费力低。1978—2007 年，居民年均消费增长率是 7.7%，2008—2012 年是 9.2%，低于同期 GDP 年均增长率。第二，资源、环境代价大。2012 年中国 GDP 占世界 GDP 的11.6%，同时中国能源总消耗占世界能源消耗的 21.3%。[2]（4）GDP 高速增长后果有很大的缺陷性，不平衡、不协调、不可持续问题凸显。贫富分化严重，工程项目质量低劣，食品不安全，灰色、黑色和血色的 GDP 占的比重大，等等。

（二）GDP 中高速发展的中国特色

中国 GDP 中高速增长是中国经济新阶段新的发展形态，是世界追赶型工业化经济体经济发展过程中不可跨越的阶段，具有趋势性、长期性、客观性和必然性，是符合中国特色的新常态。纵观世界经济史，追赶型经济体在经历了一段时间的高速增长之后，就会有高速—中高速—低速的阶段性转换。1956—1973 年日本 GDP 年均增速保持了 18 年 9.2% 的高速度，1973 年由于国际石油危机的冲击和国内劳动力供给下降影响，GDP增长速度换挡回落，1973—1990 年降为 4.26%，速度下降一半多，1991—2012 年骤降至 0.86%，这两次 GDP 增长速度下降幅度都较大。1966—1996 年韩国持续了 31 年 GDP 年均 8.4% 的高增长[3]，1997 年由于亚洲金融危机和国内企业高负债率的影响，韩国 GDP 增长速度换挡回落，1997—2012 年陡降至 4.02%，下降了一半。1952—1994 年中国台湾地区GDP 年均增长速度达 8.62%，1995—2013 年换挡回落至 4.15%，速度下降一半多，下降幅度较大。由上述分析可知，上述经济体由于受到石油危机、亚洲金融危机等影响，GDP 增长速度换挡回落，具有被动性、剧烈

---

① 国家税务总局：《2012 中国税务年鉴》，中国税务出版社 2012 年版，第 12 页。

② 晓宇：《产能过剩的非经济原因》，《经济研究参考》2013 年第 66 期。

③ 根据世界银行数据库数据计算得出。

性特征，GDP 增长速度几乎都是从高速直接切换至低速，幅度较大，对经济冲击力度大。中国 GDP 增长速度的转换也是遵循世界经济发展的一般规律，吸取上述经济体的经验教训，主动顺应趋势，主动抉择的结果。中国 1978—2012 年 GDP 增长速度持续 35 年平均 9.83%，2013 年、2014年、2015 年 GDP 增长速度换挡回落，均在 7.0% 左右，下降幅度没有日本、韩国和中国台湾地区那么剧烈，具有主动性和平缓性特征。[①]

五　适合中国国情的 GDP 增速适度发展的标准

以十八届五中全会提出的"五大发展理念"为指导，结合世界主要大国工业化规律，系统总结历史经验，认为适合中国国情的 GDP 增速适度发展的标准是"四要四不要"：一是要能够带来"绿色"的发展，而不是带来生活环境污染的增长。二是要能带来"共享"的发展，而不要导致贫富分化甚至两极分化的增长。"共享"有利于社会和谐，贫富分化会影响社会和谐。三是要带来"协调"的发展，而不要导致城乡对立的增长。核心是有利于"三农"问题的解决而不是加重。土地问题上不要损害农民、农业和农村的利益。四是要能够带来"持续"的发展，而不要一时的增长，要功在当代、惠及子孙，而不是功在一时、祸遗后代的增长。要实现这种增长，关键是建立节约型与环境合理型社会的运行机制。按照这一要求，根据中国当前阶段国内与国际的条件，GDP 增长速度应该由实践经验作为标准。1990 年，赵德馨教授提出 GDP 年均增长速度6%—7% 为适中的增速，经济总是在波动中发展的，波动的中轴线就是年平均增长速度。稳定的发展就是波幅小，如中轴线为 6%，波幅从 5%—7%。中轴线为 7%，波幅 6%—8%。中轴线为 6%—7%，即经济在 5%—8% 区间波动。(1) 在当今世界经济中，GDP 年增长率 1% 以下是停滞，1%—2% 是低速，3%—4% 是中速，5%—6% 是高速，7% 以上是超高速度。(2) 年平均增长率 6%，经济总量 12 年翻一番；年平均增长率 7%，10 年翻一番。(3) 国民经济若能以 GDP 年增长率 6%—7% 的速度前进[②]，可以保证分"三步走"战略目标的实现，产生巨大宏观经济效益，国民

① 赵凌云、辜娜：《中国经济新常态与湖北发展新机遇》，《湖北社会科学》2014 年第10 期。

② 赵德馨：《经济的稳定发展与增长速度》，《中南财经大学学报》1990 年第 4 期。

经济的发展能够避免能源和资源的高消耗和生态环境的严重污染，处于良性循环的环境中，有可能持续稳定协调发展。（4）1995 年，"九五"计划提出 GDP 年平均增长率是 6%—7%。① 2005 年"十一五"规划，中共中央提出的是 7%（全国人大通过的是 7.5%）。著名经济学家马光远指出，按照正常速度增长的话，中国经济过去 30 年快速增长是高烧病，如果在未来 10 年保持 6%—7% 速度，就是正常的速度。② 国务院发展研究中心副主任刘世锦指出中国 GDP 增长速度未来几年将由 10% 左右的高速增长回落到 6%—7% 中速增长，有利于经济结构战略性调整。③ 2015 年，《中共中央关于制定国民经济和社会发展第十三个五年规划的建议》指出，"十三五"时期中国 GDP 保持 6.5% 以上的中高速发展④，就能实现第一个"百年目标"，全面建成小康社会。基于以上分析，在遵循 GDP 增长速度适度发展的"四要四不要"的前提下，以 7% 左右（上下浮动 2 个百分点）的 GDP 增速为比较适中的速度，就能够以质量效益为前提，以转变经济发展方式为基础，实现中国共产党十八大报告提出的第二个"百年目标"，符合中国现实国情。

---

① 《中共中央关于制定国民经济和社会发展"九五"计划和 2010 年远景目标的建议》，1995 年 9 月 28 日中共十四届五中全会通过。

② 马光远：《中国经济增速 6%—7% 才正常》，《都市消费晨报》2013 年 7 月 16 日。

③ 刘世锦：《中国未来几年将进入 6%—7% 的中速增长期》，《21 世纪经济报道》2011 年 12 月 13 日。

④ 《中共中央关于制定国民经济和社会发展第十三个五年规划的建议》，人民出版社 2015 年版，第 70 页。

附　录

附表1—1　　　　　　　1950—2012 年中国 GDP 环比增长率　　　　（单位：%）

年份	GDP 增长率	年份	GDP 增长率	年份	GDP 增长率	年份	GDP 增长率	年份	GDP 增长率	年份	GDP 增长率
1950	19	1962	-5.6	1974	2.3	1986	8.8	1998	7.8	2010	10.4
1951	16.7	1963	10.2	1975	8.7	1987	11.6	1999	7.6	2011	9.3
1952	22.2	1964	18.3	1976	-1.6	1988	11.3	2000	8.4	2012	7.7
1953	15.6	1965	17.0	1977	7.6	1989	4.1	2001	8.3		
1954	4.2	1966	10.7	1978	11.7	1990	3.8	2002	9.1		
1955	6.8	1967	-5.7	1979	7.6	1991	9.2	2003	10.0		
1956	15.0	1968	-4.1	1980	7.8	1992	14.2	2004	10.1		
1957	5.1	1969	16.9	1981	5.2	1993	14.0	2005	11.3		
1958	21.3	1970	19.4	1982	9.1	1994	13.1	2006	12.7		
1959	8.8	1971	7.0	1983	10.9	1995	10.9	2007	14.2		
1960	-0.3	1972	3.8	1984	15.2	1996	10.0	2008	9.6		
1961	-27.3	1973	7.9	1985	13.5	1997	9.3	2009	9.2		

资料来源：由于统计年鉴上没有 1950 年、1951 年、1952 年 GDP 数据，用《中国统计年鉴 1983》第 22、23 页的国民收入代替 GDP，根据国民收入指数算出 GDP 年增长率。1953—2008 年数据来源于《新中国六十年统计资料汇编》第 6、11 页，2009—2012 年数据来源于《中国统计年鉴 2013》第 45 页。

附表1—2　　　　　　　1979—2012 年金砖四国 GDP 增长率　　　　（单位：%）

年份	中国	印度	巴西	俄罗斯
1979	7.57	-5.24	6.77	—

续表

年份	中国	印度	巴西	俄罗斯
1980	7. 84	6. 74	9. 11	—
1981	5. 24	6. 01	−4. 39	—
1982	9. 06	3. 48	0. 58	—
1983	10. 85	7. 29	−3. 41	—
1984	15. 18	3. 82	5. 27	—
1985	13. 47	5. 25	7. 95	—
1986	8. 85	4. 78	7. 99	—
1987	11. 58	3. 97	3. 60	—
1988	11. 28	9. 63	−0. 10	—
1989	4. 06	5. 95	3. 28	—
1990	3. 84	5. 53	−4. 30	−3. 00
1991	9. 18	1. 06	1. 51	−5. 05
1992	14. 24	5. 48	−0. 47	−14. 53
1993	13. 96	4. 75	4. 67	−8. 67
1994	13. 08	6. 66	5. 33	−12. 57
1995	10. 92	7. 57	4. 42	−4. 14
1996	10. 01	7. 55	2. 15	−3. 60
1997	9. 30	4. 05	3. 37	1. 40
1998	7. 83	6. 18	0. 04	−5. 30
1999	7. 62	8. 85	0. 26	6. 40
2000	8. 43	3. 84	4. 31	10. 00
2001	8. 30	4. 82	1. 31	5. 09
2002	9. 08	3. 80	2. 66	4. 74
2003	10. 03	7. 86	1. 15	7. 30
2004	10. 09	7. 92	5. 71	7. 18
2005	11. 31	9. 28	3. 16	6. 38
2006	12. 68	9. 26	3. 96	8. 15
2007	14. 16	9. 80	6. 10	8. 54
2008	9. 63	3. 89	5. 17	5. 25

续表

年份	中国	印度	巴西	俄罗斯
2009	9. 21	8. 48	-0. 33	-7. 82
2010	10. 45	10. 26	7. 53	4. 50
2011	9. 30	6. 64	2. 73	4. 29
2012	7. 65	4. 74	0. 87	3. 44

资料来源：世界银行数据库。

附表 1—3　　　　　　　1996—2012 年中、韩、美、印、
　　　　　　　泰、日、俄 GDP 增速　　　　（单位：%）

年份	中国	韩国	美国	印度	泰国	日本	俄罗斯
1996	10. 0	7. 0	3. 8	7. 5	5. 9	2. 6	-3. 6
1997	9. 3	4. 7	4. 5	4. 0	-1. 4	1. 6	1. 4
1998	7. 8	-6. 9	4. 4	6. 2	-10. 5	-2. 0	-5. 3
1999	7. 6	9. 5	4. 8	8. 8	4. 4	-0. 2	6. 4
2000	8. 4	8. 5	4. 1	3. 8	4. 8	2. 3	10. 0
2001	8. 3	4. 0	0. 9	4. 8	2. 2	0. 4	5. 1
2002	9. 1	7. 2	1. 8	3. 8	5. 3	0. 3	4. 7
2003	10. 0	2. 8	2. 8	7. 9	7. 1	1. 7	7. 3
2004	10. 1	4. 6	3. 8	7. 9	6. 3	2. 4	7. 2
2005	11. 3	4. 0	3. 4	9. 3	4. 6	1. 3	6. 4
2006	12. 7	5. 2	2. 7	9. 3	5. 1	1. 7	8. 2
2007	14. 2	5. 1	1. 8	9. 8	5. 0	2. 2	8. 5
2008	9. 6	2. 3	-0. 3	3. 9	2. 5	-1. 0	5. 2
2009	9. 2	0. 3	-2. 8	8. 5	-2. 3	-5. 5	-7. 8
2010	10. 4	6. 3	2. 5	10. 3	7. 8	4. 7	4. 5
2011	9. 3	3. 7	1. 8	6. 6	0. 1	-0. 6	4. 3
2012	7. 7	2. 0	2. 8	4. 7	6. 5	2. 0	3. 4

资料来源：IMF，World Economic Outlook，September 2013.

附表 1—4　　　1700—2030 年四大经济体 GDP 占世界总量百分比　　（单位：%）

	中国	日本	西欧	美国
1700	22.3	4.1	21.9	0.1
1820	32.9	3	23	5.4
1952	5.2	3.4	25.9	9.2
1978	4.9	7.6	24.2	9
2003	15.1	6.6	19.2	3.8
2030	23.1	3.6	13	3.4

资料来源：［英］安格斯·麦迪森：《公元 960—2030 年：中国经济的长期表现》，上海人民出版社 2008 年版，第 109 页。

附表 1—5　　　　　　1978—2012 年中国货物进出口总额　　　（单位：亿美元）

年份	进出口总额	出口总额	进口总额	实际使用外资
1978	206.4	97.5	108.9	——
1979	293.3	136.6	156.7	——
1980	381.4	181.2	200.2	——
1981	440.3	220.1	220.2	——
1982	416.1	223.2	192.9	（1979—1982）8526.13
1983	436.2	222.3	213.9	17.69
1984	535.5	261.4	274.1	9.16
1985	696.0	273.5	422.5	14.19
1986	738.5	309.4	429.1	19.56
1987	826.5	394.4	432.1	22.44
1988	1027.9	475.2	552.7	23.14
1989	1116.8	525.4	591.4	31.94
1990	1154.4	620.9	533.5	33.92
1991	1356.3	718.4	637.9	34.87
1992	1655.3	849.4	805.9	43.66
1993	1957.0	917.4	1039.6	275.15
1994	2366.2	1210.1	1156.1	337.67
1995	2808.6	1487.8	1320.8	375.21

续表

年份	进出口总额	出口总额	进口总额	实际使用外资
1996	2898.8	1510.5	1388.3	417.26
1997	3251.6	1827.9	1423.7	452.57
1998	3239.5	1837.1	1402.4	454.63
1999	3606.3	1949.3	1657	403.19
2000	4742.9	2492	2250.9	407.15
2001	5096.5	2661	2435.5	468.78
2002	6207.7	3256	2951.7	527.43
2003	8509.9	4382.3	4127.6	535.05
2004	11545.5	5933.2	5612.3	606.3
2005	14219.0	7619.5	6599.5	603.25
2006	17604.0	9689.4	7914.6	630.21
2007	21737.3	12177.8	9559.5	747.68
2008	25632.5	14306.9	11325.6	923.95
2009	22075.3	12016.1	10059.2	900.33
2010	29739.9	15777.5	13962.4	1057.35
2011	36418.6	18983.8	17434.8	1160.11
2012	38671.2	20487.1	18184.1	1117.16 （1979—2012）12761.08

资料来源：《新中国六十年统计资料汇编》、《中国统计年鉴 2013》。

附表 1—6　　　　1978—2012 年中国在世界经济体系中的
重要性不断上升（汇率法）　　　　（单位：%）

年份	中国 GDP/世界	欧盟 GDP/世界	美国 GDP/世界	日本 GDP/世界
1978	1.74	24.86	27.64	11.69
1979	1.79	25.96	26.63	10.50
1980	1.70	25.87	25.77	9.78
1981	1.70	21.85	28.10	10.51
1982	1.79	21.35	29.54	9.86
1983	1.97	20.37	31.42	10.52

年份	中国 GDP/世界	欧盟 GDP/世界	美国 GDP/世界	日本 GDP/世界
1984	2.14	18.82	33.62	10.77
1985	2.43	18.39	34.39	10.96
1986	1.99	21.83	30.73	13.73
1987	1.59	23.79	28.73	14.66
1988	1.63	23.39	27.69	15.90
1989	1.73	22.75	28.40	15.15
1990	1.60	25.61	26.88	13.95
1991	1.63	25.35	26.45	15.15
1992	1.69	26.12	26.19	15.43
1993	1.73	23.49	27.05	17.36
1994	2.05	23.14	26.76	17.76
1995	2.41	24.15	25.36	17.65
1996	2.77	23.92	26.25	15.25
1997	3.09	21.88	27.95	14.04
1998	3.32	22.54	29.62	12.76
1999	3.40	21.61	30.36	13.92
2000	3.65	19.05	31.30	14.39
2001	4.05	19.44	32.51	12.73
2002	4.28	20.38	32.36	11.73
2003	4.31	22.43	30.24	11.30
2004	4.51	22.84	28.66	10.87
2005	4.87	21.92	28.26	9.86
2006	5.41	21.47	27.61	8.68
2007	6.18	21.94	25.63	7.71
2008	7.30	21.91	23.76	7.83
2009	8.50	21.16	24.56	8.58
2010	9.26	18.86	23.35	8.58
2011	10.31	18.47	21.87	8.30
2012	11.35	16.86	22.41	8.22

资料来源：世界银行数据库。

附表 1—7　　　　1990—2012 年五国 GDP 占世界比重（PPP 法）　　　（单位：%）

年份	中国	德国	日本	英国	美国
1990	3.97	5.39	8.66	3.26	21.42
1991	4.27	5.53	8.81	3.18	21.07
1992	4.77	5.52	8.72	3.17	21.31
1993	5.27	5.31	8.50	3.19	21.21
1994	5.77	5.22	8.29	3.27	21.38
1995	6.10	5.12	8.18	3.25	21.39
1996	6.45	4.98	8.08	3.27	21.43
1997	6.79	4.79	7.88	3.32	21.57
1998	7.08	4.72	7.52	3.36	22.07
1999	7.37	4.66	7.26	3.28	22.35
2000	7.63	4.48	7.13	3.30	22.25
2001	8.04	4.43	6.99	3.36	21.96
2002	8.56	4.35	6.87	3.40	21.62
2003	9.12	4.27	6.67	3.34	21.33
2004	9.55	4.20	6.50	3.31	21.03
2005	10.10	4.08	6.25	3.21	20.77
2006	10.70	4.03	5.96	3.09	20.17
2007	11.67	3.92	5.82	2.95	19.26
2008	12.38	3.85	5.54	2.86	18.48
2009	13.39	3.73	5.19	2.72	17.93
2010	14.01	3.72	5.16	2.52	17.57
2011	14.57	3.74	4.92	2.43	17.27
2012	15.24	3.64	4.85	2.34	17.09

注：由于 GDP 与 GNI 数据相差仅 2%，在此用 GNI 代替 GDP。

资料来源：World Development Indicators 2013.

附表 1—8　　　　　　金砖四国 GDP 占全球份额（PPP 法）　　　　（单位：%）

年份	中国	俄罗斯	巴西	印度
1990	3.97	4.29	3.41	1.72

续表

年份	中国	俄罗斯	巴西	印度
1991	4.27	4.01	3.42	1.67
1992	4.77	3.33	3.35	1.77
1993	5.27	2.96	3.40	2.03
1994	5.77	2.52	3.49	2.14
1995	6.10	2.33	3.53	2.24
1996	6.45	2.14	3.46	2.32
1997	6.79	2.07	3.41	2.32
1998	7.08	1.86	3.31	1.91
1999	7.37	1.92	3.18	1.82
2000	7.63	2.08	3.17	1.79
2001	8.04	2.16	3.10	1.78
2002	8.56	2.23	3.10	1.78
2003	9.12	2.39	3.03	1.96
2004	9.55	2.45	3.04	1.94
2005	10.10	2.60	3.00	1.95
2006	10.70	2.95	2.93	1.94
2007	11.67	3.07	2.97	1.96
2008	12.38	3.52	3.00	2.01
2009	13.39	3.31	3.00	2.10
2010	14.01	3.29	3.07	2.14
2011	14.57	3.40	3.01	2.18
2012	15.24	3.39	2.94	2.23

资料来源：World Development Indicators 2013.

附表1—9　　2001—2012年金砖四国及世界平均GDP增长率　　（单位：%）

年份	中国	印度	巴西	俄罗斯	世界
2001	8.3	3.64	1.31	5.09	1.73
2002	9.1	4.50	2.66	4.74	2.06
2003	10.0	4.78	1.15	7.30	2.81

续表

年份	中国	印度	巴西	俄罗斯	世界
2004	10. 1	5. 03	5. 71	7. 18	4. 18
2005	11. 3	5. 69	3. 16	6. 38	3. 62
2006	12. 7	5. 50	3. 96	8. 15	4. 11
2007	14. 2	6. 35	6. 10	8. 54	3. 98
2008	9. 6	6. 01	5. 17	5. 25	1. 45
2009	9. 2	4. 63	-0. 33	-7. 82	-2. 11
2010	10. 4	6. 22	7. 53	4. 50	4. 06
2011	9. 3	6. 49	2. 73	4. 29	2. 88
2012	7. 7	6. 23	0. 87	3. 44	2. 37

资料来源：世界银行数据库。

附录二　第二章附表

附表 2—1　　　　中国 GDP 增长率与人均 GDP 演化路径
（对数值）及增长趋势

年份	ln（人均 GDP）	GDP 增长速度（%）	年份	ln（人均 GDP）	GDP 增长速度（%）
1952	4. 78				
1953	4. 96	15. 62	1983	6. 37	10. 85
1954	4. 97	4. 21	1984	6. 54	15. 18
1955	5. 01	6. 85	1985	6. 75	13. 47
1956	5. 11	15. 02	1986	6. 87	8. 85
1957	5. 12	5. 06	1987	7. 01	11. 58
1958	5. 30	21. 25	1988	7. 22	11. 28
1959	5. 38	8. 82	1989	7. 33	4. 06
1960	5. 38	-0. 32	1990	7. 40	3. 84
1961	5. 22	-27. 32	1991	7. 55	9. 18
1962	5. 15	-5. 61	1992	7. 75	14. 24
1963	5. 20	10. 21	1993	8. 01	13. 96
1964	5. 34	18. 26	1994	8. 30	13. 08
1965	5. 48	17. 03	1995	8. 53	10. 92
1966	5. 54	10. 73	1996	8. 67	10. 01

年份	ln（人均 GDP）	GDP 增长速度（%）	年份	ln（人均 GDP）	GDP 增长速度（%）
1967	5.46	-5.70	1997	8.77	9.30
1968	5.41	-4.09	1998	8.82	7.83
1969	5.50	16.89	1999	8.88	7.62
1970	5.62	19.40	2000	8.97	8.43
1971	5.67	7.05	2001	9.06	8.30
1972	5.68	3.77	2002	9.15	9.08
1973	5.74	7.86	2003	9.26	10.03
1974	5.74	2.31	2004	9.42	10.09
1975	5.80	8.69	2005	9.56	10.43
1976	5.76	-1.62	2006	9.71	11.65
1977	5.83	7.62	2007	9.91	13.04
1978	5.94	11.67	2008	10.07	8.95
1979	6.04	7.57	2009	10.15	9.21
1980	6.14	7.84	2010	10.31	10.45
1981	6.20	5.24	2011	10.47	9.30
1982	6.27	9.06	2012	10.56	7.65

注：由于统计年鉴上没有 1952 年 GDP 数据，用《中国统计年鉴 1983》第 23 页的国民收入代替 GDP，根据国民收入指数算出 GDP 增长率。1953—2008 年数据来源于《新中国六十年统计资料汇编》第 6、11 页，2009—2012 年数据来源于《中国统计年鉴 2013 年》第 45 页。

资料来源：根据历年《中国统计年鉴》有关数据计算得出。

附表 2—2　　　1978—2012 年中国 GDP 增长率和 CPI 变动关系

年份	GDP 增长速度（%）	CPI
1978	11.67	0.7
1979	7.57	1.9
1980	7.84	7.5
1981	5.24	2.5
1982	9.06	2
1983	10.85	2
1984	15.18	2.7

续表

年份	GDP 增长速度（%）	CPI
1985	13. 47	9. 3
1986	8. 85	6. 5
1987	11. 58	7. 3
1988	11. 28	18. 8
1989	4. 06	18
1990	3. 84	3. 1
1991	9. 18	3. 4
1992	14. 24	6. 4
1993	13. 96	14. 7
1994	13. 08	24. 1
1995	10. 92	17. 1
1996	10. 01	8. 3
1997	9. 30	2. 8
1998	7. 83	−0. 8
1999	7. 62	−1. 4
2000	8. 43	0. 4
2001	8. 30	0. 7
2002	9. 08	−0. 8
2003	10. 03	1. 2
2004	10. 09	3. 9
2005	11. 3	1. 8
2006	12. 7	1. 5
2007	14. 2	4. 8
2008	9. 6	5. 9
2009	9. 21	−0. 7
2010	10. 45	3. 3
2011	9. 30	5. 4
2012	7. 65	2. 6

资料来源：《中国统计摘要 2013》。

附表 2—3 　　中国货物进出口占世界货物进出口总量的比重

年份	世界出口（亿美元）	世界进口（亿美元）	中国出口（亿美元）	中国进口（亿美元）	中国出口/世界出口总量（%）	中国进口/世界进口总量（%）
1990	34490	35500	620.9	533.5	1.80	1.50
1991	35150	36320	719.1	637.9	2.05	1.76
1992	37660	38810	849.4	805.9	2.26	2.08
1993	37820	38750	917.4	1039.6	2.43	2.68
1994	43260	44280	1210.1	1156.1	2.80	2.61
1995	51640	52830	1487.8	1320.8	2.88	2.50
1996	54030	55440	1510.5	1388.3	2.80	2.50
1997	55910	57370	1827.9	1423.7	3.27	2.48
1998	55010	56810	1837.1	1402.4	3.34	2.47
1999	57120	59210	1949.3	1657	3.41	2.80
2000	64560	67240	2492	2250.9	3.86	3.35
2001	61910	64830	2661	2435.5	4.30	3.76
2002	64920	67420	3256	2951.7	5.02	4.38
2003	75860	78670	4382.3	4127.6	5.78	5.25
2004	92180	95680	5933.3	5612.3	6.44	5.87
2005	104950	108600	7619.5	6599.5	7.26	6.08
2006	121200	124440	9689.8	7914.6	7.99	6.36
2007	140120	143110	12204.6	9561.2	8.71	6.68
2008	161400	165410	14306.9	11325.7	8.86	6.85
2009	125420	127360	12016.1	10059.2	9.58	7.90
2010	152740	154640	15777.5	13962.4	10.33	9.03
2011	182550	184380	18983.8	17434.8	10.40	9.46

　　资料来源：世界数据来源于《国际统计年鉴2013》，中国数据来源于《中国统计年鉴2013》。

附表 2—4　　　　中、美、日、世界货物和服务进出口
占 GDP 的比重　　　　　（单位：%）

年份	货物和服务出口占 GDP 的比重				货物和服务进口占 GDP 的比重			
	中国	美国	日本	世界	中国	美国	日本	世界
1978	—	7.93	10.90	17.85	—	9.00	9.24	18.25
1979	—	8.74	11.34	18.83	—	9.60	12.29	19.65
1980	—	9.81	13.42	19.88	—	10.26	14.37	20.98
1981	—	9.51	14.40	20.16	—	9.90	13.71	21.00
1982	8.40	8.47	14.20	18.97	6.72	9.06	13.57	19.53
1983	7.68	7.61	13.63	18.75	6.86	9.03	11.97	19.11
1984	8.62	7.48	14.72	19.64	8.64	10.03	12.12	19.97
1985	9.17	6.98	14.09	19.44	13.27	9.60	10.76	19.81
1986	9.94	6.99	11.10	18.00	12.49	9.87	7.25	18.30
1987	12.09	7.47	10.15	18.32	12.00	10.45	7.21	18.55
1988	11.36	8.46	9.76	18.70	12.36	10.55	7.64	19.12
1989	10.60	8.91	10.24	19.24	11.69	10.45	8.75	19.78
1990	14.70	9.23	10.29	19.61	11.97	10.53	9.38	19.92
1991	16.10	9.64	9.87	19.54	13.27	10.10	8.30	19.74
1992	16.14	9.68	9.77	20.31	15.12	10.21	7.64	20.18
1993	14.11	9.52	9.06	19.86	16.04	10.47	6.87	19.69
1994	21.27	9.86	9.00	20.83	19.95	11.13	7.01	20.46
1995	20.23	10.61	9.05	21.98	18.58	11.78	7.70	21.58
1996	20.05	10.71	9.70	22.24	18.00	11.90	9.24	21.84
1997	21.75	11.08	10.73	23.22	17.26	12.26	9.66	22.64
1998	20.35	10.48	10.78	23.40	16.05	12.28	8.91	22.86
1999	20.40	10.23	10.17	23.59	17.57	12.94	8.58	23.12
2000	23.33	10.63	10.88	25.73	20.92	14.33	9.43	25.45
2001	22.60	9.68	10.45	25.12	20.48	13.16	9.81	24.89
2002	25.13	9.15	11.25	24.90	22.56	13.02	9.91	24.44
2003	29.56	9.06	11.87	25.15	27.37	13.41	10.22	24.83
2004	34.08	9.64	13.21	26.63	31.43	14.64	11.25	26.37

年份	货物和服务出口占 GDP 的比重				货物和服务进口占 GDP 的比重			
	中国	美国	日本	世界	中国	美国	日本	世界
2005	37.07	10.01	14.31	27.66	31.55	15.47	12.90	27.46
2006	39.13	10.67	16.17	29.06	31.43	16.17	14.91	28.85
2007	38.40	11.50	17.75	29.47	29.59	16.41	16.06	29.22
2008	34.98	12.52	17.71	30.30	27.27	17.37	17.52	30.53
2009	26.72	10.98	12.70	26.34	22.31	13.71	12.33	26.05
2010	29.40	12.32	15.17	28.79	25.64	15.79	13.98	28.64
2011	28.53	13.53	15.13	30.51	26.05	17.19	16.03	30.61
2012	27.32	13.52	14.73	30.26	24.50	16.89	16.71	30.32

数据来源：世界银行国民经济核算数据，以及经济合作与发展组织国民经济核算数据文件。

附表 2—5　　　　1978—2012 年中国 GDP 增长率与货物进出口
占 GDP 的比重变动趋势　　　　（单位：%）

年份	出口/GDP	进口/GDP	GDP 增长率
1978	4.60	5.14	11.67
1979	5.21	5.98	7.57
1980	5.97	6.57	7.84
1981	7.51	7.52	5.24
1982	7.77	6.72	9.06
1983	7.35	7.07	10.85
1984	8.05	8.61	15.18
1985	8.97	13.95	13.47
1986	10.53	14.58	8.85
1987	12.19	13.39	11.58
1988	11.74	13.66	11.28
1989	11.51	12.95	4.06
1990	15.99	13.79	3.84
1991	17.57	15.60	9.18
1992	17.37	16.50	14.24

续表

年份	出口/GDP	进口/GDP	GDP 增长率
1993	14.96	16.94	13.96
1994	21.62	20.67	13.08
1995	20.48	18.17	10.92
1996	17.67	16.24	10.01
1997	19.20	14.95	9.30
1998	18.04	13.77	7.83
1999	18.02	15.32	7.62
2000	20.80	18.79	8.43
2001	20.09	18.38	8.30
2002	22.39	20.30	9.08
2003	26.72	25.18	10.03
2004	30.71	29.04	10.09
2005	34.19	29.62	11.31
2006	36.61	29.91	12.68
2007	36.32	28.48	14.16
2008	33.39	26.45	9.63
2009	24.06	20.13	9.21
2010	26.65	23.59	10.45
2011	26.05	23.92	9.30
2012	24.93	22.12	7.65

资料来源:《中国统计年鉴 2013》。

附表 2—6　　　　**中国利用外资与外贸依存度变动趋势**

年份	实际利用外资（亿美元）	GDP（亿美元）	实际利用外资/GDP（倍）	外贸依存度（%）	GDP 增长率（%）
1985	47.6	3066.67	1.55	22.70	13.47
1986	76.28	2978.32	2.56	24.79	8.85
1987	84.52	2703.72	3.13	30.57	11.58

续表

年份	实际利用外资（亿美元）	GDP（亿美元）	实际利用外资/GDP（倍）	外贸依存度（%）	GDP增长率（%）
1988	102.26	3095.23	3.30	33.21	11.28
1989	100.6	3439.74	2.92	32.47	4.06
1990	102.89	3569.37	2.88	32.34	3.84
1991	115.54	3794.69	3.04	35.76	9.18
1992	192.03	4226.61	4.54	39.16	14.24
1993	389.6	4405.01	8.84	44.43	13.96
1994	432.13	5592.25	7.73	42.31	13.08
1995	481.33	7280.07	6.61	38.58	10.92
1996	548.05	8560.85	6.40	33.86	10.01
1997	644.08	9526.53	6.76	34.13	9.30
1998	585.57	10194.59	5.74	31.78	7.83
1999	526.59	10832.78	4.86	33.29	7.62
2000	593.56	11984.75	4.95	39.58	8.43
2001	496.72	13248.07	3.75	38.47	8.30
2002	550.11	14538.28	3.78	42.70	9.08
2003	561.4	16409.59	3.42	51.86	10.03
2004	640.72	19316.44	3.32	59.77	10.09
2005	638.05	22569.03	2.83	63.00	11.31
2006	670.76	27129.51	2.47	64.89	12.68
2007	783.39	34940.56	2.24	62.29	14.16
2008	952.53	45218.27	2.11	56.69	9.63
2009	918.04	49912.56	1.84	44.24	9.21
2010	1088.21	59305.29	1.83	50.15	10.45
2011	1176.98	73219.35	1.61	49.74	9.30
2012	1132.94	82271.03	1.38	46.99	7.65

资料来源：外贸依存度来自于世界银行数据库，其他数据来自于《中国统计年鉴2013》。

附表 2—7　　　　　1990—2012 年中国全社会劳动力供给、
就业人员与劳动参与率

年份	全社会劳动力供给（万人）	全社会就业人员（万人）	劳动参与率（%）
1990	64749	64749	84.85
1991	65491	65491	85.28
1992	66152	66152	85.23
1993	66808	66808	84.51
1994	67455	67455	84.46
1995	68065	68065	83.63
1996	68950	68950	83.83
1997	69820	69820	83.67
1998	70637	70637	83.75
1999	71394	71394	83.84
2000	72085	72085	81.08
2001	72797	72797	81.02
2002	73280	73280	81.15
2003	73736	73736	81.05
2004	74264	74264	80.56
2005	74647	74647	79.25
2006	74978	74978	78.87
2007	75321	75321	78.60
2008	75564	75564	78.16
2009	75828	75828	77.79
2010	76105	76105	76.15
2011	76420	76420	76.20
2012	76704	76704	76.40

资料来源：根据《中国统计年鉴 2013》相关数据计算得出。

附表 2—8　　　　　1978—2012 年全社会及各次产业增加值

产出/劳动力投入比率趋势　　　（单位：元/人）

年份	全社会	第一产业	第二产业	第三产业
1978	846.75	386.85	2431.31	1400.30
1979	914.33	422.06	2462.79	1537.17
1980	977.54	455.73	2490.71	1652.76
1981	1037.82	487.83	2517.60	1756.03
1982	1096.50	518.13	2546.56	1852.70
1983	1154.42	546.24	2580.13	1945.47
1984	1211.70	571.74	2620.09	2034.72
1985	1268.14	594.27	2668.52	2119.32
1986	1324.06	614.12	2728.23	2197.80
1987	1381.06	632.02	2803.74	2271.73
1988	1441.97	649.05	2900.95	2344.87
1989	1510.98	666.91	3027.40	2422.87
1990	1593.36	687.65	3191.97	2512.59
1991	1694.13	712.97	3402.53	2620.89
1992	1816.22	744.06	3662.05	2751.65
1993	1961.37	781.43	3970.81	2909.21
1994	2131.48	824.91	4329.89	3100.90
1995	2329.69	873.78	4744.75	3336.58
1996	2560.77	927.38	5225.25	3627.60
1997	2831.06	985.77	5785.24	3984.36
1998	3148.34	1050.27	6440.93	4414.74
1999	3521.50	1123.25	7208.30	4924.65
2000	3959.90	1208.13	8098.32	5518.71
2001	4472.41	1308.98	9113.41	6200.22
2002	5066.99	1430.12	10246.91	6971.26
2003	5749.64	1575.90	11480.37	7833.54
2004	6522.96	1750.20	12787.15	8787.23
2005	7385.23	1955.63	14138.85	9829.39

续表

年份	全社会	第一产业	第二产业	第三产业
2006	8329.98	2195.04	15508.17	10949.99
2007	9345.87	2470.52	16871.52	12131.33
2008	10417.82	2782.86	18209.80	13349.16
2009	11530.98	3132.61	19507.43	14581.08
2010	12670.46	3520.37	20753.10	15804.55
2011	13820.12	3946.02	21933.74	16998.58
2012	14967.02	4409.50	23042.52	18148.13

资料来源:《中国统计年鉴 2013》、《新中国六十年统计资料汇编》;可比价按照商品零售价格指数缩减得到（1978 年 = 100）;比率趋势由产出和就业 HP 滤波法趋势相除得到。

附表 2—9　　　　　　1978—2012 年中国外汇储备与
贸易差额变动趋势　　（单位:亿美元）

年份	贸易差额	外汇储备
1978	−11.4	1.67
1979	−20.1	8.4
1980	−19	−12.96
1981	−0.1	27.08
1982	30.3	69.86
1983	8.4	89.01
1984	−12.7	82.2
1985	−149	26.44
1986	−119.7	20.72
1987	−37.7	29.23
1988	−77.5	33.72
1989	−66	55.5
1990	87.4	110.93
1991	80.5	217.12
1992	43.5	194.43
1993	−122.2	211.99

续表

年份	贸易差额	外汇储备
1994	54	516.2
1995	167	735.97
1996	122.2	1050.29
1997	404.2	1398.9
1998	434.7	1449.59
1999	292.3	1546.75
2000	241.1	1655.74
2001	225.5	2121.65
2002	304.3	2864.07
2003	254.7	4032.51
2004	320.9	6099.32
2005	1020	8188.72
2006	1774.8	10663.4
2007	2618.3	15282.49
2008	2981.3	19460.3
2009	1956.9	23991.52
2010	1815.1	28473.38
2011	1549	31811.48
2012	2303.1	33115.89

资料来源:《新中国六十年统计资料汇编》、《中国统计年鉴2013》。

附表2—10　　　　　1987—2012年中国科技进步状况

年份	R&D/GDP (%)	国外技术引进/GDP (%)	FDI/GDP (%)	专利授权量/就业人员 (件/万人)
1987	0.61	0.92	0.71	0.13
1988	0.59	0.88	0.79	0.22
1989	0.66	0.65	0.75	0.31
1990	0.67	0.33	0.89	0.35
1991	0.73	0.85	1.07	0.38

续表

年份	R&D/GDP（%）	国外技术引进/GDP（%）	FDI/GDP（%）	专利授权量/就业人员（件/万人）
1992	0.74	1.35	2.25	0.48
1993	0.7	1.00	4.49	0.93
1994	0.64	0.73	6.04	0.64
1995	0.57	1.79	5.15	0.66
1996	0.57	1.78	4.87	0.63
1997	0.64	1.67	4.75	0.73
1998	0.65	1.61	4.46	0.96
1999	0.76	1.58	3.72	1.4
2000	0.9	1.52	3.4	1.46
2001	0.95	0.69	3.54	1.56
2002	1.07	1.2	3.63	1.8
2003	1.13	0.82	3.26	2.45
2004	1.23	0.72	3.14	2.53
2005	1.33	0.85	2.69	2.82
2006	1.42	0.83	2.63	3.51
2007	1.4	0.84	2.25	4.01
2008	1.47	0.85	2.11	4.66
2009	1.7	0.89	1.84	6.22
2010	1.76	0.97	1.84	9.73
2011	1.84	1.01	1.62	12.6
2012	1.87	0.98	1.4	16.4

资料来源:《中国科技统计年鉴 2013》。

附表 2—11　　　五大经济体高科技出口占制成品出口的比重　　　（单位：%）

年份	中国	美国	欧盟	日本	俄罗斯
1992	6.44	32.56	14.75	24.07	—
1993	7.09	31.47	15.96	24.59	—
1994	8.29	31.00	15.90	25.55	—

续表

年份	中国	美国	欧盟	日本	俄罗斯
1995	10. 43	30. 30	16. 32	26. 55	—
1996	12. 42	30. 76	16. 67	26. 15	9. 66
1997	13. 12	31. 73	17. 75	26. 41	9. 34
1998	15. 36	33. 22	18. 59	26. 15	11. 98
1999	17. 20	34. 26	19. 31	26. 65	12. 34
2000	18. 98	33. 79	21. 23	28. 69	16. 07
2001	20. 96	32. 59	20. 60	26. 60	14. 04
2002	23. 67	31. 76	19. 14	24. 78	19. 16
2003	27. 38	30. 82	17. 80	24. 43	18. 98
2004	30. 06	30. 28	17. 66	24. 10	12. 92
2005	30. 84	29. 90	18. 19	22. 98	8. 44
2006	30. 51	30. 06	18. 43	22. 06	7. 78
2007	26. 66	27. 22	14. 01	18. 41	6. 88
2008	25. 57	25. 92	13. 56	17. 31	6. 47
2009	27. 53	21. 49	15. 31	18. 76	9. 23
2010	27. 51	19. 93	15. 29	17. 96	9. 07
2011	25. 81	18. 09	14. 85	17. 46	7. 97
2012	26. 27	17. 83	15. 44	17. 41	8. 38

资料来源：世界银行数据库。

附表 2—12　　1978—2012 年中国城乡居民存款及
固定资本形成总额　　（单位：亿元）

年份	城乡居民储蓄总额	定期储蓄总额	活期储蓄总额	固定资本形成总额
1978	210. 6	128. 9	81. 7	1073. 9
1979	281	166. 4	114. 6	1153. 1
1980	395. 8	304. 9	90. 9	1322. 4
1981	523. 4	396. 4	127	1339. 3
1982	675. 4	519. 3	156. 1	1503. 2
1983	892. 9	682. 4	210. 5	1723. 3

续表

年份	城乡居民储蓄总额	定期储蓄总额	活期储蓄总额	固定资本形成总额
1984	1214.7	900.9	313.8	2147
1985	1622.6	1225.2	397.4	2672
1986	2237.8	1729.2	508.6	3139.7
1987	3083.4	2357.8	725.6	3798.7
1988	3819.1	2845.3	973.8	4701.9
1989	5184.5	4208.5	976	4419.4
1990	7119.6	5909.4	1210.2	4827.8
1991	9244.9	7634.9	1610	6070.3
1992	11757.3	9445	2312.3	8513.7
1993	15203.5	12108.3	3095.2	13309.2
1994	21518.8	16838.7	4680.1	17312.7
1995	29662.3	23778.3	5884.1	20885
1996	38520.8	30873.2	7647.6	24048.1
1997	46279.8	36226.7	10053.1	25965
1998	53407.5	41791.6	11615.9	28569
1999	59621.8	44955.1	14666.7	30527.3
2000	64332.4	46141.7	18190.7	33844.4
2001	73762.4	51434.9	22327.6	37754.5
2002	86910.7	58788.9	28121.7	43632.1
2003	103617.7	68498.7	35119	53490.7
2004	119555.4	78138.9	41416.5	65117.7
2005	141051	92263.5	48787.5	74232.9
2006	161587.3	103011.4	58575.9	87954.1
2007	172534.2	104934.5	67599.7	103948.6
2008	217885.4	139300.2	78585.2	128084.4
2009	260771.7	160230.4	100541.3	156679.8
2010	303302.5	178413.9	124888.6	183615.2
2011	343635.9			215682
2012	399551			241756.8

资料来源:《中国统计摘要 2013》。

附表 2—13　　　　　　　1982—2012 年部分东亚国家和美、
日储蓄占 GDP 比重　　　　（单位：%）

年份	中国	韩国	马来西亚	新加坡	泰国	日本	美国
1982	35.57	21.64	20.34	38.11	23.77	30.29	21.84
1983	35.62	23.96	22.18	43.08	22.78	29.43	19.85
1984	35.55	25.67	25.31	44.99	24.47	30.33	21.96
1985	34.60	26.43	22.83	41.11	24.28	31.79	20.39
1986	35.93	30.45	22.96	38.28	26.45	32.05	18.99
1987	37.11	34.16	28.84	36.05	27.15	31.84	19.62
1988	36.98	35.95	28.84	40.74	30.00	33.23	20.64
1989	36.34	33.45	28.96	43.49	31.57	33.85	19.76
1990	39.22	33.97	30.38	43.60	32.83	33.88	18.77
1991	39.38	34.45	29.28	44.64	35.09	34.11	18.84
1992	38.81	33.64	31.70	46.77	34.31	33.40	17.71
1993	42.62	33.50	34.71	44.06	34.92	32.17	17.06
1994	43.39	33.46	35.09	48.25	34.65	30.71	17.86
1995	42.12	33.45	33.90	50.25	34.01	30.13	18.73
1996	41.29	32.36	37.04	49.42	33.75	30.01	19.60
1997	41.83	32.14	37.02	53.44	32.79	30.30	20.79
1998	40.19	34.27	39.85	53.09	33.25	29.10	21.33
1999	38.69	32.07	38.31	49.54	30.63	27.31	20.70
2000	36.83	34.39	35.92	45.43	30.38	27.62	20.57
2001	37.58	32.36	32.25	41.38	28.51	26.41	19.50
2002	40.30	31.77	32.73	38.81	27.51	25.29	18.19
2003	43.83	33.21	34.85	40.22	28.30	25.54	17.38
2004	46.83	35.42	35.14	41.06	28.48	26.16	17.58
2005	47.96	33.54	36.82	43.34	27.85	26.04	17.97
2006	51.52	32.70	38.80	47.28	30.01	26.55	19.23
2007	51.84	33.09	38.77	49.09	33.44	27.69	17.39
2008	53.35	32.93	38.52	44.87	30.57	26.25	15.59
2009	53.12	32.84	33.36	44.48	29.92	22.56	14.47

续表

年份	中国	韩国	马来西亚	新加坡	泰国	日本	美国
2010	52.23	35.03	34.23	51.53	30.96	23.48	15.17
2011	50.12	34.82	34.85	50.12	30.73	22.18	15.94
2012	51.01	34.60	31.87	48.08	30.23	21.75	16.54

资料来源：世界银行数据库。

附表 2—14　　　　1982—2012 年金砖四国总储蓄占 GDP 的
比重及世界平均储蓄水平比较　　（单位：%）

年份	中国	巴西	印度	俄罗斯	世界
1982	35.6	15.29	24.30	—	22.77
1983	35.6	13.32	25.85	—	22.17
1984	35.5	15.76	24.70	—	23.14
1985	34.6	19.09	24.59	—	22.79
1986	35.9	17.12	23.80	—	22.47
1987	37.1	21.81	26.77	—	23.02
1988	37.0	23.94	27.19	—	23.92
1989	36.3	35.81	31.28	—	23.79
1990	39.2	18.92	28.07	—	23.29
1991	39.4	18.66	20.08	—	22.23
1992	38.8	20.09	21.44	—	21.86
1993	42.6	20.18	29.00	—	21.70
1994	43.4	21.27	29.87	29.58	22.30
1995	42.1	15.54	28.14	28.02	22.71
1996	41.3	14.08	27.81	26.52	22.81
1997	41.8	13.58	29.03	21.95	23.41
1998	40.2	13.03	22.42	17.16	23.27
1999	38.7	12.06	13.20	28.25	22.94
2000	36.8	13.96	24.95	36.15	23.28
2001	37.6	13.51	21.14	32.98	22.46
2002	40.3	14.67	16.69	28.72	21.95

续表

年份	中国	巴西	印度	俄罗斯	世界
2003	43.8	15.96	29.89	29.08	22.18
2004	46.8	18.47	24.58	30.85	23.10
2005	48.0	17.35	26.04	31.07	23.43
2006	51.5	17.58	27.89	30.66	24.53
2007	51.8	18.08	26.03	30.13	24.25
2008	53.3	18.77	26.37	31.54	23.23
2009	53.1	15.91	31.14	22.67	21.00
2010	52.2	17.54	31.84	27.19	21.76
2011	50.1	17.23	31.89	30.05	21.96
2012	51.0	14.64	30.69	28.12	21.82

资料来源：世界银行数据库。

附表 2—15　　　中国 GDP 增速与货币化（M2/GDP）变动趋势

年份	M2（亿元）	GDP（亿元）	M2/GDP（%）	GDP 增速（%）
1990	15293.4	18667.8	88.84	3.84
1991	19349.9	21781.5	94.35	9.18
1992	25402.2	26923.5	98.71	14.24
1993	34879.8	35333.9	97.36	13.96
1994	46923.5	48197.9	99.93	13.08
1995	60750.5	60793.7	106.91	10.92
1996	76094.9	71176.6	115.22	10.01
1997	90995.3	78973	123.81	9.30
1998	104498.5	84402.3	133.70	7.83
1999	119897.9	89677.1	135.68	7.62
2000	134610.3	99214.6	144.36	8.43
2001	158301.9	109655.2	153.75	8.30
2002	185007	120332.7	162.88	9.08
2003	221222.8	135822.8	158.94	10.03
2004	254107	159878.3	161.54	10.09

续表

年份	M2（亿元）	GDP（亿元）	M2/GDP（%）	GDP 增速（%）
2005	298755.7	184937.4	159.77	11.31
2006	345603.6	216314.4	151.78	12.68
2007	403442.2	265810.3	151.31	14.16
2008	475166.6	314045.4	177.83	9.63
2009	606225	340902.8	180.78	9.21
2010	725851.8	401512.8	180.00	10.45
2011	851590.9	473104	187.72	9.30
2012	974159.5	518942.1	88.84	7.65

资料来源：《中国统计年鉴 2013》。

附表 2—16　　　GDP 增长率、国内信贷与投资之间的同步性　　　（单位：%）

年份	国内信贷增长率	投资增长率	GDP 增长率
1981	7.72	5.5	5.2
1982	6.95	28	9.1
1983	13.24	16.2	10.9
1984	22.44	28.2	15.2
1985	25.09	38.8	13.5
1986	14.14	22.7	8.8
1987	-5.44	21.5	11.6
1988	9.05	25.4	11.3
1989	15.11	-7.2	4.1
1990	16.79	2.4	3.8
1991	9.34	23.9	9.2
1992	10.23	44.4	14.2
1993	15.89	61.8	14.0
1994	12.21	30.4	13.1
1995	27.67	17.5	10.9
1996	25.12	14.8	10.0
1997	20.11	8.8	9.3

续表

年份	国内信贷增长率	投资增长率	GDP 增长率
1998	20.18	13.9	7.8
1999	12.10	5.1	7.6
2000	10.95	10.3	8.4
2001	13.62	13	8.3
2002	27.99	16.9	9.1
2003	19.50	27.7	10.0
2004	8.79	26.6	10.1
2005	11.79	26	11.3
2006	19.48	23.9	12.7
2007	23.29	24.8	14.2
2008	22.35	25.9	9.6
2009	32.56	30	9.2
2010	19.80	23.8	10.4
2011	22.73	23.8	9.3
2012	19.83	20.3	7.7

资料来源：国内信贷数据来自世界银行数据库；2008 年（含 2008 年）以前投资率数据来自《新中国六十年统计资料汇编》，2008 年之后数据来自历年《中国统计年鉴》。

附表 2—17　　　**投资率、固定资本形成率、存货变动率、**
固定资本形成总额关系

年份	投资率（%）	固定资本形成率（%）	存货变动率（%）	固定资本形成总额（亿元）
1978	38.2	77.9	22.1	1073.9
1979	36.1	78	22	1153.1
1980	34.8	82.7	17.3	1322.4
1981	32.5	82.2	17.8	1339.3
1982	31.9	84.3	15.7	1503.2
1983	32.8	84.5	15.5	1723.3
1984	34.2	85.4	14.6	2147
1985	38.1	77.3	22.7	2672

续表

年份	投资率（%）	固定资本形成率（%）	存货变动率（%）	固定资本形成总额（亿元）
1986	37.5	79.6	20.4	3139.7
1987	36.3	85.1	14.9	3798.7
1988	37	82.5	17.5	4701.9
1989	36.6	69.8	30.2	4419.4
1990	34.9	71.6	28.4	4827.8
1991	34.8	77.2	22.8	6070.3
1992	36.6	84.4	15.6	8513.7
1993	42.6	84.7	15.3	13309.2
1994	40.5	85.1	14.9	17312.7
1995	40.3	82	18	20885
1996	38.8	83.5	16.5	24048.1
1997	36.7	86.6	13.4	25965
1998	36.2	91.2	8.8	28569
1999	36.2	92.6	7.4	30527.3
2000	35.3	97.1	2.9	33844.4
2001	36.5	94.9	5.1	37754.5
2002	37.8	95.8	4.2	43632.1
2003	41	95.6	4.4	53490.7
2004	43	94.1	5.9	65117.7
2005	41.5	95.3	4.7	74232.9
2006	41.7	94.6	5.4	87954.1
2007	41.6	93.7	6.3	103948.6
2008	43.8	92.6	7.4	128084.4
2009	47.2	95.3	4.7	156679.8
2010	48.1	94.8	5.2	183615.2
2011	48.3	94.5	5.5	215682
2012	47.8	95.6	4.4	241756.8

资料来源：《中国统计年鉴 2013》。

表 2—18　　　　　　1978—2012 年中国投资驱动下的经济增长

年份	储蓄增长率（%）	投资增长率（%）	GDP 增长率（%）	GDP 增长率/投资增长率	储蓄（亿元）	投资（亿元）
1978	13.77	20.31	11.67	0.57	210.6	1073.9
1979	25.05	6.83	7.57	1.11	281	1153.1
1980	29.00	7.55	7.84	1.04	395.8	1322.4
1981	24.38	1.87	5.24	2.80	523.4	1339.3
1982	22.51	8.63	9.06	1.05	675.4	1503.2
1983	24.36	12.50	10.85	0.87	892.9	1723.3
1984	26.49	18.93	15.18	0.80	1214.7	2147
1985	25.14	27.26	13.47	0.49	1622.6	2672
1986	27.49	12.29	8.85	0.72	2237.8	3139.7
1987	27.42	11.66	11.58	0.99	3083.4	3798.7
1988	19.26	21.72	11.28	0.52	3819.1	4701.9
1989	26.34	9.99	4.06	0.41	5184.5	4419.4
1990	27.18	6.14	3.84	0.63	7119.6	4827.8
1991	22.99	14.25	9.18	0.64	9244.9	6070.3
1992	21.37	21.99	14.24	0.65	11757.3	8513.7
1993	22.67	35.83	13.96	0.39	15203.5	13309.2
1994	29.35	22.73	13.08	0.58	21518.8	17312.7
1995	27.45	20.14	10.92	0.54	29662.3	20885
1996	23.00	11.52	10.01	0.87	38520.8	24048.1
1997	16.77	3.95	9.30	2.35	46279.8	25965
1998	13.35	4.30	7.83	1.82	53407.5	28569
1999	10.42	4.97	7.62	1.53	59621.8	30527.3
2000	7.32	5.43	8.43	1.55	64332.4	33844.4
2001	12.78	12.39	8.30	0.67	73762.4	37754.5
2002	15.13	12.72	9.08	0.71	86910.7	43632.1
2003	16.12	18.58	10.03	0.54	103617.7	53490.7
2004	13.33	19.09	10.09	0.53	119555.4	65117.7
2005	15.24	14.23	11.31	0.79	141051	74232.9

续表

年份	储蓄增长率 （%）	投资增长率 （%）	GDP 增长率 （%）	GDP 增长率/ 投资增长率	储蓄 （亿元）	投资 （亿元）
2006	12.71	14.57	12.68	0.87	161587.3	87954.1
2007	6.34	14.89	14.16	0.95	172534.2	103948.6
2008	20.81	16.98	9.63	0.57	217885.4	128084.4
2009	16.45	18.76	9.21	0.49	260771.7	156679.8
2010	14.02	15.05	10.45	0.69	303302.5	183615.2
2011	11.74	15.21	9.30	0.61	343635.9	215682
2012	13.99	9.66	7.65	0.79	399551	241756.8

资料来源：根据《中国统计年鉴 2013》相关数据计算得出。

附表 2—19　　　　1991—2012 年中国经济货币化变动趋势　　　（单位：%）

年份	GDP 增量/M2 增量	M2/GDP	增量 GDP/增量信贷	信贷/GDP
1991	76.76	88.84	86.36	96.95
1992	84.96	94.35	111.14	95.61
1993	88.74	98.71	116.60	93.27
1994	106.81	97.36	183.24	82.94
1995	91.10	99.93	119.19	83.14
1996	67.67	106.91	97.84	85.92
1997	52.32	115.22	56.67	94.86
1998	40.21	123.81	46.76	102.51
1999	34.25	133.70	73.16	104.52
2000	64.83	135.68	169.20	100.16
2001	44.07	144.36	80.66	102.43
2002	39.98	153.75	56.26	109.11
2003	42.77	162.88	55.92	117.06
2004	73.15	158.94	125.28	111.46
2005	56.13	161.54	151.94	105.27
2006	66.98	159.77	102.35	104.18
2007	85.58	151.78	136.19	98.45

续表

年份	GDP 增量/M2 增量	M2/GDP	增量 GDP/增量信贷	信贷/GDP
2008	67. 25	151. 31	115. 66	96. 61
2009	20. 49	177. 83	27. 89	117. 24
2010	50. 67	180. 78	76. 23	119. 35
2011	56. 94	180. 00	104. 13	115. 82
2012	37. 40	187. 72	55. 93	121. 38

资料来源:《中国统计摘要 2013》。

附表 2—20　　中国、美国、日本、韩国固定资产投资效果系数

年份	日本	韩国	美国	中国
1970	-0. 026	0. 348	0. 150	0. 587
1971	0. 132	0. 341	0. 151	0. 207
1972	0. 238	0. 219	0. 233	0. 121
1973	0. 212	0. 499	0. 242	0. 238
1974	-0. 033	0. 238	-0. 023	0. 069
1975	0. 095	0. 220	-0. 010	0. 245
1976	0. 125	0. 421	0. 245	-0. 048
1977	0. 143	0. 370	0. 196	0. 222
1978	0. 171	0. 298	0. 224	0. 310
1979	0. 170	0. 200	0. 127	0. 209
1980	0. 088	-0. 050	-0. 011	0. 222
1981	0. 135	0. 222	0. 107	0. 156
1982	0. 114	0. 274	-0. 087	0. 272
1983	0. 110	0. 398	0. 208	0. 319
1984	0. 162	0. 287	0. 289	0. 436
1985	0. 225	0. 244	0. 176	0. 352
1986	0. 101	0. 392	0. 148	0. 229
1987	0. 144	0. 395	0. 147	0. 313
1988	0. 233	0. 366	0. 185	0. 298
1989	0. 169	0. 215	0. 164	0. 110

年份	日本	韩国	美国	中国
1990	0.172	0.263	0.089	0.105
1991	0.103	0.255	−0.004	0.255
1992	0.027	0.170	0.178	0.379
1993	0.006	0.186	0.135	0.315
1994	0.031	0.250	0.190	0.310
1995	0.069	0.263	0.128	0.260
1996	0.091	0.195	0.175	0.247
1997	0.057	0.140	0.201	0.245
1998	−0.077	−0.299	0.195	0.210
1999	−0.008	0.356	0.208	0.207
2000	0.090	0.258	0.174	0.239
2001	0.015	0.126	0.043	0.229
2002	0.013	0.231	0.082	0.240
2003	0.075	0.088	0.129	0.243
2004	0.105	0.144	0.169	0.233
2005	0.058	0.123	0.144	0.268
2006	0.075	0.158	0.114	0.296
2007	0.096	0.157	0.080	0.340
2008	−0.045	0.070	−0.014	0.218
2009	−0.281	0.011	−0.160	0.191
2010	0.235	0.197	0.136	0.216
2011	−0.028	0.112	0.100	0.193
2012	0.094	0.066	0.146	0.160

资料来源：世界银行数据库。

附表 2—21　　1979—2012 年中国与发达国家 ICOR 比较　　（单位：%）

年份	美国	德国	法国	印度	中国
1979	2.59	7.33	4.86	3.01	4.69
1980	−0.63	1.95	4.05	0.83	1.24

年份	美国	德国	法国	印度	中国
1981	4.62	−6.64	−5.92	4.47	−1.01
1982	−2.55	−2.20	−0.97	0.99	1.68
1983	2.19	0.62	−3.16	−0.28	4.39
1984	6.83	−1.68	−1.75	0.97	4.55
1985	−0.17	−0.36	0.82	3.82	9.06
1986	0.49	10.17	6.69	1.54	−1.12
1987	1.65	4.96	4.37	1.67	−5.26
1988	0.76	2.64	2.98	2.58	5.57
1989	1.49	0.96	1.09	0.02	3.17
1990	0.01	7.37	4.90	2.86	0.23
1991	−0.98	2.42	−0.82	−7.11	2.13
1992	1.34	2.94	0.60	3.16	5.03
1993	1.37	−1.99	−3.80	−3.73	8.54
1994	2.67	1.85	1.81	5.03	7.16
1995	0.55	4.15	2.88	4.98	9.48
1996	1.56	−1.91	−0.85	−1.83	4.81
1997	2.48	−2.65	−2.28	3.67	1.61
1998	1.59	0.84	1.92	−0.68	1.64
1999	1.79	−0.35	0.55	5.23	1.83
2000	1.60	−2.29	−0.95	−2.16	1.91
2001	−1.64	−1.64	−0.09	2.30	4.50
2002	0.76	−1.11	0.92	0.86	4.82
2003	1.09	3.94	3.98	4.98	7.66
2004	2.58	1.86	3.56	10.06	8.26
2005	2.07	−0.04	1.40	6.21	5.07
2006	1.44	1.97	2.03	5.74	7.95
2007	−0.20	4.15	4.00	10.55	8.37
2008	−1.65	2.12	2.19	−2.96	11.80
2009	−4.51	−4.47	−4.98	4.45	8.33

续表

年份	美国	德国	法国	印度	中国
2010	2.92	1.43	0.24	7.52	7.62
2011	0.68	3.25	3.04	3.19	9.21
2012	1.50	-2.63	-2.08	-2.11	5.72

资料来源：世界银行数据库。

附录三　第三章附表

附表 3—1　　　　　　中国 GDP 增速与城乡居民恩格尔系数、
城镇新增就业人数变化趋势

年份	城镇居民家庭恩格尔系数	农村居民家庭恩格尔系数	城镇新增就业人数（万人）	GDP 增速（%）
1978	57.5	67.6		11.67
1979		64	485	7.57
1980	56.9	61.8	526	7.84
1981	56.7	59.9	528	5.24
1982	58.6	60.7	375	9.06
1983	59.2	59.4	318	10.85
1984	58	59.2	483	15.18
1985	53.3	57.8	579	13.47
1986	52.4	56.4	484	8.85
1987	53.5	55.8	491	11.58
1988	51.4	54	484	11.28
1989	54.5	54.8	123	4.06
1990	54.2	58.8	2651	3.84
1991	53.8	57.6	424	9.18
1992	53	57.6	396	14.24
1993	50.3	58.1	401	13.96
1994	50	58.9	391	13.08
1995	50.1	58.6	387	10.92
1996	48.8	56.3	882	10.01
1997	46.6	55.1	859	9.30

续表

年份	城镇居民家庭 恩格尔系数	农村居民家庭 恩格尔系数	城镇新增就业人数 （万人）	GDP 增速 （%）
1998	44.7	53.4	835	7.83
1999	42.1	52.6	796	7.62
2000	39.4	49.1	739	8.43
2001	38.2	47.7	972	8.30
2002	37.7	46.2	1036	9.08
2003	37.1	45.6	1071	10.03
2004	37.7	47.2	1063	10.09
2005	36.7	45.5	1096	11.31
2006	35.8	43	1241	12.68
2007	36.3	43.1	1323	14.16
2008	37.9	43.7	1150	9.63
2009	36.5	41	1219	9.21
2010	35.7	41.1	1365	10.45
2011	36.3	40.4	1227	9.30
2012	36.2	39.3	1188	7.65

资料来源：《中国统计年鉴 2013》。

附表 3—2　2001—2012 年中国城镇单位就业人员实际工资变动情况

年份	城镇单位就业人员工资总额（元）	在岗职工工资（元）	工资增长率（%）
2001	10834	10870	15.3
2002	12373	12422	15.4
2003	13969	14040	11.9
2004	15920	16024	10.3
2005	18200	18364	12.5
2006	20856	21001	12.9
2007	24721	24932	13.4
2008	28898	29229	10.7
2009	32244	32736	12.6

续表

年份	城镇单位就业人员工资总额（元）	在岗职工工资（元）	工资增长率（%）
2010	36539	37147	9.8
2011	41799	42452	8.6
2012	46769	47593	9

注：2001—2008 年的城镇单位就业人员平均工资即为原来的城镇单位就业人员平均劳动报酬。

资料来源：《中国统计摘要 2013》

附表 3—3　　　1980—2012 年金砖四国就业人员人均 GDP 比较

（单位：1990 年不变价购买力平价美元）

年份	中国	印度	巴西	俄罗斯
1980	1655	5350	12500	—
1981	1701	5475	11524	—
1982	1772	4912	11028	—
1983	1867	5071	10620	—
1984	2038	5282	10698	—
1985	2180	5179	10577	—
1986	2260	5011	11400	—
1987	2431	5104	11434	—
1988	2538	5239	11076	—
1989	2525	5640	11176	15703
1990	2562	5945	10474	15281
1991	2691	6427	10501	14807
1992	2921	6707	10406	13002
1993	3172	7131	10849	12070
1994	3455	7404	11336	10947
1995	3941	8205	11656	10774
1996	3978	8270	12198	10477
1997	4135	8688	12534	10815
1998	4097	7353	12406	10380

续表

年份	中国	印度	巴西	俄罗斯
1999	4318	7315	12267	10965
2000	4660	7588	12100	11991
2001	5100	7780	12171	12512
2002	5695	8056	12044	12987
2003	6517	8335	12009	13849
2004	7124	8670	12053	14747
2005	7825	9140	12087	15597
2006	8778	9491	12298	16773
2007	9975	9642	12877	17978
2008	10901	9960	13103	18796
2009	11864	10186	12965	17585
2010	13056	10474	13495	18318
2011	14203	11002	13592	19012
2012	15250	11461	13557	19656

资料来源：世界银行数据库。

附表 3—4　　　　2000—2012 年五大经济体信息和通信
技术产品出口/产品出口　　　　（单位：%）

年份	中国	美国	欧盟	日本	俄罗斯
2000	17.71	20.08	10.97	22.70	0.40
2001	20.00	17.58	10.19	20.36	0.28
2002	24.03	16.08	9.40	19.90	0.29
2003	27.69	15.87	8.66	19.37	0.24
2004	29.96	15.17	8.71	18.44	0.25
2005	30.72	14.26	8.99	16.95	0.18
2006	30.72	13.53	9.08	15.95	0.26
2007	29.34	11.72	6.87	13.16	0.22
2008	27.71	10.62	6.17	11.84	0.17
2009	29.65	10.71	6.18	12.08	0.28

续表

年份	中国	美国	欧盟	日本	俄罗斯
2010	29.12	10.54	6.06	10.67	0.22
2011	26.76	9.50	5.49	9.23	0.24
2012	27.06	9.02	5.27	9.15	0.31

资料来源：世界银行数据库。

附表 3—5　　　　　五大经济体信息和通信技术服务出口／
　　　　　　　　　服务出口的变动趋势　　　　（单位：%）

年份	中国	美国	欧盟	日本	俄罗斯
2005	24.91		31.28	19.85	23.69
2006	24.36	18.68	30.80	21.67	24.97
2007	26.51	19.32	31.11	21.69	28.20
2008	28.33	19.70	31.82	24.38	29.25
2009	31.81	21.10	34.20	29.80	30.58
2010	31.28	21.06	35.55	25.52	30.44
2011	32.85	21.34	35.84	28.09	30.74
2012	34.92	22.13	36.26	20.71	31.92

资料来源：世界银行数据库。

附表 3—6　　　　中、美、日、澳、泰、韩高等院校入学率　　　　（单位：%）

年份	中国	世界	美国	日本	澳大利亚	泰国	韩国
1978	0.7	12.0	53.3	30.6	24.7	5.1	9.4
1979	1.0	12.1	52.5	31.1	24.9	8.5	10.6
1980	1.1	12.3	53.5	31.2	25.1	10.3	12.8
1981	1.8	12.6	55.6	30.9	25.5	7.6	15.3
1982	—	12.7	56.9	30.3	25.6	18.8	19.6
1983	—	12.9	57.5	29.7	26.3	21.3	24.3
1984	2.0	13.1	58.3	29.5	26.9	22.1	28.3
1985	2.5	13.2	58.2	29.0	27.8	20.6	31.6

续表

年份	中国	世界	美国	日本	澳大利亚	泰国	韩国
1986	3.0	13.3	59.3	28.0	29.4	19.2	34.1
1987	3.2	13.4	62.0	28.5	29.5	—	35.2
1988	3.2	13.3	64.7	29.2	31.3	15.1	35.7
1989	3.1	13.4	67.3	29.5	32.4	—	35.9
1990	3.1	13.6	70.8	29.7	35.1	15.9	36.9
1991	3.0	13.8	72.5	29.8	38.0	—	37.9
1992	2.9	14.0	76.9	30.0	39.4	—	39.5
1993	3.0	14.4	78.4		65.1	19.4	43.3
1994	3.7	14.9	78.0	38.7	66.5	—	45.0
1995	4.5	15.4	78.0	39.9	70.2	20.1	48.9
1996	5.1	16.1	77.5	—	75.0	20.8	54.9
1997	5.6	16.8	—	—	79.7	23.2	64.6
1998	6.1	17.3	70.4	45.1	67.3	27.1	68.3
1999	6.6	18.3	71.9	46.6	65.6	32.9	74.2
2000	7.8	19.0	67.8	48.7	65.0	35.1	78.8
2001	9.8	20.0	68.6	49.9	65.2	39.2	82.7
2002	12.4	21.5	78.8	50.7	74.0	40.0	85.8
2003	15.0	22.5	80.7	51.8	72.0	40.9	87.8
2004	17.0	23.4	80.7	53.6	70.5	41.9	90.3
2005	18.3	24.1	81.3	55.0	71.2	44.2	93.5
2006	19.5	24.9	81.3	57.1	70.5	44.2	97.5
2007	20.0	25.7	82.3	57.8	71.5	48.1	100.8
2008	20.2	26.8	84.2	57.6	71.8	47.7	101.8
2009	21.8	27.8	87.7	57.7	75.6	48.6	101.6
2010	23.3	29.2	93.3	58.1	79.8	50.0	101.0
2011	24.3	30.9	95.3	59.9	83.2	52.6	100.8
2012	26.7	32.1	94.3	61.5	86.3	51.4	98.4

资料来源：世界银行数据库。

附表 3—7 　　　　　　**中、日、美、意、韩 R&D 研究人员** 　（单位：人/百万人）

年份	中国	日本	美国	意大利	韩国
1996	439.1	4947.0	3102.3	1342.5	2212.5
1997	468.3	5001.6	3203.8	1154.8	2270.2
1998	383.7	5211.6	3367.3	1149.6	2034.4
1999	417.2	5251.1	3424.4	1144.6	2190.8
2000	542.8	5151.1	3454.8	1160.1	2357.0
2001	576.7	5183.8	3524.1	1166.1	2951.5
2002	625.7	4935.0	3607.8	1239.0	3059.0
2003	661.7	5156.1	3845.4	1215.4	3246.4
2004	706.8	5156.8	3739.9	1235.9	3337.9
2005	848.7	5360.2	3692.8	1405.9	3823.1
2006	922.8	5387.0	3755.5	1496.8	4228.9
2007	1066.7	5377.7	3731.4	1563.4	4665.0
2008	1186.0	5157.7	3883.9	1599.5	4933.1
2009	852.8	5147.4	4042.1	1691.1	5067.5
2010	890.4	5151.3	3837.6	1709.2	5450.9
2011	963.2	5157.5	3978.7	1747.9	5928.3
2012	1019.6	—	—	1820.2	—

资料来源：世界银行数据库。

附表 3—8 　　　　　　**中国 GDP 增速与职工工资总额占**
GDP 比重的变动关系 　（单位：%）

年份	职工工资总额/GDP	GDP 增速	年份	职工工资总额/GDP	GDP 增速
1952	10.5	22.2	1959	18.8	8.8
1953	11.2	15.6	1960	20.9	-0.3
1954	12.0	4.2	1961	21.6	-27.3
1955	12.5	6.8	1962	20.7	-5.6
1956	17.4	15.0	1963	20.4	10.2
1957	18.1	5.1	1964	18.5	18.3
1958	21.3	21.3	1965	17.1	17.0

年份	职工工资总额/GDP	GDP 增速	年份	职工工资总额/GDP	GDP 增速
1966	16.2	10.7	1990	15.8	3.8
1967	17.5	-5.7	1991	15.3	9.2
1968	18.4	-4.1	1992	14.6	14.2
1969	16.9	16.9	1993	13.9	14.0
1970	15.4	19.4	1994	13.8	13.1
1971	15.6	7.0	1995	13.3	10.9
1972	16.6	3.8	1996	12.8	10.0
1973	15.8	7.9	1997	11.9	9.3
1974	15.9	2.3	1998	11.0	7.8
1975	15.8	8.7	1999	11.0	7.6
1976	16.8	-1.6	2000	10.7	8.4
1977	16.3	7.6	2001	10.8	8.3
1978	16.0	11.7	2002	10.9	9.1
1979	16.4	7.6	2003	10.9	10.0
1980	17.5	7.8	2004	10.6	10.1
1981	17.3	5.2	2005	10.8	11.3
1982	16.9	9.1	2006	11.0	12.7
1983	16.0	10.9	2007	11.0	14.2
1984	16.1	15.2	2008	11.2	9.6
1985	15.3	13.5	2009	11.8	9.2
1986	16.2	8.8	2010	11.8	10.4
1987	15.6	11.6	2011	12.7	9.3
1988	15.4	11.3	2012	13.7	7.7
1989	15.4	4.1			

资料来源：1952—2008 年 GDP 来源于《新中国六十年统计资料汇编》，2009—2012 年数据来源于《中国统计年鉴 2013》。1952—1984 年职工工资总额数据来源于《新中国五十五年统计资料》；1985—2008 年职工工资总额数据来源于《中国统计年鉴 2009》；2009—2012 年数据由于中国统计年鉴没有职工工资总额数据，故用《中国统计年鉴 2013》城镇单位就业人员工资总额代替。

附表 3—9 　　　　　　五国及世界就业人员人均 GDP 的比较

（单位：1990 年不变价购买力平价美元）

年份	中国	美国	日本	德国	英国	世界
1980	1655	41649	26780	—	28753	—
1981	1701	42212	27420	—	29523	—
1982	1772	41762	28029	—	30528	—
1983	1867	42953	28253	—	31989	—
1984	2038	44282	29260	—	32252	—
1985	2180	45091	30384	—	32882	—
1986	2260	45619	31104	—	34112	—
1987	2431	46049	32270	—	35183	—
1988	2538	46968	33876	—	35610	—
1989	2525	47632	34997	—	35255	—
1990	2562	47907	36173	—	35070	—
1991	2691	48179	36630	35256	35616	11928.2
1992	2921	49505	36518	36428	36477	12002.0
1993	3172	50193	36442	36530	37628	12115.1
1994	3455	51063	36715	37460	38929	12322.8
1995	3941	51578	37378	37952	39627	12659.2
1996	3978	52723	38194	38283	40390	12881.8
1997	4135	53836	38535	39006	40991	13190.3
1998	4097	55329	38214	39282	42002	13261.3
1999	4318	57074	38670	39425	42737	13524.8
2000	4660	58601	39790	39949	44035	13936.3
2001	5100	59190	40236	40448	44935	14109.1
2002	5695	60424	40994	40687	45682	14382.3
2003	6517	61460	41821	40887	46980	14785.5
2004	7124	62911	42717	41239	47839	15289.3
2005	7825	63741	43109	41583	48672	15763.8
2006	8778	64227	43648	42884	49498	16382.0
2007	9975	64740	44439	43547	50943	17060.8

年份	中国	美国	日本	德国	英国	世界
2008	10901	64812	44131	43483	50088	17414.7
2009	11864	65250	42375	41231	48903	17367.3
2010	13056	67190	44795	42699	49673	18069.8
2011	14203	68039	44628	43393	49796	18551.6
2012	15250	68374	44851	43243	49428	18947.7

资料来源：世界银行数据库。

附表 3—10 1980—2012 年亚洲四国与香港地区就业人员人均 GDP 的比较

（单位：1990 年不变价购买力平价美元）

年份	中国	香港地区	新加坡	韩国	日本
1980	1655	23740	20302	11463	26780
1981	1701	24194	20763	11879	27420
1982	1772	24756	20967	12464	28029
1983	1867	25949	22138	13776	28253
1984	2038	27626	23627	15051	29260
1985	2180	27417	23847	15457	30384
1986	2260	29436	24671	16648	31104
1987	2431	32500	25901	17601	32270
1988	2538	34463	27375	18988	33876
1989	2525	35470	28592	19405	34997
1990	2562	36795	28191	20633	36173
1991	2691	38296	28049	21983	36630
1992	2921	40871	29185	22807	36518
1993	3172	42357	31987	23966	36442
1994	3455	43762	33797	25255	36715
1995	3941	44271	38368	26745	37378
1996	3978	43605	35563	28060	38194
1997	4135	44521	36741	29170	38535
1998	4097	42408	34966	29272	38214

续表

年份	中国	香港地区	新加坡	韩国	日本
1999	4318	43649	37212	31845	38670
2000	4660	45741	41245	33234	39790
2001	5100	45325	37667	33881	40236
2002	5695	46636	40028	35330	40994
2003	6517	48454	42148	36378	41821
2004	7124	51241	45392	37314	42717
2005	7825	53841	48122	38283	43109
2006	8778	56522	47345	39753	43648
2007	9975	58771	49069	41280	44439
2008	10901	59609	45955	41970	44131
2009	11864	58668	44756	42233	42375
2010	13056	62775	48981	44293	44795
2011	14203	63888	49704	45116	44628
2012	15250	64960	49719	45478	44851

资料来源：世界银行数据库。

附录四　第四章附表

附表 4—1　　　1978—2012 年中国三次产业占 GDP 比重　　　（单位：%）

年份	第一产业	第二产业	第三产业
1978	28.2	47.9	23.9
1979	31.3	47.1	21.6
1980	30.2	48.2	21.6
1981	31.9	46.1	22
1982	33.4	44.8	21.8
1983	33.2	44.4	22.4
1984	32.1	43.1	24.8
1985	28.4	42.9	28.7
1986	27.1	43.7	29.1
1987	26.8	43.6	29.6
1988	25.7	43.8	30.5

续表

年份	第一产业	第二产业	第三产业
1989	25.1	42.8	32.1
1990	27.1	41.3	31.5
1991	24.5	41.8	33.7
1992	21.8	43.5	34.8
1993	19.7	46.6	33.7
1994	19.9	46.6	33.6
1995	20	47.2	32.9
1996	19.7	47.5	32.8
1997	18.3	47.5	34.2
1998	17.6	46.2	36.2
1999	16.5	45.8	37.8
2000	15.1	45.9	39
2001	14.4	45.2	40.5
2002	13.7	44.8	41.5
2003	12.8	46	41.2
2004	13.4	46.2	40.4
2005	12.1	47.4	40.5
2006	11.1	47.9	40.9
2007	10.8	47.3	41.9
2008	10.7	47.4	41.8
2009	10.3	46.2	43.4
2010	10.1	46.7	43.2
2011	10	46.6	43.4
2012	10.1	45.3	44.6

资料来源:《中国统计年鉴2013》。

附表4—2　　　　　1990—2012年中国三次产业贡献率　　　　（单位:%）

年份	第一产业	第二产业	第三产业
1990	41.6	41	17.3

续表

年份	第一产业	第二产业	第三产业
1991	7.1	62.8	30.1
1992	8.4	64.5	27.1
1993	7.9	65.5	26.6
1994	6.6	67.9	25.5
1995	9.1	64.3	26.6
1996	9.6	62.9	27.5
1997	6.7	59.7	33.5
1998	7.6	60.9	31.5
1999	6	57.8	36.2
2000	4.4	60.8	34.8
2001	5.1	46.7	48.2
2002	4.6	49.8	45.7
2003	3.4	58.5	38.1
2004	7.8	52.2	39.9
2005	5.6	51.1	43.3
2006	4.8	50	45.2
2007	3	50.7	46.3
2008	5.7	49.3	45
2009	4.5	51.9	43.6
2010	3.8	56.8	39.3
2011	4.6	51.6	43.8
2012	5.7	48.7	45.6

资料来源:《中国统计年鉴 2013》。

附表 4—3　　三次产业就业结构变动度和产值结构变动度

年份	三次产业就业结构变动 K 值	三次产业产值结构变动 K 值
1979	1.4	6.2
1980	2.2	2.2
1981	1.2	4.2

年份	三次产业就业结构变动 K 值	三次产业产值结构变动 K 值
1982	0.2	3
1983	2	1.2
1984	6.2	4.8
1985	3.2	7.8
1986	3	2.5
1987	1.8	0.9
1988	1.4	2.2
1989	1.6	3.2
1990	0.4	4.1
1991	0.8	5.3
1992	2.4	5.5
1993	4.2	6.3
1994	4.2	0.3
1995	4.2	1.4
1996	3.4	0.7
1997	1.2	2.8
1998	0.6	4
1999	1	3.1
2000	1.2	2.7
2001	0.4	2.9
2002	1.8	2.1
2003	1.8	2.4
2004	4.4	1.6
2005	4.2	2.6
2006	4.4	1.9
2007	3.6	1.9
2008	2.4	0.3
2009	3	3.2
2010	2.8	0.9

续表

年份	三次产业就业结构变动K值	三次产业产值结构变动K值
2011	3.8	0.4
2012	2.4	2.6

注：K为产业（就业、产值）结构变化值，Q_{ij}为报告期i次产业构成百分比，Q_{i0}为基期同次产业构成百分比，计算公式：$K = \sum_{i=1}^{3} |Q_{ij} - Q_{i0}|$。

资料来源：根据《中国统计年鉴2013》相关数据计算得出。

附表4—4   1978—2012年第一产业内部农、林、牧、渔的比重   （单位：%）

年份	农业	林业	牧业	渔业
1978	80	3.4	15	1.6
1979	78.1	3.6	16.8	1.5
1980	75.6	4.2	18.4	1.7
1981	75	4.5	18.4	2
1982	75.1	4.4	18.4	2.1
1983	75.4	4.6	17.6	2.3
1984	74.1	5	18.3	2.6
1985	69.2	5.2	22.1	3.5
1986	69.1	5.0	21.8	4.1
1987	67.6	4.7	22.8	4.8
1988	62.5	4.7	27.3	5.5
1989	62.8	4.4	27.6	5.3
1990	64.7	4.3	25.7	5.4
1991	63.1	4.5	26.5	5.9
1992	61.5	4.7	27.1	6.8
1993	60.1	4.5	27.4	8.0
1994	58.2	3.9	29.7	8.2
1995	58.4	3.5	29.7	8.4
1996	60.6	3.5	26.9	9.0
1997	58.2	3.4	28.7	9.6

续表

年份	农业	林业	牧业	渔业
1998	58.0	3.5	28.6	9.9
1999	57.5	3.6	28.5	10.3
2000	55.7	3.8	29.7	10.9
2001	55.2	3.6	30.4	10.8
2002	54.5	3.8	30.9	10.8
2003	50.1	4.2	32.1	10.6
2004	50.1	3.7	33.6	9.9
2005	49.7	3.6	33.7	10.2
2006	52.7	3.9	29.6	9.7
2007	50.4	3.8	33.0	9.1
2008	48.4	3.7	35.5	9.0
2009	51.0	3.6	32.3	9.3
2010	53.3	3.7	30.0	9.3
2011	51.6	3.8	31.7	9.3
2012	52.5	3.9	30.4	9.7

资料来源：2008 年（含 2008 年）之前数据来自《新中国六十年统计资料汇编》，之后数据来自《中国统计年鉴 2013》。

附表 4—5　　　1978—2011 年全国工业总产值总量、构成、
轻重工业比例关系

年份	全部工业总产值（亿元）	轻工业（亿元）	重工业（亿元）	轻工业（％）	重工业（％）
1978	4237	1826	2411	43.1	56.9
1979	4681	2045	2636	43.7	56.3
1980	5154	2430	2724	47.1	52.9
1981	5400	2781	2619	51.5	48.5
1982	5811	2919	2892	50.2	49.8
1983	6461	3135	3326	48.5	51.5
1984	7617	3608	4009	47.4	52.6

续表

年份	全部工业总产值 （亿元）	轻工业 （亿元）	重工业 （亿元）	轻工业 （%）	重工业 （%）
1985	9716	4575	5141	47.1	52.9
1986	11194	5330	5864	47.6	52.4
1987	13813	6656	7157	48.2	51.8
1988	18224	8979	9245	49.3	50.7
1989	22017	10761	11256	48.9	51.1
1990	23924	11813	12111	49.4	50.6
1991	26625	12887	13738	48.4	51.6
1992	34599	16123	18476	46.6	53.4
1993	48402	22507	25895	46.5	53.5
1994	70176	32491	37685	46.3	53.7
1995	91894	43466	48428	47.3	52.7
1996	99595	47932	51663	48.1	51.9
1997	113733	55701	58032	49.0	51.0
1998	119048	58673	60375	49.3	50.7
1999	126111	62051	64060	49.2	50.8
2000	85674	34095	51579	39.8	60.2
2001	95449	37637	57812	39.4	60.6
2002	110777	43356	67421	39.1	60.9
2003	142272	50498	91774	35.5	64.5
2004	201722	63819	137903	31.6	68.4
2005	251619	78280	173339	31.1	68.9
2006	316589	94846	221743	30.0	70.0
2007	405177	119640	285537	29.5	70.5
2008	507285	145429	361856	28.7	71.3
2009	548311	161498	386813	29.5	70.5
2010	698591	200072	498519	28.6	71.4
2011	844269	237700	606569	28.2	71.8

资料来源：杨宽宽：《中国工业经济统计年鉴2012》，中国统计出版社2012年版。

附表 4—6　　　　1979—2012 年中国第三产业发展情况　　　（单位：%）

年份	第三产业就业比率	第三产业占 GDP 比率	第三产业产值增速	GDP 增速
1979	12.6	21.6	0.7	7.6
1980	13.1	21.6	11.7	7.8
1981	13.6	22	9.6	5.2
1982	13.5	21.8	8.0	9.1
1983	14.2	22.4	15.1	10.9
1984	16.1	24.8	33.5	15.2
1985	16.8	28.7	44.7	13.5
1986	17.2	29.1	15.8	8.8
1987	17.8	29.6	19.4	11.6
1988	18.3	30.5	28.4	11.3
1989	18.3	32.1	18.7	4.1
1990	18.5	31.5	8.1	3.8
1991	18.9	33.7	24.6	9.2
1992	19.8	34.8	27.5	14.2
1993	21.2	33.7	27.3	14.0
1994	23	33.6	35.8	13.1
1995	24.8	32.9	23.5	10.9
1996	26	32.8	16.8	10.0
1997	26.4	34.2	15.7	9.3
1998	26.7	36.2	13.3	7.8
1999	26.9	37.8	10.8	7.6
2000	27.5	39	14.3	8.4
2001	27.7	40.5	14.6	8.3
2002	28.6	41.5	12.5	9.1
2003	29.3	41.2	12.2	10.0
2004	30.6	40.4	15.3	10.1
2005	31.4	40.5	16.0	11.3
2006	32.2	40.9	18.2	12.7
2007	32.4	41.9	25.7	14.2

年份	第三产业就业比率	第三产业占 GDP 比率	第三产业产值增速	GDP 增速
2008	33.2	41.8	18.0	9.6
2009	34.1	43.4	12.7	9.2
2010	34.6	43.2	17.3	10.4
2011	35.7	43.4	18.2	9.3
2012	36.1	44.6	12.8	7.7

资料来源：根据《中国统计年鉴 2013》相关数据计算得出。

附表 4—7　　　　　　1979—2012 年中国三次产业
劳动生产率增速和 GDP 增速　　　　（单位：%）

年份	全国	第一产业	第二产业	第三产业	GDP 速度
1979	9.1	22.3	5.6	-4.9	7.6
1980	8.4	6.2	7.2	4.6	7.8
1981	4.3	11.2	-0.9	2.0	5.2
1982	5.1	10.0	1.3	5.5	9.1
1983	9.3	10.3	6.8	6.1	10.9
1984	16.5	18.1	6.2	14.0	15.2
1985	20.9	9.8	15.0	34.0	13.5
1986	10.8	8.3	7.6	9.9	8.8
1987	14.0	14.4	11.8	12.0	11.6
1988	21.2	17.4	21.0	21.5	11.3
1989	10.9	7.1	12.1	16.4	4.1
1990	-6.1	1.3	-8.3	-8.6	3.8
1991	15.4	5.0	16.6	20.6	9.2
1992	22.4	10.9	25.5	20.5	14.2
1993	29.9	21.9	34.9	17.8	14.0
1994	35.1	41.4	33.3	24.0	13.1
1995	25.0	30.7	25.0	13.5	10.9
1996	15.6	17.8	14.0	9.9	10.0
1997	9.6	3.0	8.7	12.5	9.3

续表

年份	全国	第一产业	第二产业	第三产业	GDP 速度
1998	5. 6	1. 6	3. 6	10. 7	7. 8
1999	5. 1	-2. 0	6. 3	8. 8	7. 6
2000	9. 6	0. 4	12. 4	10. 7	8. 4
2001	9. 4	4. 6	8. 6	12. 6	8. 3
2002	9. 0	4. 1	12. 7	8. 2	9. 1
2003	12. 2	6. 4	14. 1	8. 9	10. 0
2004	16. 9	28. 1	12. 8	9. 6	10. 1
2005	15. 1	9. 0	11. 5	12. 5	11. 3
2006	16. 4	12. 3	11. 3	14. 8	12. 7
2007	22. 3	23. 8	13. 6	24. 4	14. 2
2008	17. 8	20. 9	16. 3	14. 7	9. 6
2009	8. 2	8. 3	3. 2	9. 4	9. 2
2010	17. 4	19. 0	14. 7	15. 1	10. 4
2011	17. 3	23. 0	14. 0	14. 1	9. 3
2012	9. 3	13. 8	3. 5	11. 1	7. 7

资料来源：根据《中国统计年鉴 2013》相关资料计算得出。

附表 4—8　　中、美、日、韩、德和世界研发支出占 GDP 的比重　　（单位：%）

年份	中国	美国	世界	日本	韩国	德国
1996	0. 57	2. 44	2. 01	2. 77	2. 42	2. 20
1997	0. 64	2. 47	2. 01	2. 83	2. 48	2. 24
1998	0. 65	2. 50	2. 02	2. 96	2. 34	2. 28
1999	0. 76	2. 54	2. 10	2. 98	2. 25	2. 41
2000	0. 90	2. 62	2. 10	3. 00	2. 30	2. 47
2001	0. 95	2. 64	2. 12	3. 07	2. 47	2. 47
2002	1. 07	2. 55	2. 09	3. 12	2. 40	2. 50
2003	1. 13	2. 55	2. 08	3. 14	2. 49	2. 54
2004	1. 23	2. 49	2. 03	3. 13	2. 68	2. 50
2005	1. 32	2. 51	2. 02	3. 31	2. 79	2. 51

续表

年份	中国	美国	世界	日本	韩国	德国
2006	1.39	2.55	2.03	3.41	3.01	2.54
2007	1.40	2.63	2.00	3.46	3.21	2.53
2008	1.47	2.77	2.07	3.47	3.36	2.69
2009	1.70	2.82	2.12	3.36	3.56	2.82
2010	1.76	2.74	2.12	3.25	3.74	2.80
2011	1.84	2.76	2.13	3.39	4.04	2.89
2012	1.98	2.79				2.92

资料来源：世界银行数据库。

附表 4—9　1978—2012 年中国三次产业劳动生产率变动趋势　（单位：元/人）

年份	全国	第一产业	第二产业	第三产业
1978	908	363	2513	1784
1979	990	444	2652	1698
1980	1073	471	2844	1775
1981	1119	524	2818	1811
1982	1175	576	2855	1910
1983	1284	635	3049	2026
1984	1496	750	3238	2308
1985	1808	824	3724	3092
1986	2004	892	4006	3398
1987	2285	1021	4479	3804
1988	2769	1199	5421	4621
1989	3071	1284	6077	5379
1990	2883	1301	5570	4916
1991	3326	1366	6495	5928
1992	4070	1516	8150	7144
1993	5289	1848	10995	8413
1994	7145	2613	14659	10428
1995	8932	3416	18320	11836

年份	全国	第一产业	第二产业	第三产业
1996	10323	4025	20882	13012
1997	11311	4145	22689	14642
1998	11949	4212	23497	16214
1999	12561	4129	24988	17638
2000	13764	4146	28088	19530
2001	15063	4336	30499	21999
2002	16421	4513	34369	23809
2003	18420	4801	39202	25922
2004	21528	6148	44230	28410
2005	24775	6704	49307	31964
2006	28850	7526	54895	36679
2007	35290	9315	62336	45629
2008	41560	11263	72497	52354
2009	44957	12193	74781	57253
2010	52758	14512	85790	65926
2011	61908	17856	97770	75216
2012	67655	20321	101184	83570

资料来源：根据《中国统计年鉴 2013》相关资料计算得出。

附表 4—10　　　　　1984—2012 年中国能源消费变动趋势

年份	GDP 增长率（%）	能源消费弹性系数	能源消费增长率（%）
1984	15.2	0.49	7.4
1985	13.5	0.6	8.1
1986	8.8	0.61	5.4
1987	11.6	0.62	7.2
1988	11.3	0.65	7.3
1989	4.1	1.02	4.2
1990	3.8	0.47	1.8
1991	9.2	0.55	5.1

续表

年份	GDP 增长率（%）	能源消费弹性系数	能源消费增长率（%）
1992	14.2	0.37	5.2
1993	14.0	0.45	6.3
1994	13.1	0.44	5.8
1995	10.9	0.63	6.9
1996	10.0	0.31	3.1
1997	9.3	0.06	0.5
1998	7.8	0.03	0.2
1999	7.6	0.42	3.2
2000	8.4	0.42	3.5
2001	8.3	0.4	3.3
2002	9.1	0.66	6
2003	10.0	1.53	15.3
2004	10.1	1.6	16.1
2005	11.3	0.93	10.6
2006	12.7	0.76	9.6
2007	14.2	0.59	8.4
2008	9.6	0.41	3.9
2009	9.2	0.57	5.2
2010	10.4	0.58	6
2011	9.3	0.76	7.1
2012	7.7	0.51	3.9

资料来源：1984—1989 年数据来源于《中国统计年鉴 1996》，1990—2012 年数据来源于《中国统计年鉴 2013》。

附表 4—11　　　　　　1978—2012 年中国能源消费构成　　　　　　（单位：%）

年份	煤炭	石油	天然气	水电、核电、风电
1978	70.7	22.7	3.2	3.4
1979	71.3	21.8	3.3	3.6
1980	72.2	20.7	3.1	4

续表

年份	煤炭	石油	天然气	水电、核电、风电
1981	72.7	20	2.8	4.5
1982	73.7	18.9	2.6	4.9
1983	74.2	18.1	2.4	5.3
1984	75.3	17.5	2.4	4.9
1985	75.8	17.1	2.2	4.9
1986	75.8	17.2	2.3	4.7
1987	76.2	17	2.1	4.7
1988	76.2	17	2.1	4.7
1989	76.1	17.1	2.1	4.7
1990	76.2	16.6	2.1	5.1
1991	76.1	17.1	2	4.8
1992	75.7	17.5	1.9	4.9
1993	74.7	18.2	1.9	5.2
1994	75	17.4	1.9	5.7
1995	74.6	17.5	1.8	6.1
1996	74.7	18	1.8	5.5
1997	71.7	20.4	1.7	6.2
1998	69.6	21.5	2.2	6.7
1999	69.1	22.6	2.1	6.2
2000	67.8	23.2	2.4	6.7
2001	66.7	22.9	2.6	7.9
2002	66.3	23.4	2.6	7.7
2003	68.4	22.2	2.6	6.8
2004	68	22.3	2.6	7.1
2005	69.1	21	2.8	7.1
2006	69.4	20.4	3	7.2
2007	69.5	19.7	3.5	7.3
2008	68.7	18.7	3.8	8.9
2009	70.4	17.9	3.9	7.8

续表

年份	煤炭	石油	天然气	水电、核电、风电
2010	68	19	4.4	8.6
2011	68.4	18.6	5	8
2012	66.6	18.8	5.2	9.4

资料来源:《中国统计摘要 2013》。

附表 4—12　　　　1952—1978 年中国 GDP 增长率与
三大需求率的变动关系　　　（单位：%）

年份	消费率	资本形成率	净出口率	GDP 增长率
1952	78.92	22.20	-1.13	22.20
1953	77.24	23.77	-1.01	15.62
1954	74.47	25.83	-0.31	4.21
1955	77.26	23.69	-0.95	6.85
1956	74.71	24.91	0.39	15.02
1957	74.09	25.41	0.50	5.06
1958	66.03	33.46	0.51	21.25
1959	56.60	42.84	0.56	8.82
1960	61.84	38.13	0.03	-0.32
1961	78.03	21.53	0.43	-27.32
1962	83.79	15.14	1.07	-5.61
1963	78.44	20.52	1.04	10.21
1964	74.81	24.30	0.89	18.26
1965	71.11	28.36	0.52	17.03
1966	68.48	31.18	0.34	10.73
1967	74.70	24.93	0.37	-5.70
1968	74.27	25.29	0.43	-4.09
1969	73.18	26.16	0.67	16.89
1970	66.14	33.75	0.11	19.40
1971	65.12	34.23	0.65	7.05
1972	67.01	32.24	0.75	3.77

续表

年份	消费率	资本形成率	净出口率	GDP 增长率
1973	65.60	33.84	0.55	7.86
1974	66.08	34.18	-0.26	2.31
1975	63.97	36.01	0.02	8.69
1976	66.35	33.36	0.29	-1.62
1977	65.00	34.68	0.32	7.62
1978	62.10	38.22	-0.32	11.67

资料来源：《新中国六十年统计资料汇编》。

附表 4—13　　　　1978—2012 年中国内外需占总需求的比重　　　（单位：%）

年份	内需/总需求	外需/总需求	消费率	投资率	GDP 增长率
1978	100.32	-0.32	62.1	38.2	11.7
1979	100.49	-0.49	64.4	36.1	7.6
1980	100.32	-0.32	65.5	34.8	7.8
1981	99.66	0.34	67.1	32.5	5.2
1982	98.37	1.63	66.5	31.9	9.1
1983	99.18	0.82	66.4	32.8	10.9
1984	99.98	0.02	65.8	34.2	15.2
1985	104.04	-4.04	66	38.1	13.5
1986	102.43	-2.43	64.9	37.5	8.8
1987	99.91	0.09	63.6	36.3	11.6
1988	100.98	-0.98	63.9	37	11.3
1989	101.07	-1.07	64.5	36.6	4.1
1990	97.36	2.64	62.5	34.9	3.8
1991	97.26	2.74	62.4	34.8	9.2
1992	99.00	1.00	62.4	36.6	14.2
1993	101.84	-1.84	59.3	42.6	14.0
1994	98.74	1.26	58.2	40.5	13.1
1995	98.42	1.58	58.1	40.3	10.9
1996	98.03	1.97	59.2	38.8	10.0

续表

年份	内需/总需求	外需/总需求	消费率	投资率	GDP 增长率
1997	95.65	4.35	59	36.7	9.3
1998	95.81	4.19	59.6	36.2	7.8
1999	97.22	2.78	61.1	36.2	7.6
2000	97.58	2.42	62.3	35.3	8.4
2001	97.87	2.13	61.4	36.5	8.3
2002	97.43	2.57	59.6	37.8	9.1
2003	97.83	2.17	56.9	41	10.0
2004	97.37	2.63	54.4	43	10.1
2005	94.55	5.45	53	41.5	11.3
2006	92.52	7.48	50.8	41.7	12.7
2007	91.21	8.79	49.6	41.6	14.2
2008	92.33	7.67	48.6	43.8	9.6
2009	95.69	4.31	48.5	47.2	9.2
2010	96.25	3.75	48.2	48.1	10.4
2011	97.43	2.57	49.1	48.3	9.3
2012	97.24	2.76	49.5	47.8	7.7

资料来源：根据《中国统计摘要 2013》相关数据计算得出。

附表 4—14　　　　1978—2012 年中国 GDP 增长率与
三大需求贡献率的关系　　　　（单位：%）

年份	消费贡献率	资本形成贡献率	净出口贡献率
1978	39.4	66	-5.4
1979	87.3	15.4	-2.7
1980	71.8	26.4	1.8
1981	93.4	-4.3	10.9
1982	64.7	23.8	11.5
1983	74.1	40.4	-14.5
1984	69.3	40.5	-9.8
1985	85.5	80.9	-66.4

续表

年份	消费贡献率	资本形成贡献率	净出口贡献率
1986	45	23.2	31.8
1987	50.3	23.5	26.2
1988	49.6	39.4	11
1989	39.6	16.4	44
1990	47.8	1.8	50.4
1991	65.1	24.3	10.6
1992	72.5	34.3	-6.8
1993	59.5	78.6	-38.1
1994	30.2	43.8	26
1995	44.7	55	0.3
1996	60.1	34.3	5.6
1997	37	18.6	44.4
1998	57.1	26.4	16.5
1999	74.7	23.7	1.6
2000	65.1	22.4	12.5
2001	50.2	49.9	-0.1
2002	43.9	48.5	7.6
2003	35.9	63.3	0.8
2004	39.1	54	6.9
2005	39	38.8	22.2
2006	40.3	43.6	16.1
2007	39.6	42.4	18
2008	44.2	47	8.8
2009	49.8	87.6	-37.4
2010	43.1	52.9	4
2011	56.5	47.7	-4.2
2012	51.8	50.4	-2.2

资料来源:《中国统计摘要 2013》。

附表 4—15　　　　1978—2012 年八国居民最终消费率　　　（单位：%）

年份	中国	印度	巴西	新加坡	韩国	美国	德国	英国
1978	49.50	70.34	68.56	55.14	60.16	60.52	57.51	57.15
1979	49.20	70.03	69.55	53.87	60.57	60.39	57.60	58.15
1980	50.29	74.86	69.71	52.31	63.65	61.29	58.43	57.65
1981	51.17	70.63	67.98	49.27	63.34	60.34	59.55	58.02
1982	48.86	69.38	69.57	44.86	61.46	62.00	59.84	58.46
1983	49.66	71.38	71.24	42.21	60.28	62.85	59.74	58.77
1984	49.77	69.00	70.35	42.59	58.88	61.82	59.94	59.15
1985	51.32	67.39	65.78	45.34	58.23	62.64	59.74	58.84
1986	49.33	66.19	67.77	48.41	54.84	63.14	58.05	60.84
1987	48.97	66.21	62.26	49.35	51.92	63.49	58.33	60.77
1988	50.31	65.36	59.49	47.69	50.73	63.72	57.92	61.48
1989	50.33	65.05	54.13	45.66	52.50	63.50	58.27	61.43
1990	46.73	64.61	59.30	45.34	51.75	63.98	57.65	62.07
1991	45.39	65.87	61.57	43.89	51.29	64.14	57.51	62.61
1992	45.74	65.02	61.52	44.27	51.82	64.47	57.62	63.30
1993	42.66	67.13	60.08	44.51	52.04	65.00	58.29	64.09
1994	41.13	66.14	59.64	43.21	52.34	64.87	57.95	63.54
1995	42.68	64.03	62.46	41.58	52.22	65.03	57.69	63.17
1996	43.51	68.22	64.66	39.81	52.98	65.04	58.06	63.90
1997	43.35	65.11	64.88	38.99	53.08	64.60	58.08	64.00
1998	43.96	65.60	64.33	38.36	49.33	64.95	57.67	64.49
1999	45.31	62.26	64.73	41.56	51.88	65.35	58.09	65.12
2000	46.69	64.22	64.35	43.08	54.63	66.10	58.37	65.62
2001	45.66	62.93	63.47	45.57	55.83	66.89	58.68	65.70
2002	43.97	64.10	61.72	46.51	56.71	67.26	58.18	65.63
2003	41.85	63.12	61.93	44.17	54.80	67.44	58.88	64.95
2004	40.22	58.37	59.78	41.73	52.59	67.26	58.46	64.65
2005	38.10	57.59	60.27	40.13	53.74	67.13	58.76	64.66
2006	35.21	56.96	60.30	38.87	54.48	67.09	57.89	63.86

续表

年份	中国	印度	巴西	新加坡	韩国	美国	德国	英国
2007	35.96	55.69	59.90	37.27	54.37	67.29	55.87	63.63
2008	34.94	58.61	58.93	38.41	54.68	67.97	56.17	63.51
2009	33.94	57.18	61.11	39.33	54.03	68.27	58.65	64.37
2010	34.73	55.95	59.64	38.65	52.69	68.20	57.52	64.53
2011	35.90	59.38	60.33	40.02	53.12	68.96	57.41	64.57
2012	34.65	60.25	62.34	41.17	53.53	68.64	57.53	65.63
均值	44	64.4	63.2	43.8	54.9	64.9	58.2	62.5
标准差	5.63	4.78	4.04	4.49	3.69	2.49	0.9	2.68

资料来源：根据世界银行数据库相关数据计算得出。

附表4—16　　　　　1978—2012年八国投资率演进趋势　　　　（单位：%）

年份	中国	印度	巴西	新加坡	韩国	美国	德国	英国
1978	37.80	20.01	22.97	37.86	31.16	24.78	23.78	20.69
1979	36.40	20.96	22.76	42.12	33.94	25.07	25.58	20.93
1980	35.19	18.04	23.35	45.03	29.95	23.27	25.38	18.05
1981	33.33	21.84	23.08	44.79	27.72	24.25	22.95	16.40
1982	33.52	22.05	21.09	46.28	26.77	22.06	21.59	17.06
1983	34.20	19.99	16.68	46.47	27.07	22.23	22.33	17.89
1984	34.89	21.54	15.74	46.95	28.23	25.08	22.11	18.83
1985	38.35	23.47	19.20	41.13	27.91	24.14	21.56	18.72
1986	38.36	23.46	19.09	36.59	27.06	23.69	21.58	18.52
1987	37.00	22.60	22.30	36.55	28.10	23.55	21.03	19.49
1988	37.89	23.84	22.72	33.45	29.07	22.76	21.71	21.94
1989	37.27	23.91	26.90	34.10	31.43	22.45	22.62	22.68
1990	36.14	24.91	20.17	35.64	34.75	21.47	23.16	20.05
1991	36.12	22.49	19.77	33.97	36.85	20.06	24.04	17.09
1992	37.46	24.24	18.93	35.49	34.54	20.02	23.49	16.35
1993	44.48	21.29	20.85	37.17	33.01	20.33	22.16	15.93
1994	42.20	23.19	22.15	32.87	34.11	21.22	22.46	16.66

续表

年份	中国	印度	巴西	新加坡	韩国	美国	德国	英国
1995	41.90	26.05	18.03	33.84	34.82	21.21	22.34	17.16
1996	40.44	22.06	17.04	35.02	35.92	21.63	21.28	16.97
1997	37.95	24.51	17.43	38.20	33.13	22.36	21.33	17.40
1998	37.10	23.51	17.03	31.57	22.94	22.85	21.85	18.50
1999	36.74	26.82	16.38	32.70	26.67	23.31	21.80	18.34
2000	35.12	24.11	18.25	34.90	32.94	23.56	22.30	17.91
2001	36.27	25.57	18.03	27.76	31.56	22.04	20.35	17.74
2002	37.87	24.97	16.20	25.48	30.94	21.57	18.07	17.41
2003	41.20	26.14	15.77	17.64	32.01	21.66	17.85	17.04
2004	43.26	32.45	17.12	23.10	32.12	22.52	17.63	17.32
2005	42.10	34.28	16.21	21.37	32.16	23.22	17.27	17.13
2006	42.97	35.87	16.76	22.32	32.70	23.33	18.13	17.59
2007	41.74	38.03	18.33	23.12	32.58	22.35	19.26	18.23
2008	44.05	35.53	20.69	30.44	33.02	20.78	19.26	17.13
2009	48.24	36.30	17.84	27.67	28.47	17.51	16.41	14.08
2010	48.22	36.53	20.24	27.87	32.02	18.40	17.34	15.03
2011	48.27	36.39	19.73	27.28	32.96	18.44	18.25	15.01
2012	48.66	34.70	17.52	30.37	31.00	19.05	17.26	14.89
均值	39.5	26.3	19.3	33.6	31.3	22.1	21	17.8
标准差	4.4	5.85	2.7	7.59	3.11	1.88	2.44	1.89

资料来源：根据世界银行数据库相关数据计算得出。

附表 4—17　　　1978—2012 年八国净出口率演进趋势　　　（单位：%）

年份	中国	印度	巴西	新加坡	韩国	美国	德国	英国
1978	—	6.21	6.68	165.47	26.77	7.93	19.15	28.30
1979	—	6.63	7.12	184.72	25.00	8.74	19.36	27.82
1980	—	6.03	9.05	202.05	30.19	9.81	20.22	27.14
1981	—	5.83	9.42	198.23	32.12	9.51	21.87	26.68
1982	8.40	5.88	7.61	185.41	31.02	8.47	22.67	26.30

年份	中国	印度	巴西	新加坡	韩国	美国	德国	英国
1983	7.68	5.74	11.42	166.95	30.78	7.61	22.04	26.49
1984	8.62	6.18	13.55	156.57	31.11	7.48	23.59	28.33
1985	9.17	5.16	12.25	152.37	29.78	6.98	24.91	28.75
1986	9.94	5.11	8.82	148.87	33.12	6.99	23.12	25.62
1987	12.09	5.51	9.46	164.17	35.49	7.47	22.46	25.34
1988	11.36	5.93	10.89	184.96	33.75	8.46	22.90	22.95
1989	10.60	6.90	8.93	179.54	28.53	8.91	24.22	23.63
1990	14.70	6.93	8.20	177.15	25.89	9.23	24.80	24.22
1991	16.10	8.35	8.68	168.52	24.42	9.64	25.70	23.43
1992	16.14	8.69	10.87	161.64	24.63	9.68	24.01	23.66
1993	14.11	9.66	10.50	161.54	24.51	9.52	21.99	25.59
1994	21.27	9.72	9.51	166.00	24.59	9.86	22.83	26.65
1995	20.23	10.66	7.26	181.22	26.65	10.61	23.74	28.42
1996	20.05	10.21	6.57	176.07	25.75	10.71	24.80	29.16
1997	21.75	10.51	6.82	169.91	29.84	11.08	27.40	28.34
1998	20.35	10.83	6.93	167.59	42.36	10.48	28.58	26.25
1999	20.40	11.25	9.41	177.19	35.78	10.23	29.40	25.83
2000	23.33	12.77	9.98	189.18	35.01	10.63	33.38	27.31
2001	22.60	12.34	12.18	184.48	32.73	9.68	34.79	26.92
2002	25.13	14.02	14.10	185.96	30.83	9.15	35.67	25.89
2003	29.56	14.69	14.99	205.16	32.70	9.06	35.72	25.52
2004	34.08	17.55	16.43	216.34	38.30	9.64	38.55	25.21
2005	37.07	19.28	15.13	226.08	36.81	10.01	41.32	26.62
2006	39.13	21.07	14.37	230.10	37.17	10.67	45.51	28.72
2007	38.40	20.43	13.36	214.74	39.18	11.50	47.17	26.65
2008	34.98	23.60	13.66	230.27	49.96	12.52	48.15	29.39
2009	26.72	20.05	10.98	191.88	47.55	10.98	42.46	28.37
2010	29.40	21.97	10.87	199.26	49.42	12.32	47.64	30.11
2011	28.53	23.87	11.89	200.19	55.75	13.53	50.63	32.07

年份	中国	印度	巴西	新加坡	韩国	美国	德国	英国
2012	27.32	24.00	12.59	195.08	56.34	13.52	51.79	31.78
均值	21.3	11.8	10.6	184.7	34.1	9.8	30.6	27
标准差	9.52	6.29	2.73	21.65	8.73	1.66	10.22	2.17

资料来源：世界银行数据库。

附表 4—18　1978—2012 年中国 GDP 增速与三种基尼系数变化趋势

年份	全国居民基尼系数	城镇居民基尼系数	农村居民基尼系数
1978	0.333	0.16	0.2124
1979	0.335	0.16	0.237
1980	0.331	0.16	0.2407
1981	0.334	0.15	0.2406
1982	0.34	0.15	0.2417
1983	0.34	0.15	0.2416
1984	0.342	0.16	0.2439
1985	0.348	0.19	0.2267
1986	0.355	0.19	0.3042
1987	0.353	0.2	0.3045
1988	0.355	0.23	0.3026
1989	0.362	0.23	0.3099
1990	0.359	0.23	0.3099
1991	0.355	0.24	0.3072
1992	0.36	0.25	0.3134
1993	0.389	0.27	0.3292
1994	0.395	0.3	0.321
1995	0.389	0.28	0.3415
1996	0.393	0.28	0.3229
1997	0.394	0.29	0.3285
1998	0.393	0.3	0.3369
1999	0.397	0.295	0.3361

续表

年份	全国居民基尼系数	城镇居民基尼系数	农村居民基尼系数
2000	0.412	0.32	0.3536
2001	0.4238	0.33	0.36
2002	0.5	0.322	0.36
2003	0.479	0.34	0.37
2004	0.473	0.323	0.3574
2005	0.485	0.3303	0.3579
2006	0.487	0.3265	0.351
2007	0.48	0.3593	0.3796
2008	0.491	0.367	0.3845
2009	0.49	0.3748	0.3894
2010	0.481	0.3825	0.3943
2011	0.477	0.3903	0.3992
2012	0.473	0.3980	0.3925

资料来源：2003—2012 年中国居民基尼系数来自张晓鸣《中国基尼系数连续五年回落》，《文汇报》2013 年第 1 期。1978—1999 年农村和城镇居民基尼系数来源于中华人民共和国统计局《从基尼系数看贫富差距》，《国情国力》2001 年第 1 期。1978 年的农村居民基尼系数为 0.2124，城市为 0.16；1995 年全国居民基尼系数为 0.389，1999 年为 0.397；1978 年、1995 年、1999 年数据来自于冯禹丁《消失 12 年后，官方版重出江湖基尼系数混战》，《南方周末》2013 年 2 月 2日。2000—2011 农村和城镇居民基尼系数据来源于黄志刚、刘霞辉《中国经济可持续增长机制研究》，经济管理出版社 2013 年版，第 104 页；2012 年农村和城镇居民基尼系数据来源于李实、赖胜德《中国收入分配研究报告》，社会科学文献出版社 2013 年版，第 11—15 页。

附表4—19　　　　　1979—2012 年 GDP 增速与城乡居民人均收入、
消费变化关系

年份	GDP 增速（%）	城镇居民人均可支配收入与农村居民人均纯收入比（倍）	城镇居民人均消费与农村居民人均消费比（倍）
1979	7.57	2.53	2.7
1980	7.84	2.50	2.54
1981	5.24	2.24	2.39
1982	9.06	1.98	2.14

年份	GDP 增速 （%）	城镇居民人均可支配收入与 农村居民人均纯收入比（倍）	城镇居民人均消费与 农村居民人均消费比（倍）
1983	10.85	1.82	2.04
1984	15.18	1.84	2.04
1985	13.47	1.86	2.12
1986	8.85	2.13	2.24
1987	11.58	2.17	2.22
1988	11.28	2.17	2.32
1989	4.06	2.28	2.26
1990	3.84	2.20	2.19
1991	9.18	2.40	2.35
1992	14.24	2.58	2.54
1993	13.96	2.80	2.74
1994	13.08	2.86	2.80
1995	10.92	2.71	2.70
1996	10.01	2.51	2.49
1997	9.30	2.47	2.59
1998	7.83	2.51	2.72
1999	7.62	2.65	2.93
2000	8.43	2.79	2.99
2001	8.30	2.90	3.05
2002	9.08	3.11	3.29
2003	10.03	3.23	3.35
2004	10.09	3.21	3.29
2005	11.31	3.22	3.11
2006	12.68	3.28	3.07
2007	14.16	3.33	3.10
2008	9.63	3.31	3.07
2009	9.21	3.33	3.07
2010	10.45	3.23	3.07

续表

年份	GDP 增速（%）	城镇居民人均可支配收入与农村居民人均纯收入比（倍）	城镇居民人均消费与农村居民人均消费比（倍）
2011	9.30	3.13	2.90
2012	7.65	3.10	2.82

资料来源：《中国统计摘要 2013》。

附表 4—20　　　　1979—2012 年中国 GDP 增速与财政、
居民收入增速变动关系　（单位：%）

年份	财政收入增速	城镇居民人均可支配收入增速	农村居民人均纯收入增速	GDP 增速
1979	1.2	15.7	19.2	7.6
1980	1.2	9.7	16.6	7.8
1981	1.4	2.2	15.4	5.2
1982	3.1	4.9	19.9	9.1
1983	12.8	3.9	14.2	10.9
1984	20.2	12.2	13.6	15.2
1985	22	12.2	7.8	13.5
1986	5.8	13.9	3.2	8.8
1987	3.6	2.2	5.2	11.6
1988	7.2	-2.4	6.4	11.3
1989	13.1	0.1	-1.6	4.1
1990	10.2	8.5	1.8	3.8
1991	7.2	7.1	2	9.2
1992	10.6	9.7	5.9	14.2
1993	24.8	9.5	3.2	14.0
1994	20	8.5	5	13.1
1995	19.6	4.9	5.3	10.9
1996	18.7	3.8	9	10.0
1997	16.8	3.4	4.6	9.3
1998	14.2	5.8	4.3	7.8

续表

年份	财政收入增速	城镇居民人均 可支配收入增速	农村居民人均 纯收入增速	GDP 增速
1999	15.9	9.3	3.8	7.6
2000	17	6.4	2.1	8.4
2001	22.3	8.5	4.2	8.3
2002	15.4	13.4	4.8	9.1
2003	14.9	9	4.3	10.0
2004	21.6	7.7	6.8	10.1
2005	19.9	9.6	6.2	11.3
2006	22.5	10.4	7.4	12.7
2007	32.4	12.2	9.5	14.2
2008	19.5	8.4	8	9.6
2009	11.7	9.8	8.5	9.2
2010	21.3	7.8	10.9	10.4
2011	25	8.4	11.4	9.3
2012	12.9	9.6	10.7	7.7

资料来源:《中国统计年鉴 2013》。

附录五 第五章附表

附表 5—1　　　　　1990—2012 年劳动年龄人口、少儿人口
和老年人口比重　　　　（单位：%）

年份	0—14 岁	15—64 岁	65 岁以上
1990	27.7	66.7	5.6
1991	27.7	66.3	6
1992	27.6	66.2	6.2
1993	27.2	66.7	6.2
1994	27	66.6	6.4
1995	26.6	67.2	6.2
1996	26.4	67.2	6.4
1997	26	67.5	6.5
1998	25.7	67.6	6.7

续表

年份	0—14 岁	15—64 岁	65 岁以上
1999	25.4	67.7	6.9
2000	22.9	70.1	7
2001	22.5	70.4	7.1
2002	22.4	70.3	7.3
2003	22.1	70.4	7.5
2004	21.5	70.9	7.6
2005	20.3	72	7.7
2006	19.8	72.3	7.9
2007	19.4	72.5	8.1
2008	19	72.7	8.3
2009	18.5	73	8.5
2010	16.6	74.5	8.9
2011	16.5	74.4	9.1
2012	16.5	74.1	9.4
2013	16.4	73.9	9.7
2014	16.5	73.4	10.1

资料来源:《中国统计年鉴 2015》。

附表 5—2　　　　2001—2014 年固定资产投资、出口、
消费、GDP 增速　　　　（单位：%）

年份	固定资产增速	出口增速	消费增速	GDP 增速
2001	13	6.7	6.1	8.3
2002	16.9	22.4	8.4	9.1
2003	27.7	34.7	5.8	10.0
2004	26.6	35.3	7.2	10.1
2005	26	27.6	9.7	11.3
2006	23.9	23.9	8.4	12.7
2007	24.8	20.6	12.8	14.2
2008	25.9	7.3	8.3	9.6

续表

年份	固定资产增速	出口增速	消费增速	GDP 增速
2009	30. 0	-18. 3	9. 8	9. 2
2010	12. 1	30. 5	9. 6	10. 4
2011	23. 8	15. 2	11. 0	9. 3
2012	20. 3	5. 0	9. 1	7. 7
2013	19. 1	6. 0	7. 3	7. 7
2014	14. 7	4. 9	7. 8	7. 4

资料来源:《中国统计年鉴 2015》。

附表 5—3　　　　　　2001—2014 年三大需求对 GDP 的贡献率　　　　（单位：%）

年份	消费贡献率	资本形成贡献率	货物和服务净出口贡献率
2001	48. 6	64. 3	-12. 9
2002	57. 3	37. 9	4. 8
2003	35. 8	69. 6	-5. 4
2004	43. 0	61. 3	-4. 3
2005	55. 0	32. 3	12. 6
2006	42. 4	42. 3	15. 2
2007	45. 8	43. 4	10. 8
2008	45. 0	52. 3	2. 7
2009	56. 8	86. 0	-42. 8
2010	46. 3	65. 2	-11. 5
2011	62. 8	45. 4	-8. 2
2012	56. 5	41. 8	1. 7
2013	48. 2	54. 2	-2. 4
2014	51. 6	46. 7	1. 7

资料来源:《中国统计年鉴 2015》。

附表 5—4　　　　2001—2014 年中国人均消费、人均 GDP 增速　　　　（单位：%）

年份	人均消费增速	人均 GDP 增速
2001	6. 4	9. 7

年份	人均消费增速	人均 GDP 增速
2002	7.2	9.0
2003	6.4	12.2
2004	10.9	17.0
2005	11.7	15.0
2006	10.6	16.4
2007	17.4	22.5
2008	14.4	17.6
2009	8.7	8.6
2010	14.2	17.7
2011	19.7	17.8
2012	11.4	9.8
2013	9.6	9.5
2014	9.4	7.6

资料来源：根据《中国统计年鉴 2015》相关数据计算得出。

附表 5—5　　　　　中、美、日、印和世界 GDP 单位能源消耗

（单位：2011 年不变价国际元）

年份	中国	世界	美国	日本	印度
1990	1.94	5.36	4.82	8.31	4.97
1991	2.18	5.39	4.78	8.49	4.83
1992	2.41	5.48	4.85	8.36	4.90
1993	2.59	5.53	4.90	8.32	5.02
1994	2.80	5.66	5.00	7.95	5.15
1995	2.89	5.70	5.07	7.89	5.25
1996	3.09	5.77	5.15	7.92	5.47
1997	3.38	5.96	5.33	7.96	5.48
1998	3.62	6.06	5.52	7.95	5.68
1999	3.82	6.13	5.63	7.79	5.82
2000	3.93	6.28	5.70	7.87	5.93

续表

年份	中国	世界	美国	日本	印度
2001	4.16	6.37	5.87	8.02	6.11
2002	4.30	6.42	5.91	8.05	6.17
2003	4.15	6.43	6.06	8.25	6.50
2004	3.98	6.48	6.16	8.19	6.61
2005	4.09	6.62	6.34	8.32	6.95
2006	4.22	6.80	6.57	8.48	7.23
2007	4.57	7.01	6.57	8.74	7.44
2008	4.83	7.11	6.72	8.99	7.39
2009	4.89	7.12	6.87	8.91	7.26
2010	4.91	7.10	6.88	8.83	7.73
2011	4.95	7.26	7.09	9.49	7.96
2012	—	—	7.49	9.89	—

资料来源：世界银行数据库。

附表5—6　　　　中、美、日、英、法、巴城镇化率比较　　　（单位：%）

年份	中国	美国	日本	英国	法国	巴西
1960	16.20	70.00	63.27	78.44	61.88	46.14
1961	16.58	70.37	64.19	78.32	62.92	47.12
1962	16.96	70.75	65.11	78.19	63.96	48.10
1963	17.33	71.13	66.03	78.07	64.99	49.08
1964	17.71	71.50	66.95	77.95	66.03	50.06
1965	18.09	71.88	67.87	77.82	67.07	51.04
1966	17.95	72.22	68.67	77.68	67.87	52.02
1967	17.81	72.57	69.47	77.54	68.66	52.99
1968	17.67	72.91	70.27	77.40	69.46	53.97
1969	17.54	73.26	71.07	77.26	70.26	54.94
1970	17.40	73.60	71.88	77.12	71.06	55.91
1971	17.40	73.61	72.64	77.23	71.43	56.89
1972	17.40	73.62	73.41	77.34	71.80	57.88

年份	中国	美国	日本	英国	法国	巴西
1973	17.40	73.63	74.18	77.46	72.18	58.86
1974	17.40	73.64	74.95	77.57	72.55	59.83
1975	17.40	73.65	75.72	77.68	72.93	60.79
1976	17.79	73.67	75.81	77.84	73.00	61.75
1977	18.18	73.69	75.90	78.00	73.07	62.69
1978	18.57	73.70	75.99	78.16	73.14	63.63
1979	18.97	73.72	76.08	78.32	73.21	64.55
1980	19.36	73.74	76.18	78.48	73.28	65.47
1981	20.06	73.89	76.28	78.46	73.36	66.37
1982	20.76	74.04	76.39	78.44	73.43	67.26
1983	21.47	74.19	76.50	78.43	73.50	68.14
1984	22.17	74.34	76.60	78.41	73.58	69.01
1985	22.87	74.49	76.71	78.39	73.65	69.86
1986	23.59	74.66	76.84	78.34	73.73	70.70
1987	24.30	74.82	76.96	78.29	73.81	71.53
1988	25.01	74.98	77.09	78.24	73.89	72.34
1989	25.73	75.14	77.21	78.19	73.97	73.14
1990	26.44	75.30	77.34	78.14	74.06	73.92
1991	27.35	75.69	77.47	78.18	74.23	74.69
1992	28.25	76.08	77.61	78.23	74.40	75.44
1993	29.15	76.47	77.75	78.27	74.57	76.18
1994	30.06	76.86	77.88	78.31	74.74	76.90
1995	30.96	77.25	78.02	78.35	74.91	77.61
1996	31.94	77.62	78.14	78.41	75.31	78.30
1997	32.93	77.99	78.27	78.47	75.71	79.05
1998	33.91	78.35	78.40	78.53	76.10	79.78
1999	34.89	78.72	78.52	78.59	76.50	80.50
2000	35.88	79.09	78.65	78.65	76.90	81.20
2001	37.21	79.42	80.11	78.72	77.83	81.55

续表

年份	中国	美国	日本	英国	法国	巴西
2002	38.54	79.75	81.58	78.79	78.76	81.88
2003	39.86	80.07	83.05	78.86	79.69	82.20
2004	41.19	80.40	84.51	78.94	80.62	82.52
2005	42.52	80.73	85.98	79.01	81.56	82.83
2006	43.86	81.01	86.89	79.11	82.29	83.14
2007	45.20	81.30	87.80	79.21	83.02	83.45
2008	46.54	81.58	88.72	79.31	83.76	83.75
2009	47.89	81.86	89.63	79.41	84.49	84.04
2010	49.23	82.14	90.54	79.51	85.23	84.34
2011	50.50	82.38	91.14	79.64	85.74	84.62
2012	51.78	82.63	91.73	79.76	86.26	84.90
2013	53.05	82.87	92.32	79.89	86.77	85.17
2014	54.41	81.45	93.02	82.35	79.29	85.43

资料来源：世界银行数据库。

附表 5—7 　　　　　　　2012 年中国各地区人均 GDP

地区	人均 GDP（当年价）（元）	人均 GDP（美元）	分组
天津	93110	14750	第一梯队
北京	87091	13797	
上海	85033	13471	
江苏	68347	10827	
内蒙古	64319	10189	
浙江	63266	10022	
辽宁	56547	8958	第二梯队
广东	54095	8570	
福建	52763	8358	
山东	51768	8201	
吉林	43412	6877	
重庆	39083	6191	
湖北	38572	6110	
陕西	38557	6108	

续表

地区	人均GDP（当年价）（元）	人均GDP（美元）	分组
河北	36584	5795	第三梯队
宁夏	36166	5729	
黑龙江	35711	5657	
山西	33628	5327	
新疆	33621	5326	
湖南	33480	5304	
青海	33023	5231	
海南	32374	5129	
河南	31723	5025	
四川	29579	4686	
江西	28799	4562	
安徽	28792	4561	
广西	27943	4427	
西藏	22757	3605	第四梯队
云南	22195	3516	
甘肃	21978	3482	
贵州	19566	3100	

注：人均GDP（美元），按2012年平均汇率折算，1美元=6.3125元。

资料来源：《中国统计摘要2013》。

附表5—8　　　　　2014年中国各地区人均GDP　　　　（单位：美元）

地区	人均GDP（美元）	
天津	17139	第一梯队
北京	16286	
内蒙古	11571	
辽宁	10619	
上海	15858	
江苏	13335	
浙江	11890	
福建	10337	
广东	10337	

续表

地区	人均 GDP（美元）	
山东	9915	
吉林	8169	
重庆	7793	
湖北	7678	
陕西	7643	
宁夏	6813	
新疆	6620	第二梯队
湖南	6559	
河北	6512	
青海	6461	
黑龙江	6389	
海南	6339	
河南	6038	
四川	5721	
山西	5712	
江西	5647	
安徽	5607	
广西	5389	第三梯队
西藏	4764	
云南	4440	
贵州	4306	
甘肃	4305	

注：人均 GDP（美元），按 2015 年平均汇率折算，1 美元＝6.3125 元。

资料来源：根据《中国统计年鉴 2015》相关数据计算得出。

附表 5—9　　　　2005—2014 年东部、中部、西部、

东北 GDP 占全国比重　　　　（单位：%）

年份	东部	中部	西部	东北
2005	55.6	18.8	16.9	8.7

续表

年份	东部	中部	西部	东北
2006	55.7	18.7	17.1	8.5
2007	55.3	18.9	17.4	8.5
2008	54.3	19.3	17.8	8.6
2009	53.8	19.3	18.3	8.5
2010	53.1	19.7	18.6	8.6
2011	52	20	19.2	8.7
2012 ·	51.3	20.2	19.8	8.8
2013	55.2	21.8	21.6	9.3
2014	55.0	21.8	21.7	9.0

资料来源:《中国统计年鉴 2013》。

主要参考文献

一 数据类

［1］BP：《世界能源统计年鉴 2014》。

［2］IMF 数据库公开数据。

［3］《国际统计年鉴 2013》。

［4］国家统计局国民经济综合统计司编：《新中国六十年统计资料汇编》，中国统计出版社 2010 年版。

［5］国家税务总局：《2012 中国税务年鉴》，中国税务出版社 2012 年版。

［6］历年《中国统计年鉴》。

［7］世界银行数据库公开数据。

［8］《中国工业经济统计年鉴》。

［9］《中国科技统计年鉴》。

［10］《中国统计摘要 2013》。

二 著作类

［11］［美］保罗·克鲁格曼：《萧条经济学的回归》，中国人民大学出版社 1999 年版。

［12］［美］尼古拉斯·拉迪：《中国经济增长靠什么》，中信出版社 2012 年版。

［13］［英］安格斯·麦迪森：《中国经济的长期表现》，上海人民出版社 2008 年版。

［14］［英］安格斯·麦迪森：《世界经济二百年回顾》，改革出版社 1998 年版。

［15］2011 年人类发展报告编写小组：《2011 年人类发展报告》，联合国开发计划署，2011 年。

［16］蔡昉：《中国的潜在产出增长率及其预测》，社会科学文献出版社 2012 年版。

［17］陈佳贵：《工业化蓝皮书·中国工业化进程报告（1995—2010）》，社会科学文献出版社 2012 年版。

［18］《陈云文选》第 3 卷，人民出版社 1986 年版。

［19］高明华：《中国上市公司高管薪酬指数报告 2013》，经济科学出版社 2013 年版。

［20］何传启：《中国现代化研究报告 2012：农业现代化》，北京大学出版社 2012 年版。

［21］胡鞍钢：《2030 中国：迈向共同富裕》，中国人民大学出版社 2012 年版。

［22］胡鞍钢：《中国 2020：一个新型超级大国》，浙江人民出版社 2012 年版。

［23］胡鞍钢：《中国道路与中国梦想》，浙江人民出版社 2013 年版。

［24］黄志刚、刘霞辉：《中国经济可持续增长机制研究》，经济管理出版社 2013 年版。

［25］［美］库兹涅茨：《各国的经济增长》，商务印书馆 1999 年版。

［26］李培林等：《2014 年中国社会形势分析与预测》，社会科学文献出版社 2013 年版。

［27］李培林：《社会蓝皮书·2014 年中国社会形势分析与预测》，社会科学文献出版社 2013 年版。

［28］李实、赖胜德：《中国收入分配研究报告》，社会科学文献出版社 2013 年版。

［29］李扬主编：《经济蓝皮书·2014 年中国经济形势分析与预测》，社会科学文献出版社 2013 年版。

［30］厉以宁：《转轨与起飞——当前中国经济热点问题》，陕西人民出版社 1996 年版。

［31］联合国贸易和发展组织编：《世界投资报告 2013——全球价值链：促进发展的投资与贸易》，经济管理出版社 2013 年版。

［32］刘树成：《中国经济增长与波动 60 年》，社会科学文献出版社 2009

年版。

［33］牛文元：《中国科学发展报告 2012》，科学出版社 2012 年版。

［34］潘家华、魏后凯：《城市蓝皮书·中国城市发展报告 No.6》，社会科学文献出版社 2013 年版。

［35］任保平：《以质量看待增长：对新中国经济增长质量的评价与反思》，中国经济出版社 2010 年版。

［36］世界银行：《2013 年世界发展报告·就业》，清华大学出版社 2013 年版。

［37］王伶俐：《中印服务外包的比较研究》，对外经济贸易大学出版社 2011 年版。

［38］王洛林、张宇燕：《世界经济黄皮书·2014 年世界经济形势分析与预测》，社会科学文献出版社 2014 年版。

［39］王晓初、信长星：《就业促进与职业能力建设》，中国劳动社会保障出版社 2012 年版。

［40］王一鸣：《改革红利与发展活力》，人民出版社 2013 年版。

［41］吴江：《中国人力资源发展报告 2013》，社会科学文献出版社 2013 年版。

［42］岳希明、张曙光、许宪春：《中国经济境长速度研究与争论》，中信出版社 2005 年版。

［43］詹正茂：《创新蓝皮书·创新型国家建设报告（2013—2014）》，社会科学文献出版社 2014 年版。

［44］张卓元：《十八大后十年的中国经济走向》，广东经济出版社 2013 年版。

［45］赵德馨：《中国近现代经济史（1842—1991）》，厦门大学出版社 2013 年版。

［46］赵德馨：《中华人民共和国经济史（1985—1991）》，河南人民出版社 1999 年版。

［47］中国（海南）改革发展研究院：《人的城镇化》，中国经济出版社 2013 年版。

［48］中国科学院生态与环境领域战略研究组：《中国至 2050 年生态与环境科技发展路线图》，科学出版社 2009 年版。

［49］［美］朱利安·西蒙：《发展经济学的革命（中译本）》，上海三联

书店 2000 年版。

三　期刊论文类

［50］陈东、刘西发：《产业转型升级的高级要素治理》，《学习与实践》2014 年第 8 期。

［51］陈东琪：《对当前经济增长速度和政策的几点认识》，《学术研究》2000 年第 3 期。

［52］樊纲、张晓晶：《"福利赶超"与"增长陷阱"：拉美的教训》，《管理世界》2008 年第 9 期。

［53］樊士德：《中国宏观经济增长速度适度性的范式研究》，《中州学刊》2011 年第 3 期。

［54］胡智、刘志雄：《中国经济开放度的测算与国际比较》，《世界经济研究》2005 年第 7 期。

［55］黄群慧：《保证今年经济增长速度：制约因素与政策组合》，《经济纵横》1998 年第 8 期。

［56］纪明：《经济增长的需求启动、需求约束及再启动》，《社会科学》2011 年第 5 期。

［57］纪明：《需求结构演进逻辑及中国经济持续均衡增长》，《社会科学》2013 年第 2 期。

［58］江小涓：《大国双引擎增长模式——中国经济增长中的内需和外需》，《管理世界》2010 年第 6 期。

［59］金碚：《科学发展观与经济增长方式转变》，《中国工业经济》2006 年第 5 期。

［60］兰纪平：《不能只看 GDP 的增长速度》，《科技文萃》2003 年第 9 期。

［61］李俊霖：《经济增长质量的内涵与评价》，《生产力研究》2007 年第 15 期。

［62］李实、赵人伟、高霞：《中国离退休人员收入分配中的横向与纵向失衡分析》，《金融研究》2013 年第 2 期。

［63］李扬等：《当前和未来五年中国宏观经济形势及对策分析》，《财贸经济》2013 年第 1 期。

［64］林毅夫：《既要有效市场，又要有为政府》，《南方周末》2014 年 5

月 8 日。

[65] 刘保军:《要充分认识控制 GDP 增长速度的重要意义》,《财政研究》2011 年第 1 期。

[66] 刘成玉、吴超:《对中国经济增长"速度崇拜"的深层解析》,《经济体制改革》2011 年第 1 期。

[67] 刘刚:《中国经济发展的新动力》,《华东经济管理》2014 年第 7 期。

[68] 刘国光:《当代中国经济的发展、改革与对外开放》,《浙江财经学院学报》1991 年第 4 期。

[69] 刘煜松:《从人口因素看中国经济未来 20 年的潜在增长速度》,《上海经济研究》2013 年第 1 期。

[70] 吕政:《对我国经济增长速度趋缓的分析》,《中国流通经济》2012 年第 11 期。

[71] 马蔚华:《中国经济新常态下的七个新机会》,《中国对外贸易》2014 年第 10 期。

[72] 马亚华:《美国工业化阶段的历史评估》,《世纪地理研究》2010 年第 9 期。

[73] 邱晓华、郑京平:《对 90 年代我国经济增长速度的再认识》,《数量经济技术经济研究》1992 年第 9 期。

[74] 沈红芳:《东亚主要经济体收入分配的比较研究》,《南洋问题研究》2004 年第 3 期。

[75] 宋建国:《关于经济增长速度"度"的思考》,《经济问题》1993 年第 6 期。

[76] 孙冶方:《把计划和统计放在价值规律的基础上》,《经济研究》1956 年第 6 期。

[77] 孙永强、徐滇庆:《中国人力资本的再估算及检验》,《中国高校社会科学》2014 年第 1 期。

[78] 王保安:《中国经济"现行版"已难以为继》,《求是》2014 年第 1 期。

[79] 王积业:《关于保持适度的经济增长率》,《计划经济研究》1990 年第 6 期。

[80] 王蕾、余根钱:《保持一定的经济增长速度是实现总供求平衡的必

要条件》,《经济纵横》2003 年第 8 期。

［81］王一鸣:《全面认识中国经济新常态》,《求是》2014 年第 22 期。

［82］闻择、刘国光:《中国经济潜在增长率应在 9%》,《价格理论与实践》2002 年第 11 期。

［83］吴敬琏:《中国经济潜在增长率能达 8%— 10%》,《中国经济信息》2002 年第 9 期。

［84］严红梅:《基于因子分析法的我国经济增长质量的实证分析》,《科技管理研究》2008 年第 8 期。

［85］杨家亮:《中国人文发展指数比较分析》,《调研世界》2014 年第 1 期。

［86］杨少文、熊启泉:《1994—2011 年的中国经济开放度——基于 GDP 份额法的测算》,《国际贸易问题》2014 年第 3 期。

［87］易培强:《论经济增长速度与质量效益》,《湖南师范大学社会科学学报》2011 年第 6 期。

［88］于春海:《我国贸易顺差的根源及外需的可替代性——基于贸易品—非贸易品的分析框架》,《经济理论与经济管理》2010 年第 6 期。

［89］岳希明、李实、［加］史泰丽:《2010:垄断行业高收入问题探讨》,《中国社会科学》2010 年第 3 期。

［90］曾伏秋:《"收入分配—经济增长"的现代分析框架及中国收入分配改革的思考》,《湖南商学院学报》2012 年第 2 期。

［91］张晓波:《中国教育和医疗卫生中的不平等现象》,《经济学季刊》2003 年第 2 期。

［92］张友丰、杨志文:《知识积累、报酬递增与新型专业市场》,《华东经济管理》2014 年第 7 期。

［93］张占斌:《中国经济新常态的趋势性特征及政策取向》,《国家行政学院学报》2015 年第 1 期。

［94］赵德馨:《"之"字路及其理论结晶——中国经济 50 年发展的路径、阶段与基本经验》,《中南财经政法大学学报》1999 年第 6 期。

［95］赵凌云、辜娜:《中国经济新常态与湖北发展新机遇》,《湖北社会科学》2014 年第 10 期。

［96］赵凌云:《关于建立经济增长速度制约机制的探索》,《青海社会科学》1991 年第 6 期。

［97］ 中国社会科学院经济研究所积极增长前沿课题组：《开放中的经济增长与政策选择》，《经济研究》2004 年第 4 期。

［98］ 周海春：《"十一五"经济增长速度规划的科学内涵》，《经济学家》2006 年第 5 期。

［99］ 周慧玲：《从货币供应看我国经济增长速度极限问题》，《中南财经大学学报》1998 年第 5 期。

［100］ 邹军：《努力实现高质量的城镇化》，《中国改革论坛》2012 年第 4 期。

四　报纸类

［101］ 2012 经济研究小组：《中国私人财富知多少》，《第一财经日报》2013 年 5 月 4 日第 A 专栏 2 版。

［102］ PH Bang：《2012 年全球国家科学研究人员人均科研经费排名》，《泰晤士报》2013 年 9 月 11 日。

［103］ 白天亮：《告别温饱不足　奔向全面小康》，《人民日报》2013 年 11 月 29 日第 2 版。

［104］ 陈昌盛：《新常态：中国经济发展的大逻辑》，《光明日报》2015 年 1 月 27 日第 1 版。

［105］ 陈丽容、吕新杰：《信息化助力中国经济结构升级》，《通信信息报》2013 年 11 月 20 日。

［106］ 陈若然：《IMF 调高中国经济增长预期》，《南方日报》2014 年 4 月 30 日第 16 版。

［107］ 崔鹏：《商务部：2015 中国将成世界最大消费市场》，《人民日报·海外版》2012 年 5 月 29 日第 4 版。

［108］ 邓也：《发展消费导向型经济关键在深化改革》，《四川日报》2013 年 3 月 20 日第 6 版。

［109］ 方烨、蔡昉：《通过改革提高潜在经济增长率》，《经济参考报》2013 年 1 月 7 日。

［110］ 冯华：《粮食生产"九连增"》，《人民日报》2012 年 12 月 2 日第 1 版。

［111］ 付保宗：《突出企业技术　创新主体地位》，《经济日报》2014 年 1 月 2 日第 14 版。

［112］傅贤伟：《关注 GDP 增速意义不大》，《经济晚报》2009 年 10 月 26 日。

［113］宫本勇：《人口结构变化让中国处于转折点》，《环球时报》2013 年 2 月 4 日第 5 版。

［114］郭铁成、孔欣欣：《科技人力资源替代战略及政策选择》，《中国科学报》2013 年 3 月 25 日第 8 版。

［115］何建武：《中国成为全球经济增量最大贡献者》，《中国经济时报》2014 年 12 月 2 日第 A5 版。

［116］洪黎明：《中国信息化百人会提出——信息化引领中国经济升级版》，《人民邮电报》2013 年 4 月 22 日。

［117］胡亮：《挖掘发展潜力要利用"后发优势"》，《中国经济时报》2013 年 3 月 8 日。

［118］黄小希、王子乔：《近 20 年来中国 GDP 质量指数呈上升态势》，《重庆日报》2012 年 7 月 28 日第 4 版。

［119］黄鑫、童政：《装备制造业升级定调"高端引领"》，《中国高新技术产业导报》2014 年 5 月 19 日第 C8 版。

［120］黄益平、苟琴、蔡昉：《增长趋势放缓将是中国经济新常态》，《经济参考报》2014 年 7 月 16 日。

［121］江国成：《专家建议推行房产税遗产税》，《新华每日电讯》2014 年 5 月 16 日第 6 版。

［122］康淼、王昀加：《中国外国直接投资流入量全球第二》，《安庆日报》2014 年 9 月 10 日第 3 版。

［123］李冬明：《高净值家庭：中国式速度》，《青岛财经日报》2014 年 1 月 6 日第 1 版。

［124］李海楠：《实现"新常态"需改革与危机赛跑》，《中国经济时报》2014 年 12 月 18 日第 1 版。

［125］李克强：《GDP 增长 1 个百分点能拉动 150 万人就业》，《工人日报》2013 年 11 月 4 日第 1 版。

［126］李扬：《中国真实 GDP 增速仅 5% 左右》，《第一财经日报》2012 年 12 月 17 日。

［127］李义平：《启动经济，要注重 GDP 增长速度与质量的统一》，《中华工商时报》2009 年 3 月 10 日。

［128］ 李义平：《实现两个"百年目标"需要怎样的速度》，《北京日报》
2013 年 1 月 7 日第 18 版。

［129］ 林毅夫：《经济转型离不开"有为政府"（新论·学者说改革）》，
《人民日报》2013 年 11 月 26 日。

［130］ 林毅夫：《中国还有 20 年平均每年增长 8% 的潜力》，《闽商报》
2013 年 12 月 16 日。

［131］ 林毅夫：《中国经济的后发优势》，《企业家日报》2014 年 3 月
15 日。

［132］ 林毅夫：《中国经济仍具备快速增长潜力》，《中国证券报》2013
年 8 月 12 日。

［133］ 林毅夫：《中国经济增长的潜力》，《深圳商报》2013 年 8 月
29 日。

［134］ 林毅夫：《中国经济增速下降在于外部周期性因素》，《人民日报》
2014 年 7 月 11 日第 10 版。

［135］ 刘凡：《中国未来经济增长需由自主创新推动》，《科技日报》2014
年 9 月 18 日第 2 版。

［136］ 刘国光：《经济增长应取中等速度》，《中国社会科学报》2009 年 7
月 21 日第 11 版。

［137］ 刘世锦、余斌、陈昌盛：《着力提质增效，改革释放活力，为新常
态奠定基础》，《中国经济时报》2014 年 12 月 15 日第 1 版。

［138］ 刘世锦：《中国未来几年将进入 6%—7% 的中速增长期》，《21 世
纪经济报道》2011 年 12 月 13 日。

［139］ 刘世昕、厉以宁：《收入分配制度改革应以初次分配为重点》，《中
国青年报》2013 年 1 月 27 日第 2 版。

［140］ 刘树成：《我国经济进入中高速增长阶段》，《人民日报》2013 年
10 月 14 日第 10 版。

［141］ 刘树成：《未来五年我国潜在经济增长率分析》，《经济日报》2012
年 10 月 29 日第 16 版。

［142］ 刘树成：《我国经济进入中高速增长阶段》，《人民日报》2013 年
10 月 14 日第 10 版。

［143］ 刘蔚：《实现从加快发展到绿色发展转变》，《中国环境报》2011
年 9 月 9 日。

［144］马光远：《中国经济增速 6%—7% 才正常》，《都市消费晨报》2013
年 7 月 16 日。

［145］皮树义：《纲要提出："十五"经济增长速度预期为年均 7% 左
右》，《人民日报》2001 年 4 月 2 日。

［146］曲哲涵、欧阳洁：《告别短缺，奔向全面小康》，《人民日报》2013
年 11 月 23 日第 1 版。

［147］任朝亮、毕征：《工业化城镇化可推动中国经济增长 20 年》，《广
州日报》2013 年 3 月 22 日第 A2 版。

［148］《人口红利拐点已至，经济增长方式与人口政策需调整》，《南方都
市报》2013 年 2 月 25 日第 A2 版。

［149］沈建光：《中国 M2/GDP 比值高有其合理性》，《金融时报》2013
年 5 月 21 日。

［150］石述思：《中国的贫富差距究竟有多大》，《信息时报》2014 年 1
月 23 日。

［151］史波涛：《国有企业法人单位占比 1.4%》，《首都建设报》2014 年
12 月 17 日第 3 版。

［152］世界银行：《今年中国 GDP 增速将维持在 7.5%—8%》，《中国财
经报》2013 年 6 月 18 日第 3 版。

［153］宋立洪：《2014 年商务发展形势预测》，《中国日报》2014 年 3 月
10 日。

［154］孙春祥：《2012 年基尼系数为 0.474　城镇居民收入差距超 4 倍》，
《北京晨报》2013 年 1 月 19 日第 3 版。

［155］田俊荣、吴秋余：《中国经济：新常态，新在哪?》，《人民日报》
2014 年 8 月 4 日第 1 版。

［156］汪同三：《正确处理速度、结构、物价的关系》，《人民日报》2011
年 10 月 14 日。

［157］王保安：《中国每个就业者创造 GDP 仅为美国 21%》，《经济日报》
2014 年 1 月 6 日。

［158］王传涛：《"专利大国"为何成了"创新小国"》，《人民日报·海
外版》2013 年 12 月 21 日第 5 版。

［159］王尔德：《中国环境生态成本高达 GDP 的 3.8%》，《21 世纪经济
报道》2012 年 2 月 3 日第 6 版。

［160］ 王珂：《对外经济，多方共赢》，《人民日报》2013 年 11 月 26 日第 1 版。

［161］ 王明：《联合国警告：中国急需缩小贫富差距》，《金融时报》2006 年 2 月 10 日。

［162］ 王钦敏：《非公经济对 GDP 贡献率超过 60%》，《人民日报》2013 年 3 月 6 日。

［163］ 王小霞：《中国潜在经济增长率开始下降——访国务院发展研究中心宏观经济研究部部长余斌》，《中国经济时报》2011 年 11 月 29 日第 A1 版。

［164］ 王心见：《2013 年中国首进国际专利申请全球三强》，《科技日报》2014 年 3 月 15 日第 2 版。

［165］ 王一鸣：《经济增长目标为何仍调低至 7.5%》，《新闻晚报》2013 年 3 月 5 日第 A1 版。

［166］ 王诒卿：《2012 中国国土资源公报》，《中国国土资源报》2013 年 4 月 20 日。

［167］ 吴倩：《近两年潜在经济增长率 7%—8%》，《广州日报》2013 年 7 月 12 日第 A Ⅲ 2 版。

［168］ 习近平：《在亚太经合组织工商领导人峰会开幕式上的演讲》，《人民日报》2014 年 11 月 10 日第 1 版。

［169］ 肖罗：《把握经济发展的新常态》，《光明日报》2014 年 12 月 10 日第 2 版。

［170］ 玄兆辉、宋卫国：《从主要数据看中国科技创新面临的挑战》，《科技日报》2013 年 2 月 25 日第 1 版。

［171］ 闫业伟：《开放共赢，中国经济全球化》，《南方日报》2011 年 12 月 30 日第 33 版。

［172］ 严婷：《IM 份额改革冲刺　中国将成第三大份额国》，《第一财经日报》2013 年 4 月 16 日第 10 版。

［173］ 杨瑞龙：《消费率提高 1% 将带动 GDP 提高 1.5%—2.7%》，《人民日报》2013 年 2 月 21 日。

［174］ 杨维汉：《我国国际科技论文引用次数位居世界第四》，《中国高新技术产业导报》2014 年 9 月 29 日第 1 版。

［175］ 杨曦：《2013 年全国居民人均可支配收入实际增长 8.1%》，《人民

日报》2014 年 2 月 25 日第 1 版。

[176] 杨永恒:《从 2013 IMD 全球竞争力排名看我国面临的发展挑战》,《中国青年报》2013 年 10 月 24 日第 7 版。

[177] 叶丹、巫伟:《互联网成信息消费"急先锋"》,《南方日报》2013 年 8 月 29 日第 1 版。

[178] 张彬、杨烨:《2013 各地频遭十面"霾"伏 粗放发展方式难辞其咎》,《经济参考报》2013 年 12 月 30 日第 2 版。

[179] 张军:《未来 10 年 GDP 潜在增长率约为 7%—8%》,《中国社会科学报》2013 年 10 月 23 日。

[180] 张萌:《世界能源格局新变化 世界能源展望 2013》,《第一财经日报》2013 年 12 月 2 日第 5 版。

[181] 张平、王宏淼:《稳速增效 提升自主协调发展——2013 年中国经济和政策展望》,《光明日报》2013 年 1 月 25 日第 11 版。

[182] 张雁:《专家研讨走向新常态的新兴经济体》,《光明日报》2014 年 11 月 16 日。

[183] 赵强:《中国贫富差距超美国》,《环球时报》2014 年 4 月 30 日第 3 版。

[184] 中财:《联合国预测 2014 年中国经济增长 7.5%》,《南国早报》2014 年 1 月 23 日第 39 版。

[185] 中国科技信息研究所:《2013 年我国的 SCI 论文数量已达 23.14 万篇 位居世界第二》,《科技日报》2014 年 10 月 8 日第 1 版。

[186] 周艾琳:《全球竞争力报告:中国排名第 28 位 美国第 3 位》,《第一财经日报》2014 年 9 月 10 日第 A8 版。

[187] 朱剑红:《中国经济,世界奇迹》,《人民日报》2013 年 11 月 21 日第 1 版。

[188] 庄贵阳:《低碳经济:让地球换一个活法》,《光明日报》2009 年 12 月 4 日第 11 版。

[189] 邹至庄:《用经济模型预测中国 GDP》,《第一财经日报》2013 年 2 月 1 日第 A 评论版。

五 外文文献

[190] Bacchetta, Philippe, Benhima, Kenza, Kalantzis, Yannick, "Optimal

Exchange Rate Policy in a Growing Semi-Open Economy", *IMF Economic Review*, Vol. 62, Issue 1, Apr 2014.

[191] Behrens, Jan Henning, "Opportunities for- and configuration of foreign innovation: a case study of multinational companies in China", *Journal of Business Chemistry*, Vol. 9, Issue 2, Jun 2012.

[192] BP, *The world's energy statistical yearbook reports*, World bank, 2014.

[193] Breslin, Shaun, "China and the crisis: global power, domestic caution and local initiative", *Contemporary Politics*, Vol. 17, Issue 2, Jun 2011.

[194] Chunlai Chen, "The impact of FDI on China's Regional Economic Growth", in Ligang Song, Ross Garnaut, Cai Fang (eds), published by Australian National University, Canberra ACT 0200, Australia, 2014.

[195] Euroweek, "Renminbi could jump 3% by year-end, says RBC's Jackson", *Euroweek*, Issue 1252, 2012-4-27.

[196] FAO Database, UNSD Database, World Bank WDI Database, IMF Database.

[197] Ferguson, Niall, "Gloating China, Hidden Problems", *Newsweek*, Vol. 158, Issue 8/9, 2011-8-22.

[198] Flannery, Russell, *China Faces Years Of Slowing GDP Growth*, Top Strategist Says, Forbes. com. 2013-8-11.

[199] Flannery, Russell, *Forbes Global CEO Conference Coverage: China's GDP Growth To Quicken In 2nd Half*, Forbes. com. 9/11/2013.

[200] Flannery, Russell, *China's 2012 1st-Quarter GDP Growth Rates For Selected Cities (Table)*, Forbes. com. 6/4/2012.

[201] Foroohar, Rana, "A Little Trouble in Big China", *Time*, Vol. 183, Issue 15, 2014-4-21.

[202] Frank Langfitt, "China's Leaders Promise To Speed Up Economic Growth", *Morning Edition (NPR)*, 2013-05-29.

[203] Garroway, Christopher, Hacibedel, Burcu1, Reisen, Helmutl, Turkisch, Edouard, "The Renminbi and Poor-country Growth", *World Economy*, Vol. 35, Issue 3, Mar 2012.

[204] Gordon G. Chang, *The Coming Collapse of China*, Random

House, 2001.

[205] H. Pack, "Industrialization and Trade", in H. Chenery and T. N. Srinivasan, *Handbook of Development Economics*, Vol. I, Elsevier Science Publisher B. V, 1988.

[206] IEA, World Energy Outlook 2012; IEA, Key World Energy Statistics, 2010.

[207] IEA, World Energy Outlook, 2007.

[208] Jun Wan, "China's Dilemma on Controlling Urban Sprawl: Planning Regulations, Evaluation, and Prospects for Revision", *Polish Journal of Environmental Studies*, Vol. 22, Issue 3, 2013.

[209] Keller, Wolfgang, Li, Ben, Shiue, Carol H., "Shanghai's Trade, China's Growth: Continuity, Recovery, and Change since the Opium Wars", *IMF Economic Review*, Vol. 61, Issue 2, Jun 2013.

[210] Krueger, *Trade and Employment in Developing Countries: Individual Studies*, The University of Chicago Press, 1981.

[211] Lo, Dic, Li, Guicai, "China's economic growth, 1978-2007: structural-institutional changes and efficiency attributes", *Journal of Post Keynesian Economics*, Vol. 34, Issue 1, Fall 2011.

[212] McKinnon, Ronald, Schnabl, Gunther, "China and Its Dollar Exchange Rate: A Worldwide Stabilising Influence?", *World Economy*, Vol. 35, Issue 6, Jun 2012.

[213] OECD, "Developments in selected non-member economies", *OECD economic outlook*, Vol. 1, Issue 87, May 2010.

[214] Pei, Minxin, *China's economic balancing act*, Fortune. com. 2014-1-14.

[215] Peng, X. J., "Population Ageing Human Capital Accumulation and Economic Growth in China, An Applied General Equilibrium Analysis", *Asian Population Studies*, Vol. 1, No. 2, 2005.

[216] Potter, Tony, "Asia remains primary driver of global olefins demand. (cover story)", *Chemical Week*, Vol. 176, Issue 12, 2014-4-28.

[217] Prasad, Eswar S., "Rebalancing Growth in Asia", *International Finance*, Vol. 14, Issue 1, Spring 2011.

[218] Ramesh, Deepti, "Slower but solid growth. (cover story)", *Chemical Week*, Vol. 176, Issue 20, 2014-1-6.

[219] Reck, Barbara K., Rotter, Vera Susanne, "Comparing Growth Rates of Nickel and Stainless Steel Use in the Early 2000s", *Journal of Industrial Ecology*, Vol. 16, Issue 4, Aug 2012.

[220] Richardson, John, "Untitled", *ICIS Chemical Business*, Vol. 285, Issue 6, 2014-2-10.

[221] Tomas Meri, "China Passes the EU in High-tech Exports", *Eurostat Stastistics in Focus*, No. 25, 2009.

[222] UN Department of Economic and Social Affairs, World Urbanization Prospects: The 2008 Revision.

[223] Wang Feng, "China's baby steps", *New Scientist*, Vol. 221 Issue 2961, 2014-3-22.

[224] Westervelt, Rob, "Outlook steadies but slow", *Chemical Week*, Vol. 176, Issue 4, 2011-2-3.

[225] World Development Indicators Databases, World Bank.

[226] Yasheng Huang, "Debating China's Economic Growth: The Beijing Consensus or The Washington Consensus", *Academy of Management Perspectives*, Vol. 24, Issue 2, May 2010.

[227] Zakaria, Fareed, "Make or Break for China", *Time*, Vol. 183, Issue 1, 2014-1-13.

[228] Zhang, Chengsi, Li, Chaofeng, "The Great Moderation in China: A Disaggregated Analysis", *Emerging Markets Finance & Trade*, Vol. 50, Issue 1, 2014.

[229] Zhanqi Yao, "Factor Reallocation Effect and Productivity in China's Economic Growth, 1985-2007", *Chinese Economy*, Vol. 43, Issue 1, Jan/Feb 2010.

索 引

后 记

　　该书是在我的博士论文基础上修改完成，也是我的第一部学术论著。三年的博士学习生活充满酸甜苦辣，它凝聚了我极大的心血和情感，使我体会到治学道路的艰辛。2015年6月博士毕业后，经过严格考核，我到中国社会科学院当代中国研究所做博士后研究工作，并有幸成为武力教授的博士后，内心充满无限的感激之情，也怀着对中华人民共和国经济史的无限兴趣，走上了学术探索之路。在武教授的辛勤指导和帮助下，我一点一点地反复琢磨博士论文中的某个片段，增添新的学术动态，补充新数据，认真修改其中的章节内容，直到最近成书。这部著作的完成是一段人生道路的总结，它包含着作者对学术探索的追求，融合着导师殷切的期冀和精心的雕琢，承载着无法表达的诸多情愫。

　　首先我要感谢博士恩师的栽培。三年的博士求学生涯，瞿商教授对我耳提面命，教诲良多。瞿教授给我最深刻的印象是宽广的胸怀、渊博的学识。整篇论文从撰写开题报告、初稿、审稿到定稿，无不凝聚着瞿教授的心血。在论文写作过程中，论据的充分合理、章节内容的有机衔接，反复为我斟酌；在论文修改时，文中的每一个字、每一个标点都认真仔细审阅并对存在的问题给予及时更正，体现了瞿教授严谨的治学态度和一丝不苟的精神。学习、生活中遇到问题，不管什么时候，瞿教授都是有问必答，不厌其烦。感激之情无以言表，这将化作无尽的力量，鼓舞我在险礁暗滩中奋勇向前。

　　同样感谢邹进文教授，三年的博士学习生活，邹教授谆谆教导我怎样治学、如何做人，为我的博士生涯扬起了风帆，更为我的人生插上了腾飞的翅膀；不仅仅激发了我专业学习与研究的兴趣，更为我以后的学习与成长打下了扎实的基础，注入了无限的生机。邹教授还对我论文的初稿提出了宝贵建议，纠正了我论文思路的偏差，使论文在肯定中国 GDP 高速增长取得辉煌成就的同时，解决高速增长中出现的问题。点点滴滴，充满着邹教授的辛劳、汗水和智慧。

同样感谢赵凌云教授和苏少之教授。赵教授对博士论文的整体框架提出许多建设性的修改建议，特别指出要写好"中国 GDP 高速增长的动因"，这是论文的灵魂。"中国 GDP 增长速度步入新常态"也充满赵教授的智慧。在苏教授的悉心指导下，深刻系统地剖析了"中国 GDP 高速增长与经济结构"。苏教授也对论文的结语部分提出了宝贵建议。

特别感谢赵德馨教授，这篇论文从选题、构思到写作，无不倾注着赵教授的心血。从 2013 年 9 月至 2014 年 8 月，赵教授至少 5 次给我耐心讲解中国 GDP 增长速度的阶段性特征，GDP 增长速度与经济效益、人民生活的关系，高速增长带来的好处与不足，高速增长与经济增长方式转变、经济结构调整、收入分配差距问题，中国 GDP 增长速度发展的科学性等问题。赵教授还提供给我中国 GDP 增长速度的相关资料约 5 万余字，有的甚至是赵先生直接的观点。总之，我的博士论文得到赵先生的悉心指导和鼎力相助，这是我终生的宝贵财富，让我一生受益匪浅，引领我走上学术探研之路。赵教授虽年过八旬，他敏捷的思维、活跃的思想，涌现出的新思想、新观点，是我在雾海中前进的灯塔，照亮我学术探索之路。

特别感谢我的博士后导师武力教授，他严谨博学、高风亮节，使学生终身受益。我经常从武导师那里体会到无限灼热的师恩，是他用学者的睿智和独特的视野教导我治学的方法，让我领略到研究中华人民共和国经济史的深厚底蕴。武导师也是我学习和生活中的楷模，他总是从生活、学习、工作等方面深深关爱着我，在言传身教中保藏着导师的诸多启迪和训诫。他博大的胸襟和勤奋进取的精神一直感染着我，给了我智慧，成为我不断进取的精神沃土，他将成为影响我终生的老师。武导师谆谆教导我论文写作要采取"长时段"视野，融合经济史学、实证分析与比较研究方法，理论运用于实践中，提出前瞻性的观点等。武老师对我工作、学习、生活的全力支持和无私帮助，凝聚着父亲般的厚爱。他身上散发的智慧光芒，永远照亮我学术探索的旅途。同样感谢中华人民共和国国家行政学院的张占斌教授对我工作、学习的指导和帮助。感谢中国社会科学院当代中国研究所郑有贵研究员、李正华研究员、宋月红研究员、王瑞芳研究员对我工作的支持、学习的指导、生活方面的关照。在书稿出版之际，谨向诸位师长表示深深的感谢！

本书能够顺利出版，得益于中国社会科学院博士论文文库的资助，也离不开中国社会科学院、中国社会科学出版社领导和编辑老师的大力支持。特别感谢中国社会科学院科研处的陈羽武处长、中国社会科学出版社的王茵主任，陈处长、王主任对本书的出版给予了热心帮助。感谢彤新春师兄为本书顺利出版多方协调，倾力相助。感谢申晓勇师兄对我工作、学习的指导和帮助。感谢刘艺戈闺蜜、赵俊红师妹、冯玉桃师妹对翻译工作的鼎力帮助。王茵主任、马明老师作为责任编辑，以严谨认真的态度帮助纠正了许多文字、数据方面的疏漏。在此一并表示衷心的感谢！

由于对改革开放以来中国 GDP 增长速度的探索是一个涉及多学科、多视角的深奥问题，实现"中国梦"也正处于方兴未艾的新阶段，因此"中国 GDP 增长速度"还是一个有待深入研究的重大课题，本书是作者在中华人民共和国经济史和中国宏观经济领域探索的一个阶段性成果。更由于本人才疏学浅，书中肯定有许多疏漏之处，敬请各位专家、学者批评指正。

郭旭红

2016 年 12 月 16 日于北京旌勇里